韓國漢文教育學會 創立 30週年 紀念
韓國漢文教育研究叢書 3

한문과 평가론

장호성·김경익 편

보고사

발간사

韓國漢文敎育學會가 1981년 6월 27일 韓國漢文敎育硏究會라는 이름으로 創立된 지 30년, 어느덧 한 세대의 단위를 넘겼다. 작고하신 李家源(1대: 1981.6~1983.6) 초대 會長으로부터 閔丙秀(2·3대: 1983.7~1987.6), 鄭愚相(4·5대: 1987.7~1991.6), 李篪衡(6대: 1991.7~1993.6), 朴天圭(7대: 1993.7~1995.6), 金容傑(8대: 1995.7~1997.6), 申用浩(9대: 1997.7~1999.6), 金相洪(10대: 1999.7~2001.6), 朴性奎(11대: 2001.7~2003.6), 李明學(12·13대: 2003.7~2007.6), 金呂珠(14대: 2007.7~2010.6) 회장에 이르기까지 14대 11분이 각기 당대의 회장단 및 임원진과 함께 학회를 이끌어주시는 동안, 그 사이 많은 변화가 있었다. 박천규 회장 재임 때인 1994년 6월 25일 학회 회칙이 개정되면서, 학회 명칭이 韓國漢文敎育硏究會에서 韓國漢文敎育學會로 바뀌었다. 학회지『漢文敎育硏究』는 閔丙秀 회장 재임 때인 1986년 창간호, 鄭愚相 회장 재임 때인 1988년 제2호 이후 매년 1회 발간에서, 金相洪 회장 재임 때인 2000년 제14호 이후 연간 2회 발간하여, 2012년 6월 현재 제37호까지 발간됐다.『漢文敎育硏究』제1호에는 10편의 논문이 실렸는데 그 중 한문교육 주제를 다룬 논문은 2편에 불과했다. 그러나『漢文敎育硏究』제36호는 14편의 게재 논문 가운데 한문교육 주제를 다루지 않은 논문이 1편이고, 제37호는 21편의 게재 논문 모두가 한문교육 주제를 다룬 논문들이다. 30년 전 한문교육 연구의 불모지대에서 출발한 우리 학회가 어느덧 30년이 경과하는 동안 한문교육 연구의 화려한 꽃들을 피우기 시작했던 것이다. 이 모두가 역대 회장님들을 비롯한 학회의 선배 회원들 및 동학의 여러 회원들이 한문교육에 대해 가진 뜨거운 애정과 관심의 결과가 아닌가 한다.

이번에 간행하는 『韓國漢文教育學 研究叢書』는 지난 30년간을 중심으로 그 동안의 한문교육의 성과를 되돌아보고 앞으로의 과제를 전망하는 야심찬 기획이다. 이 기획을 위하여 한국한문교육학회의 이사진 중에서 기획 실무를 전담할 간행위원회를 구성하고, 간행위원회에서 총서의 기획 및 총서의 각 분야별 주편자 섭외를 진행하여, 2011년 3월 19일 고려대학교에서 제1차 한국한문교육학 연구총서 주편자 회의를 개최하였다. 이후 평균 매달 1회씩 주편자 회의를 열어 총서의 구성 및 주제 분류, 논문 선정 원칙, 진행 일정 등을 논의하고 각 총서의 총론 원고 작성 방법 및 그 내용 검토를 진행해 왔다. 그 결과 『韓國漢文教育學 研究叢書』를 『한문과 교육과정론』(윤재민·송혁기), 『한문과 교수·학습 방법론』(송병렬·진철용), 『한문과 평가론』(장호성·김경익), 『한문과 교재론』(정재철·심재경), 『한문과 문법론』(이군선·김성중), 『한문교육학 연구방법론』(김왕규·김동규), 『한문과 수업론』(백광호·엄선용), 『한문과 문학교육론』(임완혁·김연수), 『한자 어휘 교육론』(이동재·허철), 『한문교육사』(남궁원·신영주) 등 모두 10권으로 구성하게 되었다.

이 『韓國漢文教育學 研究叢書』가 모름지기 한문교육 연구의 새로운 진화의 계기가 되기를 기대하며, 이 기획을 위하여 애써 주신 주편자 여러분들과 간행위원회 위원들, 그리고 옥고를 허락하여 이 연구총서를 갖가지 색깔로 더욱 빛나게 해 주신 각 논문 필자 선생님들께 이 자리를 빌려 거듭 감사의 마음을 전한다. 또한 요즘처럼 어려운 출판 환경 아래에서도 10권이나 되는 총서의 간행을 흔쾌히 수락하고 성심껏 만들어 주신 보고사의 김흥국 사장님과 편집부의 여러분들께도 깊은 감사를 드린다.

2012년 6월
한국한문교육학회 회장 윤재민

차 례

제1부

총론

漢文科 評價 硏究의 成果와 課題

張豪晟 · 金經益

I. 序論

　본고는 漢文科 評價의 연구 영역을 범주화한 후 그에 따라 그 동안 한문교육학계에서 이루어진 한문과 평가 특히, 한문과 학생평가 관련 연구 성과를 분류하고, 영역별 연구의 의의와 성과 점검을 통해 향후 연구의 범위 및 내용과 방법을 제안하는 것을 목적으로 한다.

　한문과 평가에 대한 논의를 시작하기에 앞서 연구의 범위를 한정하고, 용어를 규정할 필요가 있다. 한문교육학 연구 분야 중 '評價'의 연구 영역은 실로 방대히다. 평가의 의미를 좁히면 교육평가에 한정되지만, 포괄적으로 인식하면 한문 교육 현상 중 평가적 접근이 가능한 모든 대상 즉 교육통계학, 심리측정 및 교육측정, 교육평가, 심리검사, 연구방법론 등[1]이 모두 포함되기 때문이다. 그러나 넓은 의미의 평가는 교육학 일반의 논의에 가까우며, 한문교육학 탐구대상으로서의 평가는 교육평가로 제한된다.[2] 따라서 이 연구는 한문 교육 평

---

1) 황정규(1998), 『학교학습과 교육평가』, 교육과학사, 1면 참조.

2) 교육학 일반의 평가 논의는 한문교육학 평가 연구의 체계화, 보편화를 위한 方便

가에 대한 연구 성과를 자료로 삼고자 한다.

또한, 한문과 평가는 학교 교육에서 교과 활동의 하나로 이루어지는 한문 교육에서의 평가로 그 범위를 한정할 수 있다. 한문과 평가는 기준에 따라 그 유형을 다양하게 분류할 수 있다.[3] 본고에서는 한문과 평가 중 한문 학습자인 학생을 평가 대상으로 하는 한문과 학생 평가를 주요 논의 대상으로 삼고자 한다. 그간의 연구 성과들이 한문과 학생 평가를 주요 대상으로 삼고 있고, 한문 학습자의 한문 학습 과정과 성취 수준에 대한 파악이 한문과 평가의 핵심이기 때문이다.

한편, 한문과 평가는 한문교육 전체 과정과 유기적인 관계를 맺으며 상호작용한다. 즉 교과 교육과정의 체계를 적용할 때 목표의 설정, 내용의 선정과 조직, 교수·학습방법의 선정 및 실행과 연계되며, 평가 결과는 다시 모든 과정에 자료를 제공한다. 한문과 평가가 신뢰성과 타당성을 확보하고, 이론과 실행이 조화를 이뤄 체계적으로 이루어질 때 한문 교육의 내실을 기할 수 있는 것이다. 이러한 한문과 평가의 역할과 기능을 고려할 때, 한문과 평가 연구의 중요성 과 탐구 분야는 새롭게 인식되어야 한다. 한문과 평가 연구가 한문과 평가 행

이 될 수 있다. 이런 측면에서 한문교육 평가 연구 영역을 광범위하게 논의해 보는 것도 일정한 의의가 있다. 그러나 한문 교과의 특수성 및 독자성 확보와 한문 학습 과정과 결과 규명이라는 측면에서 한문과 평가 연구의 고유 영역이 존재한다.

3) 교육평가는 기준(대상, 영역, 기능, 방법, 참조유형 등)에 따라 그 유형을 다양하게 분류할 수 있다. '金王奎(2009), 「漢文科 學生 評價 硏究와 實踐의 課題」, 『漢文敎育硏究』第33號, 韓國漢文敎育學會.'에서는 평가의 '기능'과 '시행 시기'에 따라 진단·형성·총괄 평가로, 평가의 기준을 어디에(무엇에) 설정하느냐에 따라 규준 지향 평가와 준거 지향 평가로, 평가 자료 수집 방법에 따라 양적 평가와 질적 평가로, 평가 대상에 따라 교사 평가와 학생 평가로, 전통적 평가 방식인 지필 평가와 대안적 평가 방식인 수행 평가로, 내용이나 영역의 특성에 따라 인지적·정의적·심동적 영역의 평가로 구분하였다. 한문과 학생평가는 평가 대상을 준거로 한 분류에 속하며, 학생의 능력, 특성, 성취수준 등을 평가한다.

위 뿐 아니라, 목표, 내용, 교수·학습 방법과의 연계까지 확장될 필요가 있다. 그러나 그 중요성과 필요성에 비해 한문과 평가에 대한 연구는 일부 영역에 집중되어 이루어진 경향이 있다.

한문과 평가 연구 성과를 살펴보기 위해서는 한문과 평가의 특성에 대한 규명과 연구 영역의 범주화가 선행되어야 한다. 한문과 평가의 특성이란 앞서 거론한 바와 같이 한문 교과의 독자성과 특수성이 반영된 평가란 어떠해야 하는 가에 대한 논의에 해당한다. 한문과 평가의 특성에 대한 논의에 따라 그간의 한문과 평가 연구의 성과를 점검하고, 향후 연구 범위 및 내용과 방법을 제안할 수 있을 것이다. 한문과 평가 연구 영역의 범주화를 통해 분야별 연구 성과의 흐름을 살펴봄과 동시에 앞으로 주목하고 보완해야 할 분야가 무엇인가에 대한 대강을 가늠할 수 있을 것이다. 단, 지금의 눈으로 그간 이루어진 연구 성과의 功過를 재단하는 것은 경계해야 한다. 한문교과의 교과 위상이 변화하였고, 전통적 평가 방식을 대체할 대안적 평가에 대한 논의가 활발해지고 있으며, 한문 교육학 전반에 대한 논의가 활성화되는 등 과거와 현재를 동일시할 수 없는 여건 때문이다.

Ⅱ. 漢文科 評價 研究의 領域

한문과 평가의 특성에 맞는 연구를 지향하기 위해서는 한문과 평가의 특성을 고려한 연구 영역 범주화가 先行되어야 한다. 한문과 평가 연구 영역에서 탐색할 수 있는 분야는 무엇이고, 영역 간에는 어떤 관련성을 맺고 있는지, 향후 주목해야 할 분야는 무엇인지에 관해 정보를 제공해 준다는 측면에서도 범주화의 의의를 찾을 수 있다. 먼저

한문과 평가 유형에 따라 연구 영역을 분류할 수 있다. 그럴 경우 각
연구의 특성을 온전히 반영하지 못한다는 단점이 있다. 또한 평가 유
형에 따른 분류에 포함되지 않는 연구가 있을 수도 있다. 예컨대, 한
문과 학생 평가의 이론 정립 등 평가 전반에 관한 논의는 연구 특성에
적합한 분류가 없으며, 한문과 교육과정 영역별 평가나 텍스트별 평
가 연구 성과들도 그 분류가 마땅치 않다. 따라서 본고에서는 다음과
같이 한문과 평가의 연구 영역을 분류하고 관련 연구 성과를 정리하
고자 한다.[4]

〈표 1〉 한문과 평가 연구 영역 분류와 관련 연구 성과

연구 주제			해당 논문	계(편)		
평가 전반			허남욱(1998), 박성규(2002), 허연구(2008), 남궁원 (2009), 김왕규(2009;2010a;2010b), 송병렬(2011)	8		
영역별 평가	텍스트별		안재철(1997;1998), 강경모(2003)	3		12
	교육과정 영역별		심재경(2011), 강민구(2011), 김동규(2011), 안동규 (2011), 김우정(2011), 원용석(2011), 허연구(2011)	7		
	정의적 특성		권혁대(2000), 임동헌(2010)	2		
평가 실제	학교 급별	초	진철용(1998;2011), 한은수(2002)	3	9	39
		중	고승희(2001), 한예원(2002)	2		
		고	남궁원(1998), 홍성민(1999), 김주희(1999), 양판석(2002)	4		
	표준화 검사	대수능	정우상(1985; 1988), 김왕규(2002a), 이윤찬(2002), 남궁원(2004), 김경익(2005), 송경(2006), 장호성(2008;2009a;2009b;2010), 이돈석(2010)	12	17	
		기타	노현숙(1989), 김왕규(2002b;2002c;2002d), 김왕규 · 김경익(2009)	5		
	수행평가		송병렬(2002), 이혜순 · 최난영(2003), 송영일(2007; 2009)	4		
	도구 제작 및 문항분석		임명호(2002), 진인섭(2002), 김왕규(2009;2011), 허연구 (2007;2010b;2010c), 남궁원(2007), 김경익 · 김왕규 (2010), 장호성(2011)	10		

---

4) 목록에 포함된 논문의 세부 서지 사항은 '부록'을 참고할 수 있다.

〈표 2〉 한문과 평가 연구 영역 분류와 관련 연구 성과

	임용고사	송영일(2002), 신용호 외(2002), 김여주(2007), 임채명(2010)	4	
자격 및 선발	한자 · 한문 능력검정	정우상(1993), 이병주(2000;2001), 박광민(2002), 진재교(2002; 2005), 한예원(2004), 김은미(2005), 이명학(2006), 김경천(2006), 백광호(2006a; 2006b; 2008), 장호성(2006), 이동재(2006), 남기탁(2006a; 2006b), 박성규 · 양원석(2007), 양원석(2008a; 2008b), 박세진(2010)	21	25
		계		84

평가 전반은 한문과 평가의 전반적인 이론 정립, 한문과 교육과정 체제에서의 '평가'에 관한 논의, 교사의 평가 전문성 관련 연구 등이 해당한다. '이론의 부재'는 한문교육학의 학문적 정립을 위해 극복해야 할 과제로 인식되어 왔다. 한문과 평가 연구 또한 그러하다. 한문과 평가연구가 교육학 일반의 평가 관련 연구 성과를 단순히 援用하거나 借用하지 않고, 한문과의 특성을 반영해야 한다는 것은 當爲의 문제다. 이를 위해 한문과 평가의 개념, 변인, 모형 등 이론적 토대에 해당하는 연구가 필요하며 그 중요성 또한 무겁다. 또한 국가수준의 한문과 교육과정은 한문교육학 연구 성과의 총체적 결합체라고 할 수 있다. 평가 분야 또한 그러하다. 특히, 한문과 평가는 성격과 목표의 설정, 내용의 선정 및 조직, 교수 · 학습 방법의 설계 및 실행 등 한문과 교육과정의 모든 분야에 정보를 제공하고 긴밀히 연계되어 있다. 다른 측면으로 방법과 평가는 학교 현장에서 교육과정 실행의 구체적인 지침으로 작용한다는 점에서도 注目을 요한다.

영역별 평가는 한자, 어휘, 단문, 산문, 한시 등 한문 텍스트별, 읽기, 이해, 문화, 한문지식 등 한문과 교육과정 영역별과 정의적 특성에 관한 연구 등이 해당된다. 영역별 평가는 평가 실제에 포함시킬 수도 있으나, 한문 교과의 특성을 담아낼 수 있는 연구 영역이라는

점을 고려하여 별도의 영역으로 설정하였다. 그 중요성에도 불구하고 영역별 평가에 해당하는 연구 성과는 12편에 불과하다. 대부분 최근에 보고된 연구가 대부분이다. 2007년 개정 한문과 교육과정의 영향으로 보인다. 이전에는 영역별 평가에 대한 관심이 부족하였다. 그 이유는 한문교육학 연구 분야가 세분화되지 못하였고, 관련 연구자가 부족한 실정에 起因한다. 특히 정의적 특성의 평가와 관련된 연구는 문제 제기 수준에 그쳐 있는 실정이다. 한문 교육은 전통 문화의 계승과 발전, 건전한 가치관과 바람직한 인성의 함양, 한자 문화권내에서의 상호 이해와 교류 증진에 기여하려는 태도를 지니게 하려는 목표를 설정하고 있다. 즉 한문 교육은 최종 목표는 정의적 특성과 매우 밀접한 관련을 맺고 있는 것이다. 한문과 정의적 평가의 개념, 모형, 적용 절차, 도구 개발, 결과 해석 및 활용 등의 연구가 구체화 되어야 할 것이다.

평가 실제는 한문과 평가의 실행과 관련된 연구들이다. 세부적으로 초·중·고 학교급별로 평가의 문제점이나 실행 양상을 파악하거나, 대학수학능력시험이나 과거 고입 연합고사 등의 국가 수준 학력 평가 관련 연구, 수행평가 실행에 관한 연구, 평가 도구 제작 및 문항 분석에 관한 연구 등으로 나눌 수 있다. 한문교육학 연구 분야 중 '평가'는 학계의 연구 성과가 학교 현장에서 즉각적으로 수용, 실행되는 분야 중 하나이다. 한문과 평가 실제가 하나의 영역으로 설정된 이유가 여기에 있다. 한문 교육은 학교급별로 처해진 조건과 실행 양상이 다르다. 초등학교는 국가수준의 한문 교육과정의 不在, 중학교와 고등학교는 교육과정 편제, 상급 학교 입학 전형에 따른 영향 등 각기 다른 요인들의 영향을 받고 있다. 학교급에 따라 교수·학습의 양상 또한 다르다. 따라서 각 학교급별 연구가 세분화될 필요가 있다. 한문과 평가 연구의 주요 탐구 영역중 하나는 '표준화 검사'이다. 한문과 평가 연구는 학교 현장에서의 실행 측면뿐 아니라 한문교육학 연구의 방법적 측면에서도 의미가 크다. '표준화 검사'는 그런 기능 중 하나라고 할 수 있다. 예컨대, 한문 학습자의 한문 독해 능력을 알아보기 위해서는 표준화된 검사 도구의 개발, 검사 절차의 체계화 등이 先行되어야 한다. 표준화 검사 등이 한문 교육학 연구가 한문교육의 실체에 접근하기 위한 주요 경로로 작용할 수 있는 것이다. 한문교육학 연구를 위한 검사뿐 아니라 국가수준의 시험 또한 표준화 검사의 일부라 할 수 있다. '교과 위상'은 한문 교육의 주된 話頭이다. 고등학교나 대학교의 입시 시험에서 '한문'의 출제 여부, 시행 방법 등은 교과 위상과 직결되는 문제로 한문과 평가 연구의 주된 관심사였다. 2005학년도 대학수학능력시험에 '한문'이 '제2외국어/한문' 영역의 하나로 편성된 이후 관련 연구 성과가 다수 보고되어 있다. 한문과 평가 실제에서 주목한 분야 중 하나가 도구 제작과 문항 분석 및 결과 활용 관련 연구이다. 학문적 연구는 자칫 이론적 논의에서만 그칠 수 있다. 평가 도구 제작은 평가 관련 연구의 구체화, 실행의 지침이라는 측면에서 緊要하다. 前述한 바와 같이 한문과 평가는 한문 교육 전 과정에 정보를 제공하고 긴밀히 照應한다. 그런 측면에서 문항 분석 및 결과 활용 관련 연구는 주된 탐구 영역이다.

한자 능력 검정 시험과 교사 임용 고사 관련 연구는 연구 성과물의 편수와 다른 영역과 차별화되는 성격을 고려하여 별도의 영역으로 설정하였다. 한자능력 검정 시험의 경우 학교 교육 차원의 한문과 평가의 영역에 해당하지 않지만, 그간 양적으로 다양한 연구 성과가 보고된 점을 감안하여 한문과 평가의 영역에 포함하여 논의하고자 한다. 한자 능력 검정 시험 관련 연구를 영역별 연구의 한자 평가 관련 연구에 포함하여 논의하는 방안도 고려할 수 있다. 그러나 학교 현장에서 실행하는 한자 평가와 한자 검정 시험의 목적과 전개 방식이 다르고, 다른 영역과의 성격이 다르기 때문에 별도의 영역으로 설정하고자 한다.

Ⅲ. 漢文科 評價 研究의 成果

1. 漢文科 評價 全般에 對한 研究

한문 교육이 실행되는 교육 현장에서 투입과 산출의 相關이 가장 높은 분야는 아마도 '교수·학습 방법'과 '평가'일 것이다. 연구자에 의해 소개되고 개발된 이론을 현장에 적용하여 그 실효성과 개선 방안을 가시화할 수 있는 것 역시 이 두 분야이다. 또한 이론과 실천의 조화가 관건이 되는 분야라고 할 수 있다. 실천적 측면에서의 한문과 평가에 대한 논의는 여러 경로를 통해 이루어져 왔다. 주로 학교 현장의 중간·기말 고사 문항의 개발과 개선에 대한 교사들의 논의나 대학 입시나 고등학교 입시와 관련된 연구 성과들이다. 그러나 한문 교육학에 대한 논의가 비교적 최근에 이루어진 현실을 비추어볼 때 학문적 탐구가 토대를 이루었다고 보기는 어렵다.[5] 한문교육학계는 학회 차원에서 여러 차례에 걸쳐 한문과 평가를 기획 주제로 다루었다. 한국한문교육학회는 2002년 '漢文科 評價의 問題點과 改善 方

---

[5] 물론 교육에 있어 이론과 실행의 輕重과 先後를 논하는 것은 조심스럽다. 교육이 이루어지는 장면마다의 특수성이 존재하고, 수많은 요인이 작용하기 때문이다. 그럼에도 불구하고 한문교육학이 개별 교사의 노력만으로 발전할 수는 없는 일이다. 현장 적용을 통해 실제성을 확보한 이론, 이론의 변용을 통한 실행이 조화를 이룰 때 한문교육학의 학문적 발전과 현장 한문 교육의 체계적 실행이 이루어질 수 있을 것이다.

案’, 한국한자한문교육학회는 1997년 ‘漢字漢文敎育의 評價方案의 摸索’, 2002년 ‘漢字漢文敎育 評價의 諸問題와 새로운 方向 摸索’, 2011년 ‘漢文科 評價의 理論과 方法’이라는 기획 주제로 학술대회를 개최하였다. 이처럼 여러 차례에 걸쳐 학회 차원의 주제 탐색이 이루어진 것은 한문과 평가의 중요성을 말해주는 것이다.

한문과 평가 전반에 대한 연구는 한문과 평가의 이론적 정립을 위한 것과 교과 교육과정 층위의 ‘평가’에 대한 탐색에 관한 것으로 나누어 볼 수 있다.[6] 한문과 평가가 학문적 체계를 마련하고, 학교 현장에서 실천의 토대를 제공해야 한다는 측면에서 평가 전반에 대한 연구는 그 의미를 지닌다 할 수 있다. 그 성과는 다음과 같다.

한문과 평가의 이론적 정립과 관련된 연구는 대표적으로 허남욱(1999), 김왕규(2009; 2010b)를 들 수 있다. 허남욱(1999)에서는 한문과 학습 평가에 적용 가능한 교육 평가의 일반적인 논의를 전반적으로 다루었다. 한문 교과의 특수성에 기반을 둔 논의를 구체화하지는 않고 있지만, 한문과 평가를 점수 산출이나 서열 판정에 국한시키지 않아야 한다는 관점을 제공하고 있다는 측면에서 그 의의를 찾을 수 있다. 또한 한문과 학습평가의 유형을 제시하며 유형별로 ‘예문’의 형식을 빌려 예시 문항을 제시하여 이론과 실제의 접목을 시도하였다. 한문 교과의 특수성에 기반을 둔 한문과 평가의 이론 정립에 대한 본격적인 논의는 김왕규(2009)에서 이루어졌다. 이 논문은 기존의 한문과 학생 평가의 문제점을 극복하고 현장 지향적 실천과 이론을 수립하기 위해 몇 가지 연구 과제–한문과 학생 평가의 목적과 방향, 要

---

[6] 초·중·고 학교 급별 한문과 평가에 대한 전반적인 논의에 대한 연구도 다수가 있으나 각 학교 급별 특성에 초점을 맞추고 있기 때문에 ‘평가 실제’에서 별도로 다루고자 한다.

因, 평가 기준, 평가 도구, 평가 결과의 활용 방안-를 중심으로 試論하였다. 주로 한문과 학생 평가에 대한 연구와 한문 수업 실천과의 連繫를 꾀하고, 한문과 학생 평가의 이론화 작업의 선결 과제로 한문 교사의 학생 평가에 대한 자기 평가와 요구, 한문 학습자의 학생 평가에 대한 인식과 요구 등의 조사와 분석을 제안하였다. 특히 한문과 학생평가의 지향점의 핵심을 한문 학습자의 '漢文 能力 伸張'에 두고, '한문 학습의 평가'가 아닌 '한문 학습을 위한 평가'를 위한 실천 방안을 구체화하고 있다. 한편 김왕규(2010b)는 김왕규(2009)에서 제안한 한문과 학생 평가의 이론 정립의 토대로 삼기 위해 한문과 학생 평가의 실태와 학생 평가에 대한 한문 교사와 한문 학습자의 요구를 조사하였다. 다양한 경로-전국 규모의 설문조사, 교사와 학생과의 면담, 통계 분석, 전문가 협의회 등-를 통해 수집한 자료를 통해 규명한 연구 결과는 이후 한문과 학생 평가의 이론 정립과 한문과 영역별 평가 기준, 평가 도구 개발, 평가 도구의 현장 적용과 결과 활용 방안을 모색하는 데 기초 자료로 활용되었다. 특히 이 연구는 문헌 연구, 설문 조사 연구, 면담, 통계 검증, 교과 전문가 협의회 등을 통해 定量的, 定性的 자료를 포괄적, 총체적으로 수집, 분석하였다는 점에서 연구 방법 측면에서도 주목할 만하다.

한문과 교육과정의 '평가'에 대한 연구는 2007년 개정 한문과 교육 과정을 중심으로 이루어져 왔다. 그 이유는 개정된 교육과정의 '평가'가 '내용' 및 '방법'과의 연계를 강조하고, 체계 및 진술이 상세해 졌기 때문이다. 남궁원(2009)와 김왕규(2010a)를 통해 그 성과를 살펴보고자 한다. 남궁원(2009)은 2007년 개정 한문과 교육과정 '평가'에 대해 다수의 의의-교육과정으로서의 역할 수행, 교육평가의 최근 동향에 부응, 교육과정 총론과의 연계, 평가 기준의 탄력성 고려-와 '정의적·심동적 영역 평가의 미흡', '한문지식 영역의 강조', '평가 결과 활용의 내용 보완', '진술상의 문제' 등의 문제점을 제기하였다. 또한 국가수준의 한문과 교육과정 '평가'의 효율적인 실행을 위해 평가기준, 성취기준 등에 대한 구체적인 자료 개발, 한문 교사의 평가 전문성 제고, 한문 교과서 평가 문항의 개선, 평가와 교수·학습 방법과의 연계 등을 제안하였다. 이 논문이 문서로서의 교육과정을 분석한 것이라면, 김왕규(2010a)는 다양한 경로-설문조사, 면담, 포커스 그룹 면담-로 자료를 수집하여 한문과 학생평가의 실행 주체인 학생과 교사의 의견 수렴, 분석을 접근 방식으로 하고 있다. 조사 결과 교사들은 한문과 교육과정의 '평가'를 활용하지 않고 부정적으로 인식하고 있었다. 여기에는 학생 평가의 본질, 학생 평가의 변인, 그리고 교육과정과 학교 현장 사이의 소통성의 문제가 개입되었다. 이를 해결하기 위해, 교육과정 개발진들의 상세화에 대한 배려와 교육과정 실행 주체인 교사들의 역량 제고가 필요하다고 결론지었다.

국가 수준의 한문과 교육과정은 한문 교육학의 이론이 집약되어 있고, 교과서 개발 및 교육 현장에서 실행의 지침서로 기능한다는 점에서 의의를 지니고 있다. 한문과 학생평가 나아가 한문 교육학의 학문적 성과를 가늠할 수 있는 지표가 된다는 점에서 주목을 요한다. 아울러 현장 한문 교사들이 외면하지 않는 교육과정을 지향해야 할 것이다.

2. 漢文科 領域別 評價에 對한 硏究

한문과 영역별 평가는 기준에 따라 다양하게 나눌 수 있다. 텍스트 (한자, 어휘, 단문, 산문, 한시)와 교육과정 영역을 기준으로 삼을 수 있으며, 인지적, 정의적, 심동적 영역으로 분류할 수 있다. 각 영역의 특성에 초점을 맞춘 연구는 한문 교과의 특수성을 반영하며, 학교 현장에서 즉각적으로 적용할 수 있다. 그 유용성과 중요성에도 불구하고 관련 연구는 다양하지 못한 실정이다. 교육과정 영역별 평가 관련 연구는 찾아보기 힘들고, 텍스트별 평가에 대한 연구와 정의적 특성에 대한 연구가 몇 편 보고되었을 뿐이다. 그 성과는 다음과 같다.

텍스트별 평가에 관한 연구는 한자와 어휘 1편, 산문 1편, 한시 1편에 불과하다. 한자와 어휘 평가에 관련해서는 고등학교 한문 교과서에 수록된 한자 관련 평가 문항을 분석한 안재철(1998)이 있다 산문 평가 관련 연구는 강경모(2003)이 있다. 이 논문은 한문 교육에서 읽기 교육의 의미를 조명하고, 문학을 그 한 영역으로 파악하며 구체적인 평가 문항을 예시하였다. 산문 텍스트에 국한되기 보다는 한문과 문학 영역 평가를 대상으로 하고 있다. 한문 교과의 특성에 대한 논의를 문학 영역 특히 읽기로 초점화 했다는 점에서 영역별 평가 연구의 전형을 보여주었다고 할 수 있다. 한시 평가 관련 연구는 안재철(1997)이 있다. 이 연구는 안재철(1998)과 마찬가지로 고등학교 한문 교과서에 수록된 한시 평가 문항을 분석한 것이다.

정의적 특성 평가와 관련된 연구는 권혁대(2000)과 임동헌(2010)이 있다. 권혁대(2000)는 정의적 영역에 대한 평가의 중요성을 인식하고, 기존 연구 성과를 토대로 정의적 평가모형을 제시하였다. 아울러 다양한 평가방법(검사지, 일화기록법, 사회도 측정법, 논술형, 포트폴리오형, 서술형)들을 이용한 평가도구를 제시하였다. 임동헌(2010)은 한문과 정의적 특성과 관련된 교육학 일반과 타교과의 연구 성과를 폭넓게 수용하며, 용어의 정립과 한문 교과의 특수성을 반영한 '정의적 특성의 평가'에 중점을 두어야 한다고 강조하였다.[7] 한문과 정의적 특성 평가를 이론적으로 접근한 試論的 성격의 글이라 할 수 있다.

거듭 강조하지만 한문 교과의 특수성이 반영된 한문과 평가론이 정립되기 위해서는 영역별 평가에 대한 연구가 다양하고 심도 있게 이루어져야 한다. 이를 위해서는 한문 교과의 성격 정립, 각 영역별 학습 요소 구체화, 영역별 평가 도구 개발 등이 선행되어야 할 것이다.

3. 漢文科 評價 實際에 對한 硏究

한문과 평가의 실제적인 측면을 탐색한 연구는 학교급별로 시행되는 평가의 문제점과 실행 방안 모색 관련 연구, 대학수학능력시험 '한문' 영역의 시행으로 대표되는 표준화 검사 관련 연구, 수행평가에 대한 연구, 평가 도구 제작 및 문항 분석 관련 연구로 나누어 볼 수 있다. 진단·형성·총괄 평가 관련 연구도 속하나 학회에 발표된 논문 중 이에 대한 본격적인 논의는 부족한 실정이다.[8]

학교급별로 시행되는 한문과 학생평가에 대한 연구는 주로 문제점과 개선 방안을 모색하거나 구체적인 실행 방안을 제안하는 방향으로 이루어져 왔다. 학교급별로 그 성과를 살펴보고자 한다.

초등학교는 국가 수준의 한문이나 한자 과목의 교육과정이 없는 실정이나. 다만 서울시 교육청에서 공표한 '초등학교 한문 교육과정'만

---

7) 한문과 정의적 특성 평가를 위한 평가 기준 및 평가 도구 개발의 구체적인 구현 양상은 '김병철(2006), 「한문과 정의 영역 평가의 개선 방향 연구」, 성균관대학교 교육대학원석사학위논문.'과 '임동헌(2008), 「한문과 정의적 특성 평가 도구 개발」, 한국교원대학교 석사학위논문.'을 통해 그 성과가 보고된 바 있다.

8) 한문과 형성평가 도구 제작 및 적용 양상에 대해서는 '진태훈(2011), 「한문과 형성평가 도구 개발 및 적용」, 한국교원대학교대학원 석사학위논문.'을 통해, 총괄 평가의 실행 양상에 대한 총체적 이해는 '김경익(2008), 「한문과 총괄평가 연구」, 한국교원대학교대학원 석사학위논문.'을 통해 논의가 진행된 바 있다. 한문과 진단평가에 대한 연구 성과는 찾아보기 어려운 실정이다.

이 있을 뿐이다. 이러한 현실 탓에 관련 연구도 주로 서울시 교육청의 '초등학교 한문 교육과정' 평가 영역에 대한 분석 및 인정 한자 교과서의 평가 문항 분석을 통해 이루어졌다. 진철용(1998)과 한은수(2002)가 대표적이다. 두 연구 모두 초등학교 한자 교육의 특성을 반영한 평가를 제안하고 있다. 초등학교용 기초한자 600자 선정의 타당성 제고, 한문 문장을 제외한 평가 영역 선정, 언어생활과 연계된 평가 문항 개발, 활동 중심의 평가 활동, 타교과 학습과의 연계 등이 구체적인 제안의 내용이다. 초등학교 한문 교육과정 개정과 개발에 밑거름이 될 것으로 생각된다.

중학교 한문과 평가에 대한 연구는 구체적인 학생평가 실행 방안을 제안한 것과 전반적인 문제점과 개선 방안을 모색한 것이 있다. 고승희(2001)은 중학교 한문 교과서에 수록된 평가 문항을 분석하고 단답형 위주의 단순한 문항 유형, 흥미 유발 요소의 부족, 적용이 어려운 서술형 평가 문항을 문제점으로 지적하였다. 이에 대한 대안으로 한자, 한자어, 한문 영역별로 다양한 평가 도구를 예시하고 학생들의 실제 활동 자료도 제시하고 있다. 중학교 한문과 평가에 대한 전반적인 논의로 한예원(2002)가 있다. 이 논문은 6차와 7차 한문과 교육과정 목표와 평가 문항의 정합성 여부를 교육과정과 교과서 평가 문항을 자료로 파악하였다. 또한 평가 활동의 다양화를 통해 재량활동에서 문화교육으로서 한문 교육의 가능성을 제언하였다.

고등학교 한문과 평가에 대한 연구는 평가 방법 및 도구 개발과 전반적인 문제점과 개선 방안 측면에서 이루어졌다. 前者에 해당하는 연구로 남궁원(1998), 홍성민(1999), 김주희(1999)가 있다. 남궁원(1998)은 한문과 평가 문항의 문제점을 파악하기 위해 대학입학학력고사에 출제된 한문 문항을 분석하였다. 그 결과를 바탕으로 평가 문항 개발의 필요성을 인식하고 한자, 한자어, 한문 영역별로 평가 문항을 예시하였다. 한편 홍성민(1999)와 김주희(1999)는 창의력 신장을 목표로 고등학교 한문Ⅰ과 한문Ⅱ의 평가 방법을 모색하였다. 이에 비해 양판석(2002)는 기존의 연구가 평가 문항 개발에 국한된 점을 인식하고 평가가 지닌 제도적·현실적 문제를 파악하고 그 개선 방안을 찾고자 하였다. 특히 교육과정 편제상 시수의 부족, 학생의 기초 한자 실력 부족, 다인수 다학급인 교실 환경 등이 한문 교과가 처한 현실이며 이는 정상적인 한문과 평가를 저해하는 요인으로 파악하였다. 이러한 현실을 감안하여 중학교 기초한자 900자에 대한 진단평가 실시, 한자 학습의 강조, 자전 활용 권장과 평가에의 활용을 개선 방안으로 제시하였다.

표준화 검사는 주로 국가수준의 한문과 평가와 관련된 연구가 대부분이다. 여타의 한문과 평가 연구에 비해 양적으로 많은 논문이 보고된 분야이기도 하다. 그 이유는 국가수준의 한문과 평가가 지닌 몇 가지 의미와 영향력 때문이다. 첫째, 교육과정 편제상 선택 과목인 한문 과목의 위상을 고려할 때 대학입학 시험에서 한문 시험의 시행 여부는 학교 수준의 교육과정 편제와 위상에 영향을 끼친다. 둘째, 한문과 평가 관련 연구가 부족한 실정에서 국가 수준의 한문과 평가 연구는 평가 계획, 문항 제작, 결과 활용 등의 측면에서 연구자와 교사의 주요 참고 자료로 활용된다. 셋째, 국가 수준의 평가 문항 출제 과정을 통해 한문과 평가 연구의 외연과 내연의 확장을 도모할 수 있다.

그간의 연구는 다음과 같은 방향으로 이루어져 왔다. 첫째, 대학입학 시험에서 한문 과목 평가의 위상에 관한 연구이다. 정우상(1985; 1988)과 이돈석(2010)이 이에 속한다. 특히 정우상(1985)는 학계에 처음 보고된 한문과 평가 관련 연구라는 점에서 연구사적 의미를 지닌다.

달리 말해 대학입학 시험에서 시행되는 한문 시험이 한문과 평가 연구의 필요성을 제기한 직접적 계기가 되었다고 할 수 있다. 이돈석(2010)은 광복 이후 대학입학 시험에서의 한문 영역의 위상 변화를 시험 제도의 변천에 따라 史的으로 고찰하고, 한국어교육 혹은 언어 영역 차원에서 한문 시험이 다루어져야 한다고 주장하였다. 둘째, 대학수학능력시험 '한문' 영역의 방향에 관한 연구이다. 대학입학 학력고사에서 국어 시험의 일부로 출제되었던 한문 시험이 1993학년도를 끝으로 폐지되었다. 이후 2005학년도 대학수학능력시험에서 '제2외국어/한문' 영역이 신설되었다. 시험의 시행을 위해 대학수학능력 시험의 평가 기준과 방향에 관한 연구가 선행되었다. 김왕규(2002a)와 이윤찬(2002)가 대표적이다. 김왕규(2002a)는 대학수학능력시험에서 한문 영역이 추가된 배경을 살펴보고, 실제 시행에 앞서 구체적인 실행 방안을 마련하기 위한 기초 연구이다. 또한 한문 영역 시험의 성격을 한문 교육용 기초 한자와 기초적인 한문 독해 능력 측정을 위한 것이라고 정의하였다. 이윤찬(2002)는 고전교육으로서의 한문 교육을 주창하고 한문학 자체가 지닌 文·史·哲의 총화 속에서 이루어지는 내용을 한문 영역의 평가 기준으로 삼을 것을 제안하였다. 대학입학 학력고사에서 출제된 문항과 새로운 유형의 문항을 대비하며 그러한 주장을 구체화하였다. 셋째, 대학입시 한문 시험의 국제 비교 연구이다. 한자문화권 국가인 한국, 일본, 중국의 현황을 파악한 연구로 장호성(2009b; 2010)이 있다. 각국의 한문 시험을 개관하고 구성과 특징, 문항 유형, 외적 체제, 평가 목표 및 난이도 등을 실제 자료를 바탕으로 분석하고 있다. 궁극적으로 우리의 한문 시험 개선을 위한 시사점을 얻기 위한 작업의 일환으로 이루어진 것들이다. 넷째, 대학수학능력시험 '한문' 영역의 문항 분석에 관한 연구이다. 김경익(2005)와 송경(2006)은 특정 시기의 문항 전체를 대상으로 내용 타당도, 지문 분석 등의 문항 분석을 실시한 것이고, 장호성(2008; 2009a)는 한자와 한자어의 영역을 대상으로 전반적인 출제 경향과 문항 유형을 분석한 것이다.

대학입시 한문 시험 이외의 표준화 검사 관련 연구도 있다. 먼저 고입 연합고사에 대한 노현숙(1989)가 있다. 김왕규(2002b; 2002d)는 국가수준의 '한자' 기초 학력 평가에 대한 보고이다. 체계화된 문항 개발 절차, 성취기준과 평가기준의 개발, 전국 단위의 표집, 결과에 대한 통계적 검증 등에서 한문과 표준화 검사의 주요 참고가 된다. 김왕규·김경익(2009)는 중학교 재량활동 '한문' 이수 여부와 정도에 따른 고등학교 학생들의 한문 학력차를 검사하였다. 중학교 한문 교과서 분석을 통해 검사지를 구성하고 고등학교 2학년 1,384명을 대상으로 검사를 실행하고 그 결과를 통계적으로 검증하였다. 연구 설계, 전국 단위의 표집, 검사지 구성, 결과 분석 등 일련의 연구 과정을 자세히 보여주고 있다.

한편 학교 현장에서 시행되는 수행평가를 탐색한 연구가 있다. 관련 연구는 대부분 학교 현장에서의 실천을 중심으로 논의를 진행하고 있다. 송병렬(2002)에서는 한문과 수행평가 실행과 교수·학습 내용과 연계된 평가 도구 부족의 문제점을 지적하고, 한문과 학습 내용과 실효성을 담보한 개선 방안 마련을 주장하였다. 이혜순·최난영(2003)은 逸話, 漢詩, 說 작품 등의 교수·학습 과정에서 한문학 작품 이해를 위한 수행평가를 실시하고, 학생들을 대상으로 설문조사를 실시하였다. 수행평가는 한문학 작품 이해를 위한 자극제 역할을 한다는 결론을 내리고 있다. 송영일(2007; 2009)는 특정 지역의 교사를 대상으로 한 설문조사와 실제 수업에서의 질문형 評價의 실행 양상을 소개하고 있다.

대학입시에서의 한문 시험 관련 연구와 더불어 양적으로 많은 연구 성과가 보고된 분야가 평가 도구 제작 및 문항 분석과 관련된 연구이다. 문항 제작을 위한 성취기준과 발문 유형에 관한 연구로 진인섭(2002)와 허연구(2007)이 있다. 평가 도구 제작의 이론에 대한 연구는 김왕규(2009)에서 논의되었다. 한문과 평가 유형을 평가 이론을 바탕으로 정리하고 평가 도구의 다양한 유형을 제시하고 있다. 한편 문항 제작 및 다양한 유형의 문항 개발에 관한 연구로 임명호(2002), 남궁원(2007), 허연구(2010b)가 있다. 이들 연구는 교육학 일반의 평가 논의를 바탕으로 한문과 특성에 맞는 평가 도구를 개발하려는 노력의 일환으로 이루어진 것들이다. 문항 분석과 관련된 연구로 고전검사이론에 의해 중·고 총괄평가 결과를 분석한 김왕규·김경익(2010)과 전국단위 한문 시험의 문항의 내용타당도를 분석한 장호성(2011)이 있다. 이들 연구는 실제 평가 문항과 평가 결과 자료를 제시하고 분석하여 이론과 실제의 접목을 꾀하였다.

4. 漢文科 資格 및 選拔 試驗에 對한 硏究

한문과 자격에 대한 연구는 한자·한문 검정에 대해 논의한 것들이다. 한자 교육에 대한 사회적 요구와 자격 부여라는 현실적 제도에 따라 다양한 연구가 이루어졌다. 주로 한자 검정 시험의 의의와 현황과 문제점 파악(박광민, 2002; 한예원, 2004; 김은미, 2005; 김경천, 2006), 개선방안 모색(이병주, 2000; 이명학, 2006; 백광호, 2006; 백광호, 2008), 인식 조사(진재교, 2005), 배정 한자(장호성, 2006), 문항 유형 분석 및 개발(이동재, 2006; 양원석, 2006) 국제 비교(박세진, 2010) 등이 주요 연구 경향이다. 한자·한문 검정 시험은 관점에 따라 논의의 양상도 다르다. 즉 언어사용 능력의 신장을 위한 것과 한문 독해 능력의 측정을 위한 것으로 대별된다. 연구 경향을 볼 때 한자·한문 시험의 성격과 체계화에 대한 논의가 구체화되어가는 양상을 보이고 있다.

한문 교사 임용고사 관련 연구는 출제 문항에 대한 논의(송영일, 2002; 신용호 외, 2002; 임채명, 2010)와 출제 범위에 대한 논의(김여주, 2007)가 있다. 특히 김여주(2007)은 학회 차원에서 진행된 출제 범위 개선 연구의 연구 결과이다. 한문교육과(한문학과)의 공통 이수 과목 을 고려하여 史와 哲을 공통 영역으로 분류하고 문학은 '소설', '산 문', '한시', '시화와 비평'으로 분류하였다. 분류 기준과 작품 목록을 전국의 한국교육과 한문학과 교수를 대상으로 설문조사를 실시 한 후 그 결과를 분석하여, 작품 목록으로 제시하였다.

Ⅳ. 漢文科 評價 硏究의 課題

학교 교육에서의 평가는 '~에 대한 평가'와 '~을 위한 평가'로 나누 어 생각할 수 있다.9) 前者가 평가 대상에 대한 직접적인 측정과 결과 에 주목하는데 비해, 後者는 평가의 과정을 중시하고, 평가를 교수· 학습 방법의 하나로 인식하며, 평가 결과의 활용에 주목한 것이라 할 수 있다. 예컨대 학생들의 학업 성취 정도를 파악하고, 서열과 등급을 산출하기 위해 실시하는 중간·기말 고사와 같은 총괄평가가 전자에 속하고, 교수·학습 과정 중에 실시하는 형성평가가 후자에 속한다고

---

9) 한국교과교육평가학회 편(2003), 『교과교육평가의 이론과 실제』, 원미사, 7면 참조.

할 수 있다. 한문과 학생 평가 연구는 그간 '한문 학습을 위한 평가' 분야에 다양한 성과를 내지 못하고 있다. 한문과 학생 평가의 본질에 대한 논의를 토대로 관련 연구의 방향을 설정해야 할 필요가 있다.

학교에서 이루어지는 한문 교육의 목표는 '학습자의 한문 능력[10] 신장'에 있다. 따라서 한문과 평가의 본질은 한문 학습자가 한문과 교육목표를 교수·학습을 통해 도달했는가에 대해 파악하며, 학생의 한문 능력에 대한 변인별 각종 정보를 파악하고 분석하여 교수·학습 개선에 활용하는 것이라고 할 수 있다. 한문과 평가 연구는 이러한 한문과 평가의 본질을 堅持하며 이루어져야 한다. 그 구체적 指向은 다음과 같이 정리할 수 있다. 각각의 항목이 지향하는 바를 구체화하기 위하여 세분화하였으나, 각 요인들은 서로 調應하고 相補的인 관계에 있다.

첫째, 한문 학습 과정에 대한 평가에 주목해야 한다. 한문 학습 과정에 대한 평가는 한문 학습자에 대한 이해에서 출발해야 한다. 즉 개별 학습자가 한문을 읽고 이해하는 과정은 구체적으로 어떠한지, 교수·학습 활동을 통해 그 과정은 어떤 변화를 보이는지를 파악해야 한다. 따라서 선다형 중심의 양적 평가보다는 질적 평가를 통해 학습자 개개인의 한문 학습 과정을 파악하는 것이 有效하다. 예컨대 '樹欲靜而風不止, 子欲養而親不待.'라는 단문을 배운 후 소리 내어 읽게

---

10) '한문 능력'이라는 용어는 2007년 개정 한문 과목 교육과정 해설에 다음과 같이 진술되어 있다. "한문에 대한 기초적인 지식의 학습을 통해서 얻어지는 한문 능력은 국어 어휘의 많은 부분을 차지하는 한자어를 바르게 이해함으로써 언어생활을 원활하게 하는 데 도움을 줄 뿐만 아니라 한문으로 이루어진 각종 한문 자료 및 이와 관련된 학문과 문화의 제 분야를 이해하는 데 기본적인 도구의 역할을 한다." 교육과학기술부(2008), 157면 참조. 연구자는 '한문 능력'의 핵심을 '한문 자료를 읽고 이해하며 심미적으로 향유하는 능력'으로 파악하고자 한다.

한다든지, 문장 독해 과정을 사고 구술이나 사고 기술지를 통해 평가하는 것이다. 이런 평가 방식을 통해 誤讀, 誤譯 등 한문 학습 오류의 구체적인 양상과 개별 학습자의 한문 학습 곤란 요인을 파악할 수 있다. 한문 학습 과정에 대한 평가가 발전하기 위해서는 다양한 평가 방법과 신뢰도가 확보된 평가 도구, 상세한 채점 기준 등이 마련되어야 한다. 수행평가나 서술형 평가 등을 활용하는 방안도 모색해야 한다. 한문 학습 과정 평가에 대한 사례 연구나 예시 평가 도구 개발 등의 연구가 필요한 시점이다. 한문과 교수·학습 분야에서는 학습자의 한문 학습 과정과 양상에 주목하는 연구 성과11)가 여러 편 보고되었으나, 평가를 통한 접근은 찾아보기 어렵다. 연구자들의 관심이 요구되는 부분이다.

둘째, 수업 중 평가 방안을 마련해야 한다. 수업 중 평가는 학생 개인별 수준을 구체적으로 파악할 수 있는 가장 적절한 방법이다. 대부분의 한문교사들은 학생들의 한문 학습 곤란 요인의 첫째로 한자 지식의 부족을 꼽는다. 교사들은 학습 곤란 요인을 구체적으로 파악해야 한다는 필요성에는 공감하나 적절한 평가 도구가 개발되어 있지 않고, 구체적인 사례가 제시되어 있지 않기 때문에 실행에 어려움을 겪고 있다. 현실적으로 채점의 용이성이나 색관성 확보를 위해 문항 대부분이 선다형으로 구성되는 총괄평가나 단답형으로 이루어지는 수행평가를 통해서는 학습자 개인에 대한 구체적 정보를 얻기 어렵

---

11) 한문 학습자의 독해 양상을 사고구술을 통해 파악한 연구(백광호(2007), 「사고구술을 통한 한문과 독해 양상 연구」, 『한자한문교육』제18집, 한국한자한문교육학회.), 한문 학습자의 오역 양상을 파악한 연구(윤조현(2010), 「한문학습자의 오역 양상 연구」, 『한문학논집』제30집, 근역한문학회.), 한문과 '끊어 읽기' 수업 사례 연구(이명희(2009), 「한문과 '끊어 읽기' 수업 사례 연구」, 『한문교육연구』제32호, 한국한문교육학회.) 등이 이에 해당된다.

다. 학생 개인의 수준을 파악하여 교수·학습 방법을 선정하고, 학습자의 한문 학습에 대한 학습 동기를 이끌어내기 위해서는 수업 중에 평가가 이루어져야 한다. 또한 수업 중 평가는 고차원적인 사고 기술을 발달시키며, 단순 지식이 아닌 고등 정신 능력을 측정할 수 있는 방안이다. 평가와 서열화를 최상의 목적으로 하는 전통적 평가는 많은 문제점을 야기하고 있다. 최근 여러 학자들에 의해 전통적인 평가의 문제점을 극복하려는 대안적 평가[12)]에 대한 관심이 고조되고 있다. 대안적 평가는 학교 현장에서 이루어지고 있는 다양한 형태의 수행평가를 포함하는 보다 큰 개념이다. 일주일에 적게는 1시간 내지 2시간에 불과한 한문 교과의 교육과정 편제와 시간 배당을 고려할 때 수업 중에 이루어지는 평가는 대안적 평가의 구체적인 실행방안이라 할 수 있다. 수업 중 평가는 고정된 평가 내용이 없으며, 일률적으로 이루어지지 않는다. 수업 맥락 속에서 그 내용이 가변적이며, 다양한 방법으로 이루어 질 수 있다. 즉 학생의 단순 암기 내용에 초점을 맞추기 보다는 학습 내용을 내면화하는 과정에 관심을 두기 때문에 고차원적인 사고 기술을 발달시킬 수 있으며, 고등 정신 능력 측정에도 적절하다. 평가 유형을 분류하면 형성평가에 해당하며, 한문 학습 과정에 대한 평가에도 효율적인 방안이다. 이러한 수업 중 평가의 중요성에도 불구하고 이 분야에 대한 한문과 평가 연구 성과는 많지 않다.[13)] 수업 중 활용할 수 있는 다양한 평가 방법 및 도구 개발, 적용

---

12) 대안적 평가란 어느 특정한 평가 체제나 방식을 의미하는 것이 아니라 한 시대의 주류를 이루는 평가 체제와 성질을 달리하는 또 다른 평가 체제를 의미한다. 즉, 기존의 표준화된 시험 방식에서 벗어나 학생들이 실제적으로 무엇을 알고 있으며 무엇을 수행할 수 있는지를 확인하고 이를 통해 학생들의 앎과 사고 기술, 탐구 방식의 성장을 돕기 위한 방식이라 할 수 있다. 김영천(2007), 『현장 교사를 위한 교육평가』, 문음사, 24면 참조.

상의 유의점, 채점 기준 등에 대한 논의가 필요하다. 특히 수업이라
는 특수한 상황에서 이루어지는 평가 활동이므로 사례연구와 같은 질
적 연구 방법을 통한 접근이 유효할 것이다.

　셋째, 한문 텍스트별, 한문과 교육과정 영역별 평가를 구체화해야
한다. 단문, 산문, 한시의 한문 텍스트별 또는 읽기, 이해, 문화 등
한문과 교육과정 영역별로 한문과 평가 연구가 세분화, 구체화 된다
면 한문 교과의 특수성과 독자성이 담보된 한문과 평가 방안이 구체
화 될 수 있을 것이다. 한문 텍스트별, 한문과 교육과정 영역별로 한
문과 평가 연구가 이루어진다면 한문과 교육과정과 현장의 실천과는
괴리가 있다는 인식14) 전환에도 一助할 수 있을 것이다. 예컨대
2007 개정 한문과 교육과정의 대영역 '한문'의 '읽기' 영역의 영역별
내용인 '한문 단문을 소리 내어 읽을 수 있다.'와 '한문 단문을 끊어
읽을 수 있다.'는 해설의 진술과 예시를 통해 그 내용을 구별할 수도
있지만, 평가 문항 등을 통해 구체화할 수도 있다. 그 필요성에도 불
구하고 이제까지의 한문과 평가 연구는 미시적인 부분으로 확장되지
못한 경향이 있다. 그간의 한문과 평가 연구 성과 중 영역별 평가에
해당하는 것이 6편에 불과한 실정이다. 그 이유는 한문과 평가 연구
자가 많지 않았고, 이론이나 개념 정립과 같은 서시직인 담론이 채
형성되지 못하였으며, 한문과 교육과정이나 교수·학습 방법 분야의
연구가 구체화되지 못했기 때문이다. 그러나 최근 이러한 문제점의
상당 부분이 해소되었다. 한문과 학생 평가의 이론 정립에 관한 연

---

13) 한문과 형성평가 관련 이론을 정리하고 형성평가 도구를 개발하여 학교 현장에
　　투입, 적용한 '진태훈(2011), 「한문과 형성평가 도구 개발 및 적용」, 한국교원대학
　　교대학원 석사학위논문.'은 도구 개발, 적용 절차 등에서 주목할 만하다.
14) 한문과 교육과정 해설 '5. 평가'의 내용 또한 현장 학생 평가 활동과 괴리가 있다
　　고 인식하기도 한다. 김왕규(2010a), 185면 참조.

구15), 한문과 교육과정 체제상 평가에 대한 논의16) 등이 이루어졌으며, 2007년 개정 한문과 교육과정을 통해 새로운 내용 체계가 제시됨으로써 한문 텍스트별, 한문과 교육과정 영역별 평가 연구의 기반이 마련되었다고 할 수 있다. 대학수학능력 시험의 문항을 영역별로 분류하여 살펴 본 연구 성과도 보고되고 있다.17) 그러나 하나의 영역에 국한되는 연구는 止揚해야 한다. 학습자의 총체적인 한문 능력 신장에 유념해야 한다. 예컨대 '한문지식' 영역은 한문을 읽고 이해하기 위한 것이므로, 영역 간 통합을 고려한 평가 방안이 모색되어야 한다.

넷째, 한문과 평가 결과의 실제적 활용 방안을 모색해야 한다. '서열화를 위한 판정'은 한문과 평가 결과 활용의 일부에 불과하다. 한문과 평가의 주요 역할은 목표, 내용, 방법 등으로의 환류이다. 예컨대, 한문 교사는 고등학교 2학년 한문 1학기 중간고사 결과를 분석하여 향후 교수·학습 계획을 수정하기도 하고, 기말고사의 난이도를 조정하기도 한다. 총점이나 평균 비교를 통한 분석 뿐 아니라 답지 반응 비율, 신뢰도, 변별도 분석을 통한 접근이 요구된다. 한문과 평가의 전 과정이 그러하지만 특히 평가 결과의 활용을 위해서는 교사의 평가 전문성18)이 절실히 요구된다. 양적 평가의 경우 산출된 각종 지수(문항난이도, 문항 변별도, 신뢰도 등)를 단순한 수치로서가 아니라 평가 문항의 특성이나 학생의 실제 반응 양상과 관련지어 해석할 수 있어야 하기 때문이다. 학생 평가를 대상으로 고전 검사 이론이나 문항 반응 이론에 의한 문항 분석의 구체적인 연구도 수행되어야 할 필요

---

15) 김왕규(2009).

16) 김왕규(2010a).

17) 장호성(2008; 2009a).

18) 한문 교사의 평가 전문성의 필요성과 신장 방안은 허연구(2008)에서 구체적으로 다루어졌다.

가 있다.[19] 평가 결과를 교수·학습 개선에 활용해야 한다는 것은 당연하다.[20] 그러나 현장 경험이 적거나 평가 결과 분석에 미숙한 교사는 그 구체적인 절차나 방안을 파악하기 어렵다. 평가 결과 활용의 절차, 자료의 해석 방법, 평가 결과의 교수·학습으로의 환류 양상 등을 구체화한 연구가 이루어질 필요가 있다.

다섯째, 한문과 평가가 준거 지향 평가(절대 평가)를 지향할 수 있는 토대를 마련해야 한다. 학습자의 한문 능력이 어느 정도인지를 실질적으로 파악하기 위해 한문과 평가는 준거 지향 평가를 지향해야 한다. 상대 평가는 상대적인 서열을 판정하기 때문에 등급이나 석차 산출 등을 통해 집단 내에서의 위치 파악에는 용이하다. 그러나 학습자가 도달해야 할 목표에 도달했는지, 목표 도달을 위해 보완해야 할 영역은 무엇인지에 대한 정보를 제대로 제공하기 어렵다. 준거(목표) 지향 평가는 그러한 한계를 극복할 수 있는 대안으로 주목받고 있다. 상급 학교로의 진학을 위한 필수 교과로서의 위상을 확보하지 못한 외재적 환경이나 학생들이 한자·한문에 대한 기초 소양이 부족한 현실을 고려해 보더라도 한문과 평가에서 절대 평가는 의미가 있다. 절대 평가의 지향은 학생들의 실질적인 한문 능력 신장을 위해 학습 곤란 요인 등을 파악하고, 그것을 바탕으로 교수·학습을 실행하기 위한 평가를 할 수 있는 토대를 마련해 줄 수 있을 것이다. 한문과 평가가 준거 지향 평가를 지향하고 실천하기 위해서는 기준과 목표의 설정이 요구된다. 특히 영역별, 요소별로 성취기준과 평가기준이 제시

---

19) 고전 검사 이론에 의한 총괄 평가 문항 분석은 김경익·김왕규(2010)을 통해 그 성과가 보고된 바 있다.

20) 평가의 교수·학습에서의 의미나 교사가 재구성한 한문과 총괄평가의 의미 등에 관해서는 김경익(2008)의 면담 자료 등을 통해 그 양상을 살펴볼 수 있다.

되고 그에 따른 평가 도구가 구체적으로 제시되어야 한다. 그러나 절대평가 실행을 위한 기준이나 목표에 관한 연구 성과[21]가 일부 보고된 바 있다. 개정된 교육과정이나 현재 한문 학습자의 수준 등을 고려한 기준과 평가 도구 개발 관련 연구가 진행될 필요가 있다. 아울러 한문 학습자의 수준을 파악하기 위해서는 국가 수준의 한문 학업 성취도 평가가 실시될 필요가 있다. 국가 내지 지역 수준의 한문 학습자의 수준 파악은 여러 의미가 있다. 교육과정 편제상 한문 과목은 중학교와 고등학교에서 모두 선택과목으로 편성되어 있다. 학생별로 한문 과목의 이수 여부와 정도에 따라 한문 학력차가 존재하는 것은 당연한 귀결이다. 신뢰도와 타당도가 확보된 진단 평가 도구가 개발, 적용되어 그 검사 결과가 활용될 수 있다면 교육과정 편제와 시간 배당의 모순으로 인해 발생하는 문제도 일부 해결할 수 있을 것이다.[22]

이를 위해서는 표준화된 학력 검사 도구가 개발되어야 한다. 국가 수준의 한문 학업 성취도 평가 결과는 학습 내용의 수준과 범위 설정을 위한 기초자료로 활용될 수 있다. 한문교육학의 지평을 넓히고 기초자료를 제공한다는 측면에서도 한문과 평가 연구에서 주목해야 할 영역이다.

여섯째, 다양한 평가 방법과 도구를 개발해야 한다. 앞서 제기한 바와 같이 한문과 평가는 한문 학습 과정에 대한 평가와 수업 중 평가를 지향해야 한다. 이러한 지향은 선다형 문항 중심의 평가나 지필 평가를 통해서는 성취하기 어렵다. 한문 텍스트, 평가 목표, 평가 내용에 적합한 다양한 평가 방법과 도구가 적용되어야 한다. 평가 방법

---

21) 진인섭(2002), 김왕규(2002a; 2002b).
22) 고등학교 학생들의 한문 학력차 검사를 위한 검사 도구 개발과 활용 방안에 관해서는 김왕규·김경익(2009)의 연구 성과가 보고된 바 있다.

과 도구가 실효성을 지니고 실제 활용되기 위해서는 채점 기준이 상세화 되고 예시 답안 등이 제시되는 등 실행을 위한 실질적인 자료가 함께 제시되어야 한다. 최근 한문과 평가 유형23)이나 2007 개정 한문과 교육과정에 따른 문항의 개발24) 등에 관한 연구 성과가 보고된 바 있다. 그러나 2007 개정 한문과 교육과정의 해설 '5. 평가'에서 진술하고 있는 관찰, 면담, 조사 등의 질적 평가나 수행의 과정에 주목한 수행 평가 등의 계획, 실행, 결과 분석의 일련의 절차를 담아낸 연구 성과는 부족한 실정이다. 또한 학습자의 참여를 유도하고 자신의 한문 학습 정도를 파악할 수 있는 자기·동료 평가의 활용 방안도 모색되어야 한다. 자기·동료 평가는 형성평가의 하나로 그 의미를 부여할 수도 있으나 학생들이 직접 평가 활동에 참여한다는 측면에서 다른 평가와 구별된다. 최근 한문과 평가 연구에서도 그 성과25)가 보고된 바 있다.

 일곱째, 한문과 情意的 特性 評價의 이론을 정립하고 실제 적용 방안을 마련해야 한다. 2007 개정 한문과 교육과정의 '한문-문화' 영역은 대부분 정의적 특성과 관련된 것들이다. 건전한 가치관과 바람직한 인성의 함양, 전통문화를 이해, 계승, 발전시키려는 태도의 함양, 한자문화권내에서의 상호 이해와 교류 증진에 기여하려는 태도를 기르는 것 등이 구체적 내용에 해당한다. 한문 교과의 목표에 있어서도 정의적 특성은 중요한 의미를 지니고 있다. 그러나 정의적 특성에 대한 정보수집 및 해석의 어려움, 다인수 다학급인 물리적 환경의 제약,

---

23) 김왕규(2009a); 허연구(2010a).

24) 허연구(2010b).

25) 도레미(2011), 「한문과 자기평가·동료평가의 설계 및 적용」, 한국교원대학교대학원 석사학위논문.

구체적인 평가 기준의 부재, 평가 방법 및 도구의 다양성 부족 등으로 인해 정의적 특성 평가에 관한 연구 성과는 다양하게 이루어지지 못하고 있는 실정이다.[26] 관찰법, 자기보고법 등의 다양한 평가 방법의 적용과 정의적 특성 평가에 활용할 수 있는 다양한 정의적 尺度(Thurston식 척도, Likert식 척도, Guttmon식 척도, 의미 변별식 척도 등)의 적용 예 등에 관한 연구가 이루어질 필요가 있다. 다양한 연구를 통해 한문 교과에 적합한 정의적 특성 평가 방법을 탐색할 수 있을 것이다. 한문 텍스트별, 영역별 특성을 고려한 정의적 특성 평가 관련 연구가 진행된다면 한문 교과의 특수성을 담보하고, 실제적 적용까지 가능한 실효성 있는 연구가 될 것이다.

위에 열거한 사항들은 한문과 평가의 특성을 고려한 연구 방향 제시의 측면이 강하다. 그러나 각각의 것들은 상호 관련성을 맺고 있으므로 실제 적용상에는 복합적인 측면을 고려해야 한다. 핵심은 한문 교과의 특성이 반영된 평가가 이루어져야 하고, 평가 연구도 이론과 실제 측면에서 그것을 지향해야 한다는 점이다.

V. 結論

그간 한문 교육학의 연구 성과는 양적, 질적으로 발전을 거듭해 왔다. 2007년 개정 한문과 교육과정의 개정을 계기로 논의도 보다 구체화되어가는 양상을 보이고 있다. 한문과 평가 분야 또한 그러하다. 연구의 외연과 내연이 확장되어가는 시점에서 그간의 연구 성과를 점

---

26) 권혁대(2000); 임동헌(2010) 등에 의해 한문과 정의적 특성 평가에 관한 논의가 이루어졌으나 평가 도구의 활용 및 적용 등에 관한 구체적인 연구는 부족한 실정이다.

검하고 앞으로의 지향을 제안하는 것이 이 연구의 주요 목적이었다.

한문과 평가의 중요성은 현장 한문 교사들에게는 절실하다. 한문 교육학의 이론적 성과가 부족한 시기에도 한문 교사들은 고군분투하며 나름의 노력을 경주하여 이겨내 왔다. 이제 이론과 실제가 접목되어 상승효과를 가져와야 할 때이다. 한문 교육 학계는 부족한 연구 분야 예컨대 본 논문에서 제안한 영역별 평가 연구, 수업 중 평가 방안, 한문 학습 과정에 대한 평가, 정의적 특성 평가 등에 주목하고 연구 성과를 축적하여 한문과 평가의 이론적 토대를 마련해 나가야 한다. 교사는 학계의 연구 성과를 실천하려는 의지를 가져야 한다. 한문과 평가 이론에 대한 탐구, 국가 수준의 한문과 교육과정 '평가' 영역과 성취기준 및 평가기준에 대한 탐색, 평가 전문성 신장 등이 이에 해당될 것이다.

그간의 연구는 주로 학회 차원의 기획 주제나 당면 과제 해결을 중심으로 이루어진 경향이 강하다. 한문과 평가는 특히 교수·학습 방법과의 연계를 고려해야 하며, 구체적이고 실질적인 성과를 쌓아 나가야 한다. 문제점과 개선 방안에 주력했던 그간의 성과를 바탕으로 평가 모형 개발, 평가의 관점 등에 대한 이론적 토대도 마련해 나가야 한다. 최근의 연구 성과를 볼 때 한문과 평가의 새로운 轉機가 마련될 날이 멀지 않은 것으로 기대된다.

제2부
한문과 평가 일반

漢文科 學生 評價 研究와 實踐의 課題

金王奎

Ⅰ. 문제 提起

　한문교육학 탐구 영역 가운데 한문과 평가는 목표의 설정, 내용의 선정과 조직, 교수–학습 방법과 밀접히 連繫되어 한문과 교수–학습 體制 전반의 활동 과정과 그 성과에 대한 점검이라는 점에서 매우 중요한 연구 분야이다. 그런데 우리의 학교 교육은 주지하듯이, 교육 평가에 대한 다양한 관점 가운데, 타일러(Tyler)의 목표 중심적 평가 관점[1]을 적극 수용했다. 이로 인해, 교과 목표, 내용, 평가 사이의 일관성을 유지할 수 있고, 평가를 통해 목표이 실현 정도를 파악할 수 있다는 몇 가지 장점에도 불구하고, 지나치게 결과에 대한 평가만을 강조하는 경향으로 흘렀고, 학교 교육의 효과를 학생의 교과 성적·성취에만 직접적으로 연결시킴으로써 가르치고 배우는 過程 자체에 대한 평가를 소홀히 하였다.

　학교 교육에서 한문과 학생 평가 실행 양상 또한 목표를 중시하는

---

1) 김재춘·부재율·소경희·채선희(2000), 223~242면 참조.

평가 관점[2], 교육과정 編制에서 선택 과목으로 低落한 교과 位相[3], 그리고 국·영·수 교과 성적 중심의 내신 관리 제도와 대학 입시 체제 등의 영향[4]으로 인해 例外가 아님을 몇 가지 局面에서 확인할 수 있다. 예컨대, 학습자의 한문 학습 과정에 注目하기 보다는 학습의 결과와 성적을 중시하는 점, 교사 주체의 일방적 학생 평가를 시행한다는 점, 교과서의 학습 내용만을 평가 기준으로 설정한다는 점, 서술형을 포함한 일부 수행 평가 도구를 편의적으로 활용하지만 선택형 평가 문항으로 구성된 지필 평가 위주의 평가 도구라는 점, 그리고 한문 학습자의 학습 곤란 요인을 파악하거나 한문 교사의 교수-학습 체제에 대한 점검 및 개선보다는 석차나 등급 산출을 위해 평가가 시행·활용된다는 점 등이 바로 그것이다.

한문과 학생 평가 연구는 이러한 학교 교육의 한문과 평가 실태를 점검, 반성하고 한문과 평가의 목적과 방향을 설정하며 한문과 학생 평가의 요인을 糾明하는 한편, 평가 기준에 따른 평가 도구의 개발과

---

2) 사실 평가를 논의할 때에 목표의 강조는 아무리 강조해도 지나침이 없다. 이 점은 학교 교육에서 교과 평가도 예외가 아니다. 단, 여기서는 "우리의 평가 관행이나 체제는 목표에 일치하고 있다. 단 문제는 이 목표가 교육과정상에 명시된 公示된 목표가 아니라 '대학 입시'라는 비공식적인 목표라는 점이다. 명시적 목표와 실질적 목표와의 괴리가 우리 교육의 문제인 것이다(허경철, 2000, 12면 참조.)."라는 맥락에 동의하면서, '목표를 중시하는 평가 관점'이란 말을 사용했다.

3) 김왕규(2004; 2007), 참조.

4) 학교의 교과 교육의 평가에 영향을 끼치는 요인들, 이 요인들의 상호 작용 및 평가 왜곡 현상에 대해서는 다방면에서 보고되었다. '공학적 체제', '관료주의적 기술'을 거론(박인기 외, 1999, 17면; 31면 참조)하거나, '측정 유도 수업이나 시험에 나올 것을 대비하여 가르치는 비정상적인 현상(박도순 외, 2007, 238면 참조.)', '평가 誘導 敎授 현상', '상급학교 진학 입시 체제에 따른 양적 평가 문화(박인기 외, 1999, 65면 참조)' 현상, '평균씨의 대량 생산 현상(황정규, 2002, 42면 참조)' 등이 바로 그것이다. 한문과의 경우, 김경익(2008), 김왕규(2009)의 논의를 참고할 수 있다.

적용, 그리고 평가 결과의 활용 방안 모색과 관련된 이론을 定立하기 위한 基礎 연구 과제라고 할 수 있다. 이 연구는 한문과 학생 평가의 본격적 이론 정립에 앞서, 기존의 한문과 학생 평가의 문제점을 극복하고 학생 평가의 현장 지향적 실천과 이론을 수립하기 위해 몇 가지 연구 과제를 중심으로 논의를 試論하기로 한다. 시론적 성격의 이 연구가 학생 평가에 대한 반성적 省察에서 비롯하고 한문 수업 실천으로 連繫되기를 바라는 것은 필자의 期待이다.

Ⅱ. 한문과 학생 평가의 目的과 方向

目的 : 평가 주체를 교사로, 평가 대상을 학생의 한문 학습으로 설정할 때, 한문과 학생 평가는 '한문 교사가 한문 학습자의 한문 학습 과정과 성취 정도를 평가하는 활동'[5]이다. 한문과 학생 평가는 본질적으로[6] 한문 학습자의 한문 학습 과정과 학습의 결과를 평가 대상으로 한문 학습자의 학업 성취의 정도와 한문 학습과 관련된 태도, 가치, 흥미 등 정의적·심동적 영역의 정보를 收集, 分析, 綜合하여 힌문 학습자를 이해하고 교사의 교수 학습 활동에 投入하는 교육 활동을 이른다.

한문과 학생 평가는 첫째, 한문 학습자의 한문 학습 과정과 성취 정도에 대한 이해와 분석, 종합과 판단에 목적을 둔다.[7] 이해, 종합,

---

5) 김왕규(2009) 참조.

6) 학생 평가의 본질, 지향점에 관련된 범교과적 논의 전개는 김신영(2009) 참조.

7) 이 점에서 "평가 대상에 대한 여러 정보를 수집하여 그가 과연 어떠한지 이해하여 애쓰는 것뿐이다. 예를 들어 학생의 시험 점수나 등수가 문제가 아니라, 왜 그렇게 답했는지 또는 어떤 과정을 통해 그러한 결론에 도달했는지를 알려고 하는 것이

판단에 앞서 학생의 한문 학습에 관련된 정보를 다양한 경로 예컨대, 중간·기말 고사, 진단이나 형성 평가 도구, 서술형 수행 평가 도구, 그리고 쪽지 시험, 과제물 검사, 노트, 활동철이나 자료집 등을 통해 수집하게 된다. 둘째, 한문과 학생 평가는 한문 교사의 교수–학습 방법 및 자료의 점검과 개선에 중점을 둔다. 평가 주체인 한문 교사는 평가 대상인 한문 학습자의 한문 학습 과정 및 결과와 관련된 자료를 분석, 판단함으로써 교사 자신의 교수 지원 체제를 점검하고 반성한다. 이를 통해 수업에 활용한 전략이나 교수의 효율성을 判斷[8], 改善, 提高할 수 있다. 셋째, 한문과 학생 평가는 한문 교사가 선택, 활용한 평가 체제 전반 곧 평가 계획, 평가 목적, 평가 방법, 평가 도구, 평가 절차 등을 점검하고 개선할 수 있는데 비중을 둔다. 위의 세 가지 논의에 터해 보면, 한문과 학생 평가의 目的은 학습자의 한문 학습 양상을 총체적으로 이해[9]하고, 한문 교사가 이를 활용하여 교수·학습 지원 및 평가 체제를 點檢하며 교수·학습의 효과를 提高하기 위한 것이다.

그런데, 학교 교육에서 평가의 실태에 관한 범교과적 논의[10]와 한

평가에서 중요하다."라는 진술이 주목된다. 박도순 외(2007), 29면 참조.

8) 이 글에서 '판단'의 주체는 교사이고, '판단'의 대상은 교사 자신의 교수 프로그램이다. 또한 '판단'의 근거 자료는 학습자의 학습과 관련된 증거 자료들이다. 이와 관련하여 다음 논의가 도움이 된다. "평가를 통한 판단 작용의 標的이나 歸着點은 학생이 아니라 그런 평가를 있게 만든 前件인 교육 프로그램이다.(중략) 더욱 중요한 것은 학생들에게 제공한 교육과정과 수업 프로그램의 질적 적합성이나 효율성에 관한 판단이다." 박도순 외(2007), 26면 참조.

9) 여기서 필자는 '총체적 이해'란 말을 한문 학습에 대한 한문 학습자의 인지적, 정의적, 심동적 영역을 포괄하는 뜻으로 사용했다. 원론적 제안이지만, '이해'에 앞서, 한문 학습자의 정의적, 심동적 영역이나 특성에 대한 내용 선정 및 조직, 평가 기준 및 평가 도구 개발과 적용 등의 연구가 학계에 요청된다.

10) 최근의 성과로 김영천(2007), 박도순 외(2007)가 주목된다. 황정규(2002, 4판)

문과 평가 관련 보고11)에 따르면, 현재 학교의 한문과 학생 평가는 위에서 논의된 학생 평가의 본질이나 목적과 상당한 距離가 있다. 거리 사이사이엔 歪曲, 屈折, 破裂 등의 현상도 개입된다. 距離와 歪曲의 要因 糾明은 보다 精緻한 논의12)를 요하지만, 요인의 상호 작용 결과, 현행 한문과 학생 평가는 교과서 내용이나 교사의 지도 중점을 평가 기준으로 대체한 평가, 선택형 문항으로 구성된 총괄 평가 위주의 평가, 대학 입학 전형 제도에 따른 내신 산출용 평가 등의 문제에 얽매여 있다. 한문과 학생 평가에서 특히 우리가 주목해야 할 것은 선택형 문항으로 구성된, 중간·기말 고사 위주의 총괄 평가를 중심으로 실행되고 있는 학교 현장의 한문과 평가 행위는 한문과 평가의 본질과 목적을 수행하기 위한 하나의 절차, 과정, 수단이라는 점이다. 다시 말해, 총괄 평가 및 지필 평가와 그 결과물은 학습자의 한문 학습에 대한 총체적 이해와 교사의 한문 교수-학습 및 평가 체제 개선을 위한 판단 자료의 하나로 볼 수 있는 것이다.

  方向 : 한문과 학생 평가의 목적을 한문 학습자의 한문 학습 양상에 대한 총체적 理解와 한문 교사의 교수 지원 및 평가 체제 點檢과 교수의 효율성 提高에 두었을 때, 한문과 학생 평가의 방향을 무엇으

의 논의는 개략적이지만 포괄적이다. 국가 수준의 보고서로 이인제 외(2004), 김수동 외(2005), 남명호 외(2006)를 읽을 수 있다.

11) 국가 수준의 보고서로 이명준·김왕규(1999; 2000)가 있다. 총괄 평가의 실행 양상에 대한 質的 보고로 김경익(2008)이 주목된다. 송병렬(2002)은 한문과 수행 평가의 실태와 문제점을 따지고 대안을 마련했다. 한문과 정의적 영역 평가와 관련된 논의로 김병철(2007)이 개선 방안을 찾고, 임동헌(2008)이 평가 도구 개발을 시도했다. 2007년 개정 한문과 교육과정 '5. 평가'와 교육과정 해설 '5. 평가'를 중심으로 한문과 학생 평가의 문제점을 찾고, 문제 해결의 방안을 모색한 質的 硏究로 김왕규(2009)가 있다.

12) 김왕규(2009) 참조.

로 설정할 수 있을까? 몇 가지 측면 예컨대, 평가 주체, 평가 기능과 시기, 평가 방법과 평가 도구, 평가 목적, 그리고 평가 결과의 활용 등의 部面에서 논의를 진전시켜 보자.

한문 학습자에 대한 이해, 특히 학습자의 한문 읽기 및 이해에 작용하는 변인과 한문 성취에 미치는 요인을 파악하기 위해 무엇보다 학습자의 '한문 학습의 과정'에 대한 注目이 요구된다. 한문 학습의 과정에 대한 이해는 객관식 문항 위주의 지필 평가 방식으론 불가능하거나 매우 제한적이다. 과정에 대한 평가에 주목할 때, 한문과 평가는 '한문 학습의 평가'가 아니라 '한문 학습을 위한 평가'를 지향한다. 다시 말해, 학습된 결과를 평가하기 보다는 학습자의 한문 학습 활동을 輔助, 點檢, 還元, 그리고 동기나 흥미를 誘發할 수 있는 평가 체제를 지향하는 것이다. 또한 총괄 평가를 따르되, 한문 학습자의 선수 학습 有無나 그 정도, 한문 학습의 태도 및 동기 등을 진단하기 위한 진단 평가나 형성 평가를 强調하거나 施行한다.

한문 학습자의 한문 학습 과정에 주목하고, 학습자의 한문 학습을 위한 학생 평가 체제는 한문 학습자의 '自己 評價'를 강조한다. 정기적으로 시행되는 교사 주체의 일방적 학생 평가 방식이 아니라 학습자 스스로 자신의 한문 학습 과정과 결과를 주체적으로 반성하고 되돌아 볼 수 있는 기회로 삼을 수 있는 평가 체제로 전환할 필요가 있다. 학생 전체에서 학습자 개인[13]으로 평가의 焦點을 설정할 때, 한문과 평가는 학생 전체의 등급화, 석차화에서 한문 학습자 개인의 차원을 지향한다.

---

13) 최현섭 외(1999, 제2판)에서 국어 평가의 지향점을 몇 가지 논의하면서, "국어 평가는 '학생 전체'에서 '학생 개인'에 대한 관심으로 그 초점을 옮길 필요가 있다." 라고 말했다.

한문과 학생 평가의 목적 가운데 하나인 한문 교사의 교수-학습 방법 및 자료의 점검과 개선을 구현하기 위해, 한문과 학생 평가는 교수-학습과의 連繫와 統合을 지향한다. 교수-학습 과정과 평가의 연계는 교수-학습과 평가의 통합14)을 의미하는 바 예컨대, 교실 수업 국면에서, 한문 교사는 한자 筆順의 원리를 지도하면서 관찰이나 체크리스트, 학습지, 쪽지 시험지 등을 이용하여 교수-학습과 연계된 질적 평가나 수행 평가를 시행할 수 있다. 평가 자료를 수집하고, 결과를 분석, 종합, 판단하여 교사 자신의 교수 전략이나 수업에 투입한 학습 자료를 수정, 보완하기도 한다. 최종적으로 교사는 한문과 학생 평가에 따른 결과를 교수-학습 활동에 재투입할 수 있는 것이다.

평가 방법이나 평가 도구 측면에서 한문과 학생 평가는 한문 교사의 평가 體制 전반의 점검 및 개선을 지향한다. 학생 평가 과정과 결과를 통해 한문 교사는 자신이 선택한 평가 유형이나 방법, 평가 도구, 절차와 설계, 시행과 분석 등 일련의 평가 체제를 점검한다. 특히 한문과 학생 평가는 양적 평가 도구에서 질적 평가 도구로, 곧 선택형 문항 위주의 지필 평가에서 질적 평가 방식으로 비중을 확대할 필요가 있다. 질적 평가 자료의 수집과 자료에 대한 적합한 해석은 양적 평가 자료와 분석 결과로는 설명할 수 없는 한문 학습자의 하습 과정과 성취 정도 이해에 풍부한 情報를 提供하기 때문이다.

이와 같이 한문과 학생 평가는 한문 학습자에 대한 평균화, 등급화, 석차화에서 학생 개개인에 대한 총체적 이해를, 성적 산출을 위한 총괄 평가에서 한문 학습자의 선수 학습 진단을 위한 진단 평가나 성취 과정에 대한 형성 평가를, 한문 교사의 한문 학습자에 대한 일방적

---

14) 교육과학기술부(2008a), 123면 참조.

평가에서 학습자 자신의 자기 평가나 동료 평가를, 그리고 양적 평가 도구에서 질적 평가 도구를 지향한다. 학습자의 한문 학습 과정에 주목하고 한문 학습 활동을 돕거나 학생의 자기 평가를 권장하는 한문과 학생 평가 체제는 궁극적으로 학생 평가를 통한 교사의 한문 교실 수업 체제에 대한 고찰, 평가, 반성 그리고 개선을 지향한다. 그리고 그 지향점의 핵심엔 한문 학습자의 '漢文 能力 伸張'이 있다.

Ⅲ. 한문과 학생 평가의 要因

논의의 진전을 위해, 평가의 要因[15) 규명과 관련하여 '누가', '무엇을', '어떻게', 그리고 '왜'라는 질문이 有用할 수 있다. '누가'는 평가의 주체, '무엇을'은 평가 영역이나 내용 혹은 평가의 객체, '어떻게'는 평가 방법이나 평가 도구, 그리고 '왜'는 평가 목적과 관련된 변인이라고 볼 수 있다. 그러나 記述의 편의상 이들 개별 요인들을 독립적으로 구분하고 그 특성을 설명할 수 있지만, 사실 교실 수업 局面에서 이들 요인들은 서로 繼起的으로 발생, 순환하면서 상호 작용하기 때문에 그 작용 양상을 밝히는 것은 어렵다. 이런 점을 전제하면서 한문과 평가, 특히 학생 평가와 관련된 몇 가지 요인을 試論해 보

---

15) 한문과 평가에 영향을 끼치는 變因에 대한 최근 논의로 김경익(2008), 김왕규(2009)가 자세하다. 김경익은 고등학교 한문과 총괄 평가에 영향을 끼치는 주요 변인으로 총괄 평가 기출 문제, 교과협의회의 구성과 기능, 대학수학능력시험에서 제2외국어/한문 영역 시험을 들고, 한문과 총괄 평가에 영향을 끼치는 변인들의 개념지도를 제시했다. 김왕규(2009)는 2007년 개정 한문과 교육과정 '5. 평가'와 교육과정 해설 '5. 평가'를 통한 한문과 학생 평가의 문제점과 학생 평가에 영향을 끼치는 변인들, 그리고 이 변인들의 상호 작용, 평가 왜곡 현상에 대해 현장 한문 교사들의 경험, 증언, 반응 자료를 활용하여 질적 연구 방법으로 보고했다.

기로 한다.

評價 主體 : 한문과 학생 평가의 주체는 일차적으로 한문 교사라고 할 수 있다. 한문 교사가 정기적으로 선택형 문항을 제작하여 지필 평가 방식으로 한문 학습자를 평가하는 현장 평가 실태에 비추어 볼 때, 한문과 학생 평가의 주체는 한문 교사라고 볼 수 있다. 한문 교사 일방의 한문과 학생 평가 관행 아래에서 학습자는 총괄 평가라는 척도에 의해 평가되거나 등급화의 대상일 뿐, 학습자 스스로 자신의 능력을 평가할 수 있는 역할을 수행하지 못했다. 그러나 학생 평가를 통해 학습자의 한문 학습을 돕고 흥미와 관심을 誘導하며 학습자 자신의 한문 학습법의 단점과 장점을 이해하고 학습의 효과를 제고하기 위한 평가 관점에 선다면, 한문과 학생 평가의 주요 주체는 한문 교사뿐만 아니라 한문 학습자 그 자체임을 강조할 필요가 있다. 학습자 자신이 자신의 한문 학습 과정을 점검하고 스스로 평가할 수 있는 평가 활동 곧, 학습자의 자기 평가 활동에 대한 이해는 한문과 학생 평가의 주체와 관련된 연구와 실천의 지평을 넓힐 수 있는 土臺가 될 수 있을 것이다. 한문 교사와 한문 학습자의 평가 활동과 관련된 믿음, 태도, 가치, 성향 또한 평가 주체와 관련된 주요 변인임을 우선 附記한다.

評價 領域 : 한문과 평가 영역은 기본적으로 국가 수준에서 고시된 한문과 교육과정의 '3. 내용'에 따른다. 한문과 교육과정 개정의 중점에 의해, 학생 평가의 평가 영역은 한자 어휘 이른바 '한자어'를 핵심 영역으로 설정할 수도 있고, 문장 단위의 읽기, 이해, 문화 그리고 역사, 철학, 문학 등에 중점을 두어 평가 영역으로 설정할 수 있다. 그런데, 학교 현장에서의 평가 영역은 주로 교사가 가르치는 교과서의 내용과 교사 개인의 가치·태도·흥미나 지도의 중점에 따라 결정되

는 경우가 많다. 국가 수준의 한문과 교육과정과 한문 교사에 의해 해석되고 실행되는 실천으로서의 한문과 교육과정 사이의 乖離 문제는 기실 교육과정 논의의 焦點일 뿐만 아니라, 한문과 학생 평가의 요인과 결부된 문제16)이기도 하다. 특히 평가 영역 논의와 관련하여, 이른바 정의적, 심동적 영역에 대한 내용 선정과 평가 도구 개발이 시급한 과제이다. 텍스트, 곧 한문 학습 자료에 대한 영역별, 학년별 수준과 범위를 제시하는 작업 또한 한문과 학생 평가 연구의 핵심 과제 중의 하나임을 特記한다.

評價 方法과 道具 : 평가 유형이나 평가 방법, 그리고 평가 방법에 따른 평가 도구와 개별 평가 도구의 특성 또한 한문과 학생 평가에 영향을 끼치는 중요한 변인 가운데 하나이다. 예를 들어, 준거 참조 평가를 기준으로 질적 평가 방법을 교사가 선택했을 때, 이른바 자료철(포트폴리오)이라는 평가 도구를 활용할 수 있다. 특정한 평가 방법이나 평가 도구가 절대적으로 우수한 것은 아니다. 평가 목적에 적합한 평가 방법과 도구를 개발, 적용하는 것이 중요하다. 이런 점에서 교육과정에 근거한 선택형(진위형, 배합형, 선다형), 서답형(단답형, 완성형, 논문형) 평가 도구와 다양한 질적 평가 도구를 개발, 적용할 필요가 있다. 특히 학습자의 한문 학습 과정에 주목할 때, 개별 학습자의 과제 수행의 정도와 곤란 요인을 파악할 수 있다는 점에서 면담표, 관찰표, 토론지, 자기 평가 및 동료 평가 보고서, 과제 일지, 현장 학습 일지, 연구보고서, 포트폴리오, 체크리스트, 평정 척도법 등 다양한 질적 평가 도구의 개발, 적용 그리고 효과를 보고할 필요가 있다.

評價 目的 : 평가의 주체와 객체, 평가 영역, 그리고 평가 도구의

---

16) 김왕규(2009)에서 교육과정, 교육과정 해설, 그리고 학교 현장 사이의 '乖離'와 '歪曲'의 현상과 원인에 대해 논의했다.

선택과 적용은 평가를 왜 하는가, 라는 평가 목적과 상호 照應된다. 상급 학교 진학을 목적으로 비교, 경쟁 중심의 석차 내지 등급을 산출하기 위한 한문과 학생 평가는 가장 是非의 소지가 적다고 판단되는 객관식 문항으로 구성된 지필 평가 방식을 한문 교사가 일방적으로, 학생을 대상으로, 시행하는 것이다. 그러나 학습자의 한문 학습 양상을 총체적으로 이해하고, 한문 교사가 이를 활용하여 교수·학습 체제를 반성하며 교수·학습의 효과를 제고하기 위한 관점에서 평가를 수행할 때, 평가의 주체는 교사 일방에서 학생, 혹은 교사와 학생, 학생과 학생 雙方으로 확대되며, 평가 영역 또한 교과서 내용이나 교사의 지도 중점에서 벗어나 학생과 교사의 필요와 요구에 의해 다채롭게 선정될 수 있고, 관찰, 면담, 자기 평가 보고서 등의 평가 도구를 적극적으로 도입, 활용할 수 있을 것이다.

其他 : 평가의 주요 주체의 하나인 교사와 관련된 문제이지만, 한문 교사의 교육관 내지 평가관, 한문교육학에 대한 관점17) 등에 관한 인식 내지 시각 또한 한문과 학생 평가의 주요 변인으로 거론할 수 있다. 특히 우리의 교육 현실에서 대학 입시 제도와 시험 편제, 대학별 입학 전형 방식, 그리고 이에 부응하는 내신 등급 산출 방식 등 교과 외적 문제를 한문과 학생 평가에 영향을 끼치는 요인으로 논의를 확장할 필요가 있다. 학교 교실 평가 현장은 기실 이러한 교과 외적 요인에 의해 한문과 평가의 본질과 목적이 심각하게 歪曲된다는 점을 고려할 때, 교과 외적 변인에 대한 糾明18)과 개선 및 變革이 절대적으로 필요하다. 단, 문제를 풀고, 방안을 마련하며, 변화의 기틀을 수립하는 일은 한문교육학 구성원의 공부와 인식의 전환에서 胚胎

---

17) 김왕규(2003)에서 한문교육학을 이해하는 관점과 그 특성에 대해 설명했다.
18) 김왕규(2009) 참조.

된다는 점을 우선 강조한다.

Ⅳ. 評價 基準, 評價 道具 그리고 評價 結果의 活用 方案

評價 基準 : 현재 학교에서 실천되고 있는 한문과 평가 활동이 교육과정을 근거로 이루어진다고 말하기 어려운 게 우리 한문과 평가의 현실이다. 국가 수준의 문서로서의 한문과 교육과정에 대하여 현장 교사들의 느끼는 거리감은 특히 평가 분야에서 더욱 심각하다고 볼 수 있다. 국가가 고시한 2007년 개정 중학교『漢文』, 고등학교『한문Ⅰ』·『한문Ⅱ』교육과정에 의하면, '5. 평가'는 평가 계획, 평가 목표와 내용, 평가 방법, 그리고 평가 결과의 활용으로 구분, 진술되었다. 결론적으로 말하면, 국가에서 제시한 평가 항목과 교육과정 해설서에서 제시한 평가에 대한 설명은 학교급별·영역별·학년별로 단계화, 위계화하여 제시된 것이 아니기 때문에, 현장의 한문 교사가 평가의 여러 局面에서 무엇을 참고하여, 구체적으로 어떻게 평가해야 할지에 대한 정보를 얻기에 부족한 것이 사실이다. 참고로, 현장의 한 한문 교사의 다음과 같은 告白을 통해 우리는 이 점을 거듭 확인할 수 있다.

> 저 자신도 자의적인 출제를 많이 했고요. 기회가 된다면 평가에 대한 식견을 갖출 수 있는 기회가 있어야 되는데요. 교과교육론이 일천한 교과이다 보니까, 고립되어서 생활하고 그래서 독불장군식의 남들이 봤을 때 민망한 수준의 문항이 나오게 되고요. 전문서적이나 다른 교과 것을 보고서라도 해야 하는데 한문과 쪽은 문항 제작이나 이런 것들에 대해 표본이 될 만한 게 없으니까 자꾸 문제가 되는 것 같아요. 획일적인 것은 좋은 게 아니지만 어느 정도는 기본적인 틀은 서로

맞추어야 되지 않나 그런 생각이 들어요.[19)

한문과 교육과정에서 제시한 목표의 성취도를 판단하기 위한 평가 활동이 아니라 교과서 내용을 평가 기준으로 삼는 현실, 그것도 평가의 대상과 목표에 적합한 평가 방법을 사용하는, 교육적으로 가치 있는 평가가 아니라 주관적 채점 시비를 피하기 위해 가장 객관적일 것이라고 믿는 선다형 위주의 지필 평가 관행이 정당화되는 현실이다. '자의적인 출제'나 '독불장군식'의 평가 문항 제작 관행에서 벗어나 '기본적인 틀'을 갖춘, '표본'에 근거한 평가 문항의 제작과 실행은 무엇보다 평가 영역이나 내용의 성취 수준을 정확히 判定할 수 있는 기준 곧 '평가 기준'의 개발에 근거한다.

한문과 '평가 기준'[20)은, 한문 교과의 교과 목표와 교과 내용을 상세

---

19) 김경익(2008), 101면 참조. 김경익(2008)에서 총괄 평가와 관련된 학교 현장 한문 교사들의 다양한 목소리를 들려주었는데, 위의 글은 여기서 따왔다.

20) 이명준·김왕규(1999), 김왕규(2002)에서 제6차 교육과정에 따른 한문과 평가 기준과 예시 평가 도구를 개발했다. 이 연구에서 "평가 기준은 성취 기준을 평가 상황에 구체적으로 도움을 줄 수 있는 형태로 변형시켜 놓은 것으로, '학생들이 성취한 수준을 몇 개의 단계(예: 상·중·하)로 나누어 판정하는 데 기준으로 활용하기 위한 진술문'이라고 할 수 있다. 성취 기준이 교수–학습 과정에서 활용되는 기준이라면, 평가 기준은 평가 과정에서 활용되는 기준이다. 성취 기준과 평가 기준이 포함하는 교과의 내용 및 대상은 동일하지만 성취 기준은 해당 학년 학생들이 반드시 성취해야 할 교육 내용과 행동의 범위를 진술한 것인 반면, 평가 기준은 학생이 성취 기준이 포함하는 내용과 행동에 관해 학습한 후 보이게 될 성취의 수준을 그 정도에 따라 구분하여 진술한 것이라고 할 수 있다(김왕규, 2002, 289면 참조.).", "평가 기준은 성취 기준에 진술된 학습 요소들에 대한 학습 결과를 학생들이 과제와 관련해 어떻게 적용시키고 표현할 수 있는 가를 판단할 수 있도록 각각의 도달 수준에서 기대되는 수행(performance)의 질(quality)에 관한 진술문(김왕규, 2002, 294면 참조.)"이라고 정의했다. 이 보고의 문제점(평가 기준 및 예시 평가 도구 개발)에 대해 학계에서 비평이 제기되었지만, 이후 필자는 한문과 성취 기준 및 평가 기준에 관한 이론적·실제적 후속 연구를 수행하지 못했다. 한문교육학에 대한 필자의 연구 역량의 부족을 절감하면서 여기서는 우선 이전 연구의 진술을

화한 학습 목표 혹은 성취 기준을 한문 교사가 직면하게 되는 각종 평가 상황에 구체적 기준으로 삼을 수 있도록 진술한 것으로, 학습 목표를 학습한 뒤 한문 학습자가 보이게 될 성취의 수준을 평가할 때 사용하는 기준이라고 할 수 있다. 평가 기준의 개발 단위는 학습 내용 혹은 성취 기준과 一對一 對應하거나 유사한 성취 기준을 統合하여 개발할 수 있다. 평가 기준의 진술 체제 및 진술 방식은 과목의 특성, 영역(내용)의 수준과 범위, 성취 기준의 특성에 따라 다양하게 진술될 수 있으며, 통상 5단계(1~5 수준), 3단계(1~3수준 혹은 상, 중, 하), 그리고 2단계(성취, 미성취 혹은 상, 하) 등으로 진술된다. 例示를 통해 2007년 개정 교육과정에 따른 평가 기준 개발 작업을 試論해 보자.

예시에 앞서, 2007년 개정 한문과 교육과정의 '3. 내용'에 대해 간략하게 설명해 보기로 한다. 2007년 개정 한문과 교육과정의 '3. 내용'은 영역을 한문, 한문 지식으로 설정했다. 한문 영역은 읽기, 이해, 문화로, 한문 지식 영역은 한자, 어휘, 문장으로 각각 중영역을 구분했다. 읽기는 3개의 내용 요소 곧 단문의 읽기와 풀이, 산문의 읽기와 풀이, 한시의 읽기와 풀이를 갖는다. 그리고 단문의 읽기와 풀이라는 내용 요소는 나. 영역별 내용, 1학년, 한문, 읽기의 '한문 단문을 소리 내어 읽을 수 있다.', '한문 단문을 끊어 읽을 수 있다.', '한문 단문을 바르게 풀이할 수 있다.'라는 3개의 학습 내용 선정의 準據가 된다. 예시에서 영역별 내용은 바로 학습 내용이다. 영역별 내용→성취 기준→평가 기준의 순서를 따랐다. 아래에서 평가 기준을 예시한다.

따른다.

・평가 기준 예시

- ・학교급・학년 : 중학교 1학년
- ・영역 : 한문
- ・중영역 : 읽기
- ・내용 요소 : 단문의 읽기와 풀이

〈표 1〉 2007년 개정 한문과 교육과정에 근거한 평가 기준 개발 예시

영역별 내용	성취 기준	평가 기준
1-(읽기)-(1) 한문 단문(短文)을 소리내어 읽을 수 있다.	(가) 한문 단문을 이루는 단어, 구절, 문장을 음운론 규칙과 문맥의 의미에 따라 바르게 발음하여 읽을 수 있다.	1 수준 (상) : 한문 단문을 이루는 단어, 구절, 문장을 음운론 규칙과 문맥의 의미에 따라 능숙하고 정확하게 발음하여 읽을 수 있다. 2 수준 (중) : 한문 단문을 이루는 단어, 구절, 문장을 음운론 규칙과 문맥의 의미에 따라 부분적으로 발음하여 읽을 수 있다. 3 수준 (하) : 한문 단문을 이루는 단어, 구절, 문장을 음운론 규칙과 문맥의 의미에 따라 발음하여 읽을 수 있는 능력이 부족하다.
	(나) 한문 단문을 이루는 단어, 구절, 문장을 음운론 규칙에 따라 바르게 발음하여 읽을 수 있다. 한문 단문을 이루는 단어, 구절, 문장을 문맥의 의미에 따라 바르게 발음하여 읽을 수 있다.	
	(다) 한문 단문을 이루는 단어를 음운론 규칙과 문맥의 의미에 따라 바르게 발음하여 읽을 수 있다. 한문 단문을 이루는 구절을 음운론 규칙과 문맥의 의미에 따라 바르게 발음하여 읽을 수 있	

다. 한문 단문을 이루는 문 장을 음운론 규칙과 문맥의 의미에 따라 바르게 발음하 여 읽을 수 있다.	
(라) 한문 단문을 이루는 단어를 음 운론 규칙에 따라 바르게 발 음하여 읽을 수 있다.(하략)	

평가 기준 개발은 성취 기준을 근거로 한다. 성취 기준 개발은 두 가지 경로가 있다. 하나는 2007년 개정 교육과정의 경우, 내용 요소에 따른 영역별 내용[21]을 성취 기준으로 설정하는 것이다. 예를 들어 위의 〈표 1〉에서 "1-(읽기)-(1) 한문 短文을 소리 내어 읽을 수 있다."라는 학습 내용[22]을 바로 성취 기준으로 설정하는 것이다. 다른 하나는 학습 내용을 한 단계 상세화, 구체화한 기준 곧 성취 기준[23]을 개발하는 것이다. 예시에서는 학습 내용을 보다 구체화한 방식을 따랐다. 성취 기준의 수준과 범위, 진술 방식 또한 긴요한 과제이다. 예시에서는 2007년 개정 한문과 교육과정 해설에 근거해 (가)~(라)[24]를 예시했다.

---

21) 교육과정 '3. 내용' 가운데, '나. 영역별 내용'은 사실 학교급별(중학교, 고등학교), 과목별(중학교 『漢文』, 고등학교 『漢文Ⅰ』·『漢文Ⅱ』), 학년별(중학교 1, 2, 3학년, 고등학교 11, 12학년), 영역별(한문, 한문 지식) 내용의 성격을 갖고 있다.

22) 이 경우, 영역별 내용에서 제시한 학습 내용은 학습 목표이자 성취 기준이자 성취 목표의 성격을 포괄한다.

23) 한문과 성취 기준에 대한 선행 연구에서 "성취 기준은 한문과 교육 과정에 제시한 한문과 교육 목표에 비추어 학습할 내용의 수준과 범위를 정하고 '내용'을 학습한 뒤에 학생이 할 수 있기를 기대하는 '수행' 수준을 판단하는데 필요한 기준으로 정의하였다. 즉, 교육 과정의 내용을 상세화하여 학생이 성취해야 할 능력 또는 특성이 드러나게 '내용'과 '행동'을 결합하여 진술한 문장이 성취 기준으로 이 기준은 한문과 교수·학습 활동에서 실질적인 기준 역할을 한다."라고 했다. 김왕규(2002), 290면 참조.

24) (라)의 경우, 성취 기준은 6개이다. 단어, 구절, 문장 그리고 음운론 규칙과 문맥의 의미를 개별 기준으로 설정하고 조합하면 그렇다. 여기서의 적합성은 다른 문제이지

어느 것을 택할 것인가의 문제가 아니라, 무엇이 현장의 한문 교사의 교수 학습 활동에 適合할 것인가라는 문제이다.

성취 기준 (가)를 대상으로 3단계 방식의 평가 기준을 시론적으로 예시했다.[25] 평가 기준을 읽어 보면 感知되겠지만, 수준과 단계를 구분하고 이를 진술하는 것은 쉬운 작업이 아니다.[26] 교육과정의 학습 내용, 학습 내용에 대한 교육과정 해설의 설명, 한문 교사와 한문 학습자의 상황과 수준에 대한 精緻한 解釋과 교과교육적 眼目이 요구된다. 한문과 교육과정에 근거한 영역별·학년별[27] 평가 기준은 현장의 한문 교사들에게 평가의 指針 내지 準據의 역할을 함으로써 평가 과정의 객관성은 물론이고 평가 결과의 해석에서도 일관성을 유지할 수 있을 것이다.

만, 학습 내용의 특성에 따라 이런 조합 방식에 터한 성취 기준 개발도 필요하다.

25) (나)의 경우, 성취 기준이 2개이다. 만약 一對一 대응 방식을 따른다면, 평가 기준도 원칙적으로 2개를 개발할 수 있다.

26) 평가 기준의 수준·단계 구분과 그 진술을 어떻게 할 것인가, 라는 문제가 평가 기준 개발의 핵심 과제 중의 하나이다. 예시의 경우, '능숙하고 정확하게', '부분적으로', '~할 수 있는 능력이 부족하다.'라는 말을 사용했다. 이명준·김왕규(1999)에서도 '부사'나 맥락에 적합한 '어구'를 사용하여 수준 구분을 시도했다. 그러나 수분 구분이 명하하지 않다는 비판이 제기되었다. 여기에서도 동일한 한계를 갖는다. 향후 수분 구분의 한계를 극복하기 위한 精緻한 연구가 절실하다.

27) 성취 기준과 평가 기준은 학년별로 개발하는 것이 원칙이다. 2007년 개정 한문과 교육과정의 경우, 영역별 내용은 학년별로 크게 다르지 않다. 내용의 계속성이란 관점에서 보면 영역별 내용이나 상위 범주인 내용 요소가 학교급별, 학년별로 크게 다르지 않다는 점이 설명 가능하다. 다른 관점, 예컨대 내용의 위계성이란 측면에서 살펴보면, 한문 지식 영역은 일부 예외이지만, 학년별 위계화를 구현하지 못하였다. 여기서 학년별 평가 기준 개발의 또 다른 難題가 파생된다. 한편, 평가 기준에 따른 양적, 질적 평가 도구를 개발할 때, 혹은 양적 평가 도구를 활용한 학생 평가 활동에서 몇 단계로 구분된 평가 기준이 필요한가, 라는 문제 제기를 할 수 있다. 이 연구에서는 평가 기준 개발에 따른 문제점만 우선 제기한다. 문제 제기는 대부분 현장 교사들과의 對話를 통해 얻었다.

評價 道具 : 현장의 한문 교사가 학생 평가의 국면에서 直面하게 되는 어려움의 하나로 절대 평가 기준 설정의 어려움을 들었지만, 진단 평가, 형성 평가, 총괄 평가(중간 고사, 기말 고사), 그리고 수행 평가를 학기 중 隨時로 실행하는 과정에서 평가의 機能이나 목적에 적합한 평가 도구를 선택, 제작, 운용할 때, 참고할 수 있는 예시 평가 도구가 많지 않다는 점 또한 한문과 학생 평가의 중요한 장애 요인의 하나이다. 한문과의 경우, 한 학교당 보통 1~2명의 한문 교사가 상주하기 때문에 평가 도구 제작, 실행, 분석, 그리고 결과 활용에 이르기까지 협의할 대상28)이나 여건이 전혀 마련되어 있지 않다. 특히 서답형 평가의 일부나 수행 평가와 같은 질적 평가의 경우, 국가 수준에서 제시된 평가 도구가 충분하지 못한 것이 사실이다. 따라서 현장의 한문 교사가 각종 평가의 국면에서 수시로 참고할 수 있고, 선택·활용할 수 있는 양적·질적 평가 도구 개발이 절실히 요청된다고 할 수 있다.

평가 기준에 근거한 양적, 질적 평가 도구 개발을 통해, 평가 기준은 보다 명료화·구체화 되고, 학교 현장 적용이 용이하게 될 것이다. 양적 평가 도구란 주로 선다형 문항에 해당하며, 총괄 평가 문항으로 많이 활용된다. 질적 평가 도구란 수행 평가의 형태로 이루어지는 면담표, 관찰표, 토론지, 자기 평가 및 동료 평가 보고서, 과제 일지, 현장 학습 일지, 연구보고서, 포트폴리오, 체크리스트, 평정 척도법 등이 이에 해당한다. 영역별·학년별 질적 평가 도구는 평가 도구 개발과 함께 객관적이며 타당한 채점 기준 제시가 중요하다. 질적 평가는 개별 학습자의 학습 곤란 요인을 분석하는 데 유효하며, 수업 중 이루어지는 형성 평가와 총괄 평가의 한 영역으로 활용될 수 있다.

---

28) 김경익(2008)은 단위 학교에서 한문 교사의 수를 예시하면서 교과협의회의 구성과 기능을 연관 지어 논의했다.

評價 結果의 活用 : 학습 내용이나 성취 기준에 적합한 평가 기준을 개발하고, 평가 기준에 근거한 양적, 질적 예시 평가 도구를 제작하는 문제와 함께 현장의 한문 교사가 평가 상황에서 직면하는 또 다른 곤란 요인의 하나가 바로 평가 결과의 활용 방안 문제이다. 진단 평가, 형성 평가, 그리고 정기 고사를 통한 총괄 평가의 결과는 일차적으로 개별 학습자의 학업 성취 정도의 指標를 파악하는 도구로 활용될 수 있다. 현재 학교 현장에서는 집단에서의 상대적 서열을 중시하면서, 대학 진학에 필요한 학생들의 상대적 등급 구분 위주의 성적을 산출하기 위해 석차 위주의 평가, 결과 위주의 평가 慣行이 계속되고 있는 실정이다. 그러나 평가의 결과를 단지 학업 성취 정도에 따른 성적 매기기에 제한하는 것은 바람직하지 않다.

한문과 학생 평가의 결과 활용 방안과 관련하여 다음의 자료는 한문 교사와 한문교육학 연구자에게 일정한 시사점을 제공한다.

> 7. 결과의 활용
> 가. 누적된 평가 결과를 관리하여 학생들의 변화 모습을 판단한다.
> 나. 수업 지도 개선(feedback)과 자료로 활용한다.
> 다. 학생들이 학습 의욕을 고취하고 자기 주도적 학습을 유도하는 자료로 활용한다.
> 라. 학습 및 시험 과정을 통해 수집한 학습 증거 및 평가 자료 등을 평가목표에 비추어서 분석하고 해석한 뒤 이를 다시 교수–학습 과정을 개선(feedback)하는 데 투입하여 활용함.29)

---

29) 이 자료는 포항 ○○고에 재직 중인 한문 교사 김태희(가명임)가 제공했다. 자료의 성격은 '2009학년도 ○○고 1학년 한문과 평가 계획' 문건 가운데, 2009년 3월 16일 동료 한문 교사 ○○○ 교사와 협의한 '한문과 교과협의록'의 일부 내용이다. 자료를 제공해 주신 한문 교사 김태희에게 감사한다.

3. 향후 대책
→ 상위권자의 변별을 위해 난이도가 높은 문제가 적절히 출제되어
야 할 것이며, 허사와 문장 형식을 정확하게 이해하여 독해 능력
을 신장할 수 있도록 지도해야 할 것이다.
→ 성적 하위권자가 과목에 대한 흥미를 잃지 않도록 수업 내용과
관련된 시청각 자료 개발과 교과서를 재구성한 학습지 제작이
요구된다.[30]

위의 예시 자료에서 알 수 있듯이, 평가 결과는 무엇보다 평가 목표
설정, 평가 내용 선정, 그리고 교사의 교수 전략을 동원한 한문 수업
전개 이후, 학습자의 한문 능력 향상의 정도가 어느 정도인지, 만약
정도가 낮다면 문제점은 무엇인지를 파악하는 도구로 활용할 수 있어
야 한다. 특히 학습자를 평가한 결과는 교사의 자기 평가 자료로 적극
활용할 필요가 있다. 평가 목적과 관계없이, 학생의 한문 평가 결과는
교사의 한문 교수 활동 및 지도에 대한 간접적인 정보를 제공해 주는
가치 있는 자료[31]이기 때문이다.

이상에서 논의한 것과 같이, 현재 중등학교 한문 교실 수업 현장은
평가 운영 시, 교사 任意의 평가 목표 및 평가 내용 설정, 선다형 일
변도의 문항 제작, 결과 및 석차 위주의 평가 결과 활용 등 몇 가지
국면에서 적지 않은 문제를 當面하고 있다. 또한 타 교과와 달리 평
가 문항 제작 및 활용 측면에서 참고할 만한 평가 관련 전문 서적이나
연구물이 부족한 현실도 현장의 한문 교사들이 겪는 隘路點이다. 평

---

30) 이 자료는 김해 OO고에 재직 중인 한문 교사 김소연(가명임)이 제공했다. 자료의
성격은 '2009학년도 OO고 2학년 한문과(자연) 교과 협의회 −1학기 1차 지필 평가
결과 분석' 문건 가운데, 2009년 5월 28일 동료 한문 교사 OOO과 협의한 일부
내용이다. 자료를 제공해 주신 한문 교사 김소연에게 감사한다.
31) 교육과학기술부(2008b), 221면 참조.

가 현장에서 한문 교사들이 당면한 문제점과 애로점을 해결하기 위해 무엇보다 한문과 교육과정에 근거한 평가 기준을 개발하고, 이에 적합한 양적·질적 예시 평가 도구를 개발하는 것이 필요하다. 그리고 평가 도구를 현장에 투입, 적용하여 실행 양상을 파악하는 한편 평가 도구의 양호도를 분석하고, 평가 결과의 활용 방안을 다각도로 모색할 필요가 있다.

V. 남은 課題

이 연구는 한문과 평가, 특히 학생 평가에 대한 연구와 한문 수업 실천과의 連繫를 위한 몇 가지 연구 과제를 제기하는 데 목적을 두었지만, 결국 과제 提起와 試論의 수준에 그쳤다. 한문과 학생 평가의 본질과 목적, 방향과 변인에 대한 정치한 연구와 이론화 작업이 필자 스스로에게 요구된다. 연구와 이론 정립의 과정에 현장 한문 교사와 한문 학습자의 목소리는 언제나 그 礎石이다. 전국 단위에서 한문 교사와 한문 학습자를 대상으로 한문과 학생 평가에 대한 실태와 요구 조사는 이점에서 시급하다. 한문 교사의 학생 평가에 대한 자기 평가와 요구, 한문 학습자의 학생 평가에 대한 인식과 요구 등의 조사와 분석은 한문과 학생 평가의 이론화 작업의 先決 課題이다.

목표와 내용에 적합한 성취 기준 및 평가 기준을 개발하는 작업과 평가 기준에 따른 양적, 질적 평가 도구를 개발하는 일은 한문과 학생 평가 연구와 실천 두 측면에서 모두 중요한 後續 課題이다. 평가 도구 개발에서 정의적 영역이나 특성에 대한 평가 도구 개발 또한 더 이상 미룰 수 없다. 그리고 문항 분석을 통한 평가 도구 양호도 검증,

평가 결과의 활용에 대한 현장 지향적 방안 마련 또한 지속적으로 해결해야 할 연구 과제이다. 연구 과제 수행의 결과와 이론화 작업이 한문 교실 수업 국면에서 실천으로 연계되기 위해, '한문교육학 연구자'로서, '한문교육학 실천자'로서 평가, 측정, 통계 및 한문교육학에 대한 공부가 요구됨은 勿論이다.

참고문헌

교육과학기술부(2007a), 『중학교 재량활동』별책 16.

교육과학기술부(2007b), 『한문 및 교양 선택 과목 교육과정』별책 17.

교육과학기술부(2008a), 『중학교 교육과정 해설(Ⅱ)』.

교육과학기술부(2008b), 『중학교 교육과정 해설(Ⅴ)』한문.

교육과학기술부(2008c), 『고등학교 교육과정 해설』13 한문.

김경익(2008), 「한문과 총괄평가 연구」, 한국교원대학교 석사학위논문.

김수동 외(2005), 『교사의 학생 평가 전문성 신장 연구(Ⅱ)』, 한국교육과정평가원.

김신영(2009), 「학생 평가의 목적과 기능, 그리고 지향해야 할 방향」, 『교육광장』 32호, 한국교육과정평가원, 12~15면.

김재춘·부재율·소경희·채선희(2000), 『교육과정과 교육평가』, 교육과학사.

김왕규(2002), 「국가 교육과정에 근거한 한문과 준거 지향 평가(Criterion-Referenced Test)의 시행 절차와 평가 유형의 실제」, 『한문학논집』 20, 근역한문학회, 281~311면.

김왕규(2003), 「한문교육학의 학문적 정립을 위한 序說」, 『대동한문학』 19, 대동한문학회, 215~256면.

김왕규(2004), 「한문 교육과정 개정·변천의 양상과 한문과의 위상-편제와 시간(단위) 배당 기준을 중심으로-」, 『한문교육연구』 22, 한국한문교육학회, 125~150면.

김왕규(2007), 「2007년 개정 한문과 교육과정의 특징과 그 位相」, 『청람어문교육』 36, 청람어문교육학회, 1~26면.

김왕규(2009), 「2007년 개정 한문과 교육과정 해설에 따른 학습 평가의 제 문제-중학교 한문, 고등학교 한문 해설 '5. 평가'를 중심으로-」, 『2007 한문과 개정 교육과정의 현장 적용』, 한국한자한문교육학회 2009년 추계 학술 발표 대회 자료집, 77~99면.

김영천(2007), 『현장 교사를 위한 교육평가』, 문음사.

남명호(2003), 『수행평가-기술적 측면』, 교육과학사.

남명호 외(2006), 『교사의 학생 평가 전문성 신장 연구(Ⅲ)』, 한국교육과정평가원.

노명완(1990), 「국어과 교육에서의 평가」, 한국국어교육연구회 논문집 40호, 69~
    107면.

박도순(2000), 『문항작성방법론』, 교육과학사.

박도순(2007), 『교육평가-이해와 적용』, 교육과학사.

박인기 외(1999), 『국어과 수행평가』, 삼지원.

백순근(2002), 『수행평가-이론적 측면』, 교육과학사.

서 혁(2005), 「국어과 교수 학습 방법의 구성 원리」, 『국어교육학연구』 24, 국어교
    육학회.

성태제(2001), 『문항반응이론의 이해와 적용』, 교육과학사.

성태제(2004), 『문항 제작 및 분석의 이론과 실제』(개정판), 학지사.

성태제·시기자(2007), 『연구방법론』, 학지사.

송병렬(2002), 『새로운 한문 교육의 지평』, 문자향.

윤현진(2008), 『교육과정에서의 성취기준 연구』, 한국교육과정평가원.

이명준·김왕규(1999), 『국가교육과정에 근거한 한문과 평가 기준 및 도구 개발 연구
    -고등학교 한문 Ⅰ·Ⅱ』, 한국교육과정평가원.

이명준·김왕규(2000), 『중·고등학교 학생들의 한자 기초 학력 평가 연구』, 한국교
    육과정평가원.

이인제 외(2004), 『교사의 학생 평가 실태 조사 및 전문성 신장에 대한 요구 분석』,
    한국교육과정평가원.

최현섭 외(1999), 『국어교육학개론』, 삼시원(제2판).

채선희(1999), 「교육평가의 새로운 이론 체계 학립을 위한 시도 : 교육 평가의 구성
    요소와 구조적 관계」, 『교육학연구』 37, 209~226면.

황정규(2002), 『학교 학습과 교육평가』, 교육과학사(개정판).

허경철(2000), 「교육과정과 수행 평가」, 『수행 평가와 교과교육』 초등교육연구 2,
    한국교원대학교 출판부.

이 글은 『漢文敎育硏究』 제33호(韓國漢文敎育學會, 2009)에 수록한 논문을 재수록한 것이다.

제3부
한문과 평가의 실제

初等學校 漢字教育 評價方法의 摸索

韓殷洙

I. 序

지난 2월 역대 문교·교육부 장관이 모여 初等學校의 漢字 敎育 실시를 촉구한 것을 계기로 대중 언론 매체에서 초등학교 한자 교육에 대한 찬반 토론이 격렬하게 일어나 어느 때보다도 초등학교 한자 교육에 대한 관심이 높아지고 있다.

특히 초등학교 학생에 대한 한자 교육은 그 필요성이나 당위성 여부를 떠나서 국가의 언어 정책에 대하여 '漢字 倂用'과 '한글 專用'의 철학이 충돌하고 있어서 역대 정부마다 쉽게 결론을 내리지 못하고 미루어온 것이 사실이다.

그러나 실제 초등학교 교육 현장에서는 한글 전용 또는 한자 병용 논쟁에 관계없이 학교 당국이나 교사들의 재량으로 한자 교육이 이루어지고 있는 실정이다. 또한 조기 영어 교육열과는 비교할 수 없지만 초등학생에 대한 한자 교육은 가정과 학교를 중심으로 확대되어 나아가고 있는 것이 요즈음의 추세이다. 최근 사단법인 韓國語文會 주관으로 치러진 漢字能力檢定 試驗에 응시한 30여만 명의 응시생 중에서 초등학생이 20여만 명 이상이라고 하는 보도는 실로 한자 교육에 대한 국민적 관심과 필요성이 어떠한지를 반증하는 본보기가 된다고 할 수 있다.

이렇게 가정과 사회에서는 초등학교 학생의 한자 교육에 대한 열망이 요원의 불길처럼 몰아치는 때에 정작 새로 개정된 초등학교 교육과정에서는 한자 교육에 대한 일말의 언급도 없어 안타까운 실정이다. 또 현재 전국의 각 초등학교에서 나름대로 이루어지고 있는 한자 교육은 명확한 교육과정과 평가 방법 없이 恣意的으로 이루어지고 있어 공교육에 대한 신뢰를 약화시키는 한 요인이 된다고 볼 수 있다.

그러므로 본고에서는 현재의 초등학교 제7차 敎育課程의 검토를 통하여 漢字 敎育 政策에 대한 문제점을 제기하고, 7차 교육과정이 추구하는 교육 평가의 관점에 기초하여 현재의 초등학교 교육에서 이루어지고 있는 평가 방법의 검토 및 바람직한 평가 방법을 모색하고자 한다.

Ⅱ. 제7차 敎育課程과 初等學校의 漢字 敎育

1. 교육과정의 변화와 한자 교육

우리나라 초등학교 교육과정 상의 한자 교육은 1·2차 교육과정기의 국어 교과서에 한자를 併記하거나 露出하여 사용한 것을 제외하면 1969년 한글 전용 계획에 의해 그 존립 근거를 잃고, 교과서의 한자 표기도 사라지게 되었다.[1]

---

[1] 1972년 교육법 시행령 109조의 개정에 따라 중학교 한문교육 실시 계획을 수립하고, 초등학교는 72학년도 중에 실험학교를 운영하기로 하였으나 구체적인 실험학

그 이후 여러 차례 교육과정이 바뀌었지만 교과서의 일관된 한글 專用 表記 政策에 따라 초등학교에서의 공식적인 한자 교육은 이루어지지 못하다가 1992년 제6차 교육과정이 공포되면서 초등학교 한자 교육에 대한 公式的인 근거가 마련되었다.

곧 제6차 교육과정에 처음으로 신설된 '學校 裁量 時間'을 통하여 초등학교 한자 교육을 실시하게 된 것이다.[2] 그러나 학교 재량 시간에 대한 운영을 '시·도의 교육과정 편성·운영 지침'에 따라야 한다고만 기술하고, 구체적인 세부 시행 방침을 각 시·도 교육청에 위임하였다. 따라서 초등학교 한자 교육에 대한 國家 水準의 敎育課程은 만들어지지 못하였다. 다만 서울특별시교육청의 경우 1995년 '초등학교 학교 재량시간 및 중학교 선택과목 관련 교육과정'[3]을 만들어 시행하여 초등학교 한자 교육에 대한 기틀을 마련하였다고 볼 수 있다.

그러나 이러한 제6차 교육과정의 초기 편제는 부분적인 수정을 겪으면서 다시 한자 교육에 대한 기반을 잃어버리게 되었다. 곧 당시 정부의

교 운영 계획이 알려지지 않고 있다고 함.(정우상, 한문과 교육정책과 한문교육용 기초 한자의 선정, 『한자한문교육』창간호, 1994)

2) 학교 재량 시간의 운영은 시·도의 교육과정 편성·운영 지침에 따르되, 교육과정에 제시된 교과 및 특별활동의 보충·심하 또는 학교의 독특한 교육적 필요, 학생의 요구 등에 따른 창의적인 교육활동(예: 한자, 컴퓨터, 노작 활동 등)을 골라서 지역 특성과 학생 실정에 맞게 운영할 수 있도록 하였다.(교육부, 국민학교 교육과정, 1992-16호)

3) 이 교육과정은 1997.12.10 수정 고시되었는데, '초등학교 한자'란 교과목을 '초등학교 한문'으로 개정하였다. 개정된 내용은 전반적으로 대동소이하다고 할 수 있다. 다만 초등학교 한문 교육의 성격에 대해 규정한 내용 중에 초등학교 한문교육용 기초 한자에 대하여 개정 전에는 '초등학교 교육용 기초한자 600자'라고만 기술하였던 것을 '중학교 한문 교육용 기초 한자 900자 중 600자 가량'이라고 명확히 나타내었다. 또한 한자 지도시 '상형, 지사, 회의, 형성의 순으로 지도한다.'고 한 것을 개정 후에는 '한자는 짜임을 바탕으로 음과 뜻에 대한 이해를 높이도록 지도한다.'라고 기술하였다.

세계화 추진 정책에 따라 초등학교 영어 교육이 재량 시간에서 정규 교과로 변경, 편제되면서 차츰 학교 재량 시간의 소멸을 가져온 것이다.4) 그러므로 초등학교 학교 재량 시간에 가르칠 수 있었던 한자 교육은 아침 자습 시간으로 밀려나거나 사라지게 될 수밖에 없었다.

한편 교육부는 1997년 12월 30일 초등학교 제7차 교육과정을 고시하였는데 제7차 교육과정은 국민 공통 기본 교육과정과 고등학교 선택중심 교육과정으로 편제되었다.5) 초등학교 교육은 국민공통 기본 교육과정에 편제되어 있는데 국민 공통 기본 교육과정은 敎科, 裁量活動, 特別活動으로 편성되어 있다. 이 중 재량활동은 교과 재량활동과 창의적 재량활동으로 구분하였는데, 초등학교 1학년의 경우 연간 60시간, 2~6학년의 경우 68시간이 설정되어 운영하고 있다. 일부에서는 제7차 교육과정에 편제된 '재량 활동'시간을 통하여 초등학교 한자 교육의 기반을 논의하고 있으나6) 실제 학교에서의 운영은 그렇지 못한 형편이다.

2. 제7차 교육과정의 재량 활동과 한자 교육

제7차 교육과정은 '자율과 창의에 바탕을 둔 학생 중심 교육과정'으

---

4) 1995년 11월 1일 제6차 초등학교 교육과정을 개정하여 영어과 교육과정을 고시하였는데, 1997년 3학년부터 연차적으로 영어교육을 실시하게 되었다. 따라서 1997년 3학년, 1998년 3·4학년, 199년 3·4·5학년, 2000년 3·4·5·6학년이 영어 교육을 정규 교과로 받게 됨에 따라 주당 1시간씩 설정되었던 학교재량시간이 0~1시간으로 조정되었다.(교육부, 초등학교교육과정, 1995-7호)

5) 교육부, 초등학교 교육과정, 1997-15호.

6) 김왕규, 초등학교 학교 재량 시간 교육과정에 따른 초등학교 한문 교육, 『교육과정 평가 연구』제2권1호, 한국교육과정평가원(1999).
　송영일, 제8차 교육과정 대비 한문과 교육의 문제, 『한자한문교육』제8집, 47면 (2002).

로 국민 공통 기본 교육과정의 편성 및 수준별 교육과정의 도입, 재량활동의 신설 및 확대 등을[7] 그 특징으로 하고 있다. 특히 제6차 교육과정기의 '학교 재량 활동'시간은 학교 및 교사에게 교육과정 編成運營의 自律性을 부여하고자 만든 것에 비해 제7차 교육과정에서는 학습 활동의 내용에 따라 학생에게 선택의 기회를 준다는 취지에서 그 명칭을 '재량 활동'으로 변경하였다.

재량 활동은 '敎科 裁量 活動'과 '創意的 裁量 活動'으로 구분한다. '교과 재량 활동'은 중등학교의 선택 과목 학습과 국민 공통 기본 교과의 深化·補充 학습을 위한 것이며, '창의적 재량 활동'은 학교의 독특한 교육적 필요, 학생의 요구 등에 따른 凡敎科 學習과 自己 主導的 學習을 위해 설정한 것이다.

초등학교의 경우 재량 활동은 연간 최소 68시간 이상의 수업 시간 수가 배당되어 있으며, 이는 학교의 실정에 따라 融通性 있게 배정될 수 있으나, 교과의 심화·보충 학습보다는 '학생의 자기 주도적 학습 능력을 촉진시키기 위한 창의적 재량 활동'에 중점을 두고 운영하도록 되어 있다.[8] 그러므로 이러한 재량 활동의 설정 취지를 살려 운영하려면 재량 활동 시간의 한자 교육의 시행은 어렵다고 볼 수 있다.

서울특별시교육청의 경우 재량 활동은 학교의 실정에 띠리 융통성 있게 편성할 수 있으나 교과의 심화·보충 학습보다는 학교의 독특한 교육적 필요, 학생의 요구 등에 따른 창의적 재량 활동과 정보통신기술 교육에 중점을 두어 편성하도록 하였다.[9] 따라서 대부분 서울시내

---

7) 교육부, 초등학교 교육과정 해설(Ⅰ)-총론, 재량활동(1998).

8) 제6차 교육과정의 '학교 재량 시간'이 주로 영어, 한자, 컴퓨터 등 일종의 교과 형태로 운영되어 왔던 점에 유의하여 제7차 교육과정의 '재량활동'에서는 이를 개선하여 창의적 활동에 중점을 두고 운영하도록 권고하고 있다.(교육인적자원부, 재량활동 교육과정 편성·운영의 실제, 26면, 2001.)

초등학교에서는 주당 2시간의 재량활동 중 1시간은 情報通信技術 (ICT)교육에 배정하고, 나머지 1시간은 창의적 재량활동에 배정을 하 여 한자 교육은 공식 교육과정에서 할 수 없는 실정이 되었다.[10] 이러 한 실정에서 초등학교의 한자 교육을 논의한다는 것은 자칫 사상누각 이 될 위험을 안고 있다. 국가적인 수준에서 초등학교 한자 교육에 대한 명확한 교육과정이 제시될 때 본 논의가 제자리를 찾을 수 있을 것이다.

Ⅲ. 初等學校 漢字敎育의 評價

1. 초등 한자 교육과정의 평가 지침

초등학교 한자 교육에 대한 국가수준의 교육과정은 현재까지 만들 어지지 못하였다. 서울특별시교육청의 경우 1995년 '초등학교 학교 재량 시간 및 중학교 선택과목 관련 교육과정'을 만들어 공표하였고, 1997년 12월 10일 수정 고시하였다. 여기에는 초등학교 학교재량시

---

9) 서울특별시교육청, 서울특별시 초등학교 교육과정 편성·운영 지침,(2001).

10) 창의적 재량 활동은 범교과 학습과 자기 주도적 학습으로 구분되는데 그 활동 내용을 예시하면 다음과 같다.(서울특별시 교육과학연구원, 초등학교 재량활동, 2002)

　·범교과 학습 활동 : 민주시민교육, 인성교육, 환경교육, 경제교육, 에너지교육, 근로정신함양교육, 보건교육, 안전교육, 성교육, 소비자교육, 진로교육, 통일교육, 한국문화정체성교육, 국제이해교육, 해양교육, 정보화 및 정보윤리교육, 학교·지 역·학부모의 요구를 반영한 범교과 활동.

　·자기주도적 학습 활동 : 학습하는 방법의 학습, 주제탐구활동, 자유연구, 소집 단공동연구, 프로젝트학습, 체험학습, 지역행사관련활동, 특정 영역 학습, 학교 특수 시책 구현 활동, 학교장·교사·학생이 만든 특별 프로그램, 기타 자율적 교육 활동.

간과 관련하여 초등학교 컴퓨터, 초등학교 한문, 초등학교 환경의 3개 교과 교육과정이 기술되어 있다.

여기에서 초등학교 한자 교육과 관련된 교육과정이 '初等學校 漢文' 교육과정이다. '초등학교 한문' 교육과정은 처음에 만들어진 '初等學校 漢字' 교육과정을 수정 고시하면서 교과목이 '漢字'에서 '漢文'으로 개정되었다. 하지만 어떤 이유로 교과목을 변경하였는지는 알기 어렵다. 단지 '한문'이란 용어가 '漢字·漢字語·漢文'을 포괄하고 있고, 초등학교 한문 교육과정의 경우 한자뿐만 아니라 한자어, 漢字語句에 대한 내용까지 포함되어 있으므로 넓은 의미에서 교과목 명칭을 '초등학교 한문'으로 변경한 것으로 추정할 수 있다.

그런데 이처럼 수정된 교육과정이 1997년 12월 10일에 고시된 것에 비해 제7차 교육과정은 그보다 늦은 1997년 12월 30일에 고시되었고, 그 명칭도 '재량 활동'으로 되어 있으므로 위의 교육과정이 7차 교육과정과의 상관관계 속에서 만들어진 것이라고 보기 어렵다. 다만 현재까지 초등학교의 '재량 활동'과 관련하여 새로운 교육과정이 만들어지지 못했으므로 초등학교 한자 교육과정은 위의 교육과정을 준용해야 할 것이다. 따라서 초등학교 한자교육에 대한 교육과정 검토도 위의 '초등학교 한문' 교육과정을 검토하는 것으로 대신할 수밖에 없다.

'초등학교 한문' 교육과정의 평가 영역은 크게 세 부분으로 나뉘어져 있다. 곧 '評價 指針', '評價 方法', '評價 結果의 活用'에 대한 내용이다. 이를 검토하면 다음과 같다.

> 〈평가 지침〉
>
> 가. 초등학교 한문 영역의 평가에서는 한자 및 한자어의 읽기, 쓰기, 활용,
>   한자어구의 풀이 등을 평가하되, 문법 지식평가에 치중하지 않도록 한다.
> 나. '한자'의 평가는 중학교 한문 교육용 기초 한자 900자 중 600자 가량을
>   바르게 읽고 쓰며 그 뜻을 알아 바르게 사용하는가에 중점을 두도록 한다.
>   1단계에서는 가급적 쓰기 평가는 지양하도록 한다.
> 다. '한자어'의 평가는 한자어를 언어생활에 바르게 활용할 수 있는가에 중점을
>   두도록 한다.
> 라. '한자어구'의 평가는 한자어구의 뜻을 바르게 이해하는가에 중점을 두도록
>   한다.

위의 평가 지침은 초등학교 한문 평가의 영역을 설정하고, 각 영역의 평가에 대한 평가 목표와 평가 방향 및 제한점 등을 서술한 것이다. 곧 초등학교 한문의 평가 영역을 '漢字', '漢字語', '漢字語句'로 제한하여 명시하고, 평가 방향이 文法이나 知識 評價에 흐르지 않도록 기술하고 있다. 위의 평가 영역은 '초등학교 한문' 교육과정의 性格·目標·內容·方法 등에 따른 구분으로 '한자', '한자어'의 평가 영역을 중학교 한문과 교육과정11)의 평가 영역과 비교해 볼 때 일정한 連繫性을 지니고 있다. 그런데 '한자어구' 영역의 평가에서 '한자어구'란 용어는 중학교 한문 교육과정의 '漢字 成語'를 일컫는 말로12) 그 개념 설정이 모호하게 표기되어 그 만큼 평가의 범위를 모호하게 하는 것이라고 볼 수 있다.13)

---

11) 교육부, 중학교 재량활동의 선택과목 교육과정-한문-, 교육부 고시 제1997-15
   호(별책16).
12) 안재철, 초등 한문 교육과정과 교과서 분석, 『한자한문교육』제3집, 132면, 1997.
13) 진철용, 초등 한자 교육 평가, 『한자한문교육』제4집, 25면, 1998.

〈평가 방법〉

마. 초등학교 한문 영역의 평가는 '한자', '한자어', '한자어구'의 각 영역별
학습 내용을 균형 있게 평가하되, 다음 사항에 유의하도록 한다.
　(1) 한자는 형(形), 음(音), 의(義) 3요소를 관련지어 평가한다.
　(2) 한자와 한자어는 가능한 한 언어생활에 관련지어 평가한다.
　(3) 한자어구의 풀이와 함께 담긴 뜻의 이해도 겸하여 평가한다.

　위의 내용은 초등학교 한문 평가의 구체적인 평가 방법을 기술한
것으로 '한자', '한자어', '한자어구'의 영역 간 均衡 있는 평가가 이루
어지도록 제한점을 두고 있다. 여기에서 균형 있게 평가한다는 것은
각 영역을 똑 같은 산술적 분량으로 평가하라는 것이 아니라, 한문의
특성에 맞게 각 영역별 출제 문항 수를 달리하되, 어느 한 쪽에 지나
치게 편중되지 않게 평가 하라는 뜻으로 볼 수 있다.[14]

　한자의 평가는 形, 音, 義의 3요소 간 관계성에 중점을 두어 평가하
고, 한자와 한자어의 평가는 言語 生活과의 연관성에 중점을 두어 평가
할 것을 제시하고 있다. 곧 한자와 한자어를 일상의 언어생활과 유리시
켜 고립된 요소로 평가하지 말고, 일상의 언어생활 가운데 살아 움직이
는 유기적인 요소로 평가할 수 있도록 그 방향을 제시한 것이다.

　한자어구의 평가는 한자어구의 뜻풀이와 함께 한자어구에 담긴 뜻
의 이해도 평가할 수 있도록 밝히고 있는데 이는 초등학교 한문 교육
과정의 목표인 傳統 文化의 理解와 올바른 價値觀 形成을 평가하기
위한 것이라고 볼 수 있다.[15]

---

14) 진철용, 위의 논문, 29면.

15) 송영일은 초등학교 한자 교육의 평가 목표를 '한자', '한자어', '가치관 형성'에 두
　어 평가하도록 하였는데 전통 문화의 이해란 측면에 평가 목표를 둔 것은 시사하는
　바가 있다. (송영일, 초등학교 한자 교육과정 개발연구, 『한자 교수 학습 방법과

〈평가 결과 활용〉
바. 초등학교 한문 영역의 평가 결과는 학생들의 학업성취 수준을 평가하는
데는 물론이고, 한문 교육의 교수·학습 방법의 개선을 위해서도 적절하게
활용하도록 한다.

위 내용은 초등학교 한문 영역의 평가에 대한 활용도를 밝힌 것이
다. 일반적으로 교육 평가가 학습을 診斷하고, 학습 진전 상황에 대
하여 계속적으로 점검하여 학습 성취 정도를 결정하여 학습자에게는
잘못된 교육 내용을 補完하여 주고, 교사에게는 교수·학습 방법의
개선을 위해 활용되는 것처럼 초등학교 한문 교육의 평가 결과는 이
러한 평가 원리에 따라 활용되어야 함을 밝힌 것이다.

특히 평가 결과의 활용이 위에 제시한 교육적인 측면의 활용보다는
여전히 기록하고 통지하는 관리적 측면의 활용에 비중을 두기 쉬운
것이 교육 현장의 실정이므로16) 위의 내용에 더욱 유의해야 할 것이다.

2. 초등 한자 교과서의 평가 내용 검토

제6차 교육과정에 서울특별시교육청에서 제정한 '초등학교 한문'
교육과정이 공포된 이후로 이 교육과정에 따라 현재 3종의 인정『초
등학교 한자』교과서가17) 개발 제작되어 초등학교에서 사용되고 있

평가론』, 232~238면, 장서원, 2001.)
16) 허인수, 초등 교육 수행 평가 정책 방안, 『초·중등학교 교과별 수행평가의 실제
   (12)』-초등교육-, 13면, 한국교육과정평가원, 1999.
17) 정우상·안재철·정우인·한은수, 『초등학교 한자』1-4단계, 전통문화연구회, 1997.
   전한준·김윤숙·진철용, 『초등학교 한자』1-4단계, 재능교육, 1997.
   홍광식·김일환, 『초등학교 한자』1-4단계, 교학사, 1999.

다. 앞장에서 밝혔듯이 이 3종의 교과서는 초등학교 '학교재량시간'을 활용하여 초등학교 어린이의 한자 교육을 효과적으로 수행하기 위해 개발한 것이다. 현재 일부 초등학교에서는 제6차 교육과정기처럼 '재량 활동' 시간에 인정 교과서를 이용하여 한자 교육을 실시하는 곳도 있으나, 제7차 교육과정의 재량 활동 운영 방침에 따라 아침 자습 시간이나 특별 활동 시간 그리고 방과 후 특기 적성 교육 활동 시간의 교재로 이용되고 있는 실정이다.

이 3종의 교과서에 대한 검토[18]와 2종의 교과서에 나타난 평가 문항에 대한 검토[19]는 이미 상세하게 이루어졌다. 특히 서울특별시교

[18) 김왕규는 앞의 논문에서 3종 교과서에 대한 단원 구성 체계 및 구성 요소를 자세하게 검토하며 다음과 같은 의견을 제시하였다.

전한준 외 『초등학교 한자』는 한자 교실, 한자 활용 교실, 한자 탐구 교실, 평가, 쓰기, 재미있는 한자 등으로 내용이 구성되어 있으며, 1·2·3·4단계는 16개 소단원으로 구성되어 있다. 가족·가정·효도·예절·도덕 등의 단원을 통하여 인륜과 전통 문화를 강조하였고, 학교·공부·국어·계산·과학·예능·독서 등의 단원을 통하여 교과 학습과의 연계 및 활용을 강조하였다.

정우상 외 『초등학교 한자』는 도입, 본문이해, 응용, 단원 평가 등의 내용으로 구성되어 있으며 1·2·3·4단계 모두 8개의 대단원 아래 4~5개의 소단원으로 재구성하여 각각 32개의 소단원으로 구성되었다. 소단원 구성은 조선후기 다산 정약용이 『아학편』에서 시도하였던 '류별분류체계'를 적용하여 전통적인 문자교육원리를 적용하였으며, 응용 과정의 제재 및 학습 방법의 다양성을 통해 초등학생 수준에서의 동양 및 한국의 고전 세계에 대한 이해를 할 수 있도록 시도하였다. 또한 통합교과적 구성을 통하여 국어, 사회, 수학, 과학은 물론 예체능 과목의 학습 내용까지 포괄하여 학습을 꾀할 수 있도록 하여 초등학교 한문 교육의 목표를 효과적으로 교과서에 구현하였다.

홍광식 외 『초등학교 한자』는 1·2·3단계 32단원, 4단계 31단원으로 구성하였으며, 다른 교과서와 달리 도입 부분에서 학습할 한자를 활용한 바탕글을 제시하여 한자, 한자어 학습을 강조하였다. 이는 초등학교 한자 교과서의 단원 전개 방식과 학습 방법에서의 의미있는 시도라고 할 수 있으나, 한자어를 활용하기 위한 문장 창작으로 아동들의 언어 생활과 맞지 않는 문제점을 안고 있다.

19) 진철용, 앞의 논문, 31~38면.

육청 인정도서 2종의 평가 내용을 연구한 기왕의 보고서에서 傳統文化研究會 編『초등학교 한자』교과서의 평가 문항이 대체로 초등학교 한문 교육과정의 평가 항목에서 요구하는 평가내용을 잘 반영하였다고 보고되었으므로 본고에서는 이를 존중하여 전통문화연구회 편『초등학교 한자』교과서를 실례로 하여 평가 내용에 대한 검토를 하고자 한다.

전통문화연구회 편『초등학교 한자』는 국어의 올바른 이해와 표현, 그리고 난이도와 단계성을 고려하여 현대적이며 재미있게 한자 교육을 할 수 있도록 제작되었으며, 4단계로 구성되었다. 각 단계마다 8개의 대단원으로 구성되어 있고, 대단원은 다시 3~5개의 소단원으로 구성되었으며, 대단원의 마지막 쪽에는 단원 평가 난을 두어 그 대단원에서 배운 내용을 마무리하여 학습하도록 하였다. 각 소단원 끝에는 응용과정을 설정하여 그 단원에서 학습한 한자를 익히고, 이미 배운 한자를 반복 학습하며, 활동 중심의 평가적 요소도 반영하여 구성하였다. 그런데 그 응용과정의 형태가 매우 다양하고[20], 놀이 학습을 띠고 있는 경우도 있어 전통적인 평가 방법과는 괴리가 있다고 여기는 경우도 있다. 그러나 제7차 교육과정에서 추구하는 학생중심의 교육과정 및 자기 주도적 학습 능력 신장을 도모하는 측면에서 보면 이와 같은 活動 中心의 학습 방법이 바람직하다고 할 수 있다. 또한 초등학교 한자 교육에서의 평가 과정이 학습 결과로써의 평가가 아닌

---

20) 소단원의 응용 과정 구성은 다음과 같다. (1단계 예시)
　　전래 동화·그림이 표상하는 한자 쓰기·수를 나타내는 한자 익히기·수수께끼를 이용한 한자 익히기·그림지도를 활용하여 한자 익히기·조선시대 한성지도를 이용하여 한자 익히기·한자 낱말 카드 완성하기·조삼모사·한자어 퍼즐·한자 카드 색칠하기·부수 한자 활용하기·고사성어 익히기·한자성어 익히기·가족 가계도 그리기·창작 일기·편지 쓰기 등.

학습 과정 중심의 평가가 이루어져야 학습자들도 평가에 대한 부담을 떨쳐버릴 수 있다. 이것은 나아가 학습자에게는 자기 평가를 통하여 학습의 진전 정도를 스스로 점검할 수 있고, 교사에게도 교수·학습의 진행 중에 평가를 함으로써 매시간 학습의 방법이나 방향 등을 즉시 수정하여 학습자들에게 feed-back할 수 있는 여건을 마련해 줄 수 있는 것이다.

이와 같이 학습 과정 중심의 평가 방법이 새로운 7차 교육과정에서 추구해야 할 방법이라고 사료 되나 아직까지 과정 중심 활동 학습의 평가 방법에 대한 일선 교육 현장의 보편적인 합의가 불확실한 실정이다. 그러므로 본고에서는 평가 내용에 대한 서술의 객관성과 학습 평가에 대한 현장 교육계의 일반적인 시각을 유지한다는 취지에서 전통문화연구회 편『초등학교 한자』4단계 각 권에 실린 대단원 평가 문항만을 대상으로 평가 내용을 검토하였다. 대단원 단원 평가 난을 분석한 결과는 다음 표와 같다.

<표 1> 대단원 평가 문항의 평가 유형별 분류

영역 / 구분	문항 수				한자				한자어				한자어구		
	한자	한자어	합자어구	계	신다형	선잇기	한자쓰기	단답형	선다헝	선잇기	한자어쓰기	단답혁	한자어구쓰기	단답형	서술형
1단계	55	28	·	83	12	12	3	28	7	3	3	15	·	·	·
2단계	64	42	·	106	5	28	11	20	3	16	4	19	·	·	·
3단계	42	66	6	114	·	4	14	24	3	39	20	4	·	6	·
4단계	18	69	13	100	6	8	·	4	7	20	27	15	8	3	2
계	179	205	19	403	23	52	28	76	20	78	54	53	8	9	2

위의 <표 1>에 나타난 평가 문항의 유형을 살펴보면, 한자 평가의 경우 선다형 문제가 13%, 선 잇기 29%, 한자 쓰기인 완성형 16%, 단

답형 42% 등으로 나타나고 있어 비교적 평가 유형이 고르게 분포되었다고 할 수 있다. 또한 한자어 평가의 경우에도 선다형 10%, 선 잇기 38%, 단답형 26%, 완성형 26% 등으로 나타나고 있어 문제 유형의 균형이 잘 이루어졌다고 할 수 있다. 그리고 한자어구의 경우에는 선다형과 선 잇기 유형의 문제가 없는 대신 서술형 문제를 구성하여 문항 유형의 다양화를 꾀하려고 시도하였다고 할 수 있다.

〈표 2〉 대단원 평가 문항의 평가 내용별 분류

영역 구분	문항 수				한자					한자어				한자어구		
	한자	한자어	한자어구	계	형	의	형음의 공통	형음의 관련	언어 생활	음	의	형음의 공통	언어 생활	형	형음의 공통	속뜻 이해
1단계	55	28	·	83	4	11	27	7	6	6	8	5	9	·	·	·
2단계	64	42	·	106	8	13	32	10	1	24	10	6	2	·	·	·
3단계	42	66	6	114	8	2	24	6	2	8	12	39	7	·	6	·
4단계	18	69	13	100	·	14	4	·	·	20	19	21	9	8	3	2
계	179	205	19	403	20	40	87	23	9	58	49	71	27	8	9	2

위의 〈표 2〉에 나타난 결과를 서울특별시교육청 '초등학교 한문' 교육과정의 평가 지침과 비교하여 보면 다음과 같다.

첫째, 漢字·漢字語·漢字語句의 각 영역을 균형 있게 평가하였는가?

− 漢字·漢字語·漢字語句의 평가는 각 단계에 따라서 각 영역별 학습 내용을 균형 있게 평가하였다. 한자의 평가는 단계가 높아질수록 문항의 비율이 줄고 있다. 곧 1단계에서는 한자 평가 문항이 전 평가 문항의 66%인 것에 비해 2단계는 60%, 3단계는 37%, 4단계는 18%로 점차 그 비율이 감소하고 있다. 한자 평가 문항에 비해 한자어 평가 문항은 하위 단계보다 상위 단계로 갈수록 문항 비율이 높다. 곧 1단계의 한자어 평가 문항은 전 평가 문항의 33%인 것에 비해 2단

계는 40%, 3단계는 58%, 4단계는 69% 등으로 그 문항 비율이 상승하고 있다. 한자어구 평가는 1·2단계에서는 다루어지지 않았으며 3·4단계에서 이루어졌는데 3단계에 비해 4단계의 평가 문항이 배가되고 있어 단계가 오를수록 심도 있게 평가되었음을 알 수 있다. 따라서 한자, 한자어, 한자어구의 어느 한 영역에 평가 문항이 치중되지 않고 영역별 균형을 이루었다고 할 수 있다.

둘째, 한자의 경우 形·音·義를 관련지어 평가하였는가?

- 〈표 2〉에서 보듯이 한자 평가 문항에서 形·音·義 중 두 가지 이상 아우른 평가 문항이나 形·音·義 요소가 관련된 문항이 127문항 중 110 문항으로 87%를 차지하고 있다. 그런데 한자 평가의 문항 속성상 대부분의 한자에 대한 평가 문항은 한자의 形·音·義 3요소 중 적어도 2가지 요소가 포함되어야 구성될 수 있다. 따라서 한자 평가 문항에서 形·音·義의 관련성 여부를 따지는 것은 큰 논란거리가 될 수 없다. 그러므로 한자 평가의 경우 形·音·義가 관련된 평가 문항 수는 거의 대부분으로 보아도 무방하다.

셋째, 漢字·漢字語를 言語 生活과 관련하여 평가하였는가?

- 〈표 2〉에서 보듯이 한자의 평가 문항 중 언어 생활과 관련된 문항은 전체 문항의 7%이고, 한자어의 평가 문항 중 언어 생활과 관련된 문항은 전체 문항의 11%이다. 따라서 한자와 한자어에 대한 문항 중 일정 정도는 언어생활과 관련하여 평가하였다고 볼 수 있다. 다만 전체 평가 문항 중 언어생활과 관련한 평가 내용이 어느 정도 이상의 비율로 평가되어야 하는가에 대한 문제는 단정짓기 어렵다고 볼 수 있다.

넷째, 漢字語句의 경우 풀이와 함께 한자어구에 담긴 뜻의 이해도 겸하여 평가하였는가?

- 한자어구의 평가는 3·4단계에서 하고 있는데 3단계보다 4단계

에서 평가한 문항이 많으며, 한자어구 풀이와 함께 한자어구에 담긴 뜻의 이해를 겸하여 평가한 문항도 일정 정도 제시하였으므로 교육과정의 평가 지침을 잘 반영하였다고 할 수 있다.

Ⅳ. 漢字 敎育 評價方法의 摸索

1997년 제7차 교육과정이 고시되어 그에 따른 교과서가 개발되고, 2000년도부터 초등학교 현장에 보급되어 현재는 초등학교 전 학년에 제7차 교육과정이 적용되고 있다. 그렇지만 초등학교 한자 교육과 관련하여서는 국가 수준의 교육과정은 말할 것도 없거니와 시·도 교육청 수준의 새로운 교육과정도 마련되지 않아서 초등학교 한자 교육의 잣대를 잃고 있는 실정이다. 그러므로 초등학교 한자 교육의 평가 방법에 대한 논의도 그 준거를 마련하지 못하고 있다. 다만 초등학교에 제7차 교육과정이 시행 중이므로 초등학교 한자 교육의 평가 방법에 대한 내용도 제7차 교육과정을 중심으로 논의하여야 할 것이다.

앞장에서 밝혔듯이 제7차 교육과정은 自律과 創意에 바탕을 둔 學生 中心 敎育課程이므로 학생의 자기 주도적 학습 능력 신장과 統合的인 교육 활동, 직접적인 체험 활동, 주제 중심의 다양한 교육, 水準別 敎育課程의 운영을 강조하고 있다. 그러므로 초등학교 한자 교육의 평가 방법도 이러한 제7차 교육과정의 토대 위에서 논의가 이루어져야 한다.

특히 제7차 교육과정은 선다형 검사 일변도의 지필 평가보다는 주관식 평가와 관찰 평가를 통한 대안적 평가 방식을 요구하고 있다. 현재 초등학교에서는 전 교과에 걸쳐 일제 고사 형식의 시험을 폐지하고 학생들의 학습 과정을 중시하는 遂行評價가 이루어지고 있다. 수행 평가 이전의 평가가 학습의 결과를 중심으로 이루어지다 보니 자연적으로 많은 문제점을 유발하게 되었다. 곧 교사와 학생 모두에게 학습의 결과가 중요하고, 학습의 과정은 중요한 것이 아니라는 인식을 심어줄 수 있으며, 교수·학습의 개선에 별다른 도움을 주지 못하였다. 그래서 학습의 결과뿐만 아니라 학습의 과정에서도 평가가 이루어져야 학생들이 학습 과정에서 어떤 어려움을 겪고 있는지 알 수 있으며, 학생들이 어떤 장점과 단점을 가지고 있는지를 파악하여야 교수·학습의 개선에 도움을 줄 수 있다. 교사들이 이와 같은 평가의 본질에 맞는 수행 평가를 하려면 수행 평가는 교수·학습과 평가가 분리되어 이루어지는 것이 아니라 교수·학습 활동과 평가 활동을 자연스럽게 통합되도록 하여야 한다.[21]

따라서 이러한 방향으로 나아가려면 종래의 교과서 해설식 학습 방법보다는 학생들의 활동 중심 학습 방법으로 교수·학습이 이루어져야 한다. 초등학교 한자 교육의 교육 목표가 漢字·漢字語·漢字語句를 익혀 언어생활에 바르게 활용하는 데 있으므로 한자 교육을 통한 풍부한 국어 실력의 향상을 도모하기 위해서는 종래의 교사 중심의 교수·학습방법을 개선하여야 한다. 학생들의 활동을 중심으로 하는 교수·학습[22]이 이루어지는 가운데 학생의 자기 주도적 학습 능력이 신장될 수 있을 것이다.

또한 초등학교에서의 한자 교육이 한자나 한자어에 대한 지식을 익

---

21) 허인수, 앞의 논문, 13면.
22) 학생들의 활동을 중심으로 하는 교수·학습 방법은 초등학교 7차 교육과정의 교과서에 일관되게 흐르고 있는 학습 형태이다. 한자 교육의 경우 한자 맞추기, 한자 빙고, 사자성어 맞추기, 몸짓으로 한자 表現하기, 한자 퍼즐 만들기, 낱말 카드를 이용한 게임 등 여러 가지 형태로 이루어질 수 있다.

히는 데 목적이 있는 것이 아니라 새롭게 익힌 한자어를 통해서 다른 교과목의 학습에 대한 이해를 신장시키는 道具敎科의 성격이 강하므로 타 교과와의 統合的인 교육을 통해서 교수·학습과 평가가 이루어져야 한다. 곧 초등학교에서의 한자 교육이 한자 교과서에 제시된 어휘의 학습이나 언어생활의 활용 실례를 익히는 데 머물 것이 아니라 타 교과로 轉移되어 학습 효과를 꾀할 수 있어야 한다. 그러한 전이 효과를 얻기 위해서는 교수·학습의 계획이 통합교과적으로 이루어져야 할 뿐 아니라 한자 교육의 평가 방법도 통합 교육적인 측면을 고려하여 이루어져야 한다.

V. 結

이상으로 초등학교 한자 교육에 대하여 국가수준의 교육과정 부재에 따른 정책의 문제점과 현재까지 시행되고 있는 초등 한자 교육의 평가 내용 검토 및 평가 방법의 모색을 중심으로 논지를 전개하였다. 이를 간략하게 정리하면 다음과 같다.

우리나라 초등학교에서의 한자 교육은 한글 전용 정책에 따라 공식적으로 이루어지지 못하다가 제6차 교육과정기에 신설된 '학교 재량 시간'을 통하여 일부 시·도에서 시행하게 되었다. 그러나 이 또한 문민정부의 世界化 推進 政策에 따라 영어 교과에 밀려 사라지게 되었으며, 1997년에 고시된 제7차 교육과정 역시 한자 교육을 실시할 법적 토대는 마련하지 못하였다. 일부에서는 '재량 활동' 시간을 통하여 한자교육을 실시할 수 있다고 주장하나 교육인적자원부에서는 초등학교의 재량 활동을 영어, 한자, 컴퓨터 등의 교과 형태로 운영되는 것을 止揚하고 창의적 활동에 중점을 두어 운영하도록 권고하고 있는 실정이다.

초등학교 한자 교육의 평가에 대한 서술은 초등학교 한자 교육과정의 토대 위에서 이루어져야 한다. 그러나 현재까지 初等學校 漢字 敎育에 대한 國家 水準의 敎育課程은 제정되지 못한 실정이다. 그러므로 교육과정이 마련되지 않는 상황에서 한자 교육의 평가를 논의한다는 것은 어불성설이다. 다만 서울특별시교육청에서 제정한 '初等學校 漢文' 교육과정이 敎科書 認定 與否의 기준이 되고 있어서 이를 토대로 초등학교 한자 교육 평가에 대한 논의를 하였다.

서울특별시교육청의 초등학교 한문 교육과정의 평가 영역은 크게 평가 지침, 평가 방법, 평가 결과의 활용 등으로 나누어 서술하고 있다. 첫째, 평가 지침은 초등학교 한문의 평가 영역을 '한자', '한자어', '한자어구'로 제한하여 명시하고, 평가 방향이 문법이나 지식 평가에 흐르지 않도록 기술하고 있다. 위의 평가 영역은 '초등학교 한문' 교육과정의 성격·목표·내용·방법 등에 따른 구분으로 '한자', '한자어'의 평가 영역을 중학교 한문과 교육과정의 평가 영역과 비교해 볼 때 일정한 연계성을 지니고 있다. 둘째, 평가 방법은 한자·한자어·한자어구의 각 영역별 학습 내용을 균형 있게 평가하되 한자 평기는 형·음·의 3요소와 관련하여 평가하고, 한자어 평가는 언어생활과 관련하여 평가하며, 한자어구 평가는 한자어구의 풀이와 담긴 뜻의 이해에 중점을 두어 평가하도록 하고 있다. 셋째, 초등학교 한자 교육의 평가 결과는 학생들의 학업성취 수준을 평가하는 것은 물론 한문 교육의 교수·학습 방법을 개선하는 데 활용하도록 하고 있다.

제7차 교육과정은 自律과 創意에 바탕을 둔 學生中心 敎育課程이다. 그러므로 초등학교 한자 교육의 평가 방법도 교육과정의 정신에 충실한 새로운 대안을 마련하여야 할 것이다. 곧 종래의 결과 중심의 학습 평가가 아니라 학습자의 학습 과정 중심으로 평가 방법이 전환되어야 한다. 이를 위해서는 교사의 교수·학습 과정이 교사 중심이 아닌 학생들의 활동 중심 학습으로 진행되어야 하며, 이와 같은 학습을 도모하기 위해서는 현재의 교과서도 수업 과정 중에서 학습자들의 활동을 중심으로 학습 평가가 자연스럽게 이루어질 수 있도록 개선되어야 한다.

초등학교 학생에 대한 한자 교육은 '한자 병용'과 '한글 전용'의 微視的 논쟁 차원을 넘어서 巨視的 안목으로 실시되어야 한다. 그럼에도 불구하고 교육 당국의 傍觀的 政策으로 인하여 초등학교 학생에 대한 계획적이고 체계적인 한자 교육이 이루어지지 않아 많은 학생들이 사교육 기관에 의존하는 현상은 바람직하지 못하다.

특히 제6차 교육과정기에 '학교 재량 시간'을 이용하여 선택적으로 이루어졌던 초등학교의 한자 교육이 제7차 교육과정을 맞아 제도적 뒷받침이 결여되어 사라질 운명에 놓이게 된 것은 실로 안타까운 일이 아닐 수 없다. 더욱이 금년부터는 초등학교 전 학년에 제7차 교육과정이 적용되어 초등학교 한자교육에 대한 교육 당국의 획기적인 改善策이 요망되는 시점이다. 7차 교육과정에서 추구하는 자율과 창의에 바탕을 둔 학생 중심 교육과정을 성공적으로 이끌어 나아가기 위하여 '재량 활동' 운영의 자율성을 확대하고 더불어 제7차 교육과정에 부합하는 국가 수준의 초등한자 교육과정이 마련되어야 할 것이다.

참고문헌

1. 기본 자료
교육부, 국민학교 교육과정, 1992-16호.

교육부, 초등학교 교육과정, 1995-7호.

교육부, 초등학교 교육과정, 1997-15호.

교육부, 중학교 재량활동의 선택과목 교육과정, 1997-15호 별책 16.

교육인적자원부, 재량활동 교육과정 편성·운영의 실제, 2001.

서울특별시교육청, 서울특별시 초등학교 교육과정 편성·운영 지침, 2001.

서울특별시 교육과학연구원, 초등학교 재량활동, 2002.

정우상·안재철·정우인·한은수, 『초등학교 한자』1~4단계, 전통문화연구회, 1997.

전한준·김윤숙·진철용, 『초등학교 한자』1~4단계, 재능교육, 1997.

홍광식·김일환, 『초등학교 한자』1~4단계, 교학사, 1998.

2. 연구 논저

김왕규, 초등학교 학교 재량 시간 교육과정에 따른 초등학교 한문 교육, 『교육과정평
　　가연구』제2권1호, 한국교육과정평가원, 1999.

송영일, 제8차 교육과정 대비 한문과 교육의 과제, 『한자한문교육』제8집, 한국한자
　　한문교육학회, 2002.

송영일, 초등학교 한자 교육과정 개발 연구, 『한자 교수 학습 방법과 평가론』, 장서
　　원, 2001.

안재철, 초등한문 교육과정과 교과서 분석, 『한자한문교육』제3집, 한국한자한문교
　　육학회, 1997.

정우상, 한문과 교육정책과 한문교육용 기초한자의 선정, 『한자한문교육』창간호, 한
　　국한자한문교육학회, 1994.

진철용, 초등 한자 교육 평가, 『한자한문교육』제4집, 한국한자한문교육학회, 1998.

허인수, 초등교육 수행평가의 정책 방안, 『초·중등학교 수행평가의 실제(12)-초등
　　교육』, 한국교육과정평가원, 1997.

이 글은 『漢字漢文敎育』제9집(韓國漢字漢文敎育學會, 2002)에 수록한 논문을 재수록한 것이다.

中學校 漢文科 學習評價의 試案

高承希

Ⅰ. 머리말

　평가에 대한 관점은 사회 변화에 따라 점점 확대되고 전문적이 되어 왔다. 특히 우리나라에서는 이른바 '遂行評價'를 실시하여 評價方式의 전환을 대대적으로 꾀하고 있다. '遂行評價'는 기존의 選拔的 評價觀을 벗어나서 評價를 수업의 한 과정으로 인식한다. 따라서 이런 評價를 실시하기 위해서는 敎授·學習 방법의 개선까지도 뒤따라야 하므로, 이로써 교육의 質을 높이고자 하는 것이다. 이러한 분위기와 무관하지 않게 중학교 漢文科의 學習評價에 관한 연구가 증대하고 있다. 그러나 기존의 연구는 改善案으로 제시한 평가의 방법들이 다양하지 않으며, 評價를 敎授·學習 도중에 활용할 것을 염두에 두지 않았다는 한계를 가진다.[1] 그러므로 漢文科 學習評價는 方法을 다양

---

1) 기존의 연구들은 다음과 같다.
　　장희열, 「중학교 한문과 평가 내용의 개선 방향에 관한 소고」, 성균관대학교 교육대학원 석사학위논문, 1997.
　　陳哲鏞, 「초등 한자 교육 평가」, 『한자한문교육』제4집, 한국한자한문교육학회, 1998.

하게 개발하여 학생의 흥미를 유발해야 하고, 평가 결과의 활용도를 높일 수 있는 방법을 찾고, 評價를 敎授·學習과 긴밀하게 연관되도록 더욱 연구할 필요가 있다.

본고에서는 기존의 연구보다 評價의 중요성을 부각시켜서, 敎授·學習 過程에 적극적으로 도입하여 활용할 수 있는 漢文科 評價 道具를 개발하고자 한다. 그래서 中學校 漢文科에 있어서 學習評價가 敎授·學習을 변화시킬 수 있는 가능성을 발견하고, 중학교 漢文 敎育目標를 효과적으로 달성할 수 있는 기초를 마련하고자 한다.

Ⅱ. 현행 한문교과서의 평가문항 분석

학습 평가 문항의 개선안을 구체적으로 마련하기 위해서는 우선 현재 활용되는 漢文科 평가 도구를 검토해 볼 필요가 있다. 中學校 漢文科 評價를 대표하는 것은 크게 두 가지가 있다. 하나는 학교에서 실시하는 '중간고사', '학기말고사' 등의 定期考査이고, 다른 하나는

南宮遠, 「고등학교 한문과 평가의 실제」, 『한자한문교육』제4집, 한국한자한문교육학회, 1998.

許南郁, 「한문과 학습평가의 이론과 실제」, 『한자한문교육』제4집, 한국한자한문교육학회, 1998.

안재철, 「현행 고등학교 한문교과서에 나타난 평가문항 분석연구-한자·한자어 평가문제를 중심으로」, 『한문교육연구』제12호, 한국한문교육학회, 1998.

홍성민, 「창의력 신장을 돕는 고등학교 『한문I』 평가 방법 연구」, 단국대학교 교육대학원 석사학위논문, 1999.

안명숙, 「창의력 신장을 돕는 중학교 『한문』 평가방법 연구」, 단국대 교육대학원 석사학위 논문, 1999.

김진세, 「수행평가 정착을 위한 평가자료 개발 연구」, 강원대 교육대학원 석사학위 논문, 2001.2.

한문 교과서에 수록된 評價이다.[2] 본고에서 다루고자 하는 평가 도구는 敎授·學習 중에 활용될 수 있는 형성평가의 성격을 띠므로 總括評價의 성격이 강한 定期考査는 論外로 하고, 敎科書에 실린 評價 문항을 검토하기로 한다. 敎授·學習 활동의 중심이 교과서인 현실에서 교과서 평가 문항은 漢文科 敎育에 적지 않은 영향을 미치기 때문에 이 검토는 의의가 있다.

현재 제 6차 敎育課程에서 쓰이는 중학교 한문 교과서는 총 8종이다.[3] 그 교과서들에 실린 평가 문항을 내용 영역별로 '漢字, 漢字語, 漢文'으로 三分할 수 있다. 본고에서는 교과서 평가 문항을 본격적으

---

2) 교과서에는 단원마다 평가 문항이 제시되어 있는데, 이러한 평가 문항은 제 6차 敎育課程의 해설문에 "형성 평가 문제는 교재에 제시되어 있는 연습 문제를 활용할 수도 있고, 교사가 단원의 특성에 맞는 문항을 직접 작성하여 실시할 수도 있다."(『제 6차 중학교 교육과정 해설』, 106면.)고 명시한 대로 형성평가의 성격을 띤다.

3) 제 6차 교육과정은 2001년 현재 중학교 2·3학년을 대상으로 시행되고 있다. 제 6차 중학교 敎育課程에 따라 집필 제작된 검인정 한문교과서는 8종이다. 8종의 교과 서는 소·대단원별로 평가 문항을 제시하였다. 다만 평가 문제에 붙인 제목이 약간씩 다르다. 그리고 정법문화사의 교과서는 대단원의 末尾뿐만 아니라 導入部에 평가 문항을 제시하였고, (주)지학사 교과서는 대단원 평가문제가 없다는 점에서 다른 교과서와 다르다. 교과서와 저자와 평가문항의 제목을 정리하면 다음 표와 같다.

출판사와 저자	구 분	제시한 평가문항의 제목		비 고
		소단원별	대단원별	
교학연구사	김도련, 이현식	학습평가	단원종합문제	
을유문화사	박희병, 이명학	평가문제	단원평가	
지학사	박갑수, 김진영, 송진섭	학습문제	단원종합문제	
학습개발	이성직, 조영진, 임상덕	연습	단원학습평가	평가문제를 소단원 또는 대단원의 末尾에 제시함
한샘교과서 (주)	이응백, 이창득, 정성배, 오진오	평가	단원종합평가	
(주)중앙교육진흥연구소	김상홍, 최창구, 이강렬	연습문제	단원종합문제	
정법문화사	전혜옥, 김귀임	익히기	선수학습, 단원종합문제	대단원의 도입부에 '선수 습'이라는 평가문제를 제시
(주)지학사	장순하, 김철수, 원윤	다지기		대단원별 평가 문항이 제시되어 있지 않다.

로 분석하지는 않고, 평가 유형을 대략적으로 검토하여 평가 개선안을 만들기 위한 기초자료를 얻고자 한다.

1. 한자의 경우

(1) 한자의 음과 뜻과 모양에 관한 평가

현행 한문 교과서에서 한자의 음과 뜻과 모양에 관한 평가 문항은 다음과 같다.[4]

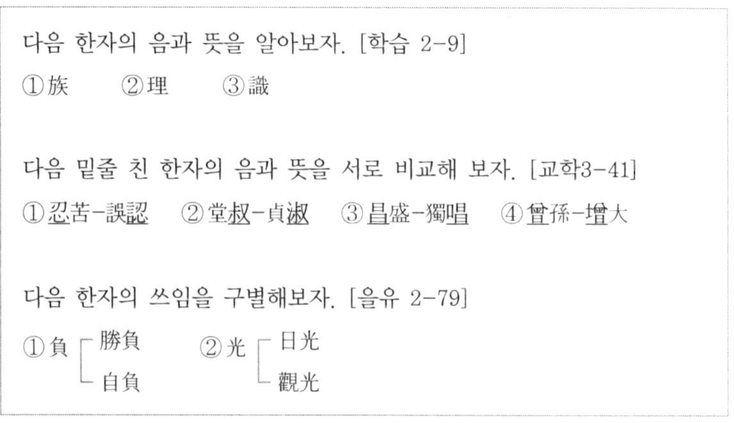

다음 한자의 음과 뜻을 알아보자. [학습 2-9]
①族　　②理　　③識

다음 밑줄 친 한자의 음과 뜻을 서로 비교해 보자. [교학3-41]
①忍苦-誤認　②堂叔-貞淑　③昌盛-獨唱　④曾孫-增大

다음 한자의 쓰임을 구별해보자. [을유 2-79]
①負┌勝負　　②光┌日光
　　└自負　　　　└觀光

8종 교과서에 실린 평가문항이 거의 대부분 위와 같은 간단한 형태이다. 위와 같은 유형은 학생에게 단편적인 한자 암기만을 유도한다. 물론 한문 교과의 특성상 기초적인 한자의 암기는 필요하고, 평가 역시 암기한 한자를 재생하는 방법이 유의미하다. 그러나 평가 문항을 너무

---

4) 예문을 발췌한 교과서의 종류는 평가 문항마다 [ ] 안에 명시했다. 편의상 [출판사명의 앞글자 학년-쪽]의 형식으로 약칭했다. 예를 들어 [교학1-34]는 교학연구사 1학년 교과서 34쪽을 의미한다.

단순하고 일정한 형태로 제시했기 때문에 학생들의 학습에 대한 흥미를 떨어뜨리는 역효과가 있다. 그러므로 단편적인 지식을 평가하는 문항이라도 학생의 흥미를 유도하는 장치를 덧붙여서 개선해야 한다. 또 여러 가지 음과 뜻을 가진 한자가 어떻게 활용되는지 평가하는 경우에는 한자나 한자어만 제시하기보다는 한자어를 넣은 우리말 문장을 제시하는 것이 한자의 활용력을 신장시키는 데 도움을 줄 것이다.

(2) 한자의 활용에 관한 평가

한자는 음과 뜻을 알고 그것이 어떻게 한자어로 활용되는가를 이해해야 한다. 현행 교과서에서 한자의 활용에 관한 평가는 빈칸 채우기가 가장 일반적으로 쓰였으며, 한자를 조합하여 한자어를 만드는 유형도 있다.

다음 □ 속에 들어갈 글자를 괄호에서 찾아보자. [을유3-15]
①卒□ ②□聽 ③□敢 ④□甘   (勇, 業, 今, 敬)

다음 글자를 써서 한자어를 지어보자. [학습 2-9]
①的 ②心

다음 (가)와 (나)의 한자를 짝지어 하나의 단어를 만들어 보자. [을유 3-9]
　　(가) 聖, 現, 旣, 上, 買   (나) 金, 入, 官, 成, 賢

여러 개의 한자 중에서 하나를 선택하여 빈칸을 채우는 유형은 일종의 배합형 문제다. 이것은 서로 혼동할 수 있는 한자의 쓰임을 구분하는 것이라면 보다 의미가 있을 것이다. 그러나 위에 제시한 형태는 단순 기억된 지식의 재생을 요구하는 것에 불과하다. 제시된 한자로 단어를

만드는 유형은 語彙力을 키워줄 뿐만 아니라 造語의 과정에서 創意力을 신장시키는 효과도 있다. 그러나 실제로 수업을 진행할 때 이러한 평가를 수행한다면, 학생들이 만든 한자어가 실제로 사용되는 것인지 확인하고, 만든 한자어의 뜻을 명확하게 알게 해야 한다. 이 때 교사가 일방적으로 설명하기보다는 학생들로 하여금 국어사전과 字典을 적절하게 활용하도록 해야 학습효과를 높일 수 있다. 즉 이러한 평가 문항은 더욱 구체적이고 체계적인 방법을 함께 제시하여 평가 문항을 수업 중에 활용할 수 있도록 개선한다면 바람직하겠다.

2. 한자어의 경우

(1) 한자어의 음과 뜻

한자어의 음과 뜻을 묻는 평가 문항은 다음과 같다. 앞에서 살핀 '한자'에 관한 평가 유형과 마찬가지로 지면을 아끼고 제작 노력을 덜 투자한 단순한 형태다. 교과서의 소단원마다 같은 형태의 평가 문항을 접하는 학생들은 '한문은 암기만 하는 과목'이라고 느끼게 된다. 일상생활과 연관시켜서 한자어 학습의 필요성과 재미를 느끼게 하는 문항 개발이 절실하다.

다음 한자어의 음과 뜻을 알아보자. [한샘2-28]
① 美風良俗　② 國泰民安

다음 성어를 독음해 보자. [정법3-16]
① 不恥下問　② 敎學相長

다음 한자어의 뜻을 알아보자. [(주)지학 2-63]
① 修身　② 正心　③ 莫大

(2) 한자어의 활용에 관한 평가

한자어를 일상생활에 활용하는 예는 부지기수이다. 따라서 한자어의 활용은 평가에서도 중요하게 다뤄져야 한다. 현행 교과서에서 한자어를 언어생활에 활용하는 것과 연관된 평가 문항은, 다음의 예처럼 주어진 문장에서 한자어를 읽거나 쓰는 방식이 일반적이다.

〈문장에서 한자어를 읽는 유형〉
다음 글을 한자어에 유의하여 읽어 보자. [중앙 2-42]
樹木이 우거져 녹음을 이루고 있다.

〈문장에서 한자어를 한자로 쓰는 유형〉
다음 밑줄 친 단어를 한자로 써 보자. [교학2-47]
① 추진력이 있으면 일의 완성도가 높다.
② 활동적인 사람이 성취감도 맛볼 수 있다.

위의 평가 문항은 한자어를 올바르게 활용하는 능력이 없더라도 한자의 음을 알고 정확히 쓸 수 있으면 해결할 수 있다. 한자어의 활용 능력을 직접적으로 평가하는 도구를 개발해야 한다. 또 일상생활에서 한자어의 중요성을 부각시켜서 흥미를 유도할 수 있어야 한다.

(3) 成語의 이해와 활용에 관한 평가

漢字語 學習에서 중시하는 것 중에 하나는 成語이다. 성어는 그 속뜻을 알고 활용하는 능력이 중요한 평가 요소가 된다. 현행 교과서도 성어에 관한 문항 중에는 속뜻을 이해하는지 여부를 평가하는 문항이 비교적 많이 제시되어 있다. 다음은 가장 단순한 유형이다.

> 다음 성어의 의미를 알아보자. [을유 3-18]
> 他山之石
>
> 다음 성어의 속뜻을 알아보자. [학습 3-17]
> ① 他山之石 ② 以五十步笑百步

위와 같은 평가 문항은 성어의 속뜻만 단답형으로 답하게 한 것이다.
성어를 일상생활에 활용할 수 있는 능력을 평가하기에 부적절하다.

> 다음 밑줄 친 4자 성어를 한자로 써 보자. [교학3-44]
> ① <u>등하불명</u>이라더니, 옆에 두고도 몰랐구나.
> ② <u>일자무식</u>인 줄 알았더니, 나보다 낫구나.
>
> 다음 □ 안에 알맞은 한자를 써 보자. [지학 2-53]
> ① 坐□觀□하는 우물 안의 개구리가 되지 말자.
> ② 영희의 실력이 하루가 다르게 □就□將하고 있다.

위의 평가 문항은 문장에 쓰인 성어를 한자로 고쳐 쓰거나, 빈칸을
채우는 형식이다. 문장에 쓰인 성어를 한자로 고쳐 쓰는 형태는, 성어
가 일상생활에서 어떻게 활용되는지를 알게 하는 부수적 효과가 있다.
그러나 '성어의 속뜻을 이해했는지 여부'와 '성어를 활용하여 문장을
작성할 수 있는지의 여부'를 평가할 수는 없다. 빈칸을 채우는 유형은
문장의 내용과 한자로 표기된 부분을 단서로 삼아 적당한 성어를 찾아
내어 쓰게 한다. 그러므로 한글은 한자로 고쳐 쓰는 유형과 달리 '理解
力'과 '活用力'을 평가할 수 있다는 점에서 비교적 바람직하다.
 성어에 관한 평가 중에는 다음처럼 문장을 읽고 연관되는 성어를

쓰도록 한 유형도 있다.

다음 경우에 쓸 수 있는 고사성어를 써 보자. [(주)지학 3-28]
① 어려운 환경에서도 열심히 공부하여 성공한 사람들의 이야기는 참으로
　감동적이다.
② 이 말 저 말 하더니 드디어 네 본색(本色)을 드러내는구나.

成語는 배경이 되는 故事가 있거나 일상생활에서 자주 쓰이므로 학
생의 흥미를 유발하기 쉽다. 그 利點을 評價에도 반영해서 학습 효과
를 높여야 할 것이다. 그런데 위와 같이 짧은 문장만으로 구성된 평
가 문항은 학생들의 흥미를 크게 유발하기 어렵다. 줄거리가 있는 이
야기라든가, 일상생활에 겪을 수 있는 상황과 연관 지어 평가 문항을
개발할 필요가 있다. 또는 성어를 적용할 수 있는 상황을 구성하게
하는 것도 '활용력'을 평가하는 데 적절하겠다.

3. 한문의 경우

한자, 한자어의 영역에서는 '음과 뜻을 정확히 알고, 일상생활에서
활용할 수 있는가'하는 것이 주요한 평가의 대상이 된다. 그러나 한문
영역에서는 실용성보다는 情意的 領域을 학습하는 의의가 높다. 따
라서 해석뿐만 아니라 '한문 문장이나 한시에 담긴 선인들의 삶과 지
혜를 이해하고, 건전한 가치관을 형성하며, 전통 문화의 계승, 발전
에 기여할 수 있는지'에 대해서 관심을 갖고 평가하도록 한다.

(1) 漢詩의 평가

한시 학습은 해석뿐만 아니라 이해와 감상에 중점을 둔다. 그러므로 한시의 評價 역시 '이해와 감상'에 중점을 두어야 하며, 평가 도구가 학생들에게 한시를 이해하고 감상하려는 태도를 유도할 수도 있어야 한다. 교과서에 실린 '한시'에 관한 평가는 다음과 같다.

다음 시구를 우리말로 풀이해 보자. [한샘 2-68]

① 花落今朝風　　② 庭前一葉落

※ 다음 한시를 읽고 물음에 답하여 보자. [중앙3-77]

秋風唯苦吟 世路少知音　窓外三更雨 燈前萬里心

◦ 위 시의 제목을 알아보자.
◦ '한밤중'을 나타내는 시어를 찾아보자.
◦ '世路少知音'을 풀이하여 보자.
◦ 위 시의 주제를 알아보자.
◦ 위 시를 풀이하여 보고, 각자의 생각이나 느낌을 말하여 보자.

漢詩 句節의 解釋을 요구하는 短答型이 대다수며, 한시의 이해를 평가하더라도 분석적으로 이해한 결과를 답하도록 하였다. 이러한 평가유형은 漢詩의 깊이 있는 감상을 유도할 수가 없다. 다음의 예들은 개방적인 서술형 평가로 한시 감상에 조금 더 접근한 평가이다.

'偶吟'과 '問童子'에 대한 감상문을 써 보자. [한샘 2-68]

다음 시에서 승구(承句)에 나타난 작자의 심경을 알아보자. [지학2-84]

秋風唯苦吟 世路少知音　窓外三更雨 燈前萬里心

　　그러나 한시의 감상에 대한 평가 문항은 '감상을 해 보자, 느낌을 말해 보자' 등으로 간단하게 제시되었다. 학생들로 하여금 한시가 지니는 문학적 아름다움을 적극적으로 이해하려는 동기를 부여하고, 한시에 대한 느낌을 독창적이고 자유롭게 표현하도록 돕는 평가 도구를 더 개발해야 한다.

(2) 한문 문장의 평가

　　한문 문장에 관한 평가는 다음과 같은 유형들이 있다.

다음 문장의 풀이 순서를 번호로 나타내 보자. [중앙3-48]
　愛人者 人恒愛之

'그리하여 이름 하여 삼일포라 했다'의 풀이가 되도록, 다음 문장의 □ 안에 알맞은 한자를 써 넣어 보자. [(주)지학3-79]
　□名□三日浦

다음 문장을 우리말로 풀이하고, 문장의 형식을 알아보자. [한샘3-49]
　水至淸則無魚

다음 문장을 한문으로 써 보자. [학습 3-25]
　사흘 갈 길을 하루에 간다.

　　문장의 짜임, 해석, 빈칸 채우기, 한문문장 짓기 등이다. 8종의 교과서가 거의 비슷하게 평가 유형이 단순하고 독해능력을 주요 평가 대상으로 삼았으며 학생의 흥미를 일으키는 요소가 없다. 더 다양한 유형이 개발될 필요가 있다.

한문 교육은 '선인들의 삶과 지혜를 이해하고, 건전한 가치관과 바람직한 인성을 함양'하며, '한문 기록에 담긴 전통 문화를 이해하고 계승, 발전시키려는 태도'를 지니는 것을 지향한다. 그러나 이러한 한문 교육의 목적이 구체적으로 평가에 반영된 것을 찾기가 어렵다. 실제로 이러한 '건전한 가치관·인성의 함양과 전통문화의 이해 '와 같은 '情意的 領域'의 학습은 평가하기가 까다롭고, 평가 기준이 모호하다. 하지만 그렇다고 해서 학습 과정에서 은연중에 얻을 수 있는 부수적인 학습 효과만 기대하고 평가를 하지 않기엔 너무나 중요한 과제이기도 하다. 따라서 이에 대한 敎授·學習 방법이나 평가 도구 개발은 그 무엇보다 절실하다. 이 情意的 領域에 대한 평가 문항을 찾아보면 교과서마다 차이가 심하다. 몇몇 교과서에서는 자주 등장하지만 대부분의 교과서에서는 거의 없다. 그리고 평가 문항들은 대개가 다음에 제시한 예처럼 조사, 토론 등을 요구하는 형태이다.

〈조사형〉
· 바른 선비들의 옛 생활 태도에 대해 알아보자. [정법2-22]
· 名賢들의 名言을 모아 보자. [학습2-75]

〈토론형〉
· 본문을 읽고, 선인들의 수양 자세에 대하여 서로 이야기해 보자. [교학3-57]
· '權利'와 '義務'의 상관관계에 대하여 서로 이야기해 보자. [(주)지학 2-9]

〈기타〉
· 끝까지 약속을 지켰던 尾生의 태도는 옳은 것인가, 잘못된 것인가? 잘못되었다면 왜 잘못되었는지 생각해 보자. [을유2-92]
· 다음은 어느 단체의 표어이다. 이에 해당되는 한자 성어를 적어보고, 현대의 식생활과 관련지어 생각해 보자. [지학2-20]
  ○ 우리 체질, 우리 농산물

　대부분 '생각해 보자', '이야기해 보자', '모아 보자' 등으로 제시하고 있다. 엄격히 따져본다면 '모아 보자'는 유형은 또 다른 지식을 얻기 위한 활동을 요구하는 것이므로, '情意的 領域의 평가'라고 할 수 없다. 그러나 한문학습과 연관되는 사례를 찾는 활동이 한문을 현실과 연관시켜 생각하게 하고, 그런 과정에서 느끼는 바가 있을 것이므로 일단 포함시켜보았다.

　위와 같은 형식의 평가 문항들은 방향은 바람직하나 평가 문항에서 요구하는 바가 모호하거나, 수행 시간이 많이 요구되어 실질적으로 활용하기 곤란하다. 조사형의 평가 문항인 경우에는 구체적인 조사 방법과 참고자료, 혹은 조사 과정에 이용할 수 있는 시설 등을 소개해 주어야 한다. 조사 결과를 보고서로 제출하게 한다면, 그 보고서의 양식을 함께 제시하거나 보고서에 반드시 포함시켜야 할 내용을 명시해야 한다. 토론형인 경우에는 토론 방법과 유의사항을 구체적으로 명시해야 한다. 또 '생각해 보자'는 평가 문항은 매우 애매모호하다. 생각한 것을 발표하거나 서술하거나 토론하거나 하는 구체적인 행동양식으로 발현하게 해야 평가로서 의미를 가질 수 있다. 이렇듯 현행 교과서에 실린 情意的 領域에 대한 평가 문항들은 의도는 바람직하나 실질적으로 활용하기에는 부적합하고, 개신해야 힐 점이 많디.

　이상으로 현행 중학교 한문 교과서에 실린 평가 문항을 영역별로 구분하여 검토했다. 그 결과 평가 문항들은 교과서의 종류와 무관하게 千篇一律적으로 비슷했는데 대부분 紙筆法 평가 문항으로 短答型이었다. 이러한 평가 문항은 단편적인 지식의 암기만을 유도하고 高等思考力이나 創意力을 기를 수 없다. 드물게 실려 있는 敍述型이나 討論型의 경우에도 요구하는 바가 모호하고 실질적으로 활용하기에 부적합하였다. 그리고 교과서의 평가 문항에는 학생의 흥미를 유발하는 요소가 없었다.

中學校의 漢文科 교육은 기초적인 한자, 한자어 학습의 비중이 커서 단순 암기에 치우치기 쉽고 학생들에게 지루하고 어려운 과목으로 인식되기 쉽다. 그러므로 評價 문항은 학습 동기와 의욕을 유발하는 요소를 첨가할 필요가 있다. 또 선인들의 삶과 지혜를 이해하고, 건전한 가치관과 바람직한 인성을 함양하며, 한문 기록에 담긴 전통 문화를 이해하고 계승, 발전시키려는 태도를 기를 수 있는 평가 문항이 더욱 개발되어야 한다. 다시 말하자면 중학교 漢文科 評價는 더욱 다양한 방법을 활용하여 학생의 흥미를 유도해야 하고, 창의력과 고등 사고력을 신장시키도록 개선해야 하며, 情意的 領域의 평가에 관심을 가져야 한다.

Ⅲ. 評價의 개선을 위한 試論

앞에서 敎科書 평가 문항을 분석한 결과를 참고하여, 漢文科 評價의 시안을 제시해 보고자 한다. 여기서 시안으로 제시하는 모든 평가는 敎授·學習 과정과 통합하여 유기적으로 실시하기 위한 것이다. 그리고 시안을 작성할 때에 특히 중시한 점은 학생의 흥미를 유도하는가, 한자나 한자어를 일상생활에서 활용하는 능력을 신장시킬 수 있는가, 고등사고력을 신장시킬 수 있는가, 情意的 領域의 학습을 돕는가 등이다. 평가 영역은 교육 내용에 따라 '한자, 한자어, 한문'으로 크게 구분하였다. 평가문항마다 평가 영역과 성취목표, 평가 방법, 평가의 중점 및 유의점, 평가 기준, 평가 결과의 활용, 평가의 의의 등을 서술하고자 한다. 또 평가 방법을 명확히 밝히기 위해 필요한 경우 학생이 답한 實例를 아울러 제시해 보겠다.

1. 한자의 경우

'한자의 모양과 뜻과 음을 알고, 또 한자를 바르게 읽고 쓸 수 있다.'는 것은 中學校 漢文科에서 가장 기초적인 학습 목표이다. 이것을 평가하기 위한 방법으로는 紙筆法이 필수적이며 일반적으로 많이 활용되고 있다. 하지만 紙筆法이라도 그 형태는 다양하게 개선되어야 한다. 평가 문항의 형식에 약간의 변화만 주어도 학생의 흥미를 유도할 수 있다.

(1) 한자의 음과 뜻을 구별하기

한자를 처음 접하는 학생들은 의외로 한자의 音과 뜻을 서로 혼동하는 경향이 있다. '天'을 '하늘 천'이라고 읽으면서도 '하늘'이 음인지 '천'이 음인지를 모르는 것이다. 학생들이 한자의 음과 뜻을 명확히 구분하는 능력을 평가하기 위해 다음과 같은 문항을 제작해 보았다.

이 평가는 한문을 처음 배우는 단계에서 활용하기 위한 것이다. 그러므로 평가 결과를 점수로 환산하지 않고, 학생이 음과 뜻을 명확히 구분할 수 있도록 돕는다는 데 중점을 둔다. 교사는 학생의 문제 해결 과정을 관찰하고 어려움을 겪는 학생을 개별적으로 지도한다. 학생들은 비교적 난이도가 낮은 이 평가 문항을 해결하면서 성취감을 맛보고, 재미있는 방식의 문제 풀이를 통해 한자 학습에 흥미를 가질 수 있다. 특히 평가 문항 ②는 길을 찾아가는 간단한 장치를 도입하여 학생의 흥미를 유발하도록 하였다.

▶평가 문항

① 다음 표에서 왼쪽에 제시된 한자의 음(소리)에 해당하는 글자를 찾아 ○표 하시오.

한자	한자와 연관되는 그림	어느 것이 한자의 음(소리)일까요?	
木		나무	목
魚		어	물고기

② 길찾기 문제입니다. 그림을 보면 한자가 있는 곳마다 양 갈래 길로 나뉘어졌죠? 한쪽 길에는 한자의 음(音)이 써있고, 다른 길에는 한자의 뜻이 써있습니다. 처음 山에서 출발하여 한자의 음을 표시한 길로만 가 보세요.

(2) 한자의 모양 익히기

한자의 모양을 학습시키는 방법은 주로 반복적으로 쓰게 하고 평가 단계에서 한 획이라도 틀리면 감점을 하는 것이었다. 이러한 평가는 학생에게 '한문은 지루하고 어렵다'는 인식을 심어주고 학습 의욕을 저하시키는 역효과를 초래한다. 그래서 다음과 같은 평가 문항을 제작해 보았다. 이 평가의 중점은 '학생이 일부 훼손된 한자의 모양을 보고 원래의 형태로 바르게 쓸 수 있는가'이다. 이 평가는 학생으로 하여금 '아~, 조금만 더 생각하면 쓸 수 있을 것 같은데…….'하는 성취 의욕을 유발한다. 이 평가를 통해서 학생들은 한자의 모양을 익힐 뿐만 아니라, 한자의 복잡한 획을 주의 깊게 살피고 조심해서 쓰려는 태도도 기를 수 있다. 평가 문항 ①은 '한자 위에 먹칠한' 상황으로 문제를 제시하였는데 평가에 대한 두려움을 감소시키고[5] 재미를 느끼게 하기 위해서다. 평가 문항 ②는 한문 학습에 대한 부담감을 철창으로 상징화하였다. 이로써 한문에 대한 부정적인 선입견을 없애는 부수적인 효과를 노렸다.

▶평가 문항

① 먹물 찍은 한자 : 덕수가 한자를 정성껏 썼는데, 동생이 먹물로 장난치는 바람에 글자를 알아볼 수 없게 되었습니다. 무슨 한자인지 원래의 형태로 다시 쓰세요.

學		登	
校		席	
授		業	

② 두려움의 철창 안에 갇힌 한자 : 한자를 익히기가 어렵다고요? 혹시 어렵다는 그 생각이 한자를 익히는 데 방해가 되는 것은 아닐까요? 색안경을 끼고 세상을 보면 온통 다른 색깔로 보이죠? 창살 안에서 바깥을 보면 창살이 가로막아서 바깥 풍경을 온전히 볼 수가 없지요. 다음은 '어렵다'는 '두려움의 쇠창살'에 갇힌 한자들입니다. 자, 창살을 걷어내고 자신감 있게 다시 보세요. 원래는 어떻게 생긴 한자입니까? 원래의 모양대로 쓰고 그 한자의 음과 뜻을 쓰세요.

---

5) 평가는 순기능뿐만 아니라 역기능을 하는데 학생들의 情意的 特性을 왜곡시키는 기능으로서 不安感의 조성, 정서적 안정감의 파괴, 부정적 자아개념의 형성, 부적절한 우월의식의 형성, 자포자기 등 다양하게 나타날 수 있다.(吉亨柬·孫忠基,『教育課程과 평가』242쪽, 동문사, 1995. 참고) 교수·학습의 일부로 활용되는 평가는 이러한 역기능을 최소화하도록 특히 주의해야 할 것이다.

뜻 :　　　음 :		뜻 :　　　음 :	
뜻 :　　　음 :		뜻 :　　　음 :	
뜻 :　　　음 :		뜻 :　　　음 :	

(3) 感情을 나타내는 한자를 그림으로 표현하기

喜怒哀樂 등 감정을 나타내는 한자는 그림을 이용하여 평가할 수 있다. 이 평가는 '감정을 나타내는 한자의 뜻을 정확히 아는 능력'과 함께, '한자의 뜻을 그림으로 표현하는 능력'을 평가한다. 평가 과정에서 교사는 학생의 풍부한 감성을 자유롭게 표현할 수 있는 분위기를 조성하는 데 유의한다. 또 표현력이 뛰어난 학생의 답안을 수업 중에 공개하여 학생의 특기를 칭찬하는 기회로 삼는다. 이 평가는 학생들이 이미 배운 한자를 재학습하는 효과가 있다. 그리고 그림이란 매체를 도입했기 때문에 한문 학습에 대한 흥미를 유발한다.[6] 또 학생들로 하여금 풍부한 감성과 자연스런 표현에 관심을 갖게 하는 의의도 있다.

여기서 제시한 평가 도구는 喜, 怒, 哀, 樂 의 네 한자만 예로 들었으나, 이것 외에 好奇心, 自慢心, 自負心, 喜悅感, 苦心, 傷心 등 심리 상태를 표현하는 다양한 한자어를 익히는 데 응용할 수 있다. 또

---

6) 학교 현장에서 그림을 도입한 수업 방법이나 평가 방법은 최근 많이 활용되고 있는데, 그림에 소질이 없는 학생들은 적지 않은 부담감을 느낄 뿐만 아니라, 학습 내용을 제대로 이해했더라도 그림 실력이 모자라서 상대적으로 불리한 경우가 있으므로 모든 학생에게 적절한 평가방법으로 볼 수 없다는 비판을 면하기 어렵다. 그러므로 그림을 활용한 평가는 신중하게 활용하고, 학생들에게 그림 외의 다른 방법을 택하여 답하는 기회를 제공해 주는 것도 필요하다.

한자의 뜻을 그림으로 그리지 않고, 학생의 얼굴 표정으로 직접 시연하도록 하거나, 어떤 감정을 느꼈던 기억을 회상하여 서술하게 할 수도 있다.

▶평가 문항 : 다음 한자는 사람의 감정을 뜻하는 것들입니다. ○를 얼굴이라고 생각하고 한자의 뜻에 알맞은 표정을 그려보세요.

喜	怒	哀	樂
○	○	○	○

▶학생 답안의 實例:

喜	怒	哀	樂

▶평가 기준: 학생의 답한 것을 등급화 시켜 평가하기 위해서는 다음과 같은 평가 기준을 활용해 볼 수 있다.

수준 평가요소	상	중	하
한자의 뜻	喜怒哀樂 중 4개의 뜻을 정확히 알고 알맞은 표정을 그린다.	喜怒哀樂 중 2개 이상의 뜻을 정확히 알고 알맞은 표정을 그린다.	喜怒哀樂 중 1개 이하 한자의 뜻을 정확히 알고 알맞은 표정을 그린다.
표현력 및 성실도	그린 얼굴 표정에 감정이 확실하게 드러나며, 개성 있게 표현되었다.	그린 얼굴 표정에 감정이 비교적 잘 드러나 있다.	그린 얼굴 표정에 감정이 분명히 드러나지 않았고 답안이 성의가 없다.

(4) 인생곡선을 그리기

喜怒哀樂 등 감정을 나타내는 한자는 '인생곡선 그리기'라는 평가 도구를 사용하여 평가할 수 있다. 평가 방법은 서술형과 발표형을 사용한다. 평가 방법은 아래에 제시된 평가문항에 따라 한자를 넣은 인생곡선을 그리고 인생곡선에 대한 설명을 쓰고 발표하도록 한다. 동료 학생의 발표를 들은 후 느낀 점을 다시 쓰게 한다. 이 평가에서는 '감정을 나타내는 한자의 뜻을 정확히 아는가'와 '자신의 인생을 돌아보고 喜怒哀樂을 느꼈던 기억을 인생곡선으로 나타내고, 여러 학생들 앞에서 발표할 수 있는가(혹은 자연스럽게 서술할 수 있는가)'에 중점을 둔다. 이 평가는 한자의 음과 뜻을 익힌다는 의미 외에, 학생 자신의 경험을 돌아보고 어떤 경우에 어떤 감정을 느꼈는지를 정리해 보는 의의가 있다. 또 답안을 수업 중에 발표하므로 발표력을 신장시킬 수 있을 뿐만 아니라, 학생들 간에 서로의 경험을 공유하여 친구에 대한 이해를 깊게 할 수 있다. 그리고 한문 학습에 대한 흥미를 유발하며, 교사 입장에서는 학생의 성장배경을 이해하고 학생 생활 지도용 자료를 얻을 수 있다.

이 평가는 여러 가지로 응용될 수 있는데, 우선 내용면에서 喜怒哀樂 외에 好奇心, 自慢心, 自負心, 喜悅感, 苦心, 傷心 등 마음 상태를 표현하는 다양한 한자어를 익히는 데에도 활용할 수 있다. 또 평가 문항 형식을 변형시켜서 '인생곡선' 대신에 '나를 기쁘게[喜] 하는 것들, 나를 성나게[怒] 하는 것들, 나를 슬프게[哀] 하는 것들, 내가 즐거워[樂] 하는 것들'을 글로 쓰고 발표하여 서로의 경험과 생각을 나눠볼 수도 있다. 혹은 언어 생활 습관과 연관지어 활용할 수도 있다. 즉 소집단 토론을 통해 '나를 기쁘거나 성나거나 슬프거나 즐겁게 하는 [喜怒哀樂] 말들'을 모아서 정리하고 발표하게 한다. 발표 후 자신의 언어습관에 대해 반성해보고, 바람직한 언어생활을 위한 실천방법에 대하여 글쓰기를 하도록 한다.

▶평가 문항: 여러분들이 지금까지 살아오면서 다양한 감정을 느꼈던 기억이 있을 것입니다. 언제 어떤 감정을 느꼈는지 아래의 〈예시답안〉처럼 곡선으로 그리고 喜 怒 哀 樂 이라는 한자를 적당한 위치에 쓰세요. 그리고 자신의 인생 곡선에 대한 설명문을 작성하세요. 친구들 앞에서 인생곡선을 보여주며, 발표해 봅시다.

〈예시답안〉

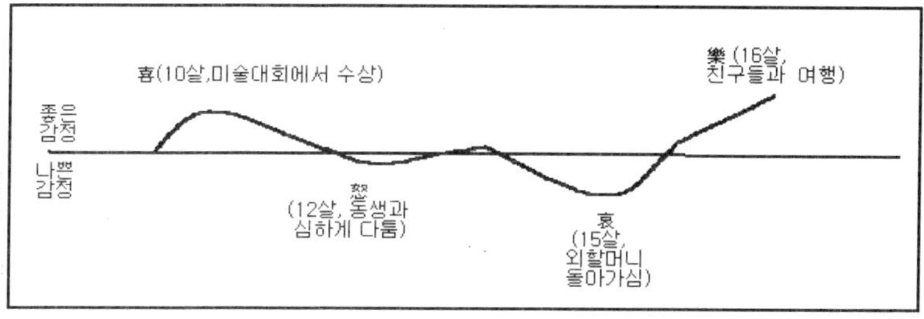

2. 한사어의 경우

(1) 上位槪念의 한자 찾기

이 평가 문항은 '한자어의 음과 뜻을 알고, 여러 가지 한자어들을 한 가지 범주로 묶는 상위 개념의 한자를 찾을 수 있다'는 성취 목표와 연관된다. 평가 방법은 配合型이다. 평가할 때 교사는 학생에게 한자어들의 공통점을 먼저 생각하게 한 후 어떤 上位 槪念에 포함시켜야 하는지 선택하는 단계를 밟도록 한다. 이 평가는 학생들에게 단순히 한자어의 음과 뜻을 익히게 하는 효과 외에 여러 한자어의 공통점을 발견하여 어떤 범주 안에 포함시킬지 생각해 봄으로써 사고력을 신장시킬 수 있다는 의의를 지닌다. 여기서는 간단한 配合型으로 제시했으나, 이 평가를 응용하면 '한자어를 활용한 글쓰기'를 할 수도 있다. 일단 〈보기〉에서 선택한 상위 개념을 주제어로 삼고, 하위 개념에 속하는 한자어들을 활용하여 문장을 작성하게 하는 것이다. 그렇게 함으로써 한자어의 활용력을 평가하고 언어표현력과 사고력을 신장시킬 수 있다.

▶평가 문항 : 다음 액자에 있는 한자들을 보고, 액자의 제목을 보기에서 골라 쓰시오.

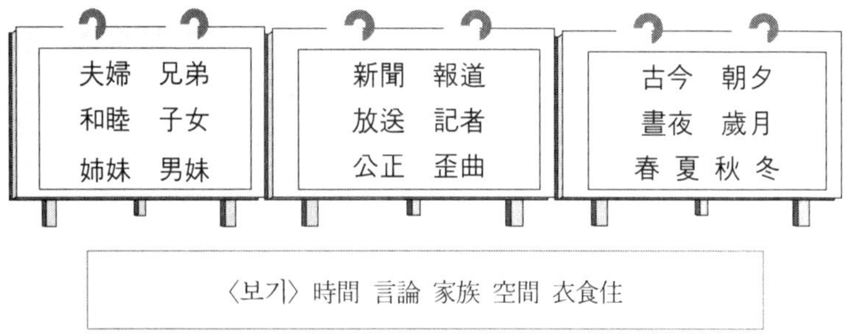

(2) 한자어를 이용한 문장 작성

일상생활에서 한자어가 많이 쓰이는 만큼 '한자어를 자연스럽게 활용할 수 있는 능력'은 중요한 평가의 대상이 된다. 이러한 능력을 직접적으로 평가하기 위해서는 한자어를 활용하여 문장을 작성하는 평가 문항이 적절하다. 이 평가의 중점은 '제시된 한자어에 걸맞는 주제를 선정하고, 문장 속에서 한자어들을 자연스럽게 활용하는가'에 둔다. 이 평가의 답안은 敍述形으로 반응의 자유도가 높다. 그러므로 평가 기준을 미리 정해 두어야 할 필요가 있다. 평가 기준에 따라 평가한 결과는 반드시 학생에게 알려주어야 한다. 특히 한자어 활용이 부자연스런 부분은 교사가 적극적으로 교정해주어서 학생에게 재학습을 시켜야 한다.

이 평가의 의의는 한자어를 단편적으로 아는 데 그치지 않고 언어생활에서 활용력을 높이는 데 있다. 또 제시된 한자들을 이용하여 문장을 작성하는 과정에서 학생들의 사고력과 언어 표현력이 신장될 수 있다. 그리고 여기서 제시한 평가 문항의 경우 제시된 한자들이 進路와 연관되므로 이 평가 문항의 답안은 進路 指導에 활용할 수 있다.

▶평가 문항: 다음 보기에 제시된 한자어 중에서 4개 이상을 활용하여 주제가 있는 문장을 작성하세요. (유의사항: 분량은 200자 이상이 되도록 합니다. 제목은 개성을 발휘하여 정해봅시다. 음과 뜻을 모르는 한자는 字典에서 찾아보세요.)

〈보기〉　成功　未來　適性　決心　努力　進路　希望　立志　職業

▶평가기준

평가요소 \ 수준	상	중	하
한자어 활용	한자어를 매우 적절하며 자연스럽게 활용하였다.	한자어를 비교적 적절하게 활용하나, 부자연스럽게 활용한 한자어가 1, 2개 있다.	3개 이상의 한자어를 어색하게 활용하였다.
주제와 표현력	제시된 한자어에 어울리는 주제를 선정하여 명확하게 자신의 생각을 전달하며, 표현이 참신하고 개성 있다.	제시된 한자어에 어울리는 주제를 선정하여 자신의 생각을 비교적 잘 표현했다.	한자어와 주제가 어울리지 않으며, 주제와 관련이 적은 문장이 등장하고, 표현이 서투르다.

▶학생 답안의 예:

〈제목: 나의 미래〉

나는 未來에 패션 디자이너가 될 것이다. 이것은 어릴 적부터 決心한 것이다. 나는 그림을 그리거나 조각을 하는 것 등 미술 분야를 좋아하고 특히 옷에 관심이 많다. 집에서 시간이 날 때마다 잡지에 나온 옷을 본떠서 인형의 옷을 만들기도 한다. 엄마도 디자이너라는 職業이 내 適性에 맞을 거라고 하셨다. 20년 후에 디자이너로 成功하면, 친구들에게 내가 만든 옷을 선물하겠다. 내가 직접 만들어서 주는 선물은 친구들을 더 기분 좋게 만들 것이다. 지금의 꿈을 이루기 위해서 앞으로 열심히 努力을 해야겠다.

(3) 相對語를 이용하여 이야기 구성하기[7]

相對 漢字를 알고 활용력을 높이기 위해 '相對 漢字를 넣어서 작문하는 평가 문항'을 활용할 수 있다. 이 평가 문항은 '한자 또는 한자어 중 相對語를 바르게 쓸 수 있고 그것으로 줄거리가 있는 이야기를 구성할 수 있다'는 목표와 연관된다. 평가 대상은 개인이 아니라 4명 내지 6명으로 구성된 소집단으로 정했다. 평가 방법은 토론 및 서술형으로 '토론하여 줄거리가 있는 이야기를 구성하기'이다. 이 평가를 실시할 때에 교사는 학생들에게 한자어를 문맥상 자연스럽게 활용하도록 충분히 事前 설명을 해야 한다. 구성하는 이야기는 개성있고 참신한 내용이 되도록 요구한다. 또 소집단 토론 중에 집단 구성원끼리 서로 의견을 존중하도록 지도한다. 이 평가의 의의는 우선, 학생들은 한자어 중에 상대어가 결합한 형태가 많음을 이해할 수 있다. 또 한자어의 뜻을 파악하고 활용력을 신장시킨다. 미처 알지 못했던 한자

---

7) 이 평가 문항은 『한문교육』20호(전국한문교사모임, 1994)에 실린 「상대자를 활용한 이야기 만들기 수업」을 참고했다.

에 대한 궁금증을 유발하여 학습 의욕을 높일 수 있다. 그리고 이야기를 구성하면서 창의력과 사고력을 신장시킬 수 있다. 또 소집단별 활동을 통해 협동심을 키우는 효과도 있다.

이 평가의 답안은 다시 평가문항으로 활용할 수 있다. 즉 작성된 문장을 학생들에게 읽어주거나 보여주고, 그 속에 활용된 相對字를 찾아내게 하는 것이다. 이렇게 활용하면 학생들이 문장을 주의 깊게 읽고(혹은 듣고) 적극적으로 相對字를 찾아내면서 높은 흥미를 보인다.

▶평가 문항: 뜻이 서로 상대되는 한자를 5쌍 이상 이용하여 이야기를 만들어봅시다.

〈유의 사항〉

- 좋은 의미가 담기고, 일정한 주제나 줄거리가 있는 이야기로 만드세요.
- 한자를 자연스럽게 활용하도록 하세요. (한자의 음으로 읽었을 때 어색하지 않도록 주의!)
 - 다음과 같은 경우는 잘못된 예입니다.

  오답 ㉠ - 나는 다리가 길고(長) 내 동생은 다리가 짧다(短)

  오답 ㉡ - 父께서 母를 처음 만나신 것은 대학교 1학년 때라고 한다.

▶평가기준

수준 평가요소	상	중	하
한자어의 활용	한자어를 매우 적절하고 자연스럽게 활용하였다.	한자어를 비교적 적절하게 활용하였으나, 부자연스럽게 활용한 상대어가 1, 2개 있다.	3개 이상의 한자어를 어색하게 활용하였다.
주제와 표현력	선정된 제목에 알맞은 매우 이야기를 참신하고 개성 있게 구성하였다.	선정된 제목에 알맞은 이야기를 비교적 자연스럽게 구성하였다.	이야기 구성이 자연스럽지 못하다.

▶학생 답안의 예:

제목 : 토끼와 거북이

토끼와 거북이가 다시 한번 달리기 시합을 했다. 통계를 내어보니 토끼는 短시간에 長거리를 달리고 거북이는 長시간에 短거리를 달렸다. 이번에는 해설자까지 있었다. "토끼와 거북이는 長·短점이 있습니다. 토끼는 체력이 强하지만 지구력이 없으며, 거북이는 체력이 弱하지만 지구력이 있습니다. 이번 시합은 42.195km를 달리는 풀코스의 마라톤입니다. 경기장 外에서 달리기 前에 室內에서 0.195km를 달린 後에 室外에서 42km를 달립니다." 달리기를 시작하자 토끼가 高속으로 달려가기 시작했지만 低속으로 꾸준히 달린 거북이가 이겼다.(이번에도 토끼가 자고 말았다는 속설이 있다)

50년 후. 과학이 발달하자 토끼와 거북이의 손자가 자동차로 시합을 했다. 토끼는 가벼운 輕차를 끌고 왔고 거북이는 重형차를 끌고 나왔다. 속도는 비슷했으나 가벼운 토끼의 輕차가 돌에 걸려 거꾸로 넘어지고 말았다. 그러자 토끼는 輕차를 들고 뛰기 시작했다.(輕차는 너무나 가벼웠다!) 토끼의 불굴의 투지는 경의를 표할 있었지만 거북이의 사고없는 주행이 거북이를 勝리로 이끌었다. 결국 토끼는 또 敗하고 만 것이다. 그 후에 그의 손자들이 로켓을 가지고 경주를 했다는 속설이 있다.(토끼의 로켓이 너무 빨라 달나라에 부딪혀 돌아오지 못하고 절구나 찧고 있다나? 뭐래나?)

(4) 명절·절기에 관한 평가

명절이나 절기에 행하는 여러 풍속들을 앎으로써 전통적인 삶의 방식이나 가치관을 이해할 수 있다. 그런데, 단순하게 '秋夕''夏至' 등의 한자어를 읽고 쓰기만 한다면 명절이나 절기의 의의는 학습할 수 없다. 그러므로 교사가 보충설명을 충분히 하거나 학생이 조사·발표하게 할 필요가 있다. 그리고 그렇게 학습한 내용은 다시 평가에 반영되어야 한다.

여기에 제시하는 평가 문항은 '명절이나 절기의 특징, 풍속, 의의'를 학습한 내용을 정리하는 능력에 중점을 둔 것이다. 평가 방법은 서술형인데, 발표형으로도 활용할 수 있다. 이 평가는 학생들에게 전통 문화에 대한 관심을 일깨울 수 있다. 그리고 학습 내용을 종합적으로 이해하고 요약하는 능력을 길러준다. 또 독창적인 표현을 요구하므로 창의력을 신장시킨다.

▶평가 문항①: TV에서 일기 예보를 하는 기자가 되었다고 상상해 봅시다. 특정한 절기를 맞았는데 어떻게 말하겠습니까? 시청자의 흥미를 끌면서 유용한 정보를 제공해 주도록 해 봅시다.

[답안의 實例] 오늘은 얼었던 대동강물도 풀린다는 驚蟄입니다. 추위를 피해 숨어있던 개구리나 벌레들이 밖으로 나온다는 날이지요. 그 동안 따뜻한 집안에만 계셨던 분들도 가벼운 차림으로 외출해 보시는 건 어떨까요? 마침 따뜻한 봄기운을 충분히 느끼실 수 있는 날씨입니다. 전국이 맑고 어제보다 기온이 높습니다.

▶평가 문항②: 여러분이 아나운서가 되었다고 가정해 봅시다. 어떤 명절을 맞아 특집 프로그램을 진행한다면 시작하면서 어떻게 말하겠습니까? 시청자가 명절(혹은 절기)에 대해 흥미를 가질 수 있도록 독창적으로 써 봅시다.

[답안의 實例] 미국에 추수감사절이 있다면, 한국에는 秋夕이 있습니다. 내일이 바로 우리 고유의 명절 한가위입니다. 민족의 대이동이 행해지는 큰 명절이죠. 고속도로는 주차장을 방불케 할 정도로 차들이 거북이 운행을 하고 있습니다. 벌써 고향에 도착해서 송편 빚고 계시는 분도 계시죠? 추석에는 어떤 풍속들이 있을까요? 각 지방의 송

편도 소개해 드리겠습니다. 그리고 예전과 달라진 신풍속도 알아보겠습니다. 잠깐만 기다리세요.

(5) 成語에 관한 평가

成語에 관한 평가는 속뜻을 이해하고 일상생활에서 활용하는 데 중점을 둔다. 성어에 관한 평가에는 作文, 그림, 토론 등 다양한 방법을 적용할 수가 있다. 作文은 앞에 제시한 예가 있고, 그림이나 토론을 활용한 것은 뒤에 나오므로 여기서는 '빈칸 채우기'라는 형태를 제시한다. 이 평가 문항은 성어가 있는 문장에서 빈칸에 알맞은 상황을 완성하는 것이다. 이 평가는 학생의 成語 理解力을 확인하고 학생의 사고력과 창의력을 신장시킬 수 있다.

▶평가 문항 : 문장에 쓰인 漢字成語에 유의하여 빈칸에 알맞은 내용을 작성해 보시오. (빈칸에 들어갈 문장의 길이나 표현 방식은 제한이 없음)

· 덕수는 월요일 아침에 늦잠을 자서 지각을 하게 되었다. (
　　　　　　) 참으로 雪上加霜이었다.

[예시 답안] 부랴부랴 달려 나오다가 그만 넘어져서 무릎을 다쳤다. 그래도 눈앞에 학교로 가는 버스가 오길래 급히 탔다. 그런데 그 버스가 고장이 나서 도중에 멈춰버린 것이다.

3. 한문의 경우

(1) 한시의 속뜻을 자유롭게 해석하는 평가

'한시 구절을 해석하고 그 뜻을 이해하여 말할 수 있다'는 성취목표에 근거하여 다음과 같은 평가 문항을 제작해 보았다. 평가 방법은 서술형이고, 평가의 중점은 '속뜻 풀이에 대해서는 학습자 개인의 주체적이면서도 자유로운 반응을 강조한다'는 것이다. 다만 감상의 다양성을 허용하되, 그것이 자기 나름의 근거와 논리를 가진 것이어야 한다. 교사는 답안을 일반적인 이해와 독창적인 이해, 근거가 불충분한 이해 등 유형별로 정리하고 공개하여 한시를 이해하는 방법을 재학습시킨다. 이 평가를 통해서 한시를 적극적으로 이해하려는 태도를 기를 수 있고, 사고력과 창의력을 신장시킬 수 있다.

▶평가 문항

: 花開昨夜雨 花落今朝風[8]는 무슨 뜻으로 쓰여진 것인지 자유롭게 해석해 봅시다.

▶평가기준

평가요소＼수준	상	중	하
독해력	한시의 느낌을 살려서 바르게 해석한다.	한시의 느낌을 살리지 못하나 내용에 어긋나지 않게 바르게 해석한다.	한시 해석이 잘못된 부분이 있다.
이해력 및 표현력	나름대로의 명확한 근거와 논리를 가지고 설득력 있게 한시의 속뜻을 설명하며, 발상이 참신하다.	비교적 설득력 있게 한시의 속뜻을 설명한다.	한시의 속뜻을 설명하지 못하거나, 이해한 바이 근거가 빈약하다.

▶ 학생답안의 實例 : "花開昨夜雨 花落今朝風"의 속뜻을 학생들이

---

8) 〈교학연구사〉에서 간행한 중학교 2학년 한문 교과서 71쪽에 등장하며, 17과의 본문 중 일부이다. 이 구절은 송한필의 〈偶吟〉이란 시에서 인용한 것인데, 교과서에는 시인이나 시 전체에 대한 설명은 없고 이 구절만 제시했다. 그리고 같은 교과서 73쪽에는 〈시구의 이해〉라는 항목에서 이 시구의 뜻을 '인생의 덧없음'이라고 간단히 명시했다.

풀이한 例

㉮ 사랑의 감정이 생겼다가 식음 – 어젯밤에 핀 꽃은 과거에 꽃피었던 사랑이다. 그것이 하룻밤 사이에 지는 것처럼 사랑이 감정이 사라진 것을 뜻한다. 내가 좋아하는 남학생이 있었는데 그 친구가 영 반응이 없어서 마음을 바꿨다. 그 친구에게 이 구절을 써 보내서 감정이 식었음을 표현할 수 있겠다.

㉯ 유명인이 유명세를 탔다가 잃음 – 요즘 유명 스타들은 반짝 스타라고 한다. 갑자기 유명해졌다가 금방 사람들 기억에서 멀어진다. 마치 이런 반짝 스타들을 뜻한 것 같다.

㉰ 좋은 환경에서 자란 인재가 어려운 시대를 만나서 재능을 발휘하지 못함 – 꽃이 필 때는 비가 왔고, 꽃이 질 때에는 바람이 불었다. 즉 비가 촉촉히 오는 것처럼 좋은 환경에서 자라난 인재가 바람이 부는 것처럼 어지러운 시대를 만나서 실력을 마음껏 펼치지 못한 것이다.

㉱ 우리나라의 경제상황이다 – 우리나라는 경제적으로 많이 성장해서 화려한 꽃과 같이 생활했다. 해외여행도 다니고 사치스런 생활도 했다. 그런데 IMF 시대를 만나서 떨어진 꽃처럼 어려움을 겪게 되었다.

(2) 비유의 맛 느끼기

'한시에서 쓰이는 비유법을 이해한다.'는 목표와 연관하여 평가 문항을 제작하였다. 이것은 서술형 문항으로 자기 자신을 사물에 비유하게 하는 것이다. 이 평가에서 중점은 학생으로 하여금 자신의 내면적 특징을 진지하게 돌아보게 하고, 원관념[학생 자신]과 속성이 일치하는 보조관념[사물]을 선택하는 어려움을 맛보게 하여, 비유의 묘미를 알게 하는 것이다.

이 평가를 통해 학생은 비유법의 묘미를 알고 한시 학습에 대한 흥미를 가질 수 있다. 그리고 선인들이 세심한 관찰과 깊은 사고 과정을 거쳐서 한시에 비유법을 사용했음을 이해할 수 있다. 또 학생 자신의 성격을 진지하게 성찰하고 주변의 사물에 관심을 갖는 기회가 되기도 한다. 교사는 이 평가를 통해 학생을 이해하고 학생의 답안에 적절한 評語를 적어줌으로써 학생과 인간적인 의사소통을 할 수 있다. 이 평가는 다른 친구를 사물에 비유하도록 응용할 수도 있다. 이렇게 응용하면 학생들 간의 관심과 이해를 깊게 하는 효과를 얻을 수 있을 것이다. 또 비유한 내용으로 한시 구절을 짓도록 응용할 수도 있다.

▶평가 문항

: 한시를 감상하다보면, 선인들은 자연을 개발하고 극복해야 할 대상으로 보지 않았고 오히려 자연에서 인간이 배워야 할 점을 발견했음을 알 수 있어요. 그래서 자연물의 속성과 인간의 자세를 연결하여 비유한 예가 많습니다. 그렇게 비유하는 것은 자연과 인간에 대해 깊게 생각해 보아야 가능하죠. 여러분이 한 번 해 보면 느낄 수 있을 거예요. 그런 의미에서 나를 사물(동물, 식물, 무생물 등)에 비유해 봅시다. 나의 외모가 아니라 성격을 곰곰이 생각해 보고, 나와 닮은 대상을 찾아서 쓰세요. 그리고 왜 그 대상에 비유했는지 자세히 쓰세요.

▶평가기준

평가항목 \ 등급	상	중	하
자아 고찰	나의 성격을 진지하게 고찰하고 잘 설명했다.	나의 성격을 비교적 잘 설명했다.	나의 성격을 잘 설명하지 못했다.
적절한 보조관념의 선택	아주 걸맞는 보조관념을 선택하고, 보조관념의 속성도 잘 설명했다.	비교적 걸맞는 보조관념을 선택하고, 보조관념의 속성을 비교적 잘 설명했다.	걸맞지 않는 보조관념을 선택했다.

▶학생 답안과 評語의 예:

㉮ 하얀 운동화 – 처음에 태어날 적에 순수했던 내 마음은 방황하는 더러운 마음으로 변했는데 요즘엔 다시 깨끗하고 바르게 변하고 있다. 하얀 운동화를 처음 구입했을 때는 새것으로 깨끗했지만 매일 신다 보면 더러워진다. 그러나 깨끗하게 빨면 다시 원래대로 하얀 색깔로 돌아온다. 그래서 나는 다시 빤 하얀 운동화이다.

[教師의 評語] → 선생님이 요즘 네 학교생활을 보면서 참 많이 성실해지고 있다고 느꼈는데 과연 그렇구나. 비유할 것을 찾기가 어렵다고 투덜거리더니 아주 적절하게 비유했네! 새로 세탁한 하얀 운동화에 비유한 것은 너 자신에 대하여 많이 생각했기 때문에 가능한 것 같다. 하지만 하얀 운동화도 험하게 신으면 금새 더러워지고 낡아버리지? 늘 깨끗하게 관리되는 하얀 운동화같은 네가 되길 바란다.

㉯ 가느다란 철사 – 가느다란 철사는 손가락에 조금만 힘을 주면 마음대로 구부릴 수 있다. 나는 다른 사람이 뭐라고 말만 하면 그 말에 쉽게 동조해 버린다. 마치 쉽게 구부러지는 철사와 같다.

[教師의 評語] → 가느다란 철사라⋯⋯. 독특한 비유네요. 남의 영향을 쉽게 받는 자신을 비유한 것이 적절합니다. 그런데 자신의 장점을 돌아보고 그것을 비유할 대상도 찾아보면 좋겠어요.

㉰ 개구리-개구리는 언제나 높이 뛰어 다닙니다. 더 높이 뛰려고 노력하는 모습이 제가 무슨 일이든 도전해 보려는 마음과 같습니다.

[教師의 評語] → 개구리가 뛰는 모습과 네 도전적인 마음을 닮았다고 했는데, 어떤 일에 도전하려는 의욕을 보였는지 구체적으로 설명해 주면 더 이해가 잘 되었을 것 같구나.

㉱ 거울-나는 나의 속마음을 몰라도 어느 정도 남이 무엇을 생각하는지 알 수 있다. 거울도 남은 비추지만 자기는 볼 수 없다.

[教師의 評語] → 거울에 대해 색다른 시각으로 접근했군요. 거울 자신은 스스로를 볼 수 없다니⋯⋯. 어떤 경우에 자신의 속마음을 잘

모르겠는지 궁금하네요. 또 어떤 경우에 남의 생각을 잘 아는지도 설명을 덧붙여주면 더 잘 이해될 것 같군요.

(3) 한시를 그림으로 표현하기9)

그림을 한문 수업에 활용하는 방법은 학교 현장에서 많이 쓰인다. 그런데 과제로 제출한 그림 중 잘된 것만 소개하는 것보다는 잘못된 부분도 지적해 주고 세심하게 평가해 주어야 학생들의 학습 효과를 높일 수 있을 것이다. 따라서 평가 기준을 구체적으로 마련하고 그에 따른 평가 결과를 학생들에게 알려주어 재학습을 시키는 측면에 중점으로 두어 평가 문항을 제시해 보았다.

이 평가는 한시를 그림으로 그리도록 하여 학생이 漢詩의 내용과 분위기를 이해하고 감상한 정도를 평가하는 것이다. 평가자(교사)의 주관이 많이 작용하는 평가 유형이므로 미리 정해둔 평가 기준에 의거하여 학생의 그림을 세심하게 분석하면서 평가해야 한다. 평가 과제를 학생들에게 제시할 때에는 특히 한시의 내용과 분위기를 그림에 잘 반영하도록 요구한다. 또 평가 결과는 개인별로 전달할 수도 있겠지만 수업 시간에 공개하는 것이 유용하다. 즉 교사는 학생의 그림을 비슷한 유형별로 모아서 잘잘못을 정리하고, 그림을 수업 중에 보여주면서 공개적으로 평가 결과를 알려주어야 한다. 그러면 학생들이 시에 대해 잘못 이해한 것을 바로잡고, 시를 다시 감상할 수 있을 것이다.

이 평가를 통해 학생들은 한시를 이해하기 위한 노력을 적극적으로 기울이게 된다. 그래서 제대로 이해되지 않았던 부분에 대해서 무슨

---

9) 이 평가 문항은 『한문교육』 5호(전국한문교사모임, 1992)에 실린 「근체시의 4단 구성(기승전결)의 학습」을 참고했다.

의미인지 고민해 보는 복습의 기회를 갖는 효과가 있다. 그리고 '한시는 읽고, 해석하고, 암기하는 것'이라는 기존의 틀을 벗어나서 그림을 활용함으로써 학생의 한시학습에 대한 흥미와 의욕을 고취시키는 효과가 있다. 교사 입장에서는 학생이 그린 그림을 통해 한시를 이해한 정도를 파악할 수 있다.

▶평가 문항 : 한시 〈秋夜雨中〉[10]을 4장면의 그림으로 그리시오. 시에 담긴 내용과 시에서 느낄 수 있는 느낌을 잘 담을 수 있도록 하세요. 이 시를 읽고 시인과 처지가 비슷한 다른 사람이나 사물이 떠올랐다면 그것으로 표현해도 좋습니다. 단순히 한시의 겉뜻만 이해하지 말고, 시인의 입장이 되어서 한시를 깊게 감상하고 그림을 표현하세요.

▶평가기준

수준 평가요소	상	중	하
시구 내용 이해	네 구절의 내용을 모두 바르게 이해하였다.	세 구절의 내용을 바르게 이해하였다.	두 구절 이하의 내용만 바르게 이해하였다.
시의 분위기 이해와 표현	시의 분위기를 아주 잘 살려서 표현했다.	시의 분위기를 비교적 잘 전달한다.	시의 분위기를 잘 표현하지 못했다.
창의성과 성의	성의 있게 과제를 수행했으며 표현이 창의적이다.	비교적 성의 있게 과제를 수행했다.	성의 없게 과제를 수행했다.

---

10) 秋夜雨中은 崔致遠이 지은 한시이며, 〈교학연구사〉에서 간행한 중학교 2학년 한문교과서 18과에 수록되어 있다. 내용은 다음과 같다. ─ 秋風唯苦吟 世路少知音 窓外三更雨 燈前萬里心.

▶학생 답안(그림)과 교사 評語의 예

㉮ 시인의 감정을 잘 표현한 경우

[교사의 評語] 전체적으로 시의 내용을 제대로 이해하고 각각의 구절을 정확하게 표현했다. 특히 2구(世路少知音)를 그린 부분은 시인이 느끼는 소외감을 아주 잘 표현했다. 다른 사람들 사이에서 위축된 느낌을 아주 작아진 최치원의 뒷모습으로 그렸다. 만일 앞모습이라면 오히려 덜 쓸쓸할 것이다.

얼굴이 안 보이는 뒷모습과 몸 옆의 약간의 음영이 최치원의 쓸쓸함을 전해준다. 커다랗게 확대된 타인들의 발을 통해 그들의 무관심을 알 수 있다.

㉯ 구절을 잘못 이해한 경우

[교사의 評語] 이 그림은 비교적 성의 있게 그려졌고, 시를 대체로 잘 이해한 것 같은데, 두 번째 구절 世路少知音을 잘못 해석하고 있다. 知音이란 '그가 최치원이란 사실을 아는 사람'을 의미하는 게 아니다. 마음을 나눌 수 있는 친구 또는 자신의 존재 가치를 인정해 주는 사람을 뜻한다. 따라

서 이 그림에서처럼 "너 저 사람 알아?" "아니 몰라" 등의 대화를 삽입

한 것은 이 시를 잘못 해석한 결과다.

㉯ 구체적으로 시인의 마음을 상상하여 표현한 경우

[교사의 評語] 네 장면이 서로 연관성이 없어 보인다. 각각 등장인물이 다르기 때문이다. 그러나, 제 4구(燈前萬里心)를 표현한 부분은 참신하다. 최치원의 고향에 대해 그리워하는 마음을 그의 상상(그가 고향에 돌아간 모습)을 빌어 표현했다. 달려나오면서 반겨 맞아주시는 어머니, 母子가 서로 얼싸안으려는 광경, 꼬리를 흔들며 반기는 강아지 등이 매우 생동감 있게 보인다. 실제로 우리는

뭔가 그리워할 때에 "아, 그립다!"하고 입으로만 중얼거리지 않고, 구체적인 대상이나 장면을 상상한다. 그러므로 이 학생은 최치원의 한시에서 '萬里心'을 관념적으로 이해한 것이 아니라. 최치원의 입장이 되어 시인의 마음을 실감나게 느꼈던 것이다.

㉰ 시인의 처지를 돌에 비유해서 그린 경우

[교사의 評語] 시의 내용을 이해하고, 그것을 다른 사물에 적용시켜 보았다. 구절의 의미가 정확하게 적용되었을 뿐만 아니라, 시에서 느낄 수 있는 분위기를 잘 살렸다. 최치원을 돌에 비유한 그림은 첫 장면에서 덩그마니 놓여있는 돌이 '秋

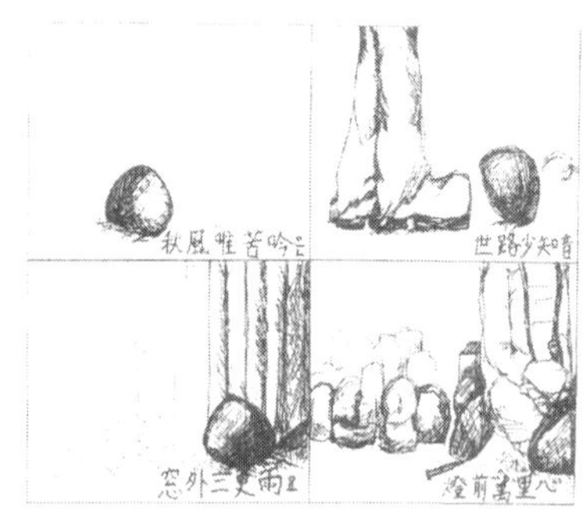

風唯苦吟'에서 시인이 외롭게 혼자 시를 읊는 모습을 연상케 한다. 그리고 2구 '世路少知音'을 '자신을 알아주는 사람이 적다'고 이해하여 발길에 채이며 굴러다니는 돌로 형상화했다.

3구 '窓外三更雨'는 비오는 깊은 밤에 잠 못 드는 시인의 마음이 담긴 구절이다. 이 구절을 돌에 빗줄기가 세차게 내리꽂히는 장면으로 그렸는데, 그 돌이 처연하게 느껴질 정도이다. 시인의 쓸쓸함을 잘 담은 그림이다. '燈前萬里心'은 고향을 그리워하는 마음으로 해석하는데, 신라에 돌아왔으나 인정받지 못하는 최치원이 이상적인 사회를 꿈꾸는 것으로 보았다. 돌이 훌륭한 석공에 의해 예술작품으로 다시 태어나는 것을 꿈꾸는 모습으로 나타냈다.

㉮ 시인의 처지를 오리에 비유해서 그린 경우

[교사의 評語] 〈추야우중〉을 '미운 오리 새끼'라는 동화와 접목시켰다. 1구를 표현한 첫장면은 바람에 낙엽이 떨어지는데 오리 한 마리가 나무등걸에 쓸쓸한 표정으로 앉아 있다. 2구를 표현한 두 번째 장면은 다른 오리들은 몰려 다니며 속닥거리지만 주인공 오리는 상대해주는 친구가 없어서 울고 있다. 3구를 표현한 세 번째 장면에서 둥지 밖에는

비가 내리고 다른 오리들은 몸을 맞대어 잠을 자는 밤에 주인공 오리만 잠을 못 자고 눈물을 글썽이면서 앉아 있다. 마지막 장면에서는 오리가 백조가 되어 푸른 하늘 흰 구름 위를 날아가는 모습을 상상하고 있다. 이 학생은 '燈前萬里心'에 대해 고향에 대한 그리움으로 보지 않고 최치원이 이상적인 사회의 모습을 꿈꾸는 것이라고 이해한 것이다.

(4) 시인과의 인터뷰 기사 쓰기

다음은 한시와 시인에 대해 학습한 내용을 평가하는 문항이다. 이 것은 시인을 만났다고 가정하고 기자의 입장이 되어 인터뷰하는 내용을 작성하는 것이다. 학생들에게 상상력을 발휘하여 시인과의 대화 장면을 구성하게 하되, 사실에 근거하여 크게 왜곡되지 않도록 지도한다. 이 과제를 해결하는 과정에서 교사는 학생의 궁금증을 해결해 주고 참고자료를 소개하는 등 적극적인 조력자의 역할을 해야 한다. 또 교사는 제출된 답안을 꼼꼼하게 읽고, 잘잘못을 드러내는 평가문을 작성하여 학생에게 알려준다. 이 평가는 한시와 시인에 대해 이해한 내용을 종합적으로 정리하는 효과가 있다. 또 학생이 상상력을 발휘하여 시인의 사상과 감정에 적극적으로 접근함으로써 선인의 사상이나 전통 문화에 대해 이해하려는 태도를 기를 수 있다. 여기서 제시한 평가 형태는 개인과제물로 제시하는 서술형이다. 그러나 소집단별로 인터뷰기사를 작성하고 TV나 라디오 프로그램으로 극화하는 형식으로 변형해 볼 수도 있다. 이 경우 과제 수행을 위해 훨씬 많은 시간이 필요하다는 단점이 있으나, 敎授·學習에 새로운 발표 형식을 도입하는 셈이므로 흥미 유발의 효과는 더욱 클 것이다.

> ▶평가 문항 : 시인을 만났다고 상상하고 인터뷰 기사를 쓰세요. 기사 분량은 A4용지 한 장, 기사 내용은 시의 내용과 시인의 삶 그리고 그 밖에 여러분이 궁금한 것과 가상의 답을 쓰세요. 인터뷰 시간이나 장소 등은 자유롭게 설정합니다.

▶평가기준

수준 / 평가요소	상	중	하
한시에 대한 이해	한시에 대해 이해한 바를 네 가지 이상 정확하게 언급한다.	한시에 대해 이해한 바를 두세 가지를 정확하게 언급한다.	한시에 대해 잘 이해하지 못하거나, 한시에 대한 내용이 거의 없다.
시인에 대한 이해	시인의 삶이나 사상에 대해 바르게 이해한 내용을 두 가지 이상 포함시켰다.	시인의 삶이나 사상에 대해 바르게 이해한 내용을 한 가지 포함시켰다.	시인의 삶이나 사상에 대해 바르게 이해한 내용이 포함되지 않았다.
창의성과 성의	인터뷰 장면을 상상력을 발휘해서 창의적으로 구성하였으며, 학습하지 않은 내용을 더 조사하는 성의를 보였다.	인터뷰 장면을 상상력을 발휘하여 비교적 창의적으로 구성하였다.	인터뷰 내용이 성의 없게 작성되었다.

▶학생 답안의 예[11] : 〈綠陰〉[12]의 시인과의 인터뷰

「녹음」이라는 한시를 지은 시인과 그의 집 정원에서 인터뷰를 하고 있다.

기자 : 이 시를 읽으면 누구나 그곳을 단 한번이라도 가보고 싶은 생각이 들 텐데, 그곳은 구체적으로 어떠한지 알 수 없을까요?

시인 : '그곳은 어떠하다'라고 말하는 것보다 이 시를 읽은 여러분이 느낀 그대로라고 생각하시는 것이 더 쉬울 것입니다. 뭐라고 정의 내리기엔 표현이 역부족이기 때문입니다.

기자 : 이 시를 지은 때가 꽤 오래 전이라고 하는데 지금도 가끔 그곳에 가시면 그때의 기분 그대로인가요?

시인 : 그 당시 저는 그런 곳을 처음 간 것이 아니었고 여러 번 가서 느껴지는 감정을 시에 옮겼는데, 최근 가보니 많이 달라졌더군

---

11) 〈교학연구사〉의 한문 교과서를 수업 자료로 삼아 필자가 직접 수업한 후 평가한 결과 중 일부를 제시한다. 답한 학생들은 1999학년도 중학교 2학년이다.

12) 綠陰은 〈교학연구사〉에서 간행한 중학교 2학년 한문교과서 18과에 실린 한시로 내용은 다음과 같다. - 四月綠陰多 山禽終日語 驚人不遠飛 又向西山去

요. 골프장, 스키장, 잔디썰매, 콘도 등 전에 들었던 새소리와 전에 보았던 여러 식물들은 거의 찾아볼 수 없었습니다.

기자 : 정말 아쉬운데요, 만약 그런 것을(새, 풀잎 향기) 볼 수 있는 장소가 있긴 한데, 그곳은 너무나 멀고 가기에도 험하고 힘들다면 어떻게 하실 건지 궁금하네요.

시인 : 당연히 가야죠. 그런 좋은 곳을 보고 더 좋은 시를 써서 여러 사람들에게 보여줄 수 있다면 그래야 하겠지요. 그런데 그런 곳이 아직까지 있을까요?

기자 : 지금 우리가 인터뷰하고 있는 이 정원이 참 예쁜데요, 누가 이곳을 꾸몄죠?

시인 : 제가 했어요. 그때 그곳을 떠올리며 그냥 흉내만 냈을 뿐이죠. 새소리도 없고 맑은 산 기운도 없는 걸요.

기자 : 그냥 보기만 해도 머릿속이 시원해지고 숨이 트이는 느낌입니다. 그래도 이렇게 잘 꾸며두니까 정말 아름답고 멋있네요!

시인 : 이 정도를 아름답다, 예쁘다 하다니, 정말 요즘시대 사람들이 각박하고 얼마나 굳었는지 알 수 있겠군요.

기자 : 그럼 당신은 이 정원을 보면 어떤 생각이 드세요?

시인 : 저는 오히려 예쁘다, 멋있다기보다 옛날 아름답던 모습이 그리워지고 쓸쓸해집니다.

기자 : 저는 이 시를 읽고 난 후, 아이들의 수다소리도 지저귀는 새소리로 들리고 아이들의 땀 냄새도 향긋한 풀잎향기로 느껴졌는데요, 그런 것은 저 뿐만이 아닌 것 같아요.

시인 : 그렇죠, 그런 걸 '동화된다' 하죠. 그런 느낌을 받는 만큼 요즘시대 사람들이 그런 자연을 얼마나 이상적으로 생각하고 있는지 알 수 있습니다.

기자 : 마지막으로, 이 「綠陰」을 읽은 모든 사람들에게 하고 싶은 말씀은?

시인 : 여러분도 이 「綠陰」을 읽고 동화되셨습니까? 그런 자연을 우

리가 보호해야 합니다. 돈을 벌어 자신의 이익을 위해 골프장을 계획하고 콘도 같은 인문환경을 지어선 안돼요. 계속 이런 식으로 나간다면, 곧 우린 이 작은 정원도 보기 힘들어져요. 그러니 우리 모두 자연을 보호하고 가꿔나갑시다.

(5) 한문 문장에 관해 토론하기

한문 문장에 관한 기존의 평가는 독해능력에 치중하고 지필형에 한정되었으며 情意的 領域의 측면에는 소홀했다. 紙筆法 외의 다른 방법을 개발하여 '선인들의 삶과 지혜를 배워 건전한 가치관을 형성하는' 情意的 領域을 포함해야 한다. 그래서 토론형을 도입해 보았다.

본고에서 제시하는 토론형 평가는 〈을유문화사〉에서 간행한 2학년 한문 교과서 92쪽에 나온 평가 문항 "끝까지 약속을 지켰던 尾生의 태도는 옳은 것인가, 잘못된 것인가? 잘못되었다면 왜 잘못되었는지 생각해 보자"를 수정한 것이다.[13] 기존의 문항은 '생각해 보자'고만 요구하여 평가의 성격이 애매하다. 이것을 尾生의 태도에 긍정하는 입장과 부정하는 입장으로 나누어 토론을 진행하고 평가하는 방법으로 바꿔 보았다.

평가 방법은 토론 과정을 관찰하는 방법과 개인보고서를 검토하는 것을 동시에 사용한다. 우선 토론주제를 주고 미생에게 긍정하는 입장과 부정하는 입장 중 한 가지를 선택하게 하여 같은 입장을 택한 학생들끼리 소집단을 구성한다. 각 집단의 구성원은 4명 내지 6명으로 한다. 집단을 구성한 다음에 소집단 내에서 긍정 혹은 부정하는 이유를 논리적으로 정리하도록 한다. 소집단별 논의가 끝난 후에는

---

13) 이 문항이 있는 소단원은 22과로 '尾生之信'이라는 제목을 갖고 있으며, 본문은 '尾生이 與女子로 期於橋下한대 女子不來어늘 水至不去라가 抱橋柱而死러라'이다.

학생이 진행하는 전체 토론을 실시한다. 이 때 교사는 토론과정을 관찰하고 평가하는데 다음과 같은 평가 기준표를 활용할 수 있다.

〈평가 기준표〉[14]

평가요소 〈수준〉	등급			비고
	상	중	하	
준비도 (토론을 위해 관련자료 등 준비를 제대로 했는가)				
이해력 (토론할 내용을 제대로 이해하고 의견을 발표하는가)				
조직력 (토론할 내용을 제대로 조직하여 체계적으로 발표하는가)				
표현력 (자신의 의견을 제대로 표현하는가)				
판단력 (상대편이 발표한 내용의 핵심을 제대로 파악하고 대응하는가)				
의사소통능력 (다른 사람들의 시선을 끌면서 설득력 있게 발표하는가)				
토론태도 (상대방의 의견을 존중하면서 토론을 진행하는가)				
계				

　그러나 한 학급의 학생을 토론 중에 일일이 평가하기란 매우 곤란하므로 학생들 상호간에 동료평가를 실시할 수 있다. 그리고 학생들 개인별로 다음과 같은 보고서를 작성해서 제출케 하여 평가 자료로 삼는다.

---

14) 백순근, 「수행평가 정착을 위한 교육평가 실천 방안」『수행평가 현장 정착을 위한 세미나 자료집 : 초·중등학교 교과별 수행 평가의 실제[1]-총론-』, 84면, 한국교육과정평가원, 1999. 참고.

〈보고서 예시〉

반, 번호, 이름 : 5반 5번 김고척	모둠원 : 이방울, 서영심, 박종달

학습 내용(본문과 해석) : 尾生之信
尾生이 與女子로 期於橋下한대 女子不來어늘 水至不去라가 抱橋柱而死러라
미생이 여자와 다리 아래에서 (만나기로) 약속했는데, 여자가 오지 않아서 물이 찼는데도
가지 않다가, 다리 기둥을 안고 죽었다.

토론 주제 : 尾生의 태도에 관하여 어떻게 생각하는가?
긍정적으로 생각하는가? 부정적으로 생각하는가?

나의 입장과 이유 : 나는 미생에 대해 긍정적으로 생각한다. 비록 그가 어리석어 보이지만, 목숨을 걸고 약속을 지키는 미생의 태도는 사뭇 감동적이기까지 하다. 약속을 잘 지키지 않는 사람들은 주위에서 많이 볼 수 있다. 특히 시간 약속은 1시간 정도 늦는 건 기본으로 아는 사람들도 많다. ……. (이하 생략)

〈토론 과정 기록하기 〉 **사회자 :** 고명식 **찬성토론자 :** 송하늘, 김상철 **반대토론자** : 이상범, 정소라

찬성하는 이유 :	반대하는 이유 :
• 약속을 소중히 여기는 마음 • 미생이 그날 여자를 만나지 못하면 죽기로 결심했을 거다.	• 다리 위에서 기다리면 될 것을 꼭 다리 아래서 기다린 것은 어리석은 행동이다. • 여자를 꼭 만나고 싶었다면 기다리지 말고 찾아갔어야 했다.

결론 : 미생의 행동은 비록 어리석다고 할 수 있겠지만, 신의를 중요하게 여기는 마음을 우리가 본받아야 하겠다.

토론을 하고 나서 느낀점 : 재미있었고 약속을 잘 안 지키는 습관에 대해 반성해 보게 되었다.
성철이는 미생과 여자와의 관계를 나름대로 상상하고 여자 때문에 미생이 죽을 마음을 먹게 된 이야기를 만들어서 들려주었는데, 그것이 가장 재미있었다. …… (생략)

이 평가는 한문 문장을 독해력을 기르는 목적으로만 익히는 것이 아니라, 그 안에 담긴 의미나 선인들의 삶의 태도에 대해 깊이 생각해 볼 수 있는 기회를 준다는 의의가 있다. 또 토론 과정에서 자신의 의견을 명확히 전달하는 방법을 익히고, 타인의 의견을 존중하는 태도를 기를 수 있다.

Ⅳ. 맺음말

본고에서는 기존의 연구보다 학습평가의 중요성을 부각시켜서, 敎授·學習 과정에 적극적으로 도입하여 활용할 수 있는 평가 도구를 개발하여, 중학교 漢文科 교육 목표를 효과적으로 달성할 수 있는 기초를 마련하고자 하였다. 그러기 위해서 우선 중학교 한문 교과서에 수록된 評價의 유형을 검토했는데 대부분 短答型 紙筆評價이고 흥미 유발 요소가 없었으며 드물게 실려 있는 敍述型도 요구하는 바가 모호하고 실질적으로 활용하기에 부적합했다.

학습 평가 개선안을 마련하면서 특히 중시한 점은 학생의 흥미를 유도하는가, 한자나 한자어를 언어생활에서 활용하는 능력을 신장시킬 수 있는가, 고등사고력을 신장시킬 수 있는가, 情意的 領域의 학습을 돕는가 등이다. 그리고 본고의 평가 개선안은 수업 도중에 활용한다는 데 중점을 두어서 제시해 본 것이다. 그러므로 교사가 제작해서 활용하는 것을 우선적으로 염두에 두어서 연구를 진행했다. 그러나 교과서의 영향을 크게 받는 만큼 교과서가 이러한 평가의 다양한 방법을 반영할 수 있다면 더욱 좋을 것 같다. 본고에서는 교과서의 평가 문항에 대해서 간단히 언급해 보는 데 그쳤으나, 연구 과정에서 교과서의 평가 문항을 내용 영역별로 더 세밀하게 연구하고 개선할 필요성이 있음을 느꼈다. 교과서에서는 평가에 더 많은 지면을 할애할 필요가 있으며 교과서를 제작할 때에 교수 내용뿐만 아니라 평가에 대한 연구도 충분히 이루어져야 할 것이다.

평가 개선안들이 이론적 모형이나 근거가 약하고 필자의 주관을 바탕으로 했기 때문에 여러 가지 한계와 문제점을 안고 있다. 특히 현실적으로 본고에서 제시한 평가 문항을 실제 수업에 적용하는 데는 어려움이 있다. 왜냐하면 中學校 漢文科 授業時間이 일주일에 1시간에 불과하고, 한문 담당교사가 가르치는 학생 수가 많으며, 수업자료를 교과서에 전적으로 의존하기 때문이다. 즉 적은 수업 시간에 교과서 진도를 나가면서 본고에서와 같은 평가와 결과 활용을 완벽하게 수행하기란 쉽지 않은 일이다. 필자도 연구를 진행하면서 대부분의 평가 문항을 수업 실제에 적용해 보았는데, 학생의 흥미 유발이나 학습 효율성 향상 등의 효과를 확인할 수 있었으나 정확한 평가 결과를 개별 학생들에게 송환하는 것은 곤란했다. 즉 교육 환경이 변하거나 교육 내용을 교사 재량으로 과감하게 줄여야 한다는 뜻이다.

본고가 다소 理想的이고 체계가 빈약하더라도 한문 교육의 실제에 기여하는 바가 있길 기대하며 향후 더욱 깊이 있고 실질적인 漢文科 評價에 관한 研究가 진행되길 바란다.

이 글은 『漢文敎育硏究』 제16호(韓國漢文敎育學會, 2001)에 수록한 논문을 재수록한 것이다.

高等學校 漢文科 評價의 問題點과 改善 方案

梁判石

Ⅰ. 머리말

학교 현장에서 실시하는 評價는 敎育課程의 目標를 궁극적으로 달성할 수 있도록 실시되어져야 한다. 평가는 교육과정이 제시하고 있는 목표를 학생들이 얼마나 잘 성취하고 있는지를 확인하는 수단이다. 또한 평가는 학생들의 성취도가 떨어질 경우, 그 결과를 분석하여 그 원인이 어디에 있는지를 파악하는 데 자료로 이용되며, 진일보한 교수·학습 활동을 개선하는 지침으로 활용할 수 있는 근거가 된다. 따라서 정상적인 평가가 실시될 때 學業成就度를 높일 수 있을 뿐 아니라 나아가, 교육 목표에 다가설 수 있을 것이다.

그렇다면 우리의 학교 실정은 어떠했는가? 자발적인 학습 참여 태도를 길러주는 평가라기보다는 단편적인 지식을 무조건 암기해야 한다는 생각을 심어주는 평가였고, 평가의 횟수도 학기 당 한두 차례로 제한되어 있음으로써 올바른 성취도 평가가 될 수 있을 것인지 의문이 제기되었다. 평가의 형태도 선다형 지필고사가 주류를 이루고 있어서 학생들의 창의적인 사고를 유도하기에는 부족했으며, 학습의 과

정을 중시하기보다는 단지 결과를 중시하여 학생들끼리 서열을 매기
는 잣대로만 사용된 것이 우리의 평가 양상이었다.[1]

이러한 문제점을 해결하려는 방안으로 遂行評價가 도입·시행되고
있으며, 고등학교 한문과의 평가도 그와 때를 같이 하여 기존의 평가
방식에 대한 반성의 계기를 가졌고, 여러 가지 개선책들이 거론되기
도 했다. 그러나 문제점은 여전히 존재하고 있다. 새로운 평가 방법
이라는 수행평가가 도입된 지 몇 년의 세월이 지나고 있지만, 평가의
원래 목적이 제대로 실현되고 있다고 보기는 힘든 상황이다. 오히려
학생들의 학업성취도는 수행평가 도입 이전보다 더 낮아지고 있다는
批判이 일각에서 제기되고 있다.

그런데도 高等學校 漢文科 評價의 問題點을 지적한 연구의 대부분
이 객관식 선다형의 단순한 평가 방법을 비판하고 새로운 問項開發
쪽으로 치우친 한계에서 벗어나지 못하고 있다.[2] 또한 고등학교 한
문과 평가가 가지는 문제가 단지 자체적인 평가 방법 내지 문항의 문
제점에서만 비롯된 것이 아니라 교육과정 속의 한문과 位相과도 무관
치 않다는 점을 소홀히 다룬 채, 현실적 교육 여건과 현재 학생들의
수준을 고려한 개선 방안을 제시하지 못하는 등 한문과 평가와 관련
한 문제점을 總體的으로 파악하지 못하는 면이 있다.

本稿에서는 수행평가가 도입된 이후에도 고등학교 한문과 평가가
정상적으로 이루어지지 못하는 그 근본적인 이유를 교육과정상 한문
과의 위상과 관련지어 점검하고, 나아가 이상적인 개선 방안이 아닌

---

1) 金王奎(2001).

2) 근래 들어 고등학교 한문과 평가에 대한 관심이 늘면서 연구 성과도 축적되고
  있다. 예컨대, 안재철(1998), 홍성민(1999), 김주희(1999), 윤재웅(2000), 우상호
  (2001) 등을 들 수 있다.

現實의 敎育與件과 현재 학생들의 수준을 고려하여, 단지 평가를 위한 평가 방안이 아닌 시급하고 절실한 평가 방안이 무엇인지 제시해 보도록 하겠다.

Ⅱ. 제7차 敎育課程에 있어서의 高等學校 漢文科의 位相과 評價의 問題點

7차 교육과정의 개정은 1997년 12월 30일에 확정·고시되었다. 그리하여 중학교는 2001학년도 신입생부터, 고등학교는 2002학년도 신입생부터 새로운 교육과정에 의한 교육이 이루어지고 있으며, 연차적으로 시행이 될 전망이다.

한문 교과는 1972년 교육법 시행령이 개정되면서 국어과로부터 독립된 교과로 자리 잡았다. 그 후 제7차 교육 과정에 이르기까지 몇 차례에 걸쳐 교육과정을 개정하면서 한문 교과의 성격, 목표, 내용, 방법, 평가 등 그 체계를 다듬고 정교히 하는 계기가 마련되었다.[3] 이렇듯 교육과정의 개정과 함께 한문과의 체계가 갖추어지고 있음은 바람직한 일이라 하겠다. 그러나 7차 교육과정에서는 한문이 選擇科目으로 격하되는 문제점을 가지게 되었다.

1. 選擇敎科로서 가지는 한계

7차 교육과정의 가장 큰 특징은 초등학교 입학으로부터 10년 간을 '국민 공통 교육 기간'으로 정하고, '국민 기본 공통 교과'로 10개 교

---

3) 교육부(2000), 3면.

과를 선정한 점이라 할 수 있다. 그런데 漢文은 10개 과목에 선정되지 못하고 選擇科目으로 격하되었다. 중학교는 기존의 선택교과에서 재량활동의 선택과목으로 되었으며, 고등학교는 과정별 필수과목에서 선택과목으로 위상이 바뀌었다. 이 때문에 연계선상에서의 체계적인 학습이 어려워지는 교육 과정상의 문제점을 갖게 되었다. 중학교에서 한문을 배우지 않고 고등학교로 진학하는 학생들이 생길 수 있는가 하면, 중학교에서 한문을 배우고 고등학교로 진학한 학생들마저도 교육과정상 고등학교 2학년(11학년)이 되어서야 다시 한문 과목을 접할 수 있음으로 1년이라는 공백 기간이 생기는 근본적인 문제점을 안게 되었다.

漢文의 선택과목 격하로 인한 그 다음 문제점은, 학생들에게 '한문은 선택교과에 지나지 않는다'라는 인식을 가지게 하여 한문 과목을 대수롭지 않게 여길 소지를 제공하며, 결과적으로 학업성취도를 하락시킴으로써 한문과의 목표 달성이 어려워질 수 있다는 것이다. 한문을 대하는 학생들의 반응은 대체로 '어렵고 재미없으며 한글이 있는데 무엇 때문에 한문을 배우느냐'는 식이다. 이 때문에 일선의 교육현장에서는 학생들이 한문 교육의 필요성을 인식하고 한문을 보다 쉽고 재미있게 접근할 수 있는 방법을 다각도로 모색해 왔다. 그런데 기본 교과에도 속하지 못하고 선택교과가 됨으로써 한문을 가르치는 교사들의 걱정은 더 커지게 되었다.

현재 고등학생들은 大學 進學에 필요한 과목이면 아무리 어렵고 힘든 과목이라도 울며 겨자 먹기 식이나마 열심히 하려는 마음을 가지는 반면, 진학에 그렇게 필요하지 않다고 판단되면 그 과목 자체를 포기하거나 소극적으로 임하는 성향이 있다. 오늘날 한문 교육의 문제점이 대부분 대학 입시 과목에서 제외되었음에 기인하고 있다는 점을 감안한다면, 선택과목으로의 격하 또한 한문 교육의 문제점을 덧붙일 것임이 자명하다. 이러한 상황 속에 학생들이 과연 선택과목인 한문에 대해 중요성을 인식하고 평가에 열심히 임할 수 있을 것인지 여전히 의문점으로 남는다.[4] 한문 교사의 강한 의지와 노력으로 새로운 수업 방식과 다양한 평가 유형을 적용한다 하더라도 학업성취도는 오히려 떨어질 수 있을 것이고, 결국 한문 교육의 정상화가 지연될 수 있다는 점을 간과해서는 안 될 것이다.

한문이 선택교과로 된 상황에서 그나마 기대를 갖게 하는 것은 새로운 교육과정의 적용을 받는 2002학년도 고등학교 신입생이 대학입학 수학 능력 시험을 치르는 2005학년도 입시에서 7개의 제2외국어와 함께 한문이 선택교과가 되었다는 점이다. 오늘날 고등학교 현실이 입시 위주의 교육으로 흐르고 있는 현실을 감안해 볼 때, 한문 교육에 있어 새로운 전환점이 될 것으로 보인다.

한문과의 평가는 우선 교육과정상 한문과의 위상이 높아질 때 정상적으로 이루어질 수 있을 것이며, 이런 점이 점차 개선될 것이라는 전제 하에 평가의 방법적인 문제(평가 문항의 유형과 평가 방법의 다양성 등)에 대한 방안이 더 현실적이며 구체적으로 적용될 수 있을 것이다.

2. 고등학교 한문 교과의 時數 배정과 평가

기존의 한문과 평가에 대한 문제점 지적과 改善方案이 나오고 있음에도 불구하고 현실적으로 적용시키기 힘든 한계점을 갖고 있다. 이

---

4) 현재 일반계 고등학교 교육이 대학 입시 위주로 지속되고 있고, 한문이 입시에 그다지 중요하지 않다고 학생들이 인식하는 이상, 한문과 평가의 문제점을 지적하고 개선방안이 나온다 할지라도 실질적인 적용면에서 얼마나 효과적인 방안이 될지 의문스럽다는 것이다.

는 한문 교육이 정상적으로 이루어질 수 없는 또 다른 제도상의 문제점을 가졌다는 것에 대한 반증이기도 하다. 평가는 교육과정에 있는 목표와 교육의 여건을 고려하여 계획을 세우고, 그런 뒤에 다양한 방법으로 평가를 실시하며, 그 결과를 효과적으로 어떻게 활용할 것인가에 대한 방안이 제시됨으로써 한문과 교육 목표에 다가설 수 있는 것이다.

문제는 올바른 평가를 통해 한문과 목표에 접근하는데 있어서 수업 時數가 절대적으로 부족하다는 것이다. 고등학교 한문 교과는 일반 선택 교과로, 단위 수는 6단위이다. 1단위는 매주 50분 수업을 기준으로 1학기(17주) 동안 이수하는 수업량이므로 주당 3시간씩 수업을 하면 1년 동안 한문 수업을 할 수 있다는 것이다. 새로 개편된 한문 교과서도 이 점을 감안하여 만들어졌다. 6종 교과서 중 출판사에 따라서는 이 時數에 맞추어 지도상 시간 계획까지 짜서 친절하게 보여 주기도 한다.[5] 그러나 교육 과정상 평가의 시간을 고려하지 않고 있다. 단원별 학습량만 시수에 맞추어 배정하고 있다. 결국 이 시수대로라면 평가를 정상적으로 실시할 수 없거나, 평가하는 시간을 따로 배정하지 않아서 교과서를 모두 학습할 수 없다는 것인데, 두 경우 모두 정상적인 한문 교육을 기대할 수 없다.

한편, 교육 과정상 일반계 고등학교의 선택 중심 교육과정에 있어서 보통 교과의 선택과목이 6단위인 경우 학교의 여건에 따라 2단위

---

5) 검정된 교과서를 출판사별(가다나순)로 열거하면, 교학사(김경수·김성룡·김봉숙·김평호 공저), 금성출판사(최상익·이병혁·허남욱·이영우 공저), 대학서림(신표섭·이병주·이윤찬·강경모·배광호·허시봉·류기영·이태희 공저), 두산(이명학·장호성·현상곤·임완혁 공저), 천재교육(이희목·진재교·최돈욱·신영주 공저), 청색(유성준·김동환·유형구 공저)이다. 이들 교과서 중 교학사, 대학서림, 청색 출판사는 부록에다 시수를 고려한 학습 계획표를 붙여 두었다.

까지 增減 운영이 허용된다고 밝히고 있다.6) 그런데 대학 입학 시험 위주로 운영되고 있는 현재의 고등학교에서 입시 전략과목이라 보기 어려운 한문의 단위수를 높여 8단위로 운영하는 경우보다는 도리어 2단위를 낮추어 4단위로 운영하는 것이 일반적이 성향이다.7) 이 경우 남는 2단위는 소위 대학 입시에 주요한 과목으로 편성하고 있는 실정이다. 가령 2단위를 감하여 4단위로 운영하는 학교의 경우는 1년 동안 한문을 학습하고 그 결과를 정상적으로 평가하기란 그 자체가 불가능한 현실이다. 교육과정을 편성한 입장에서는 학교별 상황을 고려하여 융통성을 준다는 차원에서 내린 결정이겠지만, 선택과목이 들어 있는 과목의 입장에서는 융통성을 가장한 편법 운영 지침이라고 밖에 볼 수 없다.

한문 교육의 정상화를 위해서는 현재 정해진 시수보다 늘어나야 한다. 그것이 불가능하다면 선택 교과의 시수를 학교 운영에 융통성을 가지게 해준다는 차원에서 증감할 수 있도록 할 것이 아니라, 적어도 확정된 6단위 배정이 先行되어야 할 것이다. 그렇게 될 때 정상적인 평가를 통해 한문과 목표에 접근할 수 있을 것이다.

3. 遂行評價의 도입과 고등학교 한문과 평가의 문제점

국가적 차원에서 교육 개혁의 일환으로 시도된 수행평가가 도입되면서부터 기존의 평가가 바뀌는 일대 전환점을 맞이하게 되었다. 한문과도 마찬가지로 그 동안의 평가에 대한 반성이 일어나면서 선다형

---

6) 교육부(2001), 35면.
7) 필자가 근무하는 학교도 6차 교육과정까지 한문을 4단위로 운영해 왔다. 다행인 것은 7차 교육과정에서는 6단위를 그대로 운영할 계획이다.

의 획일적인 지필 평가에 대한 비판과 함께 다양한 평가 방안이 제시되었다. 예컨대 연구보고서법·포트폴리오법·서술형·논술형 등의 방안이 거론된 것이다. 이러한 시도는 우선 긍정적으로 평가할 수 있다. 사지선다형 내지 오지선다형의 지필평가가 전부였던 모습에서 탈피하여 다양하게 시도되었다는 점은 의미가 크다 하겠다. 특히 교사가 직접 수행평가의 계획을 세움과 동시에 평가기준표를 만들고, 그것에 근거를 두고 평가를 실시할 수 있게 재량권이 부여되었다는 점은 가장 큰 변화이자 발전이라고 볼 수 있다.

그러나 수행평가가 도입되어 평가의 새로운 지평이 열렸음에도 불구하고 학교 현장은 원만한 평가가 이루어진다고 보기는 어려운 실정이다. 한편에서는 이런 식의 수행평가는 실시하지 않는 것만 못하다라는 극단적 회의론까지 제기되고 있다. 그만큼 수행평가를 실시할 수 있는 여건이 무르익지 않았다는 것이고, 수행평가의 시행에 문제가 있다는 말이다.

이 점에 있어서는 한문과도 예외가 아니다. 평가의 주된 목적이 학생들의 학업성취도를 알고 그 결과를 가지고 교수·학습 방법을 개선할 수 있는 자료로 삼으며, 궁극적으로는 고등학교 한문과 목표에 도달하는 것일진대, 갈수록 목표 달성이 요원해 보인다. 단적인 例로 기초 한자마저도 모르는 학생들의 한자 실력을 들어보자. 심지어 학생 본인의 이름도 못 쓰는 경우도 생기고 있으니, 이처럼 기초 학력이 부진한 실정에서는 고등학교 한문과 평가의 개선책을 다각도로 모색하여도 실효를 거두기 어려울 것임은 분명하다.

그러면 수행평가가 정착하지 못하는 원인을 점검해 보자. 첫째, 올바른 평가를 위한 교육의 제반 여건이 갖추어지지 않았다는 점이다. 특히 평가해야 할 학생들의 수가 지나치게 많은 점은 올바른 평가를 저해하는 중요한 요소로 지적할 수 있다. 한 교사가 평가해야 할 학생 수가 심지어 수백 명에 달하기 때문에 다양한 평가 방법을 적용한다거나 올바른 평가를 위해 횟수를 늘리는 것이 현실적으로 불가능하다. 이는 결국 다시 사지선다형이나 오지선다형과 같은 단답형 객관식 문항 쪽으로의 평가를 유도하는 결과를 초래할 것으로 보인다. 물론 교육 환경의 개선이라는 취지 하에 한 학급당 학생수가 35명 선에서 조정된 것은 그나마 다행스런 일이다. 하지만 이 정도의 여건 개선을 가지고 평가의 정상화를 기대할 수는 없다.

둘째, 평가의 客觀性과 公正性 문제이다. 수행평가는 실시에 앞서 평가마다의 成就基準과 評價基準을 제시하고 그 기준에 얼마나 합치하느냐에 따라 평가의 성취도를 산출해야 한다. 사실상 평가를 실시함에 앞서 정확한 성취기준과 평가기준을 세우기란 쉽지 않다. 자칫하면 객관성 시비를 불러옴으로써 평가 자체가 무의미해 질 수 있다. 게다가 우리의 교육 현실이 수행평가의 결과마저도 다시 숫자적인 점수로 환산해야 하고,8) 그 결과를 성적에 그대로 반영하는 현실인 이상, 실정에 맞는 기준을 공정하게 정하는 것이 매우 중요하다.

成就基準은 교육 과정에서 제시한 한문 교과의 교육목표에 의거해 학습의 범위와 수준을 판단하는 데 필요한 것이고, 교수·학습 활동에서 실질적인 기준 역할을 한다. 그러므로 너무 형식적이거나 지나

---

8) 현재의 학교 실정이 모든 평가의 결과는 전부 산술적인 점수로 나타내야 한다는 한계가 있다. 평가기준을 세울 적에 상·중·하 세 단계로 구분하여 평가해도 성취도의 파악이 가능한데, 현실적으로 이를 다시 숫자로 환산하여 점수화해야 하고 그 점수가 내신 성적에 그대로 반영된다. 문제는 환산점수에 대한 규정이 명확하지 않다는 것. 예컨대, 한 차례의 수행평가에 대한 점수가 10점인 경우, 상은 10점, 중은 8점, 하는 6점이라는 식으로 점수를 부여할 수 있다는 것이다. 이는 결국 실질적인 학업성취도와는 달리 학생들의 점수 부풀리기라는 부작용을 낳았다.

치게 세세한 경우는 피하면서도 구체적이어야 한다. 한문과의 교육목표 속에서 반드시 배우고 가르쳐야하는 것이 무엇인지, 공통으로 적용될 수 있는 성취기준이 제시되어야 한다. 각 학교에서 적용시킬 수 있는 성취기준이 교육기관이나 교과서를 통해 마련되는 게 바람직하나 현실은 그렇지 못하다. 교과서에 나와 있는 학습목표가 이와 유사한데, 구체적이고 실질적이어야 한다는 점에서 많이 미흡하다. 7차 교육과정에서 다뤄질 새 교과서는 이러한 점에서 조금씩 진보한 모습을 보이고 있으나 아직 완전하다고 할 수는 없다. 결국 세밀화 하여 체계를 세우는 작업이 아직은 학교 현장에 있는 교사의 몫으로 남겨져 있다고 하겠다.

評價基準은 평가 방식이 다양해지고 바람직해질수록 더 세밀해질 필요가 있다. 평가는 결국 평가기준에 맞추어져 이루어져야 함은 재론의 여지가 없다. 평가 과정에서 객관적이고 일관성 있는 평가 기준을 제시하여 학생들의 신뢰를 바탕으로 한 교사의 평가가 이루어져야 하며, 그럴 때 교수 학습과정에 대한 평가도 가능해질 것이다.

하지만 아직 국가적 차원에서 제시하는 고등학교 한문과 평가에 있어서의 객관적인 기준이 없다. 현재로서는 한문 담당교사가 임의로 합리적이고 객관적일 수 있는 기준을 만들어 평가가 실시되고 있다. 따라서 교육부와 같은 공공 교육 기관에서 전국의 모든 고등학교 한문 교과에 동일한 의미로 적용할 수 있는 성취 기준을 개발하여 보급하고, 이 기준의 성취 정도를 판정하는 준거로서 평가 기준을 설정하는 일이 무엇보다 중요하고도 시급한 것이라 생각된다.[9]

셋째, 수행평가의 基本點數 부여에 관한 것이다. 수행평가 도입 초

---

9) 金王奎(2001).

기, 점수의 반영비율은 지필고사 70점 : 수행평가 30점을 주고 점차 수행평가의 반영비율을 높여간다는 것이었다. 문제는 수행평가 30점 중에 기본 점수를 70% 부여한다[10]는 규정이었다. 교사에게 재량권을 일부 주면서도 믿지 못하는 모순을 스스로 안고 실시된 평가라고 할 수 있다. 일단 수행평가에 참여만 하면 30점에 대한 70%인 21점은 따 놓은 셈이 된다. 때문에 학생들이 평가에 열심히 임하지 않아도 된다는 생각을 심어주었을 뿐 아니라, 실질적인 성취도는 낮은데 성적은 좋게 나오는 모순을 안게 되었다. 그리하여 환산점수의 문제점과 함께 점수 부풀리기에 일조 한다는 비난을 면치 못했다.

또한 이 규정은 학생들의 학업성취도를 떨어뜨리는 결정적인 요소로 작용했다. 수행평가는 포기하고 차라리 배점도 큰 지필고사에 충실하자는 식의 생각이 학생들 간에 팽배해짐으로써 수행평가의 시도 자체의 의미를 퇴색시킴과 동시에 기초학력을 저하시키는 결과를 초래하였다. 급기야 '고등학교 교육용 기초한자 900자를 알고 쓸 수 있다'라는 가장 중요하고도 기본적인 목표의 달성도 힘들게 되었다.

이상에서 살펴본 바와 같이, 고등학교 한문과 평가의 새로운 시도는 제반 여건이 갖추어지지 못한 상태에서 실시되었다는 사실을 부인할 수 없다. 그 결과 한문과 목표를 날성하기 위한 평기의 모색이 아니라, 점수 부풀리기 및 기초학력 저하 초래라는 부작용을 낳고 말았다. 그렇지만 수행평가와 같은 새로운 평가 방안이 부작용이 있다 하여 시대적 흐름을 거슬려 과거의 획일적인 평가를 고집할 수도 없고,

---

10) 그 이유는 담당 교사에 따라 사견이 개입할 소지가 있어 공정한 평가가 되지 못할 수 있고, 그로 인해 생길 수 있는 학생의 피해를 최소화한다는 입장에서였다. 이후 학교에 따라서 이 항목을 계속 존속시키거나 폐지하고 있다. 그런데 폐지한다고 해도 실지로는 존속과 같다. 왜냐하면 실질적인 기본 점수를 수여한다는 기준은 없지만, 채점기준표에서 최하점을 높게 주면 같은 결과가 되기 때문이다.

그래서도 안 될 것이다. 단, 이런 상황에서 무조건 다양한 평가의 방향만을 모색할 것이 아니라, 현재 학생들의 수준을 최대한 감안하여 어떤 평가를 먼저하고 어떤 평가를 중점적으로 실시할 것인가에 초점을 맞추어야 한다. 그러기 위해선 우선 현재 고등학교 학생들에게 있어 한문과 교육의 목표 달성을 위해 가장 시급한 문제가 무엇인지 살펴야 할 것이다. 이에 필자는 학습자의 기초학력 강화와 이것을 염두에 둔 평가가 우선되어야 한다고 생각한다. 이 문제가 해결될 때 한문과의 궁극적인 목표에 도달하기 위한 다양한 평가방법 제시와 적용이 가능하리라 보기 때문이다.

Ⅲ. 學生들의 水準과 教育 與件을 考慮한 評價 方案 摸索

前述한 바와 같이 평가를 실시하는 주된 이유는 과목에 대한 학생들의 학업성취도를 평가하고 나아가 교육과정에서 정하는 목표에 얼마나 접근하고 있느냐를 따져보기 위함이다. 또한 평가의 결과를 분석했을 때 그것이 성취 기준에 미치지 못하면, 그 원인을 찾아내어 교수·학습의 장에 반영하는 과정을 반복하고, 그 과정을 반복함으로써 한문과 교육 목표에 접근할 수 있을 것이다.

7차 교육과정에 있는 고등학교 한문과 교육 목표[11]의 특징은 영역별 점층 구조를 가지고 있다. 한자, 한자어, 한문을 익혀 언어 생활에서 바르게 읽고 쓰고, 한문을 독해할 수 있는 능력을 기른다는 것이다.[12] 한문을 독해할 수 있는 능력이 될 때 비로소 한문 기록에 담긴

---

11) 교육부(2000), 16면.
12) 필자는 이 항목까지를 한문과의 가장 중요하고도 핵심적인 주된 목표라고 본다.

선인들의 삶과 지혜를 이해하여 건전한 가치관과 바람직한 인성을 함양할 수 있을 것이고, 나아가 漢字文化圈 내에서의 상호 이해와 교류 증진에 기여할 수 있을 것이다.

그런데 이러한 한문과 목표를 이루기 위한 현재 고등학생들의 학력은 어느 정도일까? 다른 것은 論外로 하더라도 한문 교육에 있어 가장 기본이라 여기는 漢字를 읽고 쓸 수 있는 능력이 턱없이 부족하다. 고등학교 한문 교육에서는 중학교용 基礎漢字를 모두 익혀 알고 있을 것이라고 전제하지만, 현실은 그렇지 않다. 중학교용 한문 교육용 기초한자 900자 중에서 반수인 450자 정도를 읽고 쓸 수 있는 학생도 거의 없는 실정이다.[13] 문제는 이런 실정에서 과연 고등학교 한문 교육용 기초한자 900자를 제대로 학습할 수 있을까 하는 것이다. 이처럼 부족한 한자실력으로는 한문을 해석한다는 것이 불가능할 것이고, 결국 고등학교 한문과 목표의 달성이 근본적으로 어려울 전망이다.

그럼에도 불구하고 수행평가 실시 이후 고등학교 한문과 평가의 초점이 학생들의 흥미와 관심을 끄는 다양한 유형의 평가 실시 및 새로운 평가문항의 모색 쪽으로 기울어진 경향이 짙다. 하지만 현재 학생들의 수준을 고려하지 않고 개선 방안만을 제시할 경우 오히려 교육목표의 달성과는 동떨어진, 평가를 위한 평가가 될 가능성이 크다고 할 수 있을 것이다. 따라서 고등학교 한문과 평가의 가장 우선적인

현실적으로 고등학교에서 어느 정도 실현 가능한 목표이기 때문이다. 이후에 나오는 조항은 한문과의 궁극적인 목표라고 제시되고는 있지만, 다분히 추상적이고 이상적인 목표라는 생각이다. 따라서 한문 교육의 목표는 구체적이고도 실현 가능한 것이어야 하며, 이렇게 보는 입장에서 한문과의 학업성취도에 대한 평가의 기준이 마련되어야 할 것이다.

13) 학교마다 실정의 차이는 있겠지만, 필자가 근무하는 학교의 고등학교 2학년생을 대상으로 매년 3월에 조사한 결과에 의하면, 중학교용 기초한자를 읽고 쓸 수 없는 학생들이 절대 다수였다.

焦點을 학생들의 한자·한자어 학습과 같은 기초학력 提高에다 맞추어야 한다. 그것이 가능할 때 한문과 목표에서 제시하는 궁극적 목표에 보다 체계적으로 다가서는 평가가 될 수 있을 것이다. 이 점에 착안하여 한자와 한자어 실력을 높일 수 있는 몇 가지 평가 방안을 제시해 보도록 하겠다.

1. 중학교용 기초한자에 대한 평가 실시

한문 교육에 있어 중·고등학교의 연계 문제는 이전부터 지적되어 왔다. 중학교에서 학습한 내용이 고등학교로 이어지는 단계적 학습이라기보다는, 이를 감안하지 않은 채 고등학교에서 학습하는 내용과 수준이 중학교에 비해 갑자기 지나칠 정도로 많아지고 내용도 어려워진다는 점이다. 그 원인은 중학교는 3년에 걸쳐 각 학년별 교과서를 통해 중학교용 한문교육용 기초한자 900자를 학습하는 반면, 고등학교는 중학교용 한문교육용 900자에다가 고등학교용 한문교육용 기초한자 900자를 더한 1,800자를 1책 안에 모두 수록했기 때문이다. 이는 고등학교 한문 교과서의 내용이 중학교용 한문교육용 기초한자를 모두 안다는 전제 하에 고등학교용 기초한자를 추가하여 한문을 학습하도록 되어 있다는 말로도 풀이된다.

그런데 문제는 중학교에서 선택과목으로 한문을 배우지 않은 학생의 경우와, 설령 중학교 때 한문을 배웠다 할지라도 중학교용 기초한자를 읽고 쓸 줄 모르는 경우이다. 더욱이 7차 교육과정상 중학교에서 한문을 배운 학생이라 하더라도 고등학교 2학년이 되어서야 한문 수업을 받게 된다는 점이 그 심각성을 더하고 있다. 이 때문에 학생들에게 한문 교육 목표 달성을 위한 첫 단계로서 중학교에서 배운 한문교육용 기초한자 900자에 대한 평가를 실시하고, 그 결과를 토대로 한자실력을 고양시키는 계기 마련은 반드시 필요한 것이다.

이를 위해 다음과 같은 평가 방법을 사용할 수 있을 것이다. 고등학교 1학년생이 고등학교 올라와서 한문을 처음 접하는 2학년이 되기 전 겨울방학 때, '중학교용 한문교육용 기초한자 900자를 한 번씩 쓰고, 음과 뜻을 단 뒤 학습해 오라'는 과제를 내어준다. 아울러 과제물에 대한 평가는 2학년 신학기에 할 것이라는 내용의 공고문도 함께 제시한다. 이 평가는 수업 시간을 통해 반별로 실시한다. 이것은 고등학교 한문을 배우기 위해 기본 한자 실력을 테스트해 보는 일종의 진단평가로서 짧은 시간에 성취기준에 도달해야하므로, 단답형 한자 쓰기나 讀音을 달게 하는 것이 효과적이라 본다. 평가해야 할 학생 수가 많으므로 문항수가 지나치지 않게 여건을 고려하여 적절히 조절할 필요가 있을 것이다.

2. 한자 쓰기 평가의 강화

한자는 획이 많아 복잡하고 골치 아픈 것이라는 先入見을 가진 학생들이 적지 않다. 그 결과 사회 전반에 걸쳐 갈수록 소위 漢盲이 늘어가고 있는 추세이다. '대학 졸업생, 한맹 심각'이라는 타이틀로 쓰여진 한 일간지의 기사를 보면 그 심각성은 명백히 드러난다.[14]

---

14) 중앙일보, 2001년 9월 24일자. 최근 전국 120개 대학 졸업생(평균 성적 B학점 이상) 272명을 대상으로 한자능력검정시험 4급(한자 1,000자의 훈과 음을 알고 500자를 쓸 수 있는 시험)을 실시한 결과 100점 만점에 평균 21.3점으로 나타났다. 그 조사에 의하면, 대학 졸업생들의 한자능력이 해마다 떨어져 4년 사이 평균 점수가 8.2점이나 하락했으며, 특히 부모의 이름을 한자로 못 쓰는 경우도 반이 넘었다고 한다. 이는 중·고등학교의 한문 교육 잘못되었음을 보여주는 단적인 예라 할 것이다.

그렇다면 그 원인을 어디에서 찾아야 할 것인가? 수행평가가 실시되기 전만 해도 학기마다 일률적으로 두 번 치르는 중간고사와 기말고사가 평가의 전부였다. 그만큼 평가의 횟수가 제한적이었다는 말이다. 평소 공부하지 않던 학생도 중간고사나 기말고사에 벼락치기 공부를 하면 성적이 좋을 수 있었고, 결과적으로 학업성취도가 높은 것으로 판정되었다. 또한 평가 문항의 유형도 선다형 객관식이 주를 이루고 있어 한자를 직접 쓰는 평가는 거의 이루어지지 않았다. 따라서 평소 한자를 쓰면서 학습하는 과정의 결과를 평가하는 수행평가의 한 방법이 다음과 같이 모색되어져야 할 것이다.

첫째, 과제학습장 평가를 제시해 볼 수 있겠다. 새 단원을 배울 때 나오는 新習漢字를 10번 정도 쓰고, 사전을 가지고 한자마다 대표적인 音과 뜻을 찾아 쓰도록 한다. 한 단원이 끝날 때마다 신습한자를 얼마나 정확하게, 그리고 정성 들여 썼느냐 하는 정도를 평가하여 그 결과를 평가에다 반영하고, 한자 학습의 교수 방안 연구에 활용토록 한다.

둘째, 현행 지필고사에 단답형 쓰기 문제를 추가하는 방법을 들 수 있다. 이것은 수행평가 실시 이전에도 단답형 주관식이라는 이름으로 출제되어 왔던 평가방법이다. 그런데 수행평가 이후에는 단순한 답을 요구하는 것은 객관식으로 간주한다는 방침 때문에 환영받지 못하고 있다.15) 그러므로 현행되는 객관식 평가의 단점을 보완하는 차원에서라도 단답형 문제를 통해 한자 쓰기 평가를 실시해야 할 필요가 있다. 그렇게 된다면 과제평가와 더불어 학생들의 한자 실력도 상승할 것이다.

---

15) 수행평가를 나름대로 시도하는 학교에서는 객관식 시험에 한자 쓰기 문제를 추가하는 경향이 적고, 수행평가가 치러지기 어려운 경우 주관식으로 그 명분을 대신하게 하는 성향이 많다.

셋째, 다양하게 실시되는 수행평가 가운데 한자 학습에 용이한 과제를 찾아서 제시하는 방법이다. 쉬운 예로는 한자의 짜임을 학습하게 함에 있어서, 音別·部首別로 한자를 分類하게 하는 방법을 들 수 있다. 기준이 되는 部首의 종류와 한자음의 범위는 교사가 정하고, 조별로 과제의 양을 나누어준 다음, 수업시간을 통해 발표하게 한다. 다른 조의 내용도 들은 후에 거기서 도출되는 '한자의 특징'을 발표하게 한다면, 스스로 한자의 짜임과 그 속에 숨어있는 原理를 파악할 수 있을 것이고 한자 학습에 흥미를 가질 수 있게 될 것이다.

이렇듯 한자를 쓰게 하는 결과물을 가지고 한자 학습 과정의 구체적인 방법을 모색하고, 이를 평가에 반영하는 것은 학습자 스스로의 동기유발을 높이는 방법이다. 이를 통해 한문 교과는 '한문 교육용 기초한자를 읽고 쓸 수 있다'는 기본 목표에 도달할 것이며, 상승될 학습 효과에 힘입어 다양하고 통합 교과적인 평가도 이루어질 수 있으리라 생각된다.

3. 字典 활용의 평가 방안 모색

한자를 학습함에 있어 字典을 가지고 찾아보고, 漢文 文章을 해석함에 자전을 통해 문제의 실마리를 찾는 학생은 드문 실정이다. 즉, 자전 찾기는 중학교 과정에서 이미 다루었는데도 불구하고 그 방법을 실질적인 학습에 활용하는 학생들의 수효가 적다는 말이다. 활용의 차원이 아니라 한자를 자전에서 전혀 찾지 못하는 학생이 대부분이며, 찾는다 해도 많은 시간을 들여야 겨우 한 자 정도를 찾을 수 있는 수준이다. 더욱이 한자를 자전에서 찾아야 한다는 생각조차 못하는 학생들도 많으며, 자전 자체가 없는 학생도 다수에 이르고 있는 실정이다.

이런 상황에서는 자발적인 한자 학습이 이루어 질 수 없다. 학생이 신출한자를 직접 찾아보면서 학습하고 탐구하는 자세가 전혀 없는 상태에서는 고등학교용 교육용 기초한자 900자를 소화해 내기란 어렵다. 이런 상황이 결국 한자 학습을 교사에 의해 주도되는 피동적인 수업으로 몰고 가는 것이다. 그러므로 자전을 활용할 수 있는 능력을 배양하는 평가가 절대적으로 필요한 것이 현실이다. 정해진 시간 안에 자전을 얼마나 잘 활용하여 한자의 음과 뜻을 찾아내고 쓸 수 있는가를 평가하는 과정을 거침으로써, 반드시 자전을 활용한 한자 학습이 필요하다는 점을 인식시키고, 결과적으로 스스로 학습할 수 있는 최소한의 바탕을 마련하자는 데 그 목적이 있다 하겠다. 나아가 이를 통해 한문 문장을 정확하게 해석할 수 있는 바탕이 마련되어질 수 있을 것이다. 이에 자전 찾기 평가의 한 예를 제시해 보기로 하겠다.

가. 평가 실시 방법

평가에 앞서, 수업시간을 통해 자전 찾기를 활성화한다. 숙제로 각 단원의 新出漢字를 찾아 대표적인 음과 뜻을 찾아오게 하고, 본 수업시간에도 찾아봐야 하는 필요가 있는 한자(예를 들자면 대표적인 훈과 음으로 쓰이지 않고, 문장 속에서 특이하게 쓰인 한자)를 직접 찾아 발표하게 한다. 즉, 자전을 통한 한자 학습의 방법을 평소 연습시킨다는 것이다. 또한 학기 당 두 차례 치르는 중간고사와 기말고사와 때를 같이 하여 자전 찾기 평가를 겸하여 수행평가에 반영한다는 내용을 주지시킨다.

중간·기말 고사는 주로 오지선다형 지필고사이므로, 시험을 치르는 한 시간을 나누어 전반부는 지필고사를 치르고 먼저 답안지를 제출하게 한 뒤, 후반부는 자전을 직접 찾아 문항에 답하게 한다. 단, 정해진 시간 안에 얼마나 빨리, 그리고 정확하게 찾느냐를 평가의 관건으로 삼아 시간엄수를 강조한다.

나. 字典을 통한 讀音 쓰기 평가 문항의 예

정해진 시간(20분)에 사전을 사용하여 답하는 사전 찾기 평가입니다. 미리 준비한 사전을 활용하여 다음 물음에 대한 정답을 직접 쓰시오.

※ 다음 한자어의 讀音을 찾아 직접 쓰시오. (1.~10.)

1. 速度(   ) 2. 獻身(   ) 3. 冠禮(   ) 4. 族譜(   )
5. 眞實(   ) 6. 派遣(   ) 7. 檢索(   ) 8. 特殊(   )
9. 姿態(   ) 10. 顧客(   )

※ 다음은 "국어의 음운 변화"라는 글의 일부분이다. 글을 읽고, 한자로 쓰여 있는 단어의 음을 찾아 ( ) 안에 바르게 적으시오.(11.~20.)

(전략) 결합적 變動(11.   )은 다시 일정한 조건 아래에서 필연적으로 일어나는 決定(12.   )적 변동과 任意(13.   )적으로 일어나는 隨意(14.   )적 변동으로 나뉜다. 음운은 일정한 환경 아래에서는 예외 없이 일정한 음운으로 바뀌는 것이 있는데, 鼻音(15.   ) 앞에 오는 /ㄷ/은 예외 없이 /ㄴ/으로 변하는 것이 결정적 변동의 예이다. 반면, 특수한 경우에만 바뀌는 것이 있는데, 불규칙 활용의 경우 음운 변동은 경우에 따라 나타나기도 하고 나타나지 않기도 하는데, 이는 수의적 변동에 해당한다. 국어의 음운 변동은 몇 가지로 나뉘는데, 中和(16.   ), 同化(17.   ), 脫落(18.   ), 添加(19.   ), 縮約(20.   ) 등이 그것이다. (후략)

다. 채점 기준표

구분	상		중		하		비고
정답수	18개 이상	16개 이상	14개 이상	12개 이상	10개 이하	5개 이하	'하' 등급 학생은 보충 실시
점수	6점	5점	4점	3점	2점	1점	

Ⅳ. 맺음말

高等學校 漢文科 教育目標에 비추어 볼 때, 현재 고등학생들의 學業成就度는 매우 낮은 형편이다. 특히 漢文에 있어서 가장 기본이라 할 수 있는 한문교육용 基礎漢字에 대한 지식은 갈수록 떨어지는 실정이다. 이 같은 현상의 원인은 여러 가지가 있을 수 있지만, 한문 교육 목표와 관련하여 評價에서 찾지 않을 수 없다. 왜냐하면 평가는 敎育課程에서 제시하고 있는 목표를 학생들이 얼마나 잘 성취하고 있는지를 확인하는 수단으로 시행되어져야 하는 만큼, 학생들의 성취도가 떨어질 경우 그 결과를 분석하여 그 원인이 어디에 있는지를 파악하는 데 자료로 활용되거나 교수·학습 활동을 개선하는 지침으로 활용할 수 있는 근거가 되어야 하기 때문이다.

고등학교 한문과 평가를 지적한 기존의 선행 연구에서 이미 여러 가지가 지적되었다. 자발적인 학습 참여 태도를 길러주는 평가라기보다는 단편적인 지식을 무조건 암기해야 한다는 생각을 심어주는 평가였다는 것이고, 평가의 횟수도 학기 당 한두 차례로 제한되어 있음으로써 올바른 성취도 평가가 될 수 없었다는 것, 평가의 형태도 선다형 지필고사가 주류를 이루고 있어서 학생들의 창의적인 사고를 유도하기에는 부족했다는 사실, 그리고 학습의 과정을 중시하기보다는 결과만을 중시하여 학생들을 서열화 하는데 사용되었다는 점 등이다. 이러한 문제점 해결을 위해 여러 가지 개선 방안들이 모색되었지만, 주로 다양한 평가 유형과 평가 문항을 개발해야 한다는 쪽으로 편중되었기에, 本稿는 거기에 평가 유형하나를 추가하기보다 다른 관점에서 접근을 시도하였다.

먼저, 제7차 교육과정이 시행됨에 있어서 고등학교 한문과의 位相과 그에 따른 評價의 問題點을 살펴보았다. 첫째, 한문이 選擇科目으로 분류됨으로써 학생들에게 경시될 가능성이 있다는 점이다. 大入爲主의 학습자 성향을 감안한 이런 실정 속에서 평가 문항의 지협적 개발만으로는 문제 해결이 어려울 것이라는 지적이다. 둘째, 올바른 평가가 가능하기 위해서 한문과의 시수 확보가 선행되어야 한다는 점이다. 모두가 인지하는 바람직한 평가는 학생들 개개인에 대해 교사의 시간 투자가 불가피한 것이므로, 게시된 時數라도 지켜져야 한다는 것이다. 셋째, 시행 가능한 제반 여건의 조성 없이 수행평가가 도입된 결과 드러나는 문제점을 지적하였다. 지필고사 이외의 다양한 평가방식을 수행평가라고 볼 때, 앞으로의 시행착오를 거쳐 올바른 자리를 찾아야 하는 평가임에는 틀림없다. 그러나 현실 속에서 아직 제자리를 찾지 못하였으므로, 그런 현상을 지적한 것이다.

이러한 문제점을 바탕으로 볼 때 평가가 문항 개발에만 치중해선 안 된다는 사실에 이를 수 있었다. 다양하고 질 높은 평가가 가능하기 위해서는 학습자의 기본 실력이 향상되어야 하며, 진정한 평가 역시 학습자의 학습 역량을 높이는 데 있어야 한다는 점에 중심을 두었다. 따라서 학생들의 수준과 교육 여건을 고려한 평가 방안의 모색을 시도하였다. 첫째, 고등학교 학습의 기초가 되는 중학교용 900자 한자에 대한 진단 평가를 권장하였다. 둘째, 한문과의 학습 목표가 한자·한자어·한문 능력 습득이라는 점층적 구조 속에 있다는 점에 착안하여 그 기저가 되는 한자 학습을 거론하면서, 한자 쓰기 평가의 강화를 여러 가지 방법과 함께 제시하였다. 셋째, 가장 기본적인 사항인 자전의 활용을 권장하고 그것을 평가에 반영하는 점을 거론하여, 궁극적으로 한문과 학습 목표에 도달할 수 있는 평가가 되어야함을 지적하였다.

이상에서 살펴보았듯이, 현재의 상황에서는 고등학교 한문과 평가가 평가의 원래 목적에 맞게 정상적으로 실행되기 어려운 상황임에 착안하여, 현실을 감안한 최소한의 방안을 간략하게나마 제시해 보았다. 앞으로 여러 가지 제도적·실질적 문제가 보완되어 고등학교 한문과 평가가 하루 속히 정상화되었으면 하는 바람 간절하다.

참고문헌

교육부(2000), 『고등학교 교육과정 해설-한문』, 교육부 고시 1997-15호.

교육부(2001), 『학교 교육과정 편성·운영의 실제』, 고등학교 교육과정 편성·운영 자료.

안재철(1998), 「현행 고등학교 한문교과서에 나타난 평가문항 분석연구 - 한자·한자어 평가문제를 중심으로」, 『한문교육연구』 제12호, 한국한문교육학회.

홍성민(1999), 「창의력 신장을 돕는 고등학교 『한문I』 평가 방법 연구」, 단국대학교 교육대학원 석사학위논문.

김주희(1999), 「창의력 신장을 돕는 고등학교 『한문II』 평가 방법 연구」, 단국대학교 교육대학원 석사학위논문.

윤재웅(2000), 「고등학교 한문과 수행평가 문항 개발」, 한국교원대학교 교육대학원 석사학위논문.

우상호(2001), 「고등학교 한문과 평가의 문제점과 개선방향」, 성균관대학교 교육대학원 석사학위논문.

김경수·김성룡·김봉숙·김평호 공저(2001), 『고등학교 漢文』, 교학사.

최상익·이병혁·허남욱·이영우 공저(2001), 『고등학교 漢文』, 금성출판사.

신표섭·이병주·이윤찬·강경모·배광호·허시봉·류기영·이태희 공저(2001), 『고등학교 漢文』, 대학서림.

이명학·장호성·현상곤·임완혁 공저(2001), 『고등학교 漢文』, 두산.

이희목·진재교·최돈욱·신영주 공저(2001), 『고등학교 漢文』, 천재교육.

유성준·김동환·유형구 공저(2001), 『고등학교 漢文』, 청색.

金王奎(2001), 「한문과 평가 이론과 평가 유형의 실제」, 2001년도 중등학교 한문과 1급 정교사 자격연수교재, 부산광역시교육연수원.

이 글은 『漢文敎育硏究』 제19호(韓國漢文敎育學會, 2002)에 수록한 논문을 재수록한 것이다.

漢文科 遂行評價의 現況과 改善 方向

宋秉烈

Ⅰ. 序論

　수행평가의 도입은 95년 5.31 교육개혁[1]부터 시작했다고 할 수 있다. 이어서 96년 기존의 선택형 평가를 비판하면서 사고력을 신장을 위한 주관식 평가 문항 개발을 추진하면서 成就遂行評價(performance-based assessment ; evaluation)[2]가 학계에서 언급되기 시작했다. 98년에는 '교육비전 2002'[3]를 발표하여 '대입제도의 개선과 그에 따른 학교 현장에서의 평가 방식 다양화'라는 화두가 제시되었다. 이 때 이렇게 등장한 수행평가는 1999년 각 급 학교에 구체적인 훈령이 내려지고,[4]

---

1) 대통령자문교육개혁위원회(1995). 5.31 교육개혁은 김영삼 정부가 '신교육체제'라는 이름으로 의욕을 가지고 추진한 정책이다. 이 때 위원회는 6가지 목표를 내세웠다. 'ㄱ 교육 공급자 중심에서 학습자 중심 교육으로 ㄴ 획일적인 교육에서 다양하고 특성화된 교육으로 ㄷ 규제와 통제 중심 교육 운영에서 자율과 책무성에 바탕을 둔 교육 운영으로 ㄹ 획일적 균일주의 교육에서 자유와 평등이 조화된 교육으로 ㅁ 흑판과 분필 중심의 전통적 교육에서 교육의 정보화를 통한 21세기형 열린 교육으로 ㅂ 질 낮은 교육에서 평가를 통한 질 높은 교육으로 전환'.

2) Birenbaum, M.(1996). 배호순(1996a), 7면 재인용.

3) 교육부(1998) 참조.

신교육체제를 호응한다는 취지에서 '교육측정 및 평가의 다양화·전문화·특성화를 지향한다'[5]는 遂行評價(performance assessment) 이론이 구체적으로 제시되었다. 학교와 교사는 각 교육청에서 내려오는 지침[6]에 따라 수행평가 실시에 강제로 내몰렸다.

이에 각 교과의 수행평가에 대한 기조는 7차교육과정에 반영되었고, 한문과의 수행평가 지침은 교육과정 해설서에서 제시되었다.[7]

---

4) 교육부(1999) 참조. 1997년부터 서울시교육청은 초등학교에서 수행평가를 확대 실시하도록 하고, 동시에 학교생활기록부의 '교과학습발달상황'란에 교과목별 학업성취도를 점수나 혹은 수·우·미·양·가 평어로 기록하는 대신 '세부능력 및 특기사항'을 문장으로 기술하도록 하였다. 1999년 교육부는 초등학교에서 수행평가를 도입하고 학업성취도를 문장으로만 기술하도록 하였다. 그 해 초등학교에 주로 시행하였던 수행평가를 중·고등학교에도 실시하도록 하였다.

5) 백순근(2000) 참조.

6) 서울특별시교육청(2001).

　'3. 지속적인 수업·평가방법 혁신…….

　나. 사고력·문제해결력 신장을 위한 평가방법 개선

　(1) 교수-학습 활동 개선을 위한 다양한 평가방법 적용

　(2) 평가의 타당성, 공정성, 투명성 확보…….

　다. 수업·평가 방법 개선을 위한 자료 및 연수 지원 강화

　(1) 수업·평가방법 개선 직무연수 실시(신설)(교육연수원/교육과학연구원)

　(2) 수업·평가방법 개선 자료 개발·보급(신설)(교육과학연구원)

　(3) 수업을 잘하는 교사 우대 방안 강구(지역청/본청)

　(4) 교과교육연구회(팀) 활동 지원 확대(지역청/교육과학연구원)…….(10면)

　나. 사고력·문제해결력 신장을 위한 평가방법 개선

　(1) 교수-학습 활동 개선을 위한 다양한 평가방법 적용

　　○ 교수-학습 활동 개선을 통한 수행평가의 점진적 확대

　　　-수행평가 반영 비율의 점진적 확대

　　　　·중학교 : 과목별 총 배점의 30% 이상으로 하되, 50% 이상 반영 권장

　　　　·고등학교 : 과목별 총 배점의 30% 이상

　　　-수행평가의 반영 비율 연차적 확대 계획 수립·시행

　　　　·학교의 실정과 교과의 특성을 고려하여 교과협의회 및 학업성적관리위원회의 심의를 통한 자율적 결정·시행

　　　　·과제물 위주의 수행평가 지양'(44면)

이에 따라서 중간 과정에 해당하는 자료로『국가 교육과정에 근거한 평가 기준 및 도구 개발 연구-고등학교 한문Ⅰ·Ⅱ-』(이하 '한문과 평가 개발 연구'라고 약칭함)[8]를 개발하여 한문과도 수행평가의 준비에 들어갔다. 교사들은 수행평가의 교육적 경험과 이론적인 학습 과정도 생략된 채 교육부나 시·도 교육청의 지침이나 연수 자료에 의존하여 수행평가 개발에 들어갔다. 한문과 교사도 타 교과의 경우와 마찬가지로 직무연수 또는 자율연수 등을 통해 수행평가에 대한 정보를 갖게 되었다.[9]

그러나 이 과정 중에서 보면 다분히 교육부와 교육청 그리고 관련 학자들은 계획적으로 진행시켜왔지만, 실제 학교 현장에서는 많은 문제와 갈등이 있었다. 현재도 이러한 문제는 진행 중이며, 한문과도 예외는 아니었다. 따라서 본고에서는 한문과 수행평가에서 제기된 문제와 개선 방향에 대해서 논의해보고자 한다.

---

7) 교육부(1997), 93면. "특히, 한문과 교육 목표 달성을 위해 다양한 평가 방법을 활용하며, 학습자가 스스로 답을 구성하고, 산출물이나 작품을 만들어 내며, 태도나 가치관을 행동으로 드러내는 것 등에 대한 평가도 실시하도록 하였다."

8) 한국교육과정평가원(1999), 17면. "한문과 교육의 종합적 목표를 이루기 위하여 한문과 평가는 사고의 다양성, 창의성, 건전한 비판 능력 등을 함양할 수 있도록 종래의 선택형 위주의 평가보다는 서술형, 논술형, 보고서, 토론 등의 다양한 수행평가 방법을 사용하는 것이 바람직할 것이다."

9) 서울특별시교육청(2001), 46면. 이 책에 따르면 수업·평가 방법 개선 직무연수(교육연수원/교육과학원) 실시 계획을 다음과 같이 세우고 있다. '·2001학년도 : 국어, 사회, 수학 교과 ·2002학년도 : 예체능, 과학 교과 ·2003학년도 : 외국어 교과 ·2004학년도 : 실업, 기타 교과' 또한 수업·평가방법 개선 자료 개발·보급(교육과학연구원)은 '·2001학년도 : 국어, 사회, 수학, 과학, 외국어 ·2002학년도 : 실업, 체육, 음악, 미술, 특활, 기타 ·2003학년도 : 선택 과목'으로 되어 있다.

Ⅱ. 旣存 評價의 反省과 遂行評價

1. 旣存 評價의 反省

교수-학습 활동에서 가장 중시되는 것은 교육목표를 어느 정도 달성하느냐이다. 즉, 교육목표의 달성을 통해서 학생의 학업 성취도를 확인하고, 이를 가지고 교수-학습 활동을 전개하는 것이다. 따라서 교육목표의 달성도를 제고시키고, 교육의 질적 수준을 향상시키며 교육 효과를 높이기 위해서는 교사의 평가가 매우 중요한 역할을 한다.[10) 평가는 교육활동의 효과 및 질적 수준을 확인하는 과정이므로 교사에게는 매우 중요한 것이다.

그런데, 해방 이후 최근까지 우리나라 학교 교육에서의 평가방식은 선택형 객관식 중심의 학력검사에 의존해왔다. 선택형 객관식을 통해서 학생의 학업성취도를 평가한 것이다. 90년대 중반 들어서 교육계는 선택형 평가의 방식에 대해서 문제를 제기하기 시작했다. 그 이유는 매우 여러 가지이지만 크게는 4가지 정도로 정리할 수 있다.

첫째, 선택형 평가로는 교육목표 분류체계상 비교적 차원이 높은 정신능력에 대한 평가를 성취할 수 없다.

둘째, 선택형 평가는 그 평가 방법이 획일적이다.

셋째, 학생의 학습 및 성장 발달 과정을 평가할 수 없다.

넷째, 목표중심으로 이루어져, 교육목표와 교육과정에만 편중된 평가활동이다.

이를 요약하면, 지필식 평가로 평가 방법이 획일적으로 적용됨에 따라 학생의 수업 중에서 성장해 가는 과정을 관찰할 수 없고, 의도

---

10) 배호순(1996a) 참조.

하지 않은 교육효과를 기대할 수 없으며, 궁극적으로는 고등한 정신
능력 및 창의성 등을 평가할 수 없다는 것이다.

2. 새로운 代案, 遂行評價

기존의 평가 문제에 대한 대안으로 제시된 것이 主觀式評價와 遂行
評價인 것이다. 수행평가는 위의 문제를 보완하기 위해 교육부가 채
택한 것이다. 따라서 遂行評價(performance assessment)에 대한 개념
정의가 필요할 것이다. 수행평가는 그 용어에서부터 약간의 혼란을
주고 있다. 몇 가지 이론에 의한 개념을 정리해 보면 다음과 같다.

첫째, "피평가자들이 특정의 산출물을 만들어 내거나 구체적인 활
동을 수행하게 함으로써 자신들의 능력을 직접적으로 나타내 보일 것
을 강조하는 평가방식"[11]이다.

둘째, "학생이 직접 만들어 낸 산출물이나 직접 작성한 응답을 통해
서, 그들의 지식이나 기능을 평가하는 다양한 방식"[12]이다.

셋째, "새로운 문제나 특정의 과제를 해결하는 능력을 측정하기 위
한 체계적인 시도로서 실제 또는 모의 상황에서 피평가자들이 나타내
보이는 반응들을 진문기인 평가자가 직접 관찰하고 판단함으로써 이
루어지는 평가방식"[13]이다.

넷째, "어떤 연구분야에서 중요하다고 인식되는 지식, 기능, 가치
의 사용이 동시에 요구되는 과제일 뿐만 아니라 학문에 기초한 공동

---

11) Haertel(1992) 참조. 강승호 외(1996), 405면 재인용.

12) Office of Technology Assessment(1992) 참조. 강승호 외(1996), 405~406면
  재인용.

13) Stiggins & Bridgeford(1982) 참조. 강승호외(1996), 406면 재인용.

체의 구성원들이 참여하는 과제와 질적으로 일치된다."14)

다섯째, "평가자의 관찰과 전문적인 판단이 중요하게 작용하게 되는 평가방식"15)이다.

이들 개념은 주로 외국의 학자들의 이론에 근거한 것이다. 교육부는 이를 나름대로 다음과 같이 정의하였다. "학생 스스로가 자신의 지식이나 기능을 나타낼 수 있도록 답을 작성(구성)하거나, 발표하거나, 산출물을 만들거나, 행동으로 나타내도록 요구하는 평가방식"16)이다.

전반적인 흐름으로 보면, 외국의 이론이 먼저 있고, 이를 우리나라의 교육학 학자가 수용하고, 교육부가 이를 적극 채택한 것이다.17)

교육부는 기존의 평가에 대한 반성과 함께 수행평가를 대안으로서 제시하면서 다음과 같은 당위성을 주장하였다.

> "① 다양성과 창의성을 신장하고 조장한다. ② 교수-학습활동을 개선한다. ③ 학생이 실제로 적용할 수 있는지를 파악한다. ④ 학습자 개인에게 의미 있는 학습활동이 이루어지게 한다. ⑤ 학생들 개인의 다양성을 인정하며, 동시에 타당한 평가를 할 수 있게 한다."18)

---

14) Gitomer(1993) 참조. 강승호 외(1996), 406면 재인용.

15) Mehrens(1992), 강승호 외(1996), 406면 재인용.

16) 교육부(1998). 이러한 수행평가에 대한 교육부의 개념정의는 백순근(2000) 참조.

17) 교육부(1998), 119면. "선다형과 단답형 문제로 획일적인 평가를 하며 석차와 평균에 얽매여서는 더 이상 현대 사회를 주도할 인재를 길러낼 수 없습니다. 이제 학생들의 잠재 능력을 발굴하고 길러주며, 수준과 능력에 맞게 개개인의 학습활동을 돕는 것이 평가의 주된 목적이 되어야 합니다." 이러한 진술의 내용으로 보아 교육부가 내세우는 수행평가 실시의 궁극적인 목적은 '학생들의 잠재 능력의 개발과 수준에 맞는 학습활동을 돕는 것'이다.

18) 교육부(1998), 118면.

이러한 내용을 근거로 해서 보면, 교육부가 주도하는 수행평가의 실시 의도는 '새로운 세기에 적응할 수 있는 인력을 키워내고자 하는 것'이다. 이렇게 출발한 수행평가는 그 시작부터 순탄치 않았다. 수행평가가 기존의 지필식 평가의 획일성을 극복한다고 하였지만, 실제로 운영방법은 '교육부〉교육청〉학교〉교사'라는 수직적 관계 속에서 강제되었기 때문이다. 따라서 수직적 강제는 또 다른 획일화를 조장한 것이다. 실제 현장 교사의 목소리는 이런 획일적으로 강요된 상황을 잘 반영하고 있다.

> "객관식 필기시험만 가지고는 교과 지도를 제대로 못하겠다 싶어 시작했는데…… 학교에서는 학기초 모든 교과에서 10%씩 하라고 하더니 얼마 후에는 10% 이내에서 하라고……."[19]

초기에는 학교는 교육부의 지침에 따라 모든 교과에서 10%씩 의무적으로 강요했다는 것이다.

지금은 이러한 문제를 보완해서 자율로 정할 것을 원칙으로 했지만, 각 학교에서 나오는 모든 연간 학교교육계획표를 살펴보면, 학교마다 '교과별 수행평가 기준'을 반드시 제시하도록 하고 있는 실정이다.[20] 따라서 자율성의 문제는 여전히 지켜지고 있지 않은 셈이다.

---

19) 우리교육(1999), 38~39면.

20) 서울의 경신고등학교는 '2001과 2002학년도에 교과별 수행평가 실시를 1, 2, 3학년 모두 30% 이상을 실시했다.(예체능의 경우는 이미 실기로 70%가 실시되었음.)'(경신고, 2002학년도 학교교육계획) 나머지 학교들도 이와 크게 차이가 없다.

Ⅲ. 漢文科 遂行評價의 現況

한문과도 다른 교과와 비슷한 과정을 통해서 수행평가를 실시하고 있다. 보통교과로 기존의 평가의 문제점을 보완하는 차원에서 수행평가를 병행하는 방식을 취한 것이다. 한문과 수행평가는 두 시기로 분류할 수 있다. 두 시기는 교육부에서 수행평가의 지침이 나오기 이전의 시기와 이후의 시기이다.

수행평가 지침 이전은 특별한 이론이나 계획 없이 각 급 학교 교사 자율적으로 실시하였다. 이 시기는 개별 교사들이 당시 교과 수업의 時數 부족을 보완하는 차원에서 실시하거나 교수-학습 방법의 획일화에 대한 대안으로 개별적으로 원시적인 방식의 수행평가를 실시하였다.

기존의 '과제형 수행평가'가 그것이다. 과제형 수행평가로는 주로 ① 교과서 본문이나 신출한자 몇 회 써오기 ② 가족들 사이의 관계와 가족들의 한자 이름 조사해오기 ③ 상대자를 활용한 이야기 만들어오기 ④ 고사성어 조사해오기 ⑤ 고사성어의 배경 고사 조사해오기 ⑥ 고사성어를 그림으로 그려오기 ⑦ 五倫에 관련된 이야기 또는 사례 조사해오기 등이 있다.

이러한 과제형 수행평가들은 대부분 성취도 평가에 적용되지 않았다. 다만 '했느냐의 여부'에만 기준을 두었으며, 기타의 학습자의 성취도에 대한 기준 따위는 거의 없었다. 일부 개별적으로 반영하는 경우도 있었으나, 전체 비율도 매우 낮았으며, 대부분은 학업 성취도에 거의 반영하지 않았다.

엄밀하게 보면 과제형 수행평가는 수행평가 본래 취지에는 미치지 못하는 것이었다. 이는 평가의 보완이기보다는 학교 수업에서 이루어지는 교수-학습 활동의 연장이기 때문이다.

앞서 서술한 바와 같이 다른 교과와 마찬가지로 한문과도 체계화된 이론이나 경험도 없이 개별적으로 수행평가를 실시해 왔다. 1998년 교육부가 '교육비전 2002'를 발표하고, '대입제도의 개선과 그에 따른 학교 현장에서의 평가 방식 다양화'를 내세우고 수행평가 실시를 종용했고, 다른 교과와 같이 한문과도 수행평가의 준비에 들어갔다.

1999년 '한문과 평가 개발 연구'라는 한문과 관련 평가 연구서가 나왔다. 이 연구서는 한문과의 성취 기준, 평가 기준, 등급화 방안을 마련하였고, 이러한 평가 기준을 근거로 예시 문항 및 평가 도구를 개발하였다. 이 과정에서 수행 평가를 위한 여러 가지 평가 도구도 함께 개발하였다.

'한문과 평가 개발 연구'는 한문과에서 실시하여야 할 수행평가 개발에 대한 나름대로 기준과 방법을 제시했다. 기준과 방법의 제시는 그 동안 기준 없이 진행되었던 한문과 수행평가에 큰 도움이 되었다.

다음은 '한문과 평가 개발 연구'에서 제시한 수행평가 문항과 그에 대한 성취기준표이다.

예 1)

교과명	한문 I
대영역	한자 및 한자어
중영역	11. 한자 익히기 12. 한자 활용하기 21. 한자어 익히기 22. 한자어 활용하기
소영역	111. 한자의 음과 뜻 알기 121. 한자를 익혀 언어생활이나 문장 독해에 활용하기 211. 한자어의 음과 뜻 알기 221. 한자어를 익혀 언어 생활이나 문장 독해에 활용하기
성취 기준	111-1. 교육용 기초 한자의 음과 뜻을 알고 바르게 읽을 수 있다. 121-1. 한자를 익혀 읽기, 쓰기, 말하기, 듣기 등 언어생활에 활용할 수 있다.

	121-2. 한자를 활용하여 한문, 국한문, 국문 속에 사용된 한자어의 뜻을 이 해할 수 있다. 211-1. 한자어를 읽고 뜻을 알 수 있다. 221-1. 한자어를 활용하여 바르게 말하고 알아듣을 수 있다. 221-2. 한자어를 활용하여 바르게 읽고 쓸 수 있다. 221-3. 실생활에서 많이 쓰이는 한자어를 바르게 쓸 수 있다.	
평가 기준	1. 한자 익히기	구분 : 상, 중, 하 (내용 생략)
	2. 한자 활용하기	구분 : 상, 중, 하 (내용 생략)
평가 기준	3.한자어 익히기	구분 : 상, 중, 하 (내용 생략)
	4.한자어 활용하기	구분 : 상, 중, 하 (내용 생략)
문항 형태	포트폴리오(portfolio)	
수준 구분	상/중/하	

◈ 평가 문항

일간신문(日刊新聞) 중에서 한글과 한자를 혼용(混用)하는 신문에 쓰인 한자 또는 한자어를 수집하여 다음과 같이 스크랩북을 만들어 제출하시오.

　… 중략 …

◇ 채점 기준표 : 상=8,7,6점 중=5,4,3,2점 하=1,0점

평가 요소	① 수집한 한자 또는 한자어의 절대량(絕對量) (과제를 얼마나 알차게 수행하였는지의 여부)	② 분야별 분류 (다섯 개 분야로 충실하게 분류하였는지의 여부)	③ 독음과 뜻풀이 (수집한 한자 또는 한자어의 음과 뜻에 대한 성실한 조사 여부)	④ 스크랩북 제작 및 정리	총 점 [21]
배점	2	2	2	2	8

---

21) 한국교육과정평가원(1999). 125면.

예2)

일간 신문의 논설이나 시론(時論)들 중에서 고사 성어가 쓰인 글들을 수집하여 다음과 같이 스크랩을 만들어 제출하시오.

> · 글은 올해 것으로만 다섯 가지 이상 수집하되, 최소한 1개월치 이상의 신문에서 수집하고, 스크랩북에 원본 그대로를 오려서 붙일 것
> · 글이 실린 신문명과 지면, 그리고 날짜를 반드시 밝힐 것
> · 각각의 글에 사용된 고사 성어의 겉뜻과 속뜻을 설명할 것
> · 스크랩북은 10월말까지 완성하여 제출할 것

◇ 채점 기준표 : 상=8,7,6점 중=5,4,3점 하=1,0점

평가 요소	① 기사 수집의 양과 내용 (고사 성어가 적절하게 사용된 글을 다섯 가지 이상 수집)	② 각각의 글에 사용된 고사 성어의 겉뜻과 속뜻 설명	③ 스크랩북 제작 및 정리	총점 [22]
배점	2	4	2	8

수행평가 유형으로 보면 예1)은 포트폴리오법이고, 예2)는 보고서법이다. '한문과 평가 개발 연구'는 평가의 기준과 성취도 기준을 마련해 놓았다. 이들 기준은 교육과정에 맞게 적용시킨 것으로 그동안 아무런 기준과 방향도 없었던 수행평가에 큰 도움을 주었다. 이렇게 개발된 기준 등은 교사가 학생들에게 기대하는 성취 내용과 수준에 대한 자세한 내용을 알려준다. 또한 교사들이 교수-학습 과정 속에서 성취하려고 하는 목표를 잘 알 수 있고, 학생들이 성취해야 할 목표가 어느 정도인지를 알 수 있게 되었다. 교사는 그동안 객관적인 기준이 마련이 되질 않아서 등급화 등의 평가를 실시하지 못했는데, 이러한 불편함과 어려움을 해소할 수 있는 기회를 얻었다고 할 수 있다.

---

22) 한국교육과정평가원(1999), 144~145면.

그러나 여기에 문제가 없는 것은 아니다. 우선 제시된 수행평가의 성취기준의 문제이다. 하나의 수행평가를 제시하는 데 복잡한 평가 기준이 제시되어 있다. 영역 급간으로 구분해서 대영역과 소영역으로 나누고 소영역은 상중하의 기준을 두고 하는 등의 복잡한 내용으로 구성되어 있다.

또한 둘 다 바람직한 평가 유형이지만, 문제는 단기간이 아닌 중장 기간에 걸친 과제형이다. 중장기간에 걸친 과제는 쉽게 망각할 수 있는 소지가 있다.

예1)의 경우에는 평가 요소에서 '절대량'의 기준이 없다는 것이 문제가 된다. 일정한 분량을 지정해 주어야 한다. 이는 절대적 평가 기준이 되어야지 상대적 평가 기준이 되어서는 안 된다.[23] 그리고, 평가 요소가 교사의 과중한 업무를 전제로 하고 있다. ③ 평가 요소 '독음과 뜻풀이'의 성실한 조사 여부는 그 숫자가 많을수록 정밀하게 평가하기가 매우 곤란하며 이 경우 교사의 과중한 업무로 인하여 평가 자체가 불가능하게 될 소지가 있다. 예2)는 지역에 따라 실시할 수 있는 경우가 있고, 때로는 가정의 신문 구독 종류에 따라 공평하지 않을 수 있다. 예1) 예2) 모두 기존의 과제형 수행평가에서 크게 벗어나지 않는다. 다만, 수행평가의 성취 기준이 제시되었고, 평가 기준이 보다 분명해졌다는 것이 기존의 과제형과의 차이라고 할 수 있다.

'한문과 평가 개발 연구'에서 제시한 평가 도구는 총 65문항 60문항이 주관식 평가에 따른 '서술형 및 논술형'이었으며, 예시와 같은 수행평가는 5문항이었다. 수행평가 도구가 매우 저조한 실정이다. 또

---

23) 수행여부만 평가해야 한다. 예를 들면, 절대량에 미달했을 경우나 초과했을 경우의 문제이다. 기준을 정하고 절대량에 어느 정도 미달한 경우는 수행을 못한 것으로 처리해야 하며, 절대량 이상은 수행한 것으로만 인정하여야 한다.

한 개발된 수행평가 도구 또한 주로 신문을 활용한 것이었다. 물론 신문이 일반인들의 언어 생활에서 매우 주요한 도구인 것은 분명하지만, 'NIE' 교육으로 일컬어지는 신문 활용 교육은 초등에서 '아동용 신문'을 교육용으로 활용한다는 뜻에서 신문 판매 부수를 올리는 상업적 수단으로 이용되는 것과 마찬가지로 언론 매체를 가진 기업들의 상업적 목적에 의해서 그 내용이 지나치게 과장되어 있다. 때로는 특정 언론의 이데올로기를 주입하는 수단으로 활용될 가능성도 있어 교육의 공공성을 위협하기도 한다.

다음은 이후 현장 교사들이 하고 있는 수행평가 사례를 중심으로 살펴본다.

　예3)

　한문 개인별 과제 – 1.한자 형성 과정을 추리해 보기 2.한자어를 정확히 활용해 보기

　1. 과제의 목표

　　1) 한자 형성 과정을 추리해 보기

　　2) 한자어를 정확히 활용해 보기

　2. 운영 과정

　　1) 매주 8-10명 실시　2) 교과서의 본문의 신습 한자 3) 매 한문 수업 시간 전날 제출(하루 늦을 시 감점 2점씩)　4) 그림을 넣어도 좋음 5) 해당 수업시간 평가 및 우수자를 발표

　3. 평가 기준

	성실성 (신습한자 중 몇 개를 하였나?)		타당성 (한자어 활용을 정확하게 하였나?)		창의성 (한자의 형성과정을 창의적으로 추리하였나?)	
상	12개 이상	5	제출항목 중 1/2 이상	5	제출항목 중 1/2 이상	5
중	6개 이상	4	제출항목 중 1/3 이상	4	제출항목 중 1/3 이상	4

| 하 | 1개 이상 | 3 | 제출항목 중 1/3 미만 | 3 | 제출항목 중 1/3 미만 | 3 |
| 최하 | 미제출 | 1 | 미제출 | 1 | 미제출 | 1 |

(황숙진, 인천 선화여중)

예3)은 연구보고서법이다. 두 개의 수행평가를 실시하고 있는데, 하나는 '한자의 형성 과정'의 이해를 돕기 위한 평가이고, 다른 하나는 '한자어 활용'을 돕기 위한 평가이다. 평가 대상이 많은 것을 고려하여 매주 8~10명씩 실시하였다.

예시된 '한자의 형성 과정'은 학생들이 창의적인 생각을 할 수 있도록 유도하면서 동시에 개념을 이해하도록 하였다. '한자어 활용'의 경우는 언어 생활 속에서 활용해 볼 수 있도록 하였다. 평가 기준은 상, 중, 하에 최하를 하나 더 두어서 4단계로 정했다. 평가 기준에서 타당성(한자어 활용을 정확하게 하였나?)과 창의성(한자의 형성과정을 창의적으로 추리하였나?)의 점검은 그 자체로 과중한 부담이 된다. 상, 중, 하의 기준이 '제출항목 중 1/2 이상, 1/3 이상, 1/3 미만' 등으로 양적인 평가를 겸하고 있어 이중적인 평가 기준이 적용되기 때문이다.

예4)
1. 배점 및 시기
배점 : 각 항목당 10%
시기 : 각 학년 연 2회 실시(인문은 1,2학기에 각 1회 실시하며, 실업은 1학기에 2회 실시)
2. 평가 항목
가. 자전 찾기를 통한 한자어 끝말잇기
나. 1년간 배부한 한문자료정리, 예습상황, 수업 중 참여정도, 과제검사결과 등 총괄평가
3. 항목별 소개

가. 자전 찾기를 통한 한자어 끝말잇기

조건 예시항목(아무 조건 제시하지 않음/ 정답 개수 설정/ 3글자이상 낱말 개수 설정/ 같은 한자 반복 금지/ 4자성어 개수 설정/ 해당 한자어에 맞는 뜻으로 골라 쓰기 등

〈예시 1〉 2001학년도 수행평가 문제지

연번	한자어	한자의 음, 뜻	한자어의 풀이
1			
2			

〈예시 2〉 모범답안

연번	한자어	한자의 음, 뜻	한자어의 풀이
1	以心傳心	써이, 마음심, 전할전, 마음심	마음에서 마음으로 통함
2	心腹	마음심, 배복	가슴과 배, 속마음
3	腹案	배복, 책상안	마음 속에 품은 생각

나. 연간 수업 내용 평가

평가반영방법 : ① 수업시간에 숙제검사를 하여 사인을 해주고 사인 개수를 점수에 반영. ② 학습한 내용이 충실히 기록되어 있는가를 평가하여 점수에 반영. ③ 나누어 준 프린트물의 張數를 점수에 반영. (고은향)

예4)의 '가'는 반응구성 문항과 보고서법이 결합된 형태이다. 학생들의 부담을 주지 않으면서 학생들의 수준에 따라 난이도를 조절할 수 있다는 장점이 있다. 또한 '자전 찾기를 통한 한자어 끝말잇기'는 학생들의 다양한 반응을 유도할 수 있으며, 동시에 학습 효과를 높일 수 있다는 장점이 있다. 또한 과제형이 아니라, 교수-학습 중에 관찰할 수 있다는 것이 장점이다. 교사 스스로도 평가 기준을 제시하지

않았고, 학생들이 사전을 찾아서 반응하여 구성하는 것이 매우 자유로운 분위기를 유도할 수 있다는 장점이 있다. 그러나 '끝말잇기'는 빈칸을 채우는 반응구성 문항의 변형이므로 정기고사를 통해서 이루어지지 않는다는 점만 빼고는 전통적 객관식 평가의 변형이기도 하다.

'나'는 여러 가지 수행평가를 모아놓은 종합형이라고 할 수 있다. '나'에서 제시한 평가 항목은 '1년간 배부한 한문자료정리'(포트폴리오), 예습상황, 수업 중 참여정도(관찰법), 과제검사결과(과제형) 등이다. 반영방법은 성취 기준이나 평가 기준이 구체적으로 제시되지 않았다. '숙제검사 후 사인'하고 개수를 평가에 반영하였고, 학습한 내용을 충실히 기록하였는지를 평가하여 점수에 반영하였으며, 나누어준 프린트물의 張數를 점수에 반영하였다.

대체로 학습자가 학습과정에 얼마나 열심히 참여하려고 했느냐에 비중을 두어 평가를 하고 있다. 따라서 학생의 수업 과정 중에 수행 능력에 대한 평가는 비교적 소홀한 편이다.

예5)

한문과 수행평가 자료.

＊학습목표

1. 자전에서 음과 뜻 찾기. 2. 읽기와 토달기 3. 해석 4. 350-500자 내로 감상문 정리

＊다음을 해석하시오.

師朱堂李氏胎教新記曰父生之母育之師教之一也善醫者治病於未病善 斅者斅於未生故師教十年未若母十月之育母育十月　未若父一日之生

＊평가 관점

1. 정확히 읽는가? 2. 정확한 끊어읽기 3. 정확한 현토 4. 해석 5.

감상문의 내용

* 평가 기준

평가항목 \ 등급	반영 비율	수(10)	우(8) 부족부분	미(6) 부족부분	양(4) 부족부분
관점항목 1	10%	완벽	1−3자	4−5	5자 이상
관점항목 2	10%	완벽	1−2곳	3−4곳	5곳 이상
관점항목 3	10%	완벽	1−2곳	3−4곳	5곳 이상
관점항목 4	10%	완벽	1−2곳	3−4곳	5곳 이상
관점항목 5	20%	완벽	1−2곳	3−4곳	5곳 이상
관점항목 6	40%	서론 본론 결론이 매끄럽게 잘 연결됨과 동시에 자신의 주장이 뚜렷하여 논술의 구성요소에 적절한 것	논술의 체제는 갖추었으나 다소 흐름상 매끄럽지 못한 부분이 1−2곳	논술의 체제는 갖추었으나 다소 흐름상 매끄럽지 못한 부분이 3−4곳	논술의 체제도 제대로 갖추지 못함.

(박찬근, 화정고)

예5)는 서술형 및 논술형 수행평가이다. 원문을 번역하게 한 것은 서술형이고, 감상문을 쓰게 한 것은 논술형이다. 번역을 통한 서술형은 일반적으로 많이 실시하는 것이나, 논술형 평가는 흔치 않다. 그런 점에서 예5)는 인정할 만하다. 그러나 성취 기준이 분명치 않고, 평가 기준이 비교적 복잡한 편이다. 복잡한 평가 기준은 교사의 부담이 되어 지속적인 평가에 장애가 되는 요소이다.

3. 한문과 수행평가의 문제

위의 사례만을 가지고는 한문과 수행평가를 모두 다 말할 수 없다. 그러나 현재 진행되고 있는 한문과 수행평가가 이와 크게 차이가 나지 않고 대부분이 이와 같은 사례의 응용이라고 본다. 이들 사례를 분석해 보면 몇 가지 문제를 발견할 수 있다.

첫째, 평가에 대한 교사의 부담이 과중하다. 한문과 교사는 주로 과제를 통한 보고서 중심의 수행평가를 선호한다. 이러한 현상은 교육당국의 정책 지침 이전이나 이후나 크게 변하지 않는 것 같다. 한문과 교사들이 과제를 통해서 수행평가를 하려고 하는 것은 교과 단위 수에 따른 부담 때문인 것으로 풀이된다. 한문과는 주당 단위수가 작기 때문에 매년 교사 1인이 10~24학급을 맡게 되어 있다. 최근에 학급당 인원이 감소한 것을 감안하더라도 350~800명의 학생을 평가해야 한다는 뜻이다. 평가를 실시하는 교사의 부담이 매우 크다는 것이다. 주당 단위수가 높은 과목의 경우 매년 교사 1인이 3~6학급을 담당하는 것에 비하면 상대적으로 지극히 열악한 형편이다. 따라서 한문과 교사가 교육학 이론에 부합하는 수행평가를 하기 위해서는 부득이 과제를 통할 수밖에 없다는 것이다.

수행평가 실시에 있어서 과중한 부담에는 평가 기준의 지나친 상세함에서도 그 원인이 있다. 평가 기준의 상세함은 신뢰성과 객관성을 확보할 수 있다는 장점이 있다. 그러나 평가 대상의 수가 적을 때에는 평가 기준이 상세해도 큰 무리가 없지만, 평가 대상의 수가 일정 수준을 넘어서게 되면 상세한 평가 기준이 무리가 되어 교사에게 업무부담으로 작용한다. '한문과 평가 개발 연구'의 다음의 언급에 대해서 유의할 필요가 있다.

> 한문과 평가에 있어서 평가의 객관성이나 신뢰성에 대한 집착보다는 평가 내용의 타당성을 중시하는 수행평가를 실시하는 것이 바람직할 것이다.[24]

---

24) 한국교육과정평가원(1999), 19면.

수행평가 실시 과정 중 학생들의 능력을 서열화하는 점수매기기 위주의 평가를 피하자는 뜻이다. 이는 지나친 평가 기준의 상세화가 평가의 객관성과 신뢰성에 집착해서 수행평가의 목적인 교수-학습 환경의 개선을 그르칠 수 있기 때문이다.

둘째, 한문과의 성격에 부합하는 내용이 적다. 위의 사례를 보면, 예5)를 제외한 나머지는 주로 한자와 한자어에 관한 것임을 알 수 있다. 한문과 교육과정의 내용 체계를 보면, "한문 영역은 '① 한문 익히기, ② 한시 익히기, ③ 한문 활용하기, ④ 가치관 형성하기, ⑤ 전통 문화 계승 발전시키기'를 하위 항목으로 설정"25)하고 있다. 한문 영역의 하위 항목은 한문 영역을 구체적으로 표현해준 것이다. 이로 보면 예5)의 경우는 '한문 익히기'에 해당하는 것이다. 한시 익히기, 한문의 활용, 가치관 형성, 전통 문화 계승발전과 같은 영역의 수행평가는 없는 셈이다.

한시 익히기의 내용을 더 살펴보면 '한시를 읽고 풀이하고 감상하기, 한시의 기초적인 형식과 특징 이해하기'26) 등이 있다. 교육과정의 내용체계는 곧 한문과 수업교과의 범주를 의미한다. 교과의 범주는 곧 평가와 연결이 되는 것이다. 따라서 수행평가의 내용도 이에 충실할 필요가 있다는 것이다.

셋째, 한문과 교과 내용에 맞는 영역과 평가 도구가 부족하다.

앞의 Ⅱ-2-3)에 수행평가의 유형을 보면 종류는 많지만, 한문과에 적용시킬만한 것이 많지 않다. 따라서 한문과 교수-학습에 대한 실제 수행평가 종류도 단조로움을 면할 수 없다. 그리고 이러한 단조로움은 주로 한자·한자어에 관한 평가 도구의 개발 쪽으로 치우치게

---

25) 교육부(1997), 17면.
26) 교육부(1997), 18면.

하는 악순환을 낳고 있다. 악순환은 한문 교육이 한문을 가르쳐야 한다는 본래의 목표를 희석시킨다. 이는 한문교육의 정체성과 관련하여 반드시 극복해야 할 문제이다.

Ⅳ. 漢文科 遂行評價의 改善 方向

한문과 수행평가의 개선은 앞서 제기한 문제점을 해결하려는 데서 출발해야 할 것이다.

첫째, 교사의 평가 부담을 해결하여야 한다. 한문과는 교과 단위가 적은 교과이므로 매년 담당학급과 학생의 수가 절대적으로 많다. 이는 평가에서 매우 부담으로 작용한다. 교사의 부담을 해결하기 위해서는 평가 도구가 편리해야 하고, 평가 횟수를 줄여야 한다. 평가 도구가 편리해지기 위해서는 평가 기준이 간단해야 한다. 평가 기준은 평가 항목과 평가 등급이 있다. 평가 항목과 평가 등급의 상세화는 공정성을 기하는 데는 유리하지만, 한문과의 경우 이것이 부담으로 작용한다. 평가 항목은 현재 일반적으로 3~6개이다. 이를 가급적 1~3개로 줄여야 한다. 평가 등급은 보통 상, 중, 하 또는 상, 중, 하, 최하 등 3개~4개 등급이 일반적이다. 이러한 등급도 경우에 따라서는 상, 하 또는 상, 중, 하로 줄여야 한다.

따라서 과제형 중심으로 실시하는 수행평가를 수업시간으로 끌어들여야 한다. 수행능력을 평가할 수 있는 평가 도구의 개발이 절실하다.27)

둘째, 한문과에 부합하는 내용을 담아내는 수행평가 도구가 개발되어야 한다. 평가 도구는 교수-학습의 내용을 결정한다. 앞서 밝힌 바

---

27) 강경모 교사(안양 신성고)는 학생 노트를 수행평가의 주 도구로 삼았다.

와 같이 한자와 한자어 중심의 평가 도구는 자칫 한문과의 정체성을 희석시키는 기제로 작용할 수 있다. 따라서 한문과의 내용에 맞는 평가 도구가 다양하게 개발될 필요가 있다. 예를 들면 교육 과정의 '한시 익히기'와 관련하여 한시 익히기에 적용되는 '한시 감상'과 관련한 수행평가 등과 같은 것이다. 다음의 예를 보자.

예6)

1. 수행 평가 과제 : ① 자유로운 한시 감상 ② 비유 알아보기 ③ 한시를 그림으로 그려보기

2. 작성법 : 보고서의 세부적인 내용은 별첨한 과제물과 같음.

① 작성 기준 : 각 10점씩 총 30점 ② 제출 기한 : 담당 교사가 정함. ② 작성 형식 : 별첨

3. 평가 기준 :

⑴ …중략… 상(10점)·중(9점)·하(8점) 세 등급으로 나누어 점수를 부여한다.(불량한 과제물은 최하점)

⑵ 미제출 또는 미작성은 0점, 병결, 공결 : ①, ②번 과제물은 점수의 70%를 부여함. ②, ③번 과제물은 다시 제출 받아 점수를 부여함. 기타는 성적 관리 지침 준용함.

⑶ 남의 과제물을 복제한 경우는 0점

4. 결과 : 2학기 중간고사에 반영

〈학생 노트〉
子曰 : "惟仁者가 能好人이요 能惡人이라."
*能 : 영어의 can과 비슷. *惡(오) 미워하다
The Master said, "It is only the truly virtuous man, who can love, or who can hate, others."
생각 : '똥 묻은 개가 겨 묻은 개 나무란다'나 자신이 먼저 사랑하지 못하고, 완성된 인격체가 아닌데도 남을 평가한다는 것은 우스운 일일 수 있다는 생각이 든다. 나는 인을 이루기 위해 먼저 남을 진정으로 사랑한 적이 있던가. 내 지난날을, 그리고 지금의 나를 돌아보게 된다.

한문 수행 평가 과제물 1

과제명	한시를 자유롭게 감상하고 표현하기
과제물 작성요령	제시되는 시를 우리말로 해석해본 뒤에, 이 시가 어떤 의미를 담고 있을지를 자유롭게 감상하고 서술한다. … 이하 생략 …
평가 기준	✋ 이 과제물의 만점은 10점으로 한다. ① 분량은 적당한가? ② 감상은 조건에 맞추어 논리적으로 표현했는가? ③ 과제물을 주어진 시간 안에 정확하게 작성하고 제출했는가? 위의 ①, ②, ③에서 미비된 것이 있으면 1점씩 감점. 단 과제물을 제출하지 않을 경우 0점으로 처리.

한문 수행 평가 과제물 2

과제명	비유의 맛 느끼기
과제물 작성요령	… 중략 … 나를 사물(동물, 식물, 무생물 등)에 비유해 봅시다. 나의 외모가 아니라 성격을 곰곰이 생각해 보고, 나와 닮은 대상을 찾아서 써보세요. 그리고 왜 그 대상에 비유했는지 자세히 쓰세요.
평가 기준	✋ 이 과제물의 만점은 10점으로 한다. ① 작성요령에 맞게 작성했는가? ② 분량은 적절한가? ③ 정해진 기한에 제출했는가?

한문 수행 평가 과제물 3

과제명	한시를 그림으로 표현하기
과제물 작성요령	… 중략 … 한시를 깊게 감상하고 그림을 표현하세요. A4또는 B4 1장으로 하되 그림의 형식은 자유롭게 선택해도 됩니다. (그림은 한시의 시상 전개에 맞게 4단계로 하면 됩니다)
평가 기준	✋ 이 과제물의 만점은 10점으로 한다. ① 시의 느낌과 내용이 잘 담겨 있는가? ② 표현을 정성들여 했는가? ③ 정해진 기한에 제출했는가?

(김명수, 명덕여고)

예6)은 고승희 교사의 사례28)를 응용하여 제시한 것이다. 모두 3가지 사례로 서술형과 실습법을 사용하였다. '① 한시 자유롭게 감상하기'는 말 그대로 형식이나 기존의 비평에 얽매이지 말고 자유롭게 감상하게 하는 방법이다. 학습자 개인의 주체적이고 자유로운 반응을 평가할 수 있다. 이는 '학습자 즉, 감상자의 다양성을 허용하되, 자기 나름의 근거와 논리를 가지는 것'29)임을 전제로 한다. 이 평가의 장점은 한시를 적극적으로 이해하려는 태도를 기를 수 있고, 사고력과 창의력을 함께 신장시킬 수 있다는 것이다. 또한 한시에 대한 오해를 불식하는데 좋은 평가 도구이다. '② 비유의 맛보기'는 서술형 문항으로 자기 자신을 사물에 비유하게 하는 것이다. 이 평가는 학생으로 하여금 자신의 내면적 특징을 진지하게 돌아보게 하고, 원관념[학생 자신]과 속성이 일치하는 보조관념[사물]을 선택하는 어려움을 맛보게 하여, 비유의 묘미를 알게 한다.30) 이는 학습자로 하여금 한시를 알게 하고, 한시에 사용된 수사법을 이해하는데 도움이 된다. '③ 한시를 그림으로 그려보기'는 1999년 이태희 교사31)가 발표한 사례를 응용해서 개발한 것이다. 한시에 대한 감상을 어려운 한문으로 감상하던 것을 시각적인 감상과 함께 상상력을 자극한 것이 의미가 있다. 또한 한시는 '읽고 암기하는 것'이라는 편견에서 벗어나 흥미를 일으키고 이해도를 제고할 수 있는데 매우 유용한 것이다.

셋째, 한문과 교과 내용에 맞는 영역과 평가 도구를 개발하여야 한다.

교육과정에 명시된 한문과 내용체계의 영역은 한자, 한자어, 한문

---

28) 고승희(2001), 147~155면.

29) 고승희(2001), 147면.

30) 고승희(2001), 149면.

31) 이태희(1997) 참조.

으로 되어 있다. 각 영역의 내용체계를 보면 한자는 한자 익히기, 한자 활용하기, 한자어는 한자어 익히기, 한자어 활용하기, 가치관 형성하기. 한문은 한문 익히기 한시 익히기, 한문 활용하기, 가치관 형성하기 전통 문화 계승 발전시키기 등이다.[32] 따라서 교사는 이들 영역과 내용체계를 기본으로 하여 수행평가 방식을 분류하여 평가 도구를 개발하여야 할 것이다. 내용체계를 기본으로 하는 것은 평가 도구의 분류를 편리하게 할 수 있으며, 동시에 평가 도구의 개발을 다양하게 할 수 있기 때문이다. 내용체계의 하위항목은 보다 더 구체화되어 있다.[33]

이들 영역과 내용체계는 교수-학습 목표의 근간이다. 따라서 평가 영역과 평가 도구도 이에 준해야 한다. 각 단원에서 필요한 학습요소에 맞는 수행평가 개발되어야 한다는 뜻이다. 예를 들면 한시의 기본적인 형식과 특징을 이해하려 하면, 한시의 기본적인 형식과 특징에 대한 학습내용이 구체화되어야 한다. 그런 후에 학습 내용에 대한 수행평가 도구의 개발이 이루어져야 하고, 구체적인 수행평가의 활동이 시작되어야 한다는 것이다. 이를 도표화해보면 다음과 같다.

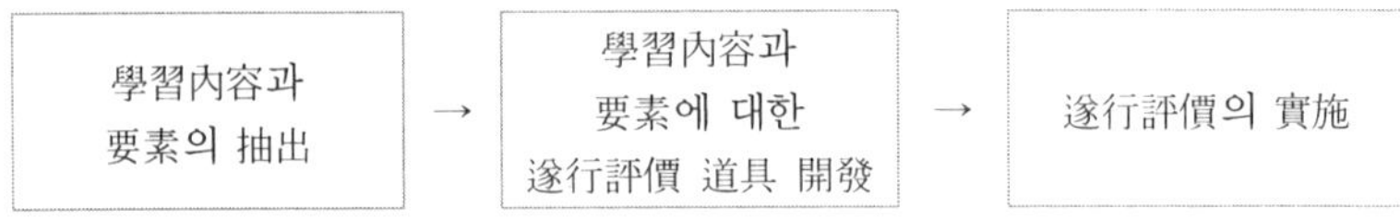

이와 같이 학습내용과 요소의 추출이 있어야만이 학습 목표가 분명해진다. 다양한 평가 도구와 수행평가 도구의 개발을 위해서는 먼저 학습내용의 체계화와 다양한 학습요소의 추출이 필요하다.[34]

---

32) 교육부(1997), 18면.

33) 교육부(1997), 18면.

넷째, 한문은 文史哲이다. 교육과정 〈중학교 한문〉〈고등학교 한문〉에는 이에 대한 명시가 없다. 교육과정의 목표나 전문, 내용체계 등 어디에도 진술되어 있지 않다. 따라서 현재의 내용체계로는 반영할 수 없다. 다만, 〈한문 고전〉의 하위 목표에 따르면 "문·사·철 등 각종 한문 전적을 독해할 수 있는 능력을 기른다."고 하여 반영할 수 있게 되어 있다. 따라서 문학과 역사 철학의 부분을 담아낼 수 있는 수행평가의 도구가 개발되어야 하는 것이다.

V. 結論

최근에 수행평가에 대한 요구가 더해가고 있다. 그러나 아직 체계화된 틀거리를 정리해내지는 못한 것 같다. 아직도 혼동되는 것이 교육학적 이론에 지나치게 집착하는 경향이 있다는 것이다. 즉, 교육학의 일반적인 성격으로 제시된 이론은 전체 교과 교육이 나아가야 할 방향과 전망의 제시일 뿐이다. 따라서 각 교과별로 자기 성격에 맞는 평가 도구를 개발하여야 한다는 것이다. 더구나 한문과의 경우 교육과정상의 한문과 학습 내용으로 보완되어야 한다는 뜻이다. 특히 한문과는 다른 교과와 그 성격이 매우 다르다. 따라서 교육학적인 이론에 대한 능동적인 자기화가 필요하다. 앞서 지적된 한문과 수행평가의 문제는 모두 자기화가 되어 있지 않은 상태에서 비롯된 결과이다. 교육학에 수행평가 도구 개발의 과정35)이 진술되어 있지만, 이것은 교육학적인

---

34) 학습내용의 체계화와 학습요소의 문제는 본고에서는 다루지 않고 추후에 다루고자 한다.

35) 백순근(2000) 참조. 수행평가 도구 개발의 일반적인 절차 ① 평가를 실시하는 이유와 대상을 분명히 한다.(평가의 목적과 용도를 구체적으로 진술한다.─평가

도구 개발이다. 이를 한문과에 맞게 재구성할 필요가 있다.

참고문헌

강승호 외(1996), 『현대 교육평가의 이론과 실제』, 양서원, 406면, 412면.

고승희(2001), 「中學校 漢文科 學習評價의 試案」, 『漢文敎育硏究』 第16號, 韓國漢
　　　文敎育學會, 149면, 147~155면.

교육부(1997), 『고등학교 교육과정 해설 -한문-』, 교육부 고시 1997-15호, 18면,
　　　17~18면, 93면.

교육부(1998), 『새로운 대학입학제도와 교육비전2002: 새학교문화창조』, 118~119면.

교육부(1999), 『초등학교·중학교·고등학교 학교생활기록부 전산처리 및 관리 지침
　　　(교육부 훈령 제587호)』.

구창현(1996), 「주관식 문항의 채점 방법 및 기준」, 『사고력 신장을 위한 주관식 평
　　　가 문항 개발의 실제-고등학교-』, 서울특별시교육연구원.

권태덕(1999), 「수행평가의 적극적 수용을 위해」, 『중등 우리교육』 1999년 3월호.

금현진(1999), 「최근의 수행평가 논의에 대하여」, 『중등 우리교육』 1999년 3월호.

김영길(1996), 「주관식 평가문항의 출제 지침」, 『사고력 신장을 위한 주관식 평가
　　　문항 개발의 실제-고등학교-』, 서울특별시교육연구원.

김재춘 외(2000), 『교육과정과 교육평가』, 교육과학사.

김지희(1999), 「수행평가의 방법들」, 『중등 우리교육』 1999년 3월호.

대통령자문교육개혁위원회(1995), 『세계화·정보화 시대를 주도하는 신교육체제 수
　　　립을 위한 교육개혁 방안-제2차 대통령 보고서-』.

박성규 외(2000), 6과 「家族」, 『중학교 한문1』 교과서.

배호순(1994), 「교육적 성취수행지표의 평가적 기능에 관한 분석적 고찰」, 『교육평

자, 평가 대상자, 평가 결과 사용자를 확인한다.) ② 평가할 내용과 시기를 구체화
한다.(평가 영역과 그에 대한 평가 목표 혹은 평가기준을 구체화한다. 평가 시기를
구체화한다.) ③ 평가 방법을 설계한다.(평가를 시행할 장소나 상황을 설정한다.
평가 방법이나 도구의 유형이나 과제 수(혹은 문항 수)를 결정한다. 채점자를 결정
한다. 평가 시행의 공고 여부를 결정한다. ④ 평가 과제 혹은 문항을 제작한다.
평가 과제 혹은 문항 카드를 작성한다. 평가 과제 혹은 문항을 제작하여 카드에
기입한다. ⑤ 모범 혹은 예시 답안 및 채점 기준표를 작성한다. ⑥ 평가의 실시나
채점상의 유의점을 진술한다. ⑦ 앞의 ①~⑥ 전 과정을 반성적으로 검토하여 수정
·보완한다.

가 연구』, 7-1, 교육평가연구회.

배호순(1996a), 「주관식 평가의 특성과 유형」, 『사고력 신장을 위한 주관식 평가 문항 개발의 실제-고등학교-』, 서울특별시교육연구원, 7면.

배호순(1996b), 「주관식평가의 방향」, 『사고력 신장을 위한 주관식 평가 문항 개발의 실제-고등학교-』, 서울특별시교육연구원.

백순근(2000), 『수행평가의 원리』, 교육과학사.

백순근 외(1998), 『중학교 각 교과별 수행평가의 이론과 실제』, 원미사.

백순근 외(1999), 『고등학교 각 교과별 수행평가의 이론과 실제(총 10권)』, 교육진흥연구회.

서울특별시교육청(2001), 『2001학년도 서울교육 새물결 운동-중·고등학교-』, 10면, 44면, 46면.

신동로(2000), 『교육과정과 교육평가-수정·증보-』, 교육과학사.

엄귀영(1999), 「수행평가의 안과 밖」, 『중등 우리교육』 1999년 7월호.

우리교육(1999), 「좌담-자율이 수행평가 정착의 관건」, 『중등 우리교육』 1999년 7월호.

유성준 외(2000), 12과 「家族」, 『중학교 한문1』 교과서.

이상진 외(2000), 10과 「家族」, 『중학교 한문1』 교과서.

이태희(1997), 「近體詩의 4단 구성과 그림으로 하는 漢詩 수업」, 『한문교육연구』 第11號.

전창완(1999), 「한국형 수행평가를 위한 몇 가지 제안」, 『중등 우리교육』 1999. 3월호.

정우진(1999), 「인터뷰-아이들과 함께 만들어 가는 수행평가」, 『중등 우리교육』 1999. 7월호.

한국교육과정평가원(1999), 『국가 교육과정에 근거한 평가 기준 및 도구 개발 연구-고등학교 한문Ⅰ·Ⅱ-』, 17~19면, 125면, 144~145면.

Birenbaum, M.(1996), Assessment 2000: Towards pluristic approach to assessment. In M. Birenbaum & F〉 J〉 R. C. Dochy(eds). Alternatives in Assessment of Achievements, Learning Processes and Prior Knowledge. Boston: Kluwer Academic Pub.

Gitomer(1993) 참조. 강승호 외(1996), 406면.

Haertel(1992) 참조. 강승호 외(1996), 405면.

Mehrens(1992), 강승호 외(1996), 406면.

Office of Technology Assessment(1992), 강승호 외(1996), 405~406면.

Stiggins & Bridgeford(1982), 강승호 외(1996), 406면.

이 글은『漢文敎育硏究』제19호(韓國漢文敎育學會, 2002)에 수록한 논문을 재수록한 것이다.

한문과 수능평가 기준의 방향 모색

이윤찬

Ⅰ. 한문교육을 둘러싼 교육지형 읽기

한문과목이 한문교육 주체들의 지난한 노력으로 마침내 2005학년도부터 대학수학능력시험의 정식 과목으로 들어가게 된다. 비록 필수 과목이 아닌 선택 과목으로 제2외국어와 경쟁해야 하는 과목에 불과하지만, 그동안 비입시 과목의 서러움을 묵묵히 참고 견디어 온 한문교육 주체들은 한문교육 존폐의 위기감 속에서 이나마 다행스러운 일이라 여기지 않을 수 없다. 이는 우리에게 한문교육의 새로운 進運을 조심스럽게 모색할 수 있는 전환점을 시사해준다. 모색의 시작은 모름지기 그동안 한문교육을 둘러싼 현실의 교육 지형과 조건들을 먼저 총체적으로 점검하는 가운데 이루어져야 한다. 그것은 인문학의 전반적인 위축 속에 지식의 실용성 및 기능성에 염두를 둔 교육 내용만이 강조되는 현실 교육의 코드 읽기로부터 가능하다. 불행하게도 우리의 학교 교육은 철저하게 입시에 종속되어 있다. 학교 교육이 입시에 종속당한 지금의 현실을 철저히 외면하고 또한 거부하고도 싶지만, 입시가 학교 교과목의 위상마저 좌지우지하는 현실의 문제는 그리 간단하지 않다. 교육의 한 과정일 수밖에 없는 평가가 입시라는 틀거리 속에서는 그 위력을 달리하면서, 교육 내용의 본질을 왜곡시키고 교육의 최종적인 결과로 작용하는 엄청난 힘을 발휘한다는 사실을 우리는 익히 잘 알고 있다. 여기에는 다분히 자신들의 구미에 맞는 인력을 공급받기 위해 교육 내용의 변화를 요구하는 자본의 이해와 우리 사회를 지배하는 학벌 중심의 풍토가 복합적인 요소들로 달라붙는다. 이 때문에 우리가 이렇다 할 해소의 방안을 궁리해 낸다는 것도 결코 쉬운 문제가 아니다. 이런 의미에서 입시에 종속당한 현실은 우리의 교육 문제를 총체적으로 읽는 가장 일차적인 코드로 작용되는 것이다. 그동안 학교 현장의 한문교사들이 한문과의 위상에 심각한 위기감을 느끼면서, 과목의 정체성을 고민하면 할수록 종착에는 좌절감만을 느껴야 했던 연유도 사실 따지고 보면 입시 위주의 현실 교육에서 한문과가 철저히 소외되어왔기 때문이다.

93년 이후 학력고사의 폐지와 대입 수학 능력 시험(이하 수능시험)의 실시, 그리고 95년 이후 대학별 고사(본고사) 폐지는 학교 현장에서 한문교육의 지형적 조건들을 크게 흔들어 놓았다. 수능시험의 실시는 미국식 실용주의 교육 철학에 근거한 것이다. 한문과목이 수능시험 과목에서 배제된 애초의 이유도 미국식 실용주의 교육철학 때문이다.[1] 거기에 다시 90년대 중반이후 우리 사회 전반을 엄습하여 생포해

---

1) 실용주의가 초점을 맞추는 부분은 오로지 '유익성'이다. 실용주의는 또한 '행동'을 중시한다. 하지만 '행동' 그 자체로서 가치를 가지는 것이 아니라, 그 행동의 '결과'가 개인에게 실용적 효과를 가질 때에만 가치를 가진다는 것이다. 즉 실용주의적 견해에 의하면 어떤 사상, 어떤 이론이 진리냐 아니냐를 결정하는 기준은 그 사상, 이론에서 이루어지는 결과가 유익하냐 아니냐에 달려 있는 것이다. 실용주의자들은 당당하게 외친다. '진리가 있다'라 말하지 말고 '진리가 된다'라 말하라고. 그들에게 있어 진리란 하나의 현금가치를 가져야 하고 사용가치를 지녀야 한다는 것이다. 결국 실용주의는 모든 진리와 지식을 생활의 향락을 위한 수단으로

버린 신자유주의 교육이념2)은 그나마 한문교육 주체들 사이에 형성되었던 한문과 정체성의 공유된 인식마저 파편화시켜 버렸다. 흔히 신자유주의를 표방하는 모든 정책들의 공통점은 범세계화라는 흐름을 조장하여 민족이나 국가의 개념을 무시한 채, 세계 수준에 적용되는 이데올로기만을 강조한다. 국어과에서 읽기, 쓰기, 말하기 등의 언어 생활에서의 실용성 강조와 그에 따른 고전문학·국어사·국문법 등의 상대적 비중 축소, 국사과의 근현대사 선택과목화 등 일련의 7차 교육과정을 둘러싼 인문 교육의 변화는 대부분 신자유주의 교육이념 및 정책의 산물들이다. 이는 한문과에도 예외 없이 적용된다. 그 실체는 ≪7차 교육과정 한문과 해설서≫에서 여실히 입증된다. 현장 한문교사 대중의 실천 지침이랄 수 있는 ≪7차 교육과정 한문과 해설서≫는 한

보는 전형적인 미국의 철학이다. 미국식 실용주의 교육 철학에 젖어있는 교육학자들이 '민족의 고전(古典)'에 관심을 둘 리 없다. 그들이 오로지 관심을 갖는 부분은 현실 생활의 실용적이고 기능적인 지식을 어떻게 유용한 '가치'로 인정받는가에 있다.

2) 미국식 실용주의 교육철학의 우리 교육에로의 외현은 교육 내용에 있어서의 탈민족·탈역사의 기치를 높이 든 신자유주의 교육이념과 쉽게 손잡게 되어 한문과목의 위상 추락을 더욱 강화 고착시켰다. 목표가 동일하다면 이념은 쉽게 손잡기 마련이다. 일면 실용주의 교육철학을 정치·경제적으로 업그레이드시킨 것이 바로 신자유주의 교육이념이 아닌가 생각된다. 과거 실용주의 철학으로 중무장한 초국적 자본가들은 제3세계 및 약소 민족국가의 경제침탈 및 종속에 있어 '민족'이라는 개념과 이념 등을 눈에 가시처럼 생각하였을 것이고, 이들에게는 '민족'과 '역사'와 '국경'이라는 장벽을 뛰어넘는 새로운 지배 이념이 필요했을 것이다. 이들은 정치 권력을 이용해 국가독점자본주의 국가들의 연합체를 성공적으로 결성하고 탈민족·탈역사 이념을 확대하여 이미 제3세계 민족 국가의 민족 이념과 민족 자본가들의 장벽을 격파하여 왔다. 이는 교육에서도 마찬가지 방식으로 관철을 이루어낸다. 민족의 이념과 역사에 대한 의식 강화는 교육내용을 통해 가장 결정적이고 본질적인 요소로 이루어지기에, 이들은 민족의 이념과 역사에 관련된 교육 내용을 되도록 축소로 유도해 내면서, 제3세계 및 약소 민족국가의 민족의식을 희석화 시키는 지형조건을 아주 서서히 구축해낸다. 그리고 이러한 교육 내용에 의해 양성된 인력을 기반으로 초국적 자본의 친위대를 구성하는 수순을 밟아 나간다.

문교육 주체들 간의 논의와 문제제기가 이루어지지 않는 과정 속에서, 한문교육의 내용을 한자·한자어 교육으로 재단하여 한문교육의 전제와 원칙을 변질시켰다.[3] 이는 한마디로 古典敎育으로서의 한문교육을 사실상 포기하겠다는 선언이나 다름없다. 교육과정의 해설서가 이러함에도 불구하고 대학의 강단과 대다수의 한문교사들은 아직도 그 심각성을 느끼지 못하며 침묵하고 있다. 한문교육에서 한자·한자어가 강조되는 것은 극단적으로 비입시 과목이라는 현실적 조건에서 타 교과목의 어휘를 위한 보조적 과목의 역할로 규정됨을 의미한다. 이는 한문과의 고유한 내용을 멸시하고 한문과 자체를 실용성과 기능성으로 포장하려는 미국식 실용주의 교육 철학의 反映이라 아니할 수 없다.[4] 이는 '수능시험'이라는 입시 체제가 현실의 교육 내용을 강제하는 메커니즘의 한 단면임을 보여주는 것이며, 입시 위주의 교육 내용이 우리 교육 제반의 문제를 읽는 핵심 코드임을 증명하는 것이다.

---

3) 한문 교육과 언어 생활과의 관련성 및 실용성을 강화하였다. 한문 교육과 언어 생활과의 관련성은 지난 시기의 모든 교육 과정에서 강조해 온 사항이다. 그러나 한문 교과 교육의 궁극적인 목표가 한문 독해력 신장에 있다고 하더라도 적어도 중·고등 학교 한문 교육은 그 성격이 달라야 한다. 이를 위해 중·고등 학교 한문과 교육 과정에서는 한자와 한자어에 대한 지식과 고사 성어, 격언, 속담 등에 대한 지식을 넓혀 일상의 언어 생활에 도움을 주는 교육을 강화하고자 하였다. 또한 다른 교과의 학습 용어를 잘 이해하게 하여 다른 교과를 학습하는 데 필요한 토대를 제공하는 도구 교과의 성격도 강화하였다. ≪고등학교 한문 7차 교육 과정 해설서≫에서 밑줄과 굵게 처리된 부분은 필자가 느끼는 문제점의 핵심임. 이에 대한 문제제기는 이미『2001년 전국한문교사모임 여름연수』의 기조발제〈한문교육의 전제와 원칙을 재정립하자〉에서 자세하게 다루었음.

4) 이에 대한 내용은 ≪2001년 전국한문교사모임 여름연수 자료집≫의 기조발제〈한문교육의 전제와 원칙을 재정립하자〉(이윤찬)와 〈한문과에 있어 바람직한 한자어 수업의 학습목표, 영역, 평가란?〉(이병주)에서 자세히 언급되어 있다.

Ⅱ. 한문과 수능 평가 유형의 모색

한문교육을 둘러싼 교육 지형 및 상황의 변화 속에서 많은 한문교사들은 '살아남기의 차원'으로 다양한 수업 모형 개발을 통해 수업 내용의 혁신과 한문과의 고전교육적 가치를 고민하여 왔다. 그 결과 이제 한문교육은 틀에 박은 듯한 문법 중심의 읽고 해석하기의 낡은 교과 지도방법을 서서히 극복해 나가는 단계로까지 발전하고 있다. 학습의 내용 및 과정을 중시하는 새로운 학습 지도 방법의 모형들은 이제 점차 대중적 공유의 차원으로 발전하고 있다. 그러나 이 과정에서도 아직 대다수 한문교사들은 정작 평가 영역에 있어서는 막연함과 구태의연함을 벗어나지 못하고 있는 실정이다. 한문과 평가 유형의 고정적 낡은 관념들이 고전교육 본연의 정체성 확립이라는 대전제와 상충됨을 깨닫고, 이를 깨트려려 함에도 불구하고, 아직은 주체들의 의지와 인식이 그 정도의 단계에까지는 도달하지 못한 데에 그 근본 원인이 있다. 다음의 [예제]들은 대다수 한문교사들의 의식 속에 깊숙이 자리 잡고 있는 한문과 평가의 유형들이다. 가장 명확하고 보편 타당한 문제로 여겨지는 평가 유형들 속에서 그 문제점의 실례를 살펴보자.

[예제1] 다음 문장의 밑줄 그은 '於'와 쓰임이 같은 것은? ≪정답 : ②≫

> 東坡夫人王氏曰, "春月色勝<u>於</u>秋月色. 春月色令人喜 秋月色令人非."

① 良藥苦於口 而利<u>於</u>病   ② 霜葉紅<u>於</u>二月花

③ 不義而富且貴 <u>於</u>我如浮雲   ④ 先則制人 後則制<u>於</u>人

[예제2] 다음 밑줄 친 부분에 관한 설명으로 잘못된 것은? ≪정답 : ②≫

宋人 ㉠<u>有耕田者</u> 田中有株 兎走觸株 折頸而死 因釋其耒 ㉡<u>而守株</u> 冀
　　　㉢<u>復得兎</u> 兎不可復得 而身 ㉣<u>爲宋國笑</u>

① ㉠ '밭을 가는 사람이 있다'로 해석한다.
② ㉡ 역접(逆接)의 접속어이다.
③ ㉢ '다시 토끼를 얻다'로 해석한다.
④ ㉣ 피동형의 구문이다.

[예제3] 다음 중 왼쪽 내용이 한문으로 잘못 번역된 것은? ≪정답 : ④≫
① 자네는 장차 어디를 가려는가? : 子將安之
② 나는 본래 벼슬이 없는 사람으로 산중에 살았었다. : 我本以布衣 居於山中
③ 영감님은 무엇 때문에 사람들에게 사람대접을 받습니까? : 翁何以人於人乎
④ 나는 오늘 서울에서 내려왔다. : 我今日至京降來

[예제4] 다음 보기를 읽고 물음에 답하시오.

| (가) 堗㉠<u>不</u>燃不生煙 | (나) 知足㉡<u>不</u>辱知止不殆 |
| (다) 瓜田㉢<u>不</u>納履 李下㉣<u>不</u>整冠 | (마) 我腹旣飽 ㉤<u>不</u>察奴飢 |

1. ㉠~㉤중 '不'의 독음이 다르게 읽히는 것을 고르시오. ≪정답 : ③≫
　① ㉠　　　② ㉡　　　③ ㉢　　　④ ㉣　　　⑤ ㉤

2. 위 보기 (가)의 유사속담으로 알맞은 것을 고르시오. ≪정답 : ①≫
　① 아니 땐 굴뚝에 연기 나랴.　　② 냉수 먹고 속 차려라.
　③ 우물가에서 숭늉 찾는다.　　④ 천리 길도 한 걸음부터
　⑤ 노루보고 쫓다가 잡은 토끼 놓친다.

　위의 [예제1]과 [예제2]는 과거 대입 학력고사의 문제들이며 [예제3]은 94년 연세대의 대학별 고사 문제이다. 과거 학력고사와 대학별

고사의 모든 문제가 위와 비슷한 유형은 아니지만, 위에서 제시된 유형들은 한문과 평가의 典範이 되다시피 한 문제들이다. 이미 타 교과에서는 학력고사 평가 유형을 지식의 단편적·지엽적 사고의 단순 암기식 평가로 규정하며 과거의 유물 정도로 여기고 있다. 그러나 한문과에서는 학력고사가 수능시험으로 바뀐 지 10년이 지난 지금까지도, 여전히 학력고사식 문제들을 가장 일반적인 평가의 유형으로 대접하고 있다. [예제4]는 [예제1]~[예제3]의 평가 요소와 기준에 근거하여 실제 학교 현장에서 출제된 학력고사식 평가의 실례들이다. 위의 문제들은 모두 한문교육의 1차적인 목표인 읽고 해석하기에만 초점을 두어 虛字의 쓰임이나 文型 그리고 해석에 관한 단편적 내용 등을 묻는 문제의 변형된 모습일 뿐이다. 한문교육이 가지고 있는 古典敎育으로서의 성격과 목표, 그리고 전제에 해당하는 선현들의 사상이나 당대의 인식, 인문학적 소양과 건강성 등 '고전'을 통해 얻을 수 있는 진정한 '가치'의 인식을 평가의 기준으로 삼아 고민한 흔적은 위의 [예제]들 그 어디에서도 찾아볼 수 없다.

이와 같은 평가 유형은 극단적으로 말하여 교사 주체들의 평가에 대한 낡은 고정적 사고에서 기인하는 것이다. 한문을 가르치는 교사가 한문교육의 목표를 읽고 해석하는 데에만 국한시켜 놓고 평가를 한다면 당연히 이러한 요소들에만 초점을 맞출 수밖에 없다. 따라서 평가 유형도 극히 제한적 범위를 벗어날 수 없을 것임은 自明하다. 이러한 단편적인 유형은 실제 수능이 요구하는 유형과 거리가 멀 뿐만 아니라, 한문과의 정체성 확립과 위상 제고라는 전략적 측면에도 전혀 도움을 줄 수 없다. 오히려 지식의 실용성과 기능성만을 강조하는 세력의 표적이 될 뿐이다.

아래에 제시된 [예제]들을 수능 평가를 염두에 두고 낡은 평가 기준을 극복하고자 노력해온 전국한문교사모임이 그동안 모색한 새로운 평가 유형들이다. 각 문제들에서 제시된 새로운 평가의 기준을 점검해 보고 그 가능성을 진단하는 논의를 전개해 보자.

① 한자성어의 적용과 사고력 신장에 기준을 둔 평가 유형

[예제5] 다음 글처럼 지나친 한글전용을 주장하는 사람을 비판할 때 이용할 수 있는 가장 적절한 성어는? ≪정답 ⑤≫[5]

> 한글은 최고의 문자이지만, 완벽한 문자는 아니다. 그리고 우리나라는 한자문화의 영향을 오랫동안 받았다. 이에 기본적인 어문정책은 한글전용을 해야 하지만, 한글만으로 이해하기 어려운 용어나 연구분야에서는 한자를 표기해 주어야 한다. 그러나 한글전용을 주장하는 많은 사람들은 한글전용만으로 문자생활을 해야 한다고 한다. 이는 국수주의(國粹主義)의 하나일 뿐이다. 한글은 우리나라 문자, 한문은 중국문자로 규정하고 한글만 쓰자는 것은 한복만 입고, 고춧가루 섞은 김치는 먹지 말아야 한다는 말과 다르지 않다. 우리 것을 지키는 것은 소중하지만 우리 것의 범주를 지나치게 제한하거나 남의 것을 무작정 배척하는 자세는 바람직하지 못하다.

① 斷機之敎　　② 五十步百步　　③ 緣木求魚　　④ 衆寡不敵　　⑤ 井中之蛙

[예제6] 아래의 그림을 통해 내용을 연상해 볼 수 있는 成語로 가장 적당한 것은 무엇인가? ≪정답 ③≫[6]

① 山海珍味

② 朝三暮四

③ 風樹之歎

④ 畵蛇添足

⑤ 大器晩成

---

5) 경문고(이병주) 2002년 정기 고사 출제 문제.
6) 부천 중흥고(허시봉) 2001년 정기 고사 출제 문제.

[예제7] 다음 중 ‘塞翁之馬’ 나 ‘轉禍爲福’에 내포되어 있는 사유(思惟) 방식과 다른 것을 고르면 무엇인가? ≪정답 ②≫[7]

① 자연계와 사회의 모든 현상과 사물은 모두 일정한 조건하에서 자기의 대립면으로 전화(轉化)될 수 있다.

② 물을 냉장고의 냉동실에 두면 시간이 경과함에 따라 얼음으로 전화되고, 얼음을 실온에 꺼내면 다시 물로 전화된다. 다시 물에 열을 가하면 어느 순간 기체로 전화하게 된다.

③ 혁명의 길은 파괴부터 개척할지니라. 그러나 파괴만 하려고 파괴하는 것이 아니라 건설하려고 파괴하는 것이니, 만일 건설할 줄을 모르면 파괴할 줄도 모를지며, 파괴할 줄을 모르면 건설할 줄도 모를지니라. 건설과 파괴가 다만 형식상에서 보아 구별될 뿐이요 정신상에서는 파괴가 곧 건설이니라.

④ 로켓이 치솟아 오르면서 로켓이 1단, 2단으로 계속 분리되어야 하는 것은 추진력의 주된 작용을 위해 원래의 몸체를 떼내는 반작용을 통해 작용을 강화시키는 것이다. 이는 작용은 반작용으로 전화될 수 있고, 반작용도 작용으로 전화될 수 있다.

⑤ 생물계에서 生은 모든 동·식물들의 기본 속성이며 死와 대립적이고 모순 관계에 놓여 있지만, 동·식물은 죽음을 통해 새로운 生을 이루는 순환을 이루고 있으므로 生과 死도 서로 전화한다고 말할 수 있다.

　　② 인문학적 ‘통찰’ 및 통합교과적 ‘사고’를 기준으로 둔 평가 유형

[예제8] 다음 그림과 가장 관련 있는 구절을 고르시오. ≪정답 : ②≫[8]

① (가) 君君臣臣父父子子

② (나) 若民則無恒産이면 因無恒心

③ (다) 機心存於胸中이면 則純白不備

④ (라) 樊遲가 問仁한대 子曰 : “愛人”

⑤ (마) 顔淵이 問仁한대 子曰 :
　　　“克己復禮爲仁”

---

7) 충암고(이윤찬) 1996년 정기 고사 출제 문제.
8) 부천 중흥고(허시봉) 2001년 정기 고사 출제 문제.

[예제9] 아래의 詩는 시인이 맞이하는 상황과 그에 대한 정서의 처리가 직접적인 제시 대신 함축적인 은폐로 이루어지면서도, 그 안에 화자(話者)의 주관성을 여지없이 드러내 놓는 방식을 취하며 사랑을 떠나보내는 절망적 가슴속 무너짐을 탁월하게 형상화하고 있다. 다음의 詩들에서 이와 가장 유사한 방식의 시적 표현을 고르면 ≪정답 : ⑤≫[9]

雨歇長堤草色多	送君南浦動悲歌
大同江水何時盡	別淚年年添綠波

① 내면 깊숙이 할 말들은 가득해도 / 청색의 손바닥을 불빛 속에 적셔두고
　모두들 아무 말도 하지 않았다 / 산다는 것이 때론 술에 취한 듯
　한 두름의 굴비 한 광주리의 사과를 / 만지작거리며 귀향하는 기분으로
　침묵해야 한다는 것을 / 모두들 알고 있었다
　오래 앓은 기침소리와 / 쓴 약 같은 입술담배 연기 속에서
　싸륵싸륵 눈꽃은 쌓이고 / 그래 지금은 모두들
　눈꽃의 화음에 귀를 적신다　　　　　　　　－ 곽재구 〈沙平驛에서〉 中에서

② 초가을 비 맞으며 산에 오르는 / 사람은 그 까닭을 안다
　몸이 젖어서 안으로 불 붙는 외로움을 만드는 / 사람은 그 까닭을 안다
　후두두둑 나무기둥 스쳐 빗물 쏟아지거나 / 달아나기를 잊은 다람쥐 한 마리
　나를 빼꼼히 쳐다보거나 / 하는 일들이 모두
　그 좋은 사람 때문이라는 것을 안다 / 이런 외로움이야말로 자유라는 것을
　그 좋은 사람 때문이라는 것을 안다 / 감기에 걸릴 뻔한 자유가
　그 좋은 사람으로부터 온다는 것을 / 비 맞으며 산에 오르는 사람은 안다
　　　　　　　　　　　　　　　　　－ 이성부 〈좋은 사람 때문에〉 全文

③ 내 너 있는 쪽으로 흘려보내는 저녁 강물빛과
　네가 나를 향해 던지는 물결소리 위에
　우리 사랑은 두 척의 흔들리는 종이배 같아서
　무사히 무사히 이 물길 건널지 알 수 없지만

---

9) 충암고(이윤찬) 2001년 정기 고사 출제 문제.

[중략]

바람결에 종이배에 실려 보냈다 되돌아오기를 수십번

살아 있는 동안 끝내 이 한마디 네 몸 깊은 곳에

닻을 내리지 못한다 해도 내 이 세상 떠난 뒤에 너 남거든

기억해다오 내 너를 얼마나 사랑했는지   – 도종환 〈종이배 사랑〉 中에서

④ 사람들은 / 그리움을 가득 담은 편지 위에

愛情의 핀을 꽂고 돌아들 간다 / 그때 그들 머리 위에서는

꽃불처럼 밝은 빛이 잠시어리는데, / 그것은 저려오는 내 발등 위에

행복에 찬 글씨를 써서 보이는데 / 나는 자꾸만 어두워져서

읽질 못하고,

우체국에 가면 / 잃어버린 사랑을 찾을 수 있을까

그곳에서 발견한 내 사랑의 / 기진한 발걸음이 다시

도어를 노크하면, / 그때 나는 어떤 미소를 띠어

돌아온 사랑을 맞이할까   – 이수익 〈우울한 샹송〉중에서

⑤ 기차는 마침내 **빼액** 소리를 지르며 / 저 산모퉁이를 돌아 사라져가고

사내는 그녀가 마지막 건네주고 간 / 구리반지 하나를 일그러뜨리며

털썩 철로변에 주저앉는 그 순간 / 사내의 가슴속에 가득 출렁이던 눈물이

왈칵 쏟아지기라도 한 듯 / 그 앞에 흰 들국화 서리서리 피어났습니다.

– 고재종 〈그 순간〉

[예제10] 아래의 글에서 고찰할 수 있는 고대 사회의 내용으로 가장 적절한 것은
무엇인가? ≪정답 : ④≫[10)

昔有桓因庶子桓雄 數意天下 貪求人世 父知子意 下視三危·太伯 可以弘益人
間. 乃授天符印三箇 遣往理之. 雄 率徒三千 降於太伯山頂神壇樹下 謂之神
市 是謂桓雄天王也. 將風伯雨師雲師 而主穀 主命 主病 主刑 主善惡 凡主人間
三百六十餘事. – 중략 – 生子 號曰檀君王儉

---

10) 과천외국어고(신표섭) 1999년 정기 고사 출제 문제.

① 자연 현상이나 산·하천 같은 자연물에도 정령이 있다고 믿는 신앙이 생겨나게 되었고, 태양과 물에 대한 숭배가 이주 부족을 중심으로 서서히 퍼져 나가고 있었다.

② 비로소 왕위를 계승하기 시작하였고 여러 관직을 그 밑에 두어 고대 국가의 틀거리를 마련하여 나가는 단계로 파악할 수 있다.

③ 고조선이 요동지방에서 일어나 이웃한 소부족들을 점차 服屬(복속)시켜 영토와 영향력을 점차 넓혀 가는 단계로 파악할 수 있다.

④ 사유재산이 성립하고 계급이 분화되면서 지배 계급은 농사와 형벌 심지어는 도덕 등의 사회 생활 전반을 이끌기 시작하였던 시기라 할 수 있다.

⑤ 사람이 죽어도 영혼은 없어지지 않는다고 생각하여 영혼 숭배와 조상숭배 의식이 동시에 나타났으며, 농업 생산 도구와 무기가 점차로 철제화되었으며, 수공업이 발전하기 시작하는 단계이다.

[예제11] 아래의 문장은 廣開土王陵碑의 辛卯年 記事이며, □부분은 훼손된 글자로 추정이 어느 정도 가능하다. 그러나 문제는 신묘년 기사를 어떻게 끊어 읽느냐에 따라 해석이 달라질 수 있다. 그렇다면 다음 중 일본 역사학계의 고대사 왜곡인 任那日本府說에 근거를 두어서 끊어 해석하는 것은 무엇인가?
≪정답 : ②≫[11]

百殘新羅舊是屬民由[來]朝貢而倭以辛卯年[來][渡][海][破]百殘□□□羅以爲臣民

※ [來], [來], [渡], [海], [破]는 판독이 명확하지 않은 글자들이고, □는 훼손된 부분임.

① 百殘新羅는 舊是屬民이라. 由來朝貢이나 而倭以辛卯年에 來渡海하니 破하고 百殘□□新羅를 以爲臣民이라.

② 百殘新羅는 舊是屬民이라. 由來朝貢이나 而倭以辛卯年來渡海하여 破百殘□□新羅하고 以爲臣民이라.

③ 百殘新羅는 舊是屬民이라. 由來朝貢이나 而倭以辛卯年來渡海하니 故百殘將侵

---

11) 충암고(이윤찬) 2000년 정기 고사 출제 문제.

新羅하여 *以爲臣民*이라.

④ *百殘新羅*는 *舊是屬民*이라. *由來朝貢*이나 *而後以辛卯年不貢*하니 *因破百殘倭寇*
   *新羅*하여 *以爲臣民*이라.

⑤ *百殘新羅*는 *舊是屬民*이나 *由未朝貢而倭以辛卯年來渡*하니 *王*이 *破百殘倭*하고
   *服新羅*하여 *以爲臣民*이라.

[예제12] 아래의 글을 통해 조선 초기의 상황을 가상으로 꾸며 보았다. 세종대왕
께서 훈민정음 창제에 전혀 고려하지 않았을 내용은 무엇이겠는가?
≪정답 : ③≫[12]

國之語音 異乎中國 與文字 不相流通 故 愚民 有所欲言 而終不得伸其情者 多
矣. 子 爲此憫然 新制二十八字 欲使人人 易習 便於日用耳.

---

① 신진 사대부 조춘 ― 새롭게 건국한 조선은 이전의 고려와는 차별성을 갖는
   정책으로 백성들을 지도해야 한다. 이제 백성들은 예전의 무지몽매한 백성들
   이 아니다. 이들을 효과적으로 지도하기 위해서는 새롭고도 과감한 政策이
   절대적으로 필요하다.

② 소작농 하대치 ― 보름 전 관청에서 방을 붙였는데, 무슨 말인지 몰랐다. 그
   런데 어제 갑자기 관청에서 포졸들이 나와 田稅를 내지 않았다고 나를 포박
   하여 끌고 가더니 곤장 10대를 치고 감옥에 가두었다. 형방이 관련된 법조문
   을 보여주었는데 순 한문으로 쓰여 있어 무슨 말인지, 어떻게 돌아가는 형국
   인지, 영문을 전혀 모르겠다.

③ 이방 나팔봉 ― 우리 서리들은 吏讀로 모든 문서를 작성하는데 사용의 폐단이
   너무 심하다. 이방이 되기 위해서 어렸을 때부터 이두를 익혔지만, 문서를 작성
   하거나 읽을 때 音讀·訓讀이 도무지 헷갈린다. 새롭게 건국된 나라에 맞게
   吏讀에 대한 체계적인 정리가 우리뿐 아니라 모두를 위해서도 필요하다.

④ 성균관 유생 공명륜 ― 지금은 시대 정신을 강조하여 성리학의 大義를 분명히
   강조할 때이다. 백성들에게 孔孟의 道를 효과적으로 전파시킬 다양한 방법적
   내용이 요구된다. 교육기관을 많이 세우는 것이 가장 효과적이겠지만, 이것

---

12) 충암고(이윤찬) 2000년 정기 고사 출제 문제.

이 여의치 못하다면 서적과 글에 의한 敎化도 생각해 볼만하다. 문제는 백성들이 글을 모른다는 점이다.

⑤ 서당 훈장 박문달 — 몇 년 전에 학동들이 부르는 노래들이 워낙 재미있어 그것을 글로 기록하여 책으로 엮어두었다. 올해 신입 학동들에게 그 책을 나누어주고 쓰여 있는 글대로 부르게 했더니 왠지 어색하여 재미가 없고 흥도 나지 않았다. 우리말의 아름다움을 살리기에 漢文은 적절한 글이 아닌 듯싶다.

[예제13] 다음을 읽고 답하시오.[13]

> 今欲使農者　得田　不爲農者　不得之　則行閭田之法　而吾志可遂也. …中　略…
> 閭置閭長　凡一閭之田　令一閭之人　咸治厥事　無此境爾界　唯閭長之命是聽.
> 每役一日　閭長注於冊簿　秋旣成　凡五穀之物　皆輸之閭長之堂　分其糧. 先輸
> 之公家之稅　次輸之閭長之祿　以其餘　配之於日役之簿.

1. 위의 내용은 다산(茶山) 정약용의 閭田論의 내용이다. 다산이 이 글에서 제시하는 분배의 방식은 무엇이겠는가? ≪정답 : ⑤≫

① 모든 농민이 능력만큼 일하고, 자기 노동량에 상관없이 각자가 원하는 만큼 분배받는다.

② 모두가 같은 노동 시간, 같은 노동량으로 일하고 직급과 신분에 따라 차등을 두어 분배받는다.

③ 모든 농민은 능력만큼 일하고, 노동량과 상관없이 모두 공평하게 똑같이 분배받는다.

④ 모두가 같은 노동 시간, 같은 노동량으로 일하고 모두 공평하게 분배 받는다.

⑤ 모든 농민이 능력만큼 일하고, 자기가 일한 만큼 분배받는다.

2. 위의 내용과 같은 주장이 나오게 된 결정적인 배경이 되는 조선 후기 농민의 삶에 해당 하는 것은? ≪정답 : ⑤≫

① 황해도 농민 최수돌 — 온 가족이 열심히 일하여 황무지를 개간하고, 전국적으로 보급되었던 이앙법을 시도하여 호란 이후 줄어들었던 생산량을 회복하

---

13) 충암고(이윤찬) 2001년 정기 고사 출제 문제.

였다.

② 경기도 농민 장만득 ― 도조법이 시행되어 풍년이나 흉년에 관계없이 국가에서 일정한 지대를 받기 때문에 흉년에는 더욱 더 허리띠를 졸라맸다.

③ 평안도 농민 박달봉 ― 올 봄 보릿고개 때, 지주 김첨지에게 빌린 장리쌀 세 가마가 추수 때에는 무려 여섯 가마로 불어있었다.

④ 충청도 농민 송감복 ― 농업 신기술과 특수 작물의 재배로 많은 이윤을 남겨 농업 자본가로 성장할 수 있었고, 마침내는 양반 신분을 획득했다.

⑤ 전라도 농민 지삼출 ― 온 가족이 작은 소작지에서 땀 흘려 일했지만, 관리와 지주의 횡포로 모든 것을 다 빼앗기고 정처 없이 떠돌아다니는 유랑민이 되었다.

3. 아래의 글은 閭田論을 종합적으로 고려하여 내린 평가라 할 수 있다. 그렇다면 위에서 茶山이 제시한 내용으로 閭田論을 시행할 때 고려하지 않아도 될 전제 조건은 무엇이겠는가? 아래의 밑줄 친 부분을 유의하여 답을 찾으시오.
≪정답 : ②≫

> 이러한 정신은 다분히 <u>農民的 유토피아 사상</u>을 내포하고 있는 것으로서 우리의 주목을 끈다. 閭田法은 실로 단순한 田制思想이라기보다는 정치·경제·문화 전반에 걸친 茶山改革思想의 총체적 결론이라 할 수 있다.
> ―한영우 〈丁若鏞의 「與猶堂全書」〉≪實學硏究入門≫에서

① 大土地를 所有한 지주들에 대해 국가는 토지의 全面的인 沒收를 단행해야 한다.

② 農民들의 자유로운 居住 移轉을 막고 身分制를 강화하여 農民의 數를 인위적으로 고정시켜야 한다.

③ 隱結(은결)의 素出(색출)과 함께 土地臺帳(토지대장)의 정리가 반드시 이루어져야 하며, 인구 파악을 정확히 하여 현실에 맞는 閭를 조직하여야 한다.

④ 기존 收取體制를 閭단위로 부과되는 내용에 맞게 全面的이고 革新的인 改革이 이루어져야 한다.

⑤ 無爲徒食하던 선비들도 농사에 종사하든가, 교육사업이나 실생활에 필요한 기술직업으로 轉業하여 그 공로에 의해서 곡물분배를 받아야 한다는 의식의

轉換(전환)이 이루어져야 한다.

4. 아래 ①·②는 초기 중농주의 실학자들의 田制改革論이다. 이 내용들을 위 閭田論의 내용으로 비판할 때 설득력이 타당하지 못한 것은 무엇이겠는가?
≪정답 : ④≫

> ① 토지를 국유화하고 그 토지를 모든 백성들에게 골고루 나누어주자는 제
> 도이다. 나누어진 토지는 小作地로 사용하는 것을 엄금하며, 주어진 토
> 지 외에는 조금도 늘리거나 줄일 수 없게 법을 정해, 농민들의 생활을
> 안정시킴과 동시에 모든 백성들로 하여금 생산에 힘쓰게 하자는 것이다.
> ② 토지 소유의 하한선을 설정하여야 한다는 토지 개혁안이다. 토지의 궁극
> 적인 주인은 국가이므로 국가에서 집집마다 절대적으로 필요한 양의 토
> 지[대체로 40마지기 가량]를 營業田(영업전)이라는 이름으로 지급하고
> 이외의 토지에 대해서는 자유로운 매매를 허락하되 영업전만큼은 매매
> 를 엄금함으로써 富豪들의 토지 겸병을 억제하고 농민들의 최저 생활을
> 보장하자는 것이다.

① ①의 田制改革論은 인구의 증가에 따라 매년 土地 分配 比率(비율)이 달라져
   야 하기 때문에 번거롭다.

② ①의 田制改革論은 토지의 기름지고 메마름을 고려하지 않고 一律的으로 分
   配하는 방식이므로 이론 자체에 矛盾이 있다.

③ ②의 田制改革論은 비록 일정 한도이기는 하나, 假名(가명)과 借名(차명)으로
   토지를 買入(매입), 賣却(매각)할 수 있는 소지를 제공한다.

④ ②의 田制改革論은 營業田이외의 토지 소유에 대한 국가의 收租權(수조권) 행
   사가 사실상 봉쇄되어 있어 국가 재정에 악영향을 미치게 된다.

⑤ ①과 ②의 田制改革論 모두 농민들뿐만이 아니라, 工匠이나 商人들에게도 田
   地를 지급하는 것을 원칙으로 사실상 耕者有田의 원칙에 어긋난다.

[예제14] 다음을 읽고 답하시오.[14)]

> 不愛君憂國 非詩也 不傷時憤俗 非詩也 非有美刺勸懲之義 非詩也 故 志不立 學不純 不聞大道 不能有致君澤民之心者 不能作詩 汝其勉之. …中 略… 全 不用事 吟風詠月 譚棋說酒 拘能押韻者 此三家村裏村夫子之詩也. ㉠此後所 作 須以用事爲主 我邦之人 勤用中國之事 亦是陋品.
>
> 　　　　　　　　　　　　　　　　　　　　　　　-丁若鏞〈寄淵兒〉에서

1. 다음중 위 글의 밑줄 친 ㉠에서 나타난 茶山의 세계관과 통하는 詩에 대한 정신은 무엇이겠는가? ≪정답 : ③≫

① 語之所貴者 意也　　　　　　　　② 詩三百 一言以蔽之 曰 思無邪

③ 我是朝鮮人 甘作朝鮮詩　　　　　④ 朝鮮 固東方之夷也

⑤ 詩 天機也 明於聲 華於色澤

2. 아래의 현대시는 박목월의 〈나그네〉전문이다. 이 詩는 발표는 1946년에 되었지만, 실제 쓰여진 시기는 일제 강점기인 1940년대에 쓰여졌다. 이 詩에 대해 茶山이 쓴 위 글의 詩에 대한 생각 중심으로 비평을 한다고 가정해 볼 때 그 비평문의 요지로 가장 적절한 것은 무엇이겠는가? ≪정답 : ④≫

> 강나루 건너서 / 밀밭 길을　//　구름에 달 가듯이 / 가는 나그네.
> 길은 외줄기 / 남도 삼백 리.　//　술 익은 마을마다 / 타는 저녁놀.
> 구름에 달 가듯이 / 가는 나그네.

① 諷刺의 내용이 이 보다 더 잘 이루어 낸 詩는 우리 문학사에서 찾아보기 힘들다. 역사의 길 위에 우리 민족은 나그네가 되어 그 힘든 일제시대를 비껴서 유유자적하게 걸어갔던 것이다.

② 餘韻이 주는 詩의 효과는 바로 여기에 있다. 세세하게 표현하지 않아도 우리는 이 시를 통해 한편의 동양화를 연상하고도 남는다.

③ 역사의 초월은 이렇게도 **빼어난** 서정의 넉넉함으로 다시 생명의 빛을 발한

---

14) 충암고(이윤찬) 2001년 정기 고사 출제 문제.

다. 인생이라는 것이 역사의 구질구질함을 넘어 자연에 귀의할 때, 진정 인간의 정신은 평화를 찾을 수 있다.

④ 詩에 있어서 역사의 외면은 현실을 美化시키는 측면으로 작용될 수도 있다. 내선일체, 대동아공영권을 외치며 전쟁에 광분해 있던 일제가 과연 우리 민족에게 술을 빚을 쌀이라도 남겨두었던가.

⑤ 이 시를 우리는 南道 敍情(서정)의 白眉(백미)라 칭송함은 결코 아깝지 않은 표현일 것이다. 모름지기 자연과 생활이 하나 되는 가운데에서만이 향토적 서정을 담아내는 그릇은 그 깊이를 더 하는 것이리라.

[예제15] 아래의 글에서 孟子가 옹호하고자 하는 내용은? ≪정답 ①≫[15]

> 齊宣王 問曰 湯放桀 武王伐紂 有諸 孟子對曰 有之
> 曰 臣弑其君 可乎
> 曰 賊仁者 謂之賊 賊義者 謂之殘 殘賊之人 謂之一夫 聞誅一夫紂矣 未聞弑君也

① 天理를 어기고, 떳떳한 인륜을 상하게 하는 天子는 어진 德으로 天理와 인륜을 드높일 사람에 의해 타도되어야 함이 마땅하다.

② 아무리 어리석고, 음란한 군주라도 군주는 함부로 죽임을 당해서는 안 된다.

③ 天子의 지위는 하늘이 仁과 義를 고루 갖춘 사람을 선택하여 내려주는 것이므로 아무나 오를 수 있는 지위는 아니다.

④ 군주의 올바름은 백성에 의해서 이루어지는 것인 만큼, 道德을 갖춘 인물은 백성을 끊임없이 교화하여 군주를 강제해 내어야 한다.

⑤ 富國强兵에 힘쓰지 못하는 무능한 군주는 영민하고 용감한 인물에 의해 교체되어야 한다.

[예제16] 아래의 내용과 현대의 '복지국가'가 지향하는 바와의 공통점은 무엇인가? ≪정답 ③≫[16]

> 無恒産而有恒心者 惟士爲能 若民則無恒産 因無恒心 苟無恒心 放辟邪侈 無不

---

15) 충암고(이윤찬) 1998년 정기 고사 출제 문제.
16) 안양 신성고(강경모) 정기 고사 출제 문제.

> 爲己 及陷於罪然後 從而刑之 是 罔民也 焉有仁人在位 罔民 而可爲也
> 是故 明君 制民之産 必使仰足以事父母 俯足以畜妻子 樂世 終身飽 凶年 免於
> 死亡 然後驅而之善 故 民之從之也輕

① 안정을 추구하기 위해서는 복지를 희생할 수밖에 없고, 복지를 추진하다보면
  안정을 포기해야 한다는 복지와 안정의 대립적인 측면으로의 논리 극복.
② 국가가 개인들의 능력과 창의성에 따른 경쟁을 촉진하고 이에 따라 개인들의
  능력을 차별화하고 보상함으로써 사회 전체의 발전을 가져온다는 신념.
③ 국가의 본질이 인간의 기본권과 평화로운 삶을 보장하는 데 있고, 국가는 국
  민이 인간다운 삶을 영위할 수 있도록 적극적으로 돌보아 주어야 한다고 생
  각하는 점.
④ 포용과 배제는 불평등을 분석하고 불평등에 대하여 반응하는데 중요한 개념
  이 되므로 밑 바닥 층에 대한 포용과 배제 필수적이고 반복적인 국가정책의
  하나이다.
⑤ 위에서 아래로 내려오는 혜택 배분에 의존하기 때문에 복지국가는 비민주적
  이다. 복지 국가의 동력은 보호와 관심이나 개인의 자유에 대해 충분한 공간
  을 제공하지 않는다.

  위의 [예제]들은 완성도에서 아직은 투박한 면이 있지만, 한문과
평가의 새로운 기준을 제시해 주는 유형들이다. 기존 한문과의 평가
유형이 일차적인 해석이나, 분형 빛 허사 등에 초점을 두어 출제되었
다면, 위에서 제시된 유형들은 대부분 일차적인 해석을 기본 바탕으
로 하여 대의를 파악하고 연관된 내용을 확장시켜야만 정답을 찾을
수 있는 문제들이다.

  [예제5]에서 [예제7]의 유형들은 한자성어나 고사성어를 통해 실제
언어생활과 사고력 등에 적용시킨 평가 유형들이다. 기존의 평가에서
는 성어의 의미 파악이 평가의 핵심 기준이었다면 위의 예제들은 의
미의 실제 적용과 확장된 철학적 사고력에 기준을 둔 문제들이다.

[예제8]은 민중에게 떳떳하게 살 수 있는 '최저생계'를 보장함이 王道
政治의 시작임을 강조하는 맹자의 내용을 현재의 低穀價에 시달리며
최저 생계마저 위협받고 있는 농민의 문제와 연결시킨 時宜性 있고,
주제의식이 뚜렷한 창발적 문제이다. 한문교사들은 이러한 평가의 내
용과 방식을 통해 한문교육의 내용을 현재에 적용시키고, 고전의 내
용이 시대를 초월한 인간 보편의 문제와 결코 동떨어져 있지 않음을
여실히 보여줄 수 있게 된다.

[예제9]~[예제16]의 문제들은 현장에서 고전교육으로서 한문교육
의 내용을 그대로 실현할 수 있는 글감들을 중심으로 문학·역사·철
학 등의 통합교과적 사고를 평가의 핵심 기준으로 삼은 유형들이다.
이 유형들은 한문교육 주체들이 지향해야 할 실제 한문교육의 내용이
문학·역사·철학교육에 있음을 설명한다.

[예제9]는 漢詩를 형식의 과다한 강조와 단순히 읽고 해석하기로만
끝내는 기존 수업의 타성을 경계하며 모색된 평가 문항이다. 한시에
대한 한문교육의 올바른 내용 전개는 한시라는 고도의 함축과 정련을
어떻게 정서적으로 이해시킬까에 그 주된 고민이 모아져야 한다. 그
러나 지극히 감각적인 지금의 학생들에게 한시의 내용을 이해시키기
란 그리 쉬운 일이 아니다. 이를 극복하고 한시의 시적 형상을 분석
해 내면서 문학교육의 한 차원으로 접근하는 방법 중의 하나가 정서
상·내용상 연계성을 이룰 수 있는 현대시를 활용하여 인간 보편의
감정과 깊이를 이해시키는 방법이다. 이는 수업 내용에서 먼저 선행
되어야 하며, 그 평가는 이를 적극 활용하거나, 한시 자체의 내용성
담보를 통해서만 이루어질 수 있다. 이같은 문학교육으로서의 한문교
육은 문학론에 해당하는 글감에서도 마찬가지이다. [예제14]의 경우
는 茶山의 현실주의 문학론을 여러 문예사조에 대한 비판을 통해 인

식시키는 과정에서만 비로소 그 주제 의식을 명확하게 주지시킬 수 있음을 보여준다. 한문교사들은 이제 국어교사들 못지않은 문예이론적 지식을 갖추어야 하며, 說話나 漢文小說에 대한 글감도 민족 문학사 전반에 대한 지식을 실제 현장에서 한문교육의 내용으로 이끌어내는 가운데 진행되어야 한다.

[예제10]~[예제13]에 적용된 평가 기준들은 역사교육으로서의 한문교육의 성격을 엿볼 수 있게 해준다. 기존 한문교과서의 역사 관련 내용은 철저하게 인물 중심의 史傳이 주를 이루어, 글감 자체가 어떠한 역사적 내용의 의의를 뚜렷하게 제시하기에는 제한적인 요소가 많았다. 다행스럽게 7차 교육과정의 교과서에서는 상당수 이를 극복하고자 노력한 흔적이 엿보인 교과서들이 있어 그 가능성을 기대해볼 만하다. 아직 많은 한문교사들이 역사에 해당하는 내용을 수업할 때, 그 세부적인 내용이나 역사적 의의의 부분은 국사과의 몫이라는 기계적인 사고를 한다. 그러나 한문과에서의 史料 수업은 국사과에서 이루어지는 민족사의 概括과 전체적인 연관 파악을 보다 詳細化하고 구체화시켜 학생들에게 민족사 지식의 핵심에 한층 더 다가설 수 있게 할 수 있다. 이는 단순히 사료에서만 성취되는 것이 아니다. 우리 선현들이 남긴 사상적인 내용의 글들노 내부분 한문교육의 역시교육적 성격을 강조하지 않을 수 없게 한다. [예제13]의 유형들은 이를 여실히 보여준다. [예제13]의 글을 다산이 시대를 초월하여 생각해낸 思辨적인 글로 받아들일 사람은 없을 것이다. 이러한 글감에서 역사교육적 성격을 배제하는 것은 진정한 한문교육적 의의마저 훼손시키는 결과를 낳게 된다. 여기에 역사교육으로서 한문교육의 코드가 작용하는 것이다.

[예제15] [예제16]은 철학교육으로서 한문교육의 가능성을 핵심 기

준으로 삼은 유형들이다. 우리의 현실 교과 내용에서 동양철학이나, 한국철학의 부분은 윤리 교과에서 주되게 다루어지고 있다. 그러나 실제 이 부분을 的確하게 처리할 수 있는 동양철학이나 儒學 전공의 윤리교사는 그리 많지 않다. 실제 이 부분은 한문교육에서 보다 더 적극적이고 직접적으로 다루어 질 수 있다는 것은 우리 모두가 주지하는 사실이다. 이미 많은 한문교사들이 이 점을 깨닫고 諸子百家들의 다양한 사상을 교과서 외 지문이나 여러 자료를 이용하여 학생들에게 동양철학이 결코 현실과 유리된 고답적 사고가 아님을 보여 주려 노력하고 있다. 이 때문에 한문교육의 철학·사상 교육적 측면은 어느 정도 궤도에 올라있지 않나 생각한다. 동양철학이나 한국철학에 대한 세부적인 수업 그 자체가 한문교육의 철학교육적 성격을 담보하고 있다는 것은 더 이상 설명의 여지가 필요 없는 모든 한문교사들의 공통된 인식일 것이다.

이와 같은 평가 유형들은 기존의 낡은 평가 유형들을 극복하고 한문과 평가의 새로운 기준과 유형의 지평을 넓히는 하나의 시도로써, 한문학 자체가 지닌 文·史·哲의 총화 속에서 이루어지는 내용을 평가의 가장 본질적인 기준과 요소로 이끌어낸 것이라 할 수 있다. 한문과의 고전교육적 의미 부여와 동시에 이루어지는 평가의 이와 같은 시도는 한문과에서 다루고 있는 한문학의 내용들이 우리 민족의 中世와 近世의 모든 학문 영역을 統括한 것이기에 가능한 것이다.

위에서 제시된 평가의 새로운 기준 모색은 실제 수능시험 출제에서도 한문과의 가장 주요한 평가 기준이 될 수 있을 것이다. 수능 평가의 올바른 기준 마련은 단순히 입시 과목화 강화의 의미만을 지니고 있는 것이 아니다. 그것은 교육 내용의 전제와 원칙에 직접적으로 영향을 미치면서 한문과의 정체성 확립에 결정적으로 작용한다. 그렇기 때문에 한문교육 주체들은 한문교육의 고유 특성을 놓치지 않는 범위 내에서 발전의 구체성을 염두에 둔 통합교과적 내용의 모색을 항시적으로 진행시켜야 한다.

이 시점에서 우리가 가장 명확하게 경계해야 할 부분이 평가에 대한 낡은 관념의 연장이다. '한문은 과목 특성상 수능 체제에 적합하지 않다'는 패배주의적 자세에 기초한 낡은 관념들은 많은 한문교사들에게 수능 평가의 유형을 한자성어로 국한시켜 사고하게 한다. 수능이 요구하는 평가 기준으로 접근이 가장 쉬운 것이 한자성어이기 때문이다. 수능시험의 일반적인 출제 경향은 지식의 실용성 및 기능성을 염두에 두는 유형이 하나의 축을 형성하고, 사고력 신장이라는 측면으로 통합교과적인 성격을 표방하는 유형이 또 하나의 축으로 전개된다.[17] 한문교육의 내용을 지식의 실용성과 기능성에 초점을 두어 구성한다면 그것은 당연히 한자·한자어의 부분으로만 국한된다. 그러나 이러한 요소들이 강조되며 실제 수능에 한자성어 중심의 출제가 주를 이룬다면 한문교육의 정체성은 계속적으로 흐릿한 상태로 남아 있을 수밖에 없다. 반면 우리가 고전교육으로서 한문과의 정체성을 고려한다면 한문과 수능 출제 유형은 명확해진다. 바로 위에서 제시한 대로 사고력 신장을 위한 통합교과적 지식을 묻는 축이 핵심 기준이 되며, 이에 적합한 한문과 평가 유형을 계속적으로 개발하여 다양성을 구축하고 발전시켜내는 것이 한문교육 주체들의 과제가 된다. 이것은 한문과의 과목 특성과 올바른 정체성 확립에도 지극히 부합되

---

[17] 수능시험의 이러한 구도는 자본이 요구하는 인력 공급 방식의 변화 속에서 짜여진 것으로 수능 시행 초기부터 강조되었다. 다만 미국식 실용주의 교육학자들이나 신자유주의자들은 한문과의 내용 자체가 통합교과적 내용이라는 점을 인식할 리가 없었고, 한문교육 주체들은 이에 대응할 효과적 논리를 마련하지 못했을 따름이다.

는 방향이다. 다만 제2외국어와의 경쟁 관계를 고려하여 '난이도의 문제'와 '통합교과적 내용으로 접근의 세련됨' 등 세부적인 측면은 더욱 깊이 있는 논의와 연구가 있어야 할 것이다.

Ⅲ. 한문과 수능 평가 기준 모색의 전술적 의미

이제 국면은 새롭게 조성된다. 2005학년도부터 대입수학능력 시험에 한문과가 편입되는 상황은 실제 학교 현장에서부터 분명 긍정적인 효과가 나타나게 된다. 일단 학생들의 주의 집중을 이끌어낼 수 있는 중량감을 지니게 되는 것은 가장 일차적이고 핵심적인 변화일 것이다. 그리고 부수적으로 현장의 실제 시수 감축과 고3 한문 수업의 파행을 막을 수 있는 장치로도 그 영향력을 확인하게 될 것이다. 이 열려진 공간에서는 굳이 '살아남기'를 고민하지 않아도 되며, 타교과의 어휘력 신장을 위한 보조적 교과라는 피해의식을 갖지 않아도 된다. 그러나 기대는 여기에서 더 이상 나아갈 수 없다. 제2외국어와의 선택과목이라는 결정적인 한계, 그것도 대체로 인문계열의 상위권 학생들에게만 관심을 유도할 수 있다는 현실적인 조건은 치명적인 결함을 자체에 탑재하고 있는 것이다. 이는 애초 수능 과목이 아니었다가 나중에 수능 과목에 들어간 제2외국어의 경우에서도 확인할 수 있다. 막상 입시에서 각 대학들이 제2외국어·한문 자체를 지정 또는 반영하지 않는다면 수능과목화의 파급력은 우리의 기대를 무색하게 만들 수도 있다. 그렇다면 이제 한문교육 주체들은 무엇을 어떻게 준비해야 하는가?

상황이 나아질 것이란 막연한 희망의 '기대'와 별로 나아질리 없다는 '우려'만을 하고 있을 때는 분명 아니다. 수능 과목화라는 열려진 공간의 틈을 최대한 활용하면서 전략과 전술을 구분하여 세부적이고 활발한 논의를 통해 실천을 모색해야 한다. 한문과의 궁극적인 전략은 명백히 한문교과가 지니고 있는 고유의 특성을 강화시켜내는 가운데 한문과의 정체성을 확립한 뒤, 차후 교육과정에 국민기본공통과목화로 환원하는 방향에 있다. 여기에서 대부분의 한문교육 주체들은 교육과정에서 필수과목으로의 견인과 수능과목화와 어떤 연결고리가 형성되느냐고 반문할지도 모른다. 그러나 2005학년도부터 수능에 편입되는 조건은 전략을 성공적으로 이끌어 낼 수 있는 가장 중요한 전술적 실천 공간을 확보하게 된다. 입시교육이 지배하고 있는 현실의 교육 지형 속에서 수능 평가가 가지는 위력은 그동안 교육 내용 및 과목의 정체성을 결정하는 데에 엄청난 영향력을 행사했다. 5차 교육과정의 시행 중에 처음 실시되었던 대입수학능력 시험이 6차, 7차 교육과정의 각 과목 교과서 내용과 교육 과정 변화에 엄청난 영향을 미쳤다는 사실은 이를 단적으로 설명하고 있다. 한문교육의 내용이 점차 한자·한자어의 강조로 옮아가는 이유도 사실은 지식의 실용성 및 기능성을 강조하며 수능체제에 지나치게 경도되었던 한문교육 주체들의 실책에서 기인한다.

수능과목화의 현실에서 이제 우리는 실천적 전술의 내용으로 한문교육을 둘러싼 구조적 관계를 역이용할 단계이다. 입시가 교육의 전반을 지배하는 토양에서 평가의 기준과 그에 따른 평가 유형이 변하면 이는 직접적으로 교육 내용을 변화시키는 하나의 핵심 동력으로 작용한다. 교육 내용이 변하면 한문교육을 바라보는 세상 사람들의 인식 자체도 변화한다. 그러한 여건이 무르익을 때, 한문교육 주체들은 마침내 교육과정에서 단결된 하나의 목소리를 당당히 높일 수 있을 것이다.

우리가 한자·한자어 중심의 한문교육 내용을 극복해내지 못하면 고전교육으로서의 한문교육이라는 진정한 정체성과 미래는 없다. 그러하기 때문에 향후 전개될 한문교육의 실현과 수능 출제는 고전교육으로서의 한문교육이라는 전제와 원칙이 반드시 관철되어야 한다. 그것의 전술적 내용적 틀거리는 한문과의 통합교과적 특성이 자체 제공한다. 한문과 수능 평가의 기준도 여기에서 그 모색이 시작되어야 함은 당연한 것이다.

참고문헌

강경모(2002), 「안양 신성고 정기 고사 출제 문제」.

교육부(1997), 『고등학교 교육과정 해설 -한문-』, 교육부 고시 1997-15호.

김영길(1996), 「주관식 평가문항의 출제 지침」, 『사고력 신장을 위한 주관식 평가 문항 개발의 실제-고등학교-』, 서울특별시교육연구원.

배호순(1996b), 「주관식평가의 방향」, 『사고력 신장을 위한 주관식 평가 문항 개발의 실제-고등학교-』, 서울특별시교육연구원.

신동로(2000), 『교육과정과 교육평가-수정·증보-』, 교육과학사.

신표섭(1999), 「과천 외국어고 정기 고사 출제 문제」.

이병주(2001), 「한문과에 있어 바람직한 한자어 수업의 학습목표, 영역, 평가란?」, 『전국한문교사모임 여름연수 자료집』, 전국한문교사모임.

이윤찬(1996), 「서울 충암고 정기 고사 출제 문제」.

이윤찬(1998), 「서울 충암고 정기 고사 출제 문제」.

이윤찬(2000), 「서울 충암고 정기 고사 출제 문제」.

이윤찬(2001), 「서울 충암고 정기 고사 출제 문제」.

이윤찬(2001), 「한문교육의 전제와 원칙을 재정립하자」, 『전국한문교사모임 여름연수 자료집』, 전국한문교사모임.

한국교육과정평가원(1999), 『국가 교육과정에 근거한 평가 기준 및 도구 개발 연구-고등학교 한문 I · II-』.

허시봉(2001), 「부천 중흥고 정기 고사 출제 문제」.

이 글은 『漢文敎育硏究』 제19호(韓國漢文敎育學會, 2002)에 수록한 논문을 재수록한 것이다.

張豪晟

대학수학능력시험 한문 과목 '한자어 영역'의 출제 경향 및 문항 유형 분석

Ⅰ. 서론

2005학년도 6월 모의평가에 한문 과목이 대학수학능력시험 제2외국어/한문 영역에 포함되어 처음 시행된 이후, 올해 2010학년도 9월 모의평가까지 총 17회에 걸친 모의평가 및 대학수학능력시험이 시행되었다. 본고에서는 그간 대학수학능력시험 및 모의평가 등에 나타난 '한자어 영역' 문항의 출제 경향을 살펴보고 나아가 문항 유형이 어떻게 변화하고 있는지 분석해보고자 한다.

본 연구는 앞서 수행하였던 "대학수학능력시험 한문 과목 '한자 영역'의 출제 경향 및 문항 유형 분석"의 후속 작업이다. 따라서 본고에서의 대학수학능력시험 한문 과목 '한자어 영역'에 대한 분석의 방향 역시 '출제 경향'과 '문항 유형'의 차원으로 그 범주를 설정하였다. 그리고 검토 대상으로는 한문 과목이 대학수학능력시험 제2외국어/한문 영역에 포함되어 시행되기 시작한 2005학년도 6월 모의평가부터 2010학년도 9월 모의평가까지 총 17회에 걸친 모의평가 및 대학수학능력시험 문항 중 '한자어 영역'에 관한 것으로 범위를 제한하여 분석을 진행하고자 한다.

Ⅱ. 한자어 영역의 출제 경향 분석

1. 한자어 영역의 출제 비율

한국교육과정평가원의『대학수학능력시험 출제 메뉴얼』에 의하면 한문 과목 시험의 개념과 성격에 대해 다음과 같이 서술하고 있다.

> "대학수학능력시험 한문 과목은 기초적인 한문 이해 능력을 측정하는 시험으로 한문이 대학교육에서 도구과목의 성격을 갖는다는 점을 반영하여 대학에서 학문을 연구하는 데 필요한 기초적인 한자, 한자어, 한문 이해 능력을 측정하는 시험이다."라고 그 개념을 규정할 수 있다. 그리고 이 개념에 따라서 대학수학능력시험 한문 과목 시험의 성격은 "고등학교 교육과정 漢文科의 '漢文,' '漢文古典' 중 '漢文'의 내용과 수준에 맞추어 학교 교육을 통해 배양된 한자, 한자어, 한문의 이해 능력을 측정하는 시험이다."라고 정리할 수 있다.[1]

이러한 개념 규정에 따라 한문 과목 '평가 목표 이원 분류표'를 다음과 같이 제시하고 있다.

---

1) 한국교육과정평가원(2005), 7면.

〈표 1〉 대학수학능력시험 한문 과목 평가 목표 이원 분류표[2]

내 용		행 동	지식	이해	적용	문항수	비율 (%)
한 자	· 한자 익히기	· 한자의 음과 뜻을 알고 쓰기					
		· 한자의 짜임을 통해 형·음·의 알기					
	· 한자 활용하기	· 언어 생활에 활용하기					
		· 문장 독해에 활용하기					
한자 어	· 한자어 익히기	· 한자어의 음과 뜻을 알고 쓰기					
		· 한자어의 짜임을 통해 뜻 알기					
		· 성어의 속뜻 알기					
	· 한자어 활용 하기	· 언어 생활에 활용하기					
		· 문장 독해에 활용하기					
	· 가치관 형성 하기	· 선인들의 삶과 지혜를 이해하고 가치관 형성하기					
한 문	· 한문 익히기	· 산문을 읽고 풀이하기					
		· 문장 구조를 통해 문장의 내용 알기					
		· 허자의 쓰임을 알고 활용하기					
		· 문장의 형식을 통해 문장의 뜻풀이하기					
	· 한시 익히기	· 한시를 풀이하고 감상하기					
		· 한시의 기초적인 형식과 특징 이해하기					
	· 한문 활용하기	· 격언·속담, 명언·명구를 일상 생활에 활용하기					
	· 가치관 형성하기	· 선인들의 삶과 지혜를 이해하고 가치관 형성하기					
	· 전통 문화 계승 발전 시키기	· 전통 문화를 이해하고 계승 발전시키기					
		· 한자 문화권 내에서의 상호 이해 증진하기					
문항 수						30	
비율(%)							100

---

2) 한국교육과정평가원(2005), 9면.

위 〈표 1〉에서 보는 바와 같이 평가의 내용 영역은 '한자', '한자어', '한문'으로, 행동 영역은 '지식', '이해', '적용'으로 구분하고 있는데, 이에 따라 출제의 구체적 시행 지침으로 다음 사항을 적시하고 있다.

◦ 내용 영역과 행동 영역이 고르게 포함되도록 영역별로 균형 있게 문항을 출제한다.

   – 내용 영역   – 행동 영역

  · 한자 영역 : 20%(6문항) 내외   · 지식 : 20%(6문항) 내외

  · 한자어 영역 : 30%(9문항) 내외   · 이해 : 50%(15문항) 내외

  · 한문 영역 : 50%(15문항) 내외   · 적용 : 30%(9문항) 내외

◦ 한자는 중·고등학교 한문 교육용 기초 한자 1,800자[3]를 사용하되, 이 기초 한자에 포함되어 있지 않은 한자를 사용할 경우는 주석을 단다.

◦ 문맥과 고립된 문항 출제를 지양하고 문맥을 통하여 측정할 수 있는 문항을 출제한다.[4]

이와 같은 출제지침은 일종의 가이드라인이라고 할 수 있는데, 실제 시험에서는 어떻게 반영되고 있는지 한문 과목이 대학수학능력시험 제2외국어/한문 영역에 포함된 이후 처음 시행된 2005학년도 6월 모의평가로부터 최근에 시행된 2010학년도 9월 모의평가까지 총 17회에 걸친 시험 문항을 대상으로 실제 출제 문항 수를 분석하였다. 문항별 내용과 행동 목표는 출제진들이 표한 문항카드에 기초하여 작성하였는데, 그 결과는 다음 〈표 2〉와 같다.

---

3) '한문 교육용 기초 한자 1,800자'는 1972년 8월 16일 공표된 것을 가리킨다. 한편 2000년 12월 30일 교육인적자원부가 공표한 '한문 교육용 기초 한자 1,800자'는 1972년 8월 16일에 제정된 1,800자 중에서 44자를 제외하고 새로 44자를 추가하였다. 따라서 추가된 44자도 주석을 달아주도록 한다.

4) 한국교육과정평가원(2005), 16~17면.

<표 2> 평가 영역별 출제 비율

	내 용 영 역			행 동 영 역			총점
	한자	한자어	한문	지식	이해	적용	
2010- 9월모의	5문항(17%) 5점(10%)	9문항(30%) 13점(26%)	16문항(53%) 32점(64%)	6문항(20%) 9점(18%)	15문항(50%) 26점(52%)	9문항(30%) 15점(30%)	
6월모의	6문항(20%) 6점(12%)	9문항(30%) 14점(28%)	15문항(50%) 30점(60%)	6문항(20%) 9점(18%)	15문항(50%) 25점(50%)	9문항(30%) 16점(32%)	
2009- 수능	6문항(20%) 7점(14%)	9문항(30%) 13점(26%)	15문항(50%) 30점(60%)	6문항(20%) 8점(16%)	15문항(50%) 29점(58%)	9문항(30%) 13점(26%)	
9월모의	6문항(20%) 7점(14%)	9문항(30%) 13점(26%)	15문항(50%) 30점(60%)	6문항(20%) 10점(20%)	15문항(50%) 24점(48%)	9문항(30%) 16점(32%)	
6월모의	6문항(20%) 8점(16%)	9문항(30%) 12점(24%)	15문항(50%) 30점(60%)	6문항(20%) 8점(16%)	15문항(50%) 25점(50%)	9문항(30%) 17점(34%)	
2008- 수능	6문항(20%) 8점(16%)	9문항(30%) 13점(26%)	15문항(50%) 29점(58%)	6문항(20%) 9점(18%)	15문항(50%) 28점(56%)	9문항(30%) 13점(26%)	
9월모의	6문항(20%) 9점(18%)	9문항(30%) 12점(24%)	15문항(50%) 29점(58%)	6문항(20%) 8점(16%)	15문항(50%) 26점(52%)	9문항(30%) 16점(32%)	
6월모의	6문항(20%) 8점(16%)	9문항(30%) 13점(26%)	15문항(50%) 29점(58%)	6문항(20%) 10점(20%)	15문항(50%) 25점(50%)	9문항(30%) 15점(30%)	
2007- 수능	6문항(20%) 8점(16%)	9문항(30%) 13점(26%)	15문항(50%) 29점(58%)	6문항(20%) 9점(18%)	15문항(50%) 26점(52%)	9문항(30%) 15점(30%)	50 점
9월모의	6문항(20%) 6점(12%)	9문항(30%) 14점(28%)	15문항(50%) 30점(60%)	6문항(20%) 9점(18%)	15문항(50%) 25점(50%)	9문항(30%) 16점(32%)	
6월모의	6문항(20%) 7점(14%)	9문항(30%) 15점(30%)	15문항(50%) 28점(56%)	6문항(20%) 10점(20%)	15문항(50%) 24점(48%)	9문항(30%) 16점(32%)	
2006- 수능	6문항(20%) 7점(14%)	9문항(30%) 14점(28%)	15문항(50%) 29점(58%)	6문항(20%) 10점(20%)	15문항(50%) 27점(54%)	9문항(30%) 13점(26%)	
9월모의	6문항(20%) 10점(20%)	9문항(30%) 12점(24%)	15문항(50%) 28점(56%)	6문항(20%) 10점(20%)	15문항(50%) 23점(46%)	9문항(30%) 17점(34%)	
6월모의	6문항(20%) 9점(18%)	9문항(30%) 13점(26%)	15문항(50%) 28점(56%)	6문항(20%) 8점(16%)	15문항(50%) 25점(50%)	9문항(30%) 17점(34%)	
2005- 수능	6문항(20%) 8점(16%)	9문항(30%) 14점(28%)	15문항(50%) 28점(56%)	6문항(20%) 10점(20%)	15문항(50%) 25점(50%)	9문항(30%) 15점(30%)	
9월모의	6문항(20%) 8점(16%)	9문항(30%) 14점(28%)	15문항(50%) 28점(56%)	6문항(20%) 9점(18%)	15문항(50%) 26점(52%)	9문항(30%) 15점(30%)	
6월모의	6문항(20%) 8점(16%)	9문항(30%) 14점(28%)	15문항(50%) 28점(56%)	6문항(20%) 8점(16%)	15문항(50%) 25점(50%)	9문항(30%) 17점(34%)	

위 〈표 2〉를 보면 2010학년도 6월 모의평가까지 내용 영역별 문항 수는 '한자 : 한자어 : 한문'의 구성비가 '6문항(20%) : 9문항(30%) : 15문항(50%)'로, 행동 영역별 문항 수는 '지식 : 이해 : 적용'의 구성비가 '6문항(20%) : 15문항(50%) : 9문항(30%)'로 고정되어 있다. 그런데 여기에서 간과해서는 안 될 점은 한문 과목의 특성상 영역간의 구분이 관점에 따라 달라질 수 있다는 것이다. 이는 교육과정에서 영역간의 구분이 명확하지 못한 부분이 있는 것과 관련이 있다. 또한 영역간에 서로 걸쳐 있는 경우에는 출제자의 의도에 따라 영역이 달리 분류될 수 있기 때문이다. 이 때문에 한자(또는 한자어) 문제가 문장의 독해 등과 관련하여 출제될 경우 출제자의 의도에 따라 '한자(또는 한자어) 활용하기'로 분류되기도 하며, 한편으로는 한문 영역으로 분류되기도 하는 것이다. 어쨌든 출제진들의 관점으로는 『출제 메뉴얼』의 시행지침에 제시된 비율을 철저히 준수하고 있음을 알 수 있다.[5]

이러한 경향은 2010학년도 9월 모의평가부터는 변화의 조짐을 보이고 있다. 즉 내용 영역별 문항 수에서 '한자 : 한자어 : 한문'의 구성비가 '5문항(17%) : 9문항(30%) : 16문항(53%)'로 변화하여, '한자'의 비중이 조금 줄어든 만큼 '한문'의 비중이 높아지고 있음을 알 수 있다.

그런데 영역별 문항을 배점으로 환산한 구성비는 문항 수 대비 비율과는 차이를 보고 있다. 내용 영역별 배점 구성비는 '한자 : 한자어 : 한문'이 '5점(10%)~10점(20%) : 12점(24%)~15점(30%) : 28점(56%)~32점(64%)'로 나타나고 있는바 '한자'와 '한자어' 영역의 비율이 각각 최고 10%, 최고 6% 정도 낮고 '한문' 영역의 비율이 6~14% 정도 높음을 알 수 있다. 또한 행동 영역별 배점 구성비는 '지식 : 이해 : 적용'이

---

5) 張豪晟(2008), 283~287면 참조.

'8점(16%)~10점(20%) : 23점(46%)~28점(56%) : 13점(26%)~17점(34%)'로 구성되어 있어 '지식'보다는 '이해'와 '적용' 영역의 비중이 약간 더 높음을 알 수 있다.

이상에서 살펴본 바와 같이 대학수학능력시험 한문 과목에서 출제되는 한자어 영역 문항 수는 외형상 매 시험마다 9문항으로 전체 문항 중 30%를 차지하고 있다. 하지만 시험에 배정된 총 배점은 12점 내지 15점으로『출제 메뉴얼』의 시행지침보다는 최고 6% 정도 하회하고 있음을 알 수 있다. 앞서 언급한 바와 같이 영역간 분류는 관점에 따라 달라질 수 있으므로 이 비율은 달리 분석될 수도 있다.

2. 한자어 영역의 평가 요소

먼저 '한자어'의 정확한 개념에 대해 알아보기로 한다.『고등학교 교육과정 해설』에서는 '한자어'에 대해 다음과 같이 정의하고 있다.

> '한자어(漢字語)'란, 하나 또는 둘 이상의 한자가 결합하여, 한국어로서 사용되는 한국식 발음의 단어이다. 우리나라에 한자와 한문이 보급, 정착되어 실생활에 활용되면서 한자어라는 특수한 어휘가 생기게 되었다. 한자어는 지적(知的)인 개념어로 적합할 뿐만 아니라, 조어력(造語力)이 뛰어나서 그 필요에 따라 계속 증가되었기 때문에 오늘날 한자어가 한국어의 주류를 이루게 되었다.[6]

위와 같은 개념 규정에 따라 한자어 영역의 출제 범위에 대해『대학수학능력시험 출제 메뉴얼』에서는 다음과 같이 규정하고 있다.

---

6) 교육부(2001), 25면.

한자어 문제의 출제는 "한자어의 음과 뜻을 알고 쓰기, 한자어의 짜임을 통해 뜻 알기, 성어의 속뜻 알기, 언어 생활에 활용하기, 문장 독해에 활용하기, 선인들의 삶과 지혜를 이해하고 가치관 형성하기" 등을 측정할 수 있는 문항을 출제한다.[7]

위 규정은 한문과 교육과정의 내용 체계에서 한자어 영역의 내용을 바탕으로 작성한 것이다. 한자어 영역의 내용 체계는 하위 항목으로 '한자어 익히기'와 '한자어 활용하기' 그리고 '가치관 형성하기'를 설정하였다. '한자어 익히기'의 내용 요소로는 '한자어의 음과 뜻을 알고 쓰기'와 '한자어의 짜임을 통해 뜻 알기', '성어의 속뜻 알기'를, '한자어 활용하기'의 내용 요소로는 '언어 생활에 활용하기'와 '문장 독해에 활용하기'를, '가치관 형성하기'의 내용 요소로는 '선인들의 삶과 지혜를 이해하고 가치관 형성하기'를 제시한 것이다.

그동안 시험을 통해 나타난 '한자어 익히기'의 평가 요소로는 '한자어의 독음 알기', '한자어의 뜻 알기', '한자어의 짜임 알기', '한자어를 구성하고 있는 한자 알기', '성어의 뜻 알기', '성어의 유래 알기' 등을 들 수 있다. 또 '한자어 활용하기'의 평가 요소로는 '실용 한자어 알기', '성어를 일상생활에 활용하기', '한자어를 구성하고 있는 한자의 쓰임 알기', '문맥 속에서 쓰인 한자어의 뜻 알기', '의미가 유사하거나 상대되는 한자어 알기', '문맥상 알맞은 한자어 찾기' 등을 들 수 있다. 그리고 '가치관 형성하기'의 평가 요소로는 '선인들의 삶과 지혜 알기', '歲時風俗, 節氣, 干支 알기' 등을 들 수 있다.

---

7) 한국교육과정평가원(2005), 16면.

Ⅲ. 한자어 영역의 문항 유형 분석

1. '한자어 익히기'의 문항 유형

'한자어 익히기'란 '한자어에 사용된 한자어의 음과 뜻을 바르게 이해하는 것', '한자어를 익힐 때에 문맥과 뜻에 맞는 적절한 음을 바르게 읽고, 한자어를 구성하고 있는 한자를 필순, 글자에 맞도록 쓰는 것', '한자어의 짜임을 문법적 기능 관계에 따라 스스로 이해하고, 이를 토대로 하여 다른 한자어의 학습에 적절히 활용하여 한자어 학습의 효과를 높이는 것', '성어가 이루어진 내력이나 그 속에 담겨 있는 속뜻을 아는 것', '학습한 성어를 일상 생활에 활용하는 것' 등을 말한다.8) 따라서 '한자어 익히기'의 평가 요소로는 '한자어의 독음 알기', '한자어의 뜻 알기', '한자어의 짜임 알기', '한자어를 구성하고 있는 한자 알기', '성어의 뜻 알기', '성어의 유래 알기' 등을 들 수 있다.

• 한자어의 독음 알기

한자어 영역 시험에서 거의 빠짐없이 출제되고 있는 것이 바로 '한자어의 독음'에 관한 것이다. 한자어의 독음은 한자어 영역의 중요한 평가 요소로 측정할 수 있다. 하지만 한글 학회 『큰사전』에 수록된 140,464 항목 중 한자어가 무려 57.9 %인 81,362항목에 달한다는 연구 보고9)를 감안할 때 사전에 수록된 한자어 전체로 출제 범위를 넓히는 것은 바람직하지 않다. 이러한 점 때문에 그동안의 시험에서는 비교적 일상생활에서 흔히 접할 수 있는 한자어 위주로 범위를 국한하여 출제를 하고 있다. 물론 그 한자어를 구성하고 있는 한자가 '한

---

8) 교육부(2001), 25~28면 참조.

9) 교육부(2001), 25면 참조.

문 교육용 기초 한자'에 속해야 한다는 것은 필요 불가결한 요소이다.
　그동안 '한자어의 독음'과 관련하여 출제된 유형을 살펴보면 다음
과 같다.

🈁 한자어의 독음이 <u>잘못된</u> 것은? [1점] (2005-6월모의 2번)
　① 罪惡 : 죄악　　② 眼鏡 : 안경　　③ 容易 : 용역
　④ 宇宙船 : 우주선　⑤ 降雨量 : 강우량

🈁 한자어의 독음이 바르지 <u>않은</u> 것은? (2006-9월모의 8번)
　① 便利 : 변리　　② 安易 : 안이　　③ 回復 : 회복
　④ 省略 : 생략　　⑤ 樂曲 : 악곡

　이상의 유형은 5개의 답지에 한자어와 그 독음을 연결하여 제시하
고 그중 독음이 잘못된 것을 고르게 하고 있다. 대학수학능력시험 시
행 초기에 이렇듯 단순하게 출제되던 것이 다음 예시 문항처럼 문장
을 제시하고 그 안에 사용된 한자어의 독음을 묻는 방식으로 진화하
게 된다.

🈁 ㉡의 독음으로 바른 것은? (2006-수능 24번)

世宗十三年, 上曰 : "太宗實錄垂成, ㉠<u>子欲觀之</u>." 右相㉮<u>孟思誠</u>曰 : "實錄所
載, 皆當時之事, 以示後世, 皆實事也. 殿下見之, 亦不得爲太宗更改. 今一見
之, 後世人主效之, 史官㉡<u>疑懼</u>, 必失其職, 何以傳信將來?" 上從之.

＊垂(수) : 거의　＊殿(전) : 큰 집　＊孟思誠(맹사성) : 조선의 정승

－『연려실기술(燃藜室記述)』－

① 의혹　　　　② 미혹　　　　③ 황송　　　　④ 의구　　　　⑤ 송구

문 ㉠의 독음으로 바른 것은? (2007-수능 13번)

李舜臣, 創智㉠造船, 上設板蓋, 形如伏龜, 謂之龜船.

  * 李舜臣(이순신) : 조선 시대 인물

-『지봉유설(芝峯類說)』-

① 군함   ② 전함   ③ 승선   ④ 조선   ⑤ 상선

문 ㉠의 독음으로 바른 것은? [1점] (2008-9월모의 25번)

季札之初使, 北過徐君, 徐君好季札劍, 口弗敢言. 季札心知之, 爲使上國, 未獻. 還至徐, 徐君已死. 於是, 乃解其㉠寶劍, 繫之徐君冢樹而去. 從者曰 : "徐君已死, 尙誰予乎?" 季子曰 : "不然. 始吾心已許之, ㉡豈以死倍吾心哉."

  * 季札(계찰) : 중국 춘추 시대의 인물   * 徐(서) : 나라 이름   * 繫(계) : 매다   * 冢(총) : 무덤

-『사기(史記)』-

① 진검   ② 실험   ③ 점검   ④ 위험   ⑤ 보검

문 ㉮의 독음으로 바른 것은? [1점] (2009-6월모의 29번)

張保皐, 新羅人. 〈중략〉 如唐, ㉠爲武寧軍小將, ㉡騎而用槍, 無能敵者. 後, 保皐還國, ㉢謁大王曰 : "遍中國, 以吾人爲㉮奴婢, 願得鎭淸海, 使賊不得㉤掠人西去." 淸海, 新羅海路之要, 今謂之莞島. 大王與保皐萬人, 此後, 海上㉥無鬻鄕人者.

  * 張保皐(장보고) : 신라 시대 인물   * 莞島(완도) : 섬 이름   * 槍(창) : 창   * 鬻(육) : 팔다

-『삼국사기(三國史記)』-

① 노비   ② 노예   ③ 여비   ④ 여종   ⑤ 우비

문 ㉯의 독음으로 바른 것은? (2009-9월모의 29번)

> 李恒福, 居相位, 有㉮達官來謁, 皆坐而㉠受拜. 一日, 有報申訓導㉡在門, 公,
> 徒跣而出, 迎入㉢升堂, 俛受所言, ㉯應對甚恭. ㉣家人, 怪問之, 是, 公, 兒
> 時, 所㉤受業者也. 翌日, 公, 往謝所館, 將綿布十餘端, 大米數石, 以供旅次之
> 用, 其人曰 : "行橐所需, 數斗米, 足矣."
>
> *跣(선) : 맨발 *俛(부) : 숙이다 *翌(익) : 다음날 *橐(탁) : 전대   —『大東奇聞』—

① 대답   ② 대접   ③ 상대   ④ 응답   ⑤ 응대

문 ㉮의 독음으로 바른 것은? [1점] (2009-수능 29번)

> 李之菡, 號, 土亭. 〈중략〉 ㉠拜牙山縣監, 聚民, 問㉮疾苦, 有以魚池爲苦. 蓋
> 邑有養魚池, 使民輪回捉魚以㉡納, 民甚苦之. 之菡, 乃㉢塞其池, 永㉣絶後
> 患. 公, 哀流民㉤鶉衣乞食, 爲作巨室以館之.
>
> *聚(취) : 모으다 *乞(걸) : 빌다 *李之菡(이지함) : 조선 시대 인물
>
> —『연려실기술(燃藜室記述)』—

① 병고   ② 병약   ③ 질약   ④ 질고   ⑤ 질초

　　이상의 문항은 모두 한문 문장을 제시하고 그 안에 쓰인 한자어 중
비교적 실생활에서 많이 접할 수 있는 것의 독음을 묻고 있다. 다음
예시 문항은 이러한 유형에 속하면서도 약간 다른 방식을 취하고 있다.

문 ㉢의 독음으로 바른 것은? (2008-6월모의 19번)

> 萬德者, 姓金, 耽羅良家女也. 〈중략〉 其才, 長㉠於殖貨, ㉡能時物之貴賤, 以
> 廢以居, 至數十年, 頗以積㉢著名.
>
> *耽羅(탐라) : 제주도의 옛 이름   *殖(식) : 불리다   —『번암집(樊巖集)』—

① 착명   ② 자명   ③ 저명   ④ 유명   ⑤ 간명

위 문항은 뜻에 따라 음이 바뀌는 소위 '異音異義字'가 들어 있는 한자어의 독음을 묻고 있다는 점이 여타 문항들과 다르다. 비록 '著' 자가 '저'와 '착'의 음을 가지고는 있으나 '著名'은 실생활에서 '착명' 이 아니라 '저명'이라고 쓰이고 있는 한자어이기 때문에 출제한 것이 다. 다음 문항은 이상의 문항처럼 5개의 독음을 답지에 한글로 제시 하지 않고 반대로 5개의 한자어를 제시하고 있다.

問 ㉠과 음이 <u>다른</u> 것은? (2007-9월모의 8번)

子孝, 雙親㉠樂, 家和, 萬事成.　　　　　　　　　　　　　-『명심보감』-

① 安樂　　　　② 苦樂　　　　③ 歡樂　　　　④ 快樂　　　　⑤ 聲樂

위 문항은 문맥과 뜻에 맞는 적절한 음을 알고 있는지 평가하는 문 항이다. 짧은 한문 문장을 제시하고 그 안에서 '異音異義字'인 '樂'자 가 어떤 뜻으로 쓰였는지 파악하여 그 음을 알아내게 하는 것이 1차 요구 사항이다. 그 후 답지에 제시한 5개의 한자어 중에서 문장에 제 시한 '樂'자와 그 음이 다른 한자어를 찾게 하는 것이 2차 요구 사항 이다. 이 문항은 두 번의 요구 사항이 들어 있어 난이도가 높은 유형 이다.

• 한자어의 뜻 알기

한자어 영역 시험에서 중요한 학습 요소 중 하나가 바로 '한자어의 뜻'에 관한 것이다. 그동안 '한자어의 뜻'과 관련하여 출제된 유형을 살펴보면 다음과 같다.

문 ㉠에 알맞은 한자어는? [1점] (2005-9월모의 3번)

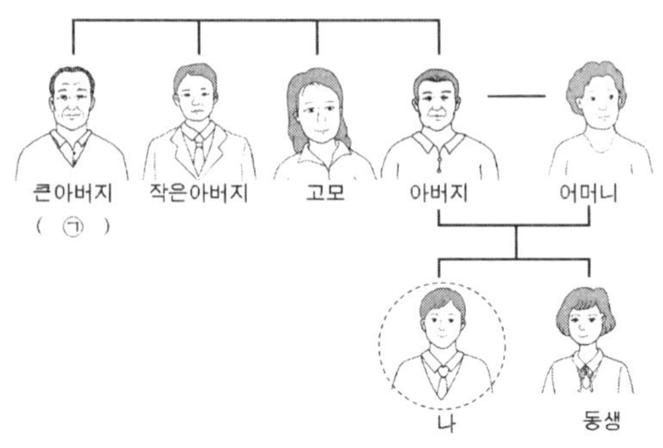

① 祖父   ② 伯父   ③ 外叔   ④ 叔父   ⑤ 堂叔

문 60세를 나타내는 한자어는? [1점] (2005-6월모의 5번)

① 而立   ② 耳順   ③ 弱冠   ④ 古稀   ⑤ 不惑

　이상의 유형은 단순히 한자어의 겉뜻 혹은 속뜻을 제시하고 그에 해당하는 한자어를 찾게 하고 있다. 이 역시 대학수학능력시험 시행 초기에 출제되던 유형인데, 이후로는 다음 예시 문항처럼 관련 설명을 사진이나 그림과 함께 제시하고 그에 알맞은 한자어를 찾게 하는 방식으로 변화하게 된다.

문 다음이 가리키는 것은? [1점] (2005-수능 4번)

○ 국보 제1호이다.

○ '남대문'이라고도 불린다.

○ 명칭은 '예를 숭상한다'는 뜻을 담고 있다.

① 敦義門   ② 弘智門   ③ 惠化門   ④ 光化門   ⑤ 崇禮門

問 청계천에 있었던 다리 이름 중 〈보기〉가 가리키는 것은? [1점] (2006-6월모의 6번)

<보 기>

○ 조선 세종 때 만든 돌다리.
○ 청계천에 흐르는 수량(水量)의 변화를 측정하던 다리.

① 廣通橋　　② 河浪橋　　③ 長通橋　　④ 水標橋　　⑤ 太平橋

問 다음을 의미하는 한자어는? [1점] (2006-9월모의 4번)

○ 얼굴을 가려 변장하기 위한 조형물이다.
○ '탈'이라고도 한다.

① 假面　　② 身體　　③ 顔色　　④ 衣服　　⑤ 風流

問 그림의 내용과 관련 있는 것은? [1점] (2009-6월모의 11번)

우리나라의 주권을 되찾은 것을 기념하기 위한 날

① 光復節　　② 制憲節　　③ 開天節　　④ 端午日　　⑤ 顯忠日

　이상의 문항은 모두 사진이나 그림과 함께 설명을 제시하고 그 설명에 해당하는 한자어를 찾게 하고 있다. 다음 예시 문항은 이러한 유형에서 벗어나 한문 문장을 제시하고 그 안에 사용된 한자어의 뜻에 해당하는 그림을 답지로 제시하는 방식으로 진화하게 된다.

문 ⓛ과 관계가 <u>없는</u> 것은? [1점] (2010-6월모의 21번)

> 金弘道, 生於東方近時. 自幼, 治繪事, ㉠<u>無所不能</u>, 至於ⓛ<u>人物山水仙佛花</u>
> <u>果蟲魚禽鳥</u>, 皆入妙品.
>
> * 繪(회) : 그리다
>
> −『표암집(豹庵集)』−

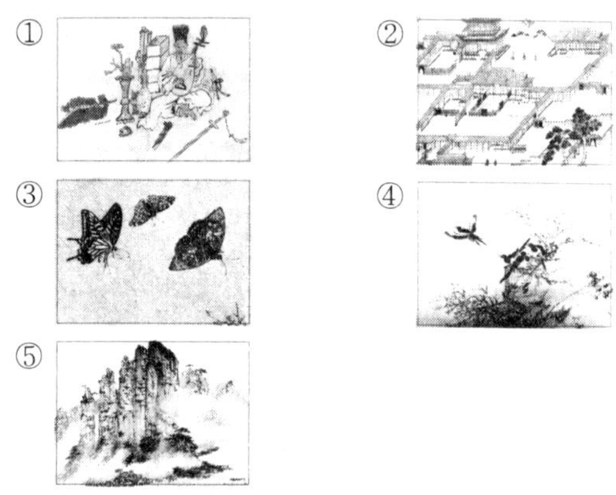

위 문항은 밑줄 친 어구의 뜻을 정확히 알고 있는지 평가하는 문항이다. 짧은 한문 문장을 제시하고 그 안에서 밑줄 친 어구가 어떤 뜻으로 쓰였는지 파악하게 하는 것이 1차 요구요, 그 후 답지에 제시한 5개의 그림 중에서 밑줄 친 어구에 쓰인 한자어의 뜻과 관계없는 것을 찾게 하는 것이 2차 요구이다.

다음은 이와는 또 다른 유형의 문항들을 소개하기로 한다.

문 그림의 내용으로 보아 관계가 없는 것은? [1점] (2010-6월모의 14번)

① 公演   ② 重唱

③ 音響   ④ 樂譜

⑤ 聽衆

　　위 문항은 그림을 제시하고 그 그림에 있거나 모습과 관계있는 한자어를 찾게 하는 문항이다. 앞의 문항이 '한문 문장 속 한자어 + 그림 답지'로 이루어진데 반해 이 문항은 반대로 '그림 + 한자어 답지'로 이루어져 있는데, 이 역시 한자어의 뜻을 바르게 알고 있어야 해결 가능한 문항 유형이다.

문 글의 내용으로 보아 ㉠~㉢에 알맞은 것은? [1점] (2010-9월모의 10번)

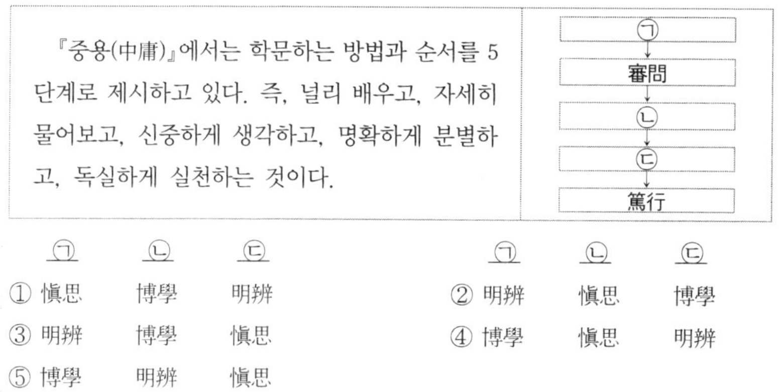

	㉠	㉡	㉢		㉠	㉡	㉢
①	愼思	博學	明辨	②	明辨	愼思	博學
③	明辨	博學	愼思	④	博學	愼思	明辨
⑤	博學	明辨	愼思				

　　위 문항은 한글 번역문을 왼쪽에, 그 내용을 일목요연하게 정리한 도표를 오른쪽에 제시하여 빈칸에 알맞은 한자어를 찾게 하는 유형이다. 특정 어구에 밑줄을 긋지 않지 않았기 때문에 도표의 빈칸에 해당하는 내용이 무엇인지 그 어구를 찾아내어야 문제 해결이 가능한 유형이다. 외형상 내용이 많아 고난도의 문항으로 보이지만 실제로는 평이한 문항에 해당한다.

문 대화의 내용으로 보아 ㉠과 ㉡의 한자 표기로 옳은 것은? (2010-9월모의 11번)

	㉠	㉡		㉠	㉡		㉠	㉡
①	家電	假傳	②	家電	家傳	③	假傳	家傳
④	家傳	家電	⑤	家傳	假傳			

위 문항은 '同音異義語'를 구별할 줄 아는지 평가하는 문항이다. 그림에 제시된 대화를 통해 각각의 뜻에 해당하는 한자어를 찾게 하는 문항이다.

다음에 제시하는 사례들은 발문에 '관련 있는(없는) 것', '중심 내용' 등의 표현을 사용하고 있어 일견 다른 유형의 문항처럼 보이는 것들이다. 하지만 실제로는 이 역시 '한자어의 뜻 알기'에 해당한다.

문 글의 내용과 가장 관련 있는 것은? [1점] (2009-6월모의 5번)

> 내가 사람을 사랑해도 그가 나를 사랑하지 않으면 내가 어질었는지 되돌아보고, 내가 예로써 대해도 그가 나에게 답하지 않으면 내가 공경했는지 되돌아본다.
>
> —『맹자(孟子)』—

① 反省　　② 正直　　③ 立志　　④ 自足　　⑤ 勸善

문 그림에 제시된 나이와 관련이 <u>없는</u> 것은? [1점] (2008-수능 10번)

가족 마라톤대회 참가 신청서		
성명	나이	관계
○○○	70	조부
○○○	60	조모
○○○	40	부
○○○	15	본인

① 古稀　　　② 不惑　　　③ 志學　　　④ 耳順　　　⑤ 而立

　　이상의 문항들은 모두 한글 번역문 또는 그림을 자료로 제시하고 그 자료의 의미와 관련이 있는 한자어를 찾게 하는 유형이다. 다음에 제시하는 사례들은 이와는 달리 한문 문장을 자료로 제시하고 있는 점이 다른 점이다.

문 글에서 제시하는 독서 방법으로 알맞은 것은? (2005-6월모의 13번)

> 凡讀書, 必熟讀一冊, 盡曉義趣, 貫通無疑, 然後, 乃改讀他書.

① 多讀　　　② 速讀　　　③ 默讀　　　④ 朗讀　　　⑤ 精讀

문 글의 중심 내용을 가장 잘 나타낸 것은? (2005-9월모의 14번)

> 子曰 : 歲寒然後, 知松栢之後彫也.
>
> * 彫(조) : 시들다.　　　　　　　　　　　　　　　　-『논어(論語)』-

① 恭敬　　　② 友愛　　　③ 節義　　　④ 勉學　　　⑤ 孝道

문 글의 중심 내용으로 가장 알맞은 것은? [1점] (2005-수능 10번)

> 家若貧, 不可因貧而廢學, 家若富, 不可恃富而怠學.
>
> *恃(시) : 믿다　　　　　　　　　　　　　　-『명심보감(明心寶鑑)』-

① 安貧　　　② 勸善　　　③ 儉素　　　④ 勸學　　　⑤ 致富

이상의 문항들은 모두 한문 문장을 자료로 제시하고 그 자료의 의미와 관련이 있는 한자어를 찾게 하는 유형이다. 먼저 한문 문장을 번역하여 그 의미를 이해하여 주제를 파악하는 것이 선결 과제이고 그 뒤에 답지에 제시한 한자어의 뜻을 바르게 알고 있어야 문제 해결이 가능한 유형이다. 이 유형은 비록 한자어를 묻고는 있지만 제시문의 내용 파악을 전제로 하고 있기 때문에 한문 영역에도 속하는 문항이다.

• 한자어의 짜임 알기

'한자어의 짜임'이란, 한자를 기본 단위로 하여 보다 큰 의미로 짜인 형태의 결합 관계를 말한다. 두 자 이상의 한자가 결합하여 한 단위의 의미체(意味體)를 형성하는 한자어를 이룰 때에는 반드시 기능상 관계를 가지게 된다. 『고등학교 교육과정 해설』에서는 '한자어의 짜임'을 문법적 기능에 따라 '주술 관계(主述關係)', '술목 관계(述目關係)', '술보 관계(述補關係)', '수식 관계(修飾關係)', '병렬 관계(竝列關係)'로 분류하고 있다.[10]

그동안 '한자어의 짜임'과 관련하여 출제된 유형을 살펴보면 다음과 같다.

問 한자어의 짜임이 나머지 넷과 <u>다른</u> 것은? [1점] (2005-6월모의 4번)
① 喜悅　　　② 貧富　　　③ 往來　　　④ 進退　　　⑤ 長短

위 문항은 답지에 제시한 한자어 중에서 짜임이 다른 하나를 찾게 하는 유형이다. 이처럼 초기에 출제되었던 단순한 유형이 차츰 변화

---

10) 교육부(2001), 26~27면 참조.

를 겪게 된다.

문 ㉠과 짜임이 같은 한자어는? (2005-9월모의 5번)

> 寺在㉠白雲中, 白雲僧不掃.　　　　　　　　　　　　－이달(李達), 「산사(山寺)」－

① 日月　　　　② 上下　　　　③ 大魚　　　　④ 登校　　　　⑤ 讀書

문 ㉠과 짜임이 같은 한자어는? [1점] (2005-수능 9번)

> 一萬二千峯, ㉠高低自不同.　　　　　　　　　　　　　－성석린(成石璘)－

① 修身　　　　② 上陸　　　　③ 日出　　　　④ 聖人　　　　⑤ 前後

문 ㉠과 짜임이 같은 한자어는? [1점] (2006-9월모의 5번)

> 何處人家在, 遠林生㉠白煙.　　　　　　　　　　　－이숭인(李崇仁), 「신설(新雪)」－

① 多少　　　　② 古人　　　　③ 道路　　　　④ 長短　　　　⑤ 朝夕

문 ㉠과 짜임이 같은 한자어는? [1점] (2007-6월모의 8번)

> 少年易老學難成, 一寸㉠光陰不可輕.　　　　　　　　　　　－「권학문(勸學文)」－

① 登校　　　　② 放火　　　　③ 花開　　　　④ 大海　　　　⑤ 春秋

문 ㉠과 짜임이 같은 한자어는? (2006-6월모의 5번)

> 一日之狗, 不知㉠畏虎.

① 年少　　　　② 人心　　　　③ 白衣　　　　④ 作文　　　　⑤ 往來

위 문항들은 詩句나 漢譯俗談의 일부에 밑줄을 긋고 그것과 짜임이 같은 한자어를 찾게 하는 유형이다. 한자어의 짜임을 묻는 문항이 이와 같이 제시문과 연결하여 출제하게 된 이유는 단순히 한자어만 제시해서는 복수 정답의 여지가 발생하기 때문이다. 예컨대 '愛人'이라는 한자어를 문장 속에서 제시하지 않고 그냥 제시할 경우 '남을 사랑함' 또는 '사랑하는 사람'의 두 가지 뜻을 다 지니게 된다. 따라서 '술목 관계'도 될 수 있고 '수식 관계'도 될 수 있는 것이다. 이러한 이유 때문에 뜻의 범위를 한정시키기 위해 문장과 연결하여 출제하는 방향으로 선회한 것이다. 이처럼 비교적 짧은 문장과 연계하여 출제하더니 차츰 문장의 길이가 길어지기 시작한다.

문 ㉠과 짜임이 같은 한자어는? [1점] (2006-수능 18번)

> 夫讀書, 如遊山. 有登山未半而止者, 有歷遍而未知其趣者. 必也知其
> ㉠山水之趣, 方可謂遊山.　　　　　　　　　　　　　－『한강집(寒岡集)』－

① 日出　　　② 耕田　　　③ 黃土　　　④ 赤松　　　⑤ 草木

문 ㉠과 짜임이 같은 한자어는? [1점] (2007-9월모의 18번)

> 河津, 一名龍門, 水險不通, 魚鼈之屬, 莫能上. 江海㉠大魚, ㉡薄集龍門下數
> 千, 不得上, 上則爲龍.
>
> * 河津(하진): 지명　　* 鼈(별): 자라　　　　　　　　　　　　－『후한서』－

① 道路　　　② 善惡　　　③ 少年　　　④ 草木　　　⑤ 入學

문 ㉡과 짜임이 같은 한자어는? (2007-수능 22번)

> 李澄, 幼登樓而習畫, 家㉠失其所在, 三日乃得. 父怒而笞之, 泣, 引淚而成鳥.
> 此可謂忘㉡榮辱於畫者也.
>
> * 李澄(이징): 조선 시대 인물　* 笞(태): 매질하다　　　　　　－『연암집(燕巖集)』－

① 入學　　　② 老少　　　③ 良藥　　　④ 黃土　　　⑤ 植木

[문] ㉡과 짜임이 같은 한자어는? (2008-9월모의 18번)

> ㉠百結先生, 不知何許人. 居狼山下, 家㉡極貧, 衣百結, 若懸鶉, 時人, 號爲
> 東里百結先生.
>
> * 狼山(낭산) : 산 이름   * 鶉(순) : 메추라기   −『삼국사기(三國史記)』−

① 登校   ② 復活   ③ 夜深   ④ 前後   ⑤ 希望

[문] ㉡과 짜임이 같은 한자어는? (2009-6월모의 15번)

> ㉠鶴山守, 通國之善歌者也. ㉡入山肄, 每一闋, 拾沙投屐, 滿屐乃歸.
>
> * 鶴山守(학산수): 조선 시대 인물의 별칭   * 肄(이): 익히다
> * 一闋(일결): 한 곡이 끝남   * 屐(극): 나막신   −『연암집(燕巖集)』−

① 日沒   ② 出入   ③ 同行   ④ 登頂   ⑤ 養育

[문] ㉠~㉤ 중, 한자어의 짜임이 <u>다른</u> 하나는? (2009-수능 17번)

> 夫㉠天地者, ㉡萬物之逆旅, 光陰者, ㉢百代之㉣過客, 而㉤浮生若夢, 爲歡
> 幾何? 古人秉燭夜遊, 良有以也.
>
> * 秉(병) : 잡다   −이백(李白), 「춘야연도리원서(春夜宴桃李園序)」−

① ㉠   ② ㉡   ③ ㉢   ④ ㉣   ⑤ ㉤

  이상의 문항들은 제시문이 2행 정도로 길어진 경우이다. 그런데 이
러한 제시문이 다음 경우처럼 요새 들이와 치츰 더 길어지는 경향을
보이고 있다.

문 ㉯와 짜임이 같은 것은? (2008-6월모의 27번)

> 許生, 居墨積洞, ㉠直抵南山下, ㉡井上有古杏樹, 柴扉㉢向樹而開, 草屋㉣數
> 間, ㉮不蔽風雨. 然, 許生好㉯讀書, 妻㉤爲人縫刺以糊口.
>
> * 杏(행): 살구   * 柴扉(시비): 사립문   * 縫(봉): 꿰매다   * 糊(호): 풀칠하다
>
> —『연암집(燕巖集)』—

① 修身   ② 希望   ③ 無限   ④ 前後   ⑤ 晚秋

문 ㉮와 짜임이 같은 한자어는? (2008-수능 26번)

> 儒理王, 旣定六部, 中分爲二, 使王女二人, 各㉠率部內女子, 分朋造黨, 自秋
> 七月旣望, ㉮每日早集大部之庭, ㉡績麻, 乙夜而㉢罷. 至八月十五日, ㉣考其
> 功之多少, 負者置酒食, 以㉤謝勝者. 於是, 歌舞百戲皆作, 謂之嘉俳.
>
> * 儒理王(유리왕): 신라의 임금   * 嘉俳(가배): 한가위   —『삼국사기(三國史記)』—

① 日沒   ② 修身   ③ 商人   ④ 道路   ⑤ 强弱

문 ㉠~㉤에서 ㉮와 짜임이 같은 것은? (2009-9월모의 28번)

> 李恒福, 居相位, 有㉮達官來謁, 皆坐而㉠受拜. 一日, 有報申訓導㉡在門,
> 公, 徒跣而出, 迎入㉢升堂, 俛受所言, ㉯應對甚恭. ㉣家人, 怪問之, 是, 公,
> 兒時, 所㉤受業者也. 翌日, 公, 往謝所館, 將綿布十餘端, 大米數石, 以供旅
> 次之用, 其人曰："行橐所需, 數斗米, 足矣."
>
> * 跣(선) : 맨발   * 俛(부) : 숙이다   * 翌(익) : 다음날   * 橐(탁) : 전대
>
> —『대동기문(大東奇聞)』—

① ㉠   ② ㉡   ③ ㉢   ④ ㉣   ⑤ ㉤

문 ⓒ과 짜임이 같은 것은? [1점] (2010-6월모의 27번)

> ㉠吾聞見危致命, 臨難忘身者, (㉡)之志也. 夫一人致死, 當百人, 百人致死, 當千人, 千人致死, 當萬人, 則可以橫行天下. 今國之賢相, 被ⓒ他國之拘執, 其可畏不犯難乎?　　　　　　　　　　　　－『삼국사기(三國史記)』－

① 兄弟　　　　② 吉夢　　　　③ 夜深　　　　④ 登校　　　　⑤ 始終

·한자어를 구성하고 있는 한자 알기

'한자어를 구성하고 있는 한자'에 관한 문항은 한자어를 구성하고 있는 각각의 한자에 대해 정확하게 아는지 평가하기 위한 것이다. 한자어를 구성하고 있는 한자들을 정확히 아는 것은 한자어 학습의 필수적 요소이다.

그동안 '한자어를 구성하고 있는 한자'와 관련하여 출제된 유형을 살펴보면 다음과 같다.

문 □에 공통으로 들어가는 것은? [1점] (2006-6월모의 7번)

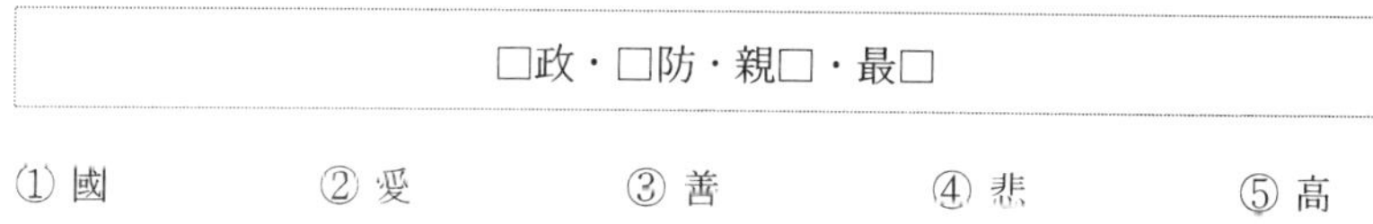

① 國　　　　② 愛　　　　③ 善　　　　④ 悲　　　　⑤ 高

문 화살표 방향으로 한자어를 만들 때 ㉠에 공통으로 들어갈 한자는? [1점] (2006-9월모의 6번)

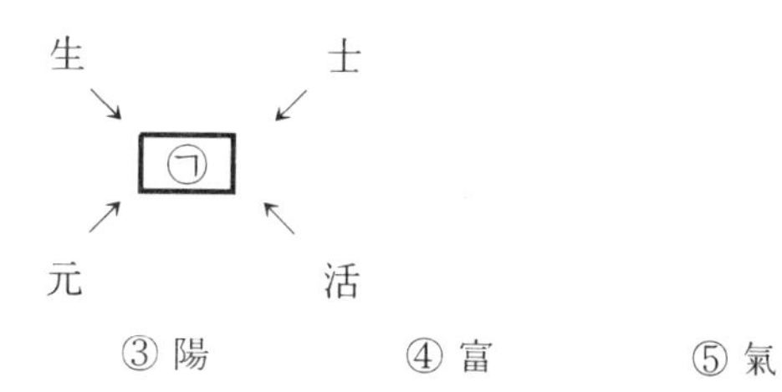

① 可　　　　② 素　　　　③ 陽　　　　④ 富　　　　⑤ 氣

문 화살표 방향으로 한자어를 만들 때, ㉠에 알맞은 것은? [1점] (2008-9월모
의 5번)

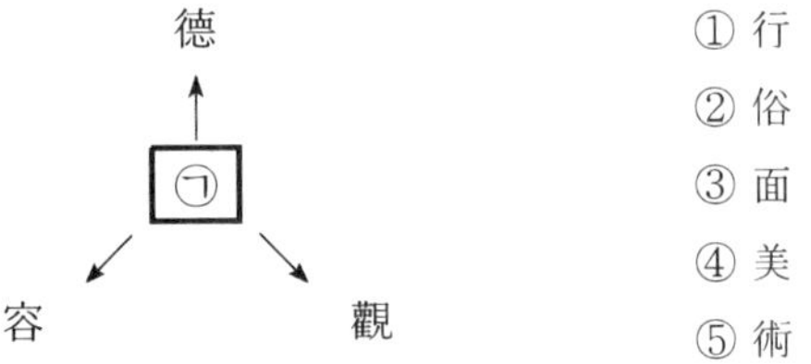

문 화살표 방향으로 한자어를 만들 때, ㉠에 알맞은 것은? [1점] (2008-수능 6번)

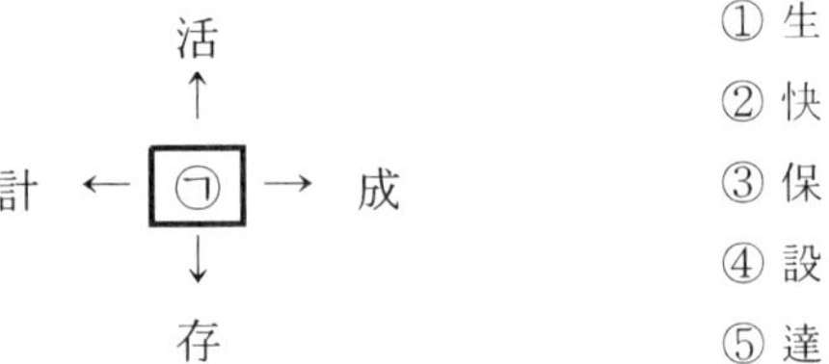

문 끝말잇기를 할 때 ㉠, ㉡에 알맞은 것은? (2007-9월모의 5번)

위의 문항들은 漢字가 다른 한자와 결합하여 한자어를 이룰 때, 그
한자어의 앞, 또는 뒤에 위치하여 결합하는 조어 방식을 이해하고 있
는가를 묻는 문항이다. 한자와 한자어 영역에 걸쳐 있기 때문에 한문
과 교육과정에 제시된 '학습한 한자를 언어생활에 활용한다.'와도 관
계있다. 그래서 이미 "대학수학능력시험 한문 과목 '한자 영역'의 출

제 경향 및 문항 유형 분석"에서 사례를 소개[11]한 바 있다.

다음은 사자성어를 구성하고 있는 한자의 뜻을 묻는 유형이다.

문 성어와 동물이 바르게 연결되지 <u>않은</u> 것은? [1점] (2007-6월모의 6번)

① 羊頭狗肉 - 개   ② 畫蛇添足 - 뱀   ③ 指鹿爲馬 - 사슴

④ 牛耳讀經 - 소   ⑤ 鶴首苦待 - 기린

문 인체의 부분을 가리키는 한자가 들어 있지 <u>않은</u> 것은? [1점] (2007-수능 7번)

① 有口無言   ② 手不釋卷   ③ 千辛萬苦

④ 孤掌難鳴   ⑤ 脣亡齒寒

문 성어와 관계 <u>없는</u> 색은? [1점] (2008-6월모의 7번)

白眉　　　紅一點　　　近墨者黑　　　靑出於藍	

① 흰색   ② 푸른색   ③ 붉은색   ④ 검은색   ⑤ 노란색

이상의 문항은 발문으로 보면 별개의 문항처럼 보이나 실제로는 단순히 사자성어를 구성하고 있는 한자의 뜻을 묻는 유형이다. 다음에 제시하는 문항들은 이와는 달리 한자의 모양과 뜻에 관한 것이다.

문 □에 동일한 한자가 들어가지 <u>않는</u> 것은? [1점] (2008-6월모의 6번)

① 右□左□(우왕좌왕)   ② 此□彼□(차일피일)

③ 以□傳□(이심전심)   ④ 易□思□(역지사지)

⑤ 非□似□(비몽사몽)

---

11) 張豪晟(2008), 309~310면 참조.

문 □에 동일한 한자가 들어가지 **않는** 것은? [1점] (2008-9월모의 9번)

① □□北女 : 남남북녀 　　　　　　② □□相從 : 유유상종

③ □□交換 : 물물교환 　　　　　　④ □□不答 : 묵묵부답

⑤ □□大海 : 망망대해

　위의 문항들은 독음은 같으나 글자가 다른 '同音異字'에 관한 것이다. 자체적으로 같은 음을 두 개씩 가지고 있는 사자성어를 독음과 함께 연결하여 제시한 후 문제를 해결하게 하고 있다. 다음 문항은 이와 같은 유형에 속하지만 5개의 답지에 제시한 사자성어 중 독음은 같지만 모양과 뜻이 다른 한자가 들어 있는 것을 찾게 한다는 점에서 차이가 있다.

문 □에 들어갈 한자가 나머지 넷과 **다른** 것은? [1점] (2008-9월모의 7번)

① 鳥足□血　　② 塞翁□馬　　③ 溫故□新　　④ 螢雪□功　　⑤ 漁父□利

　이상에서 살펴본 문항 유형들은 출제의 대상으로 삼을 수 있는 성어가 한정적이고, 또한 1문항을 출제하면서 5개의 사자성어를 사용하기 때문에 전체 문제지를 구성함에 있어 '한자의 충돌' 즉 한자가 서로 중복해서 나타나는 현상이 심하게 발생한다는 약점이 있다. 따라서 지속적으로 애용할 수 있는 유형은 아니라고 할 수 있다.

　이러한 단점을 일정 부분 해소해주는 유형으로는 '2개의 사자성어에 공통으로 들어가는 한자 찾기'를 들 수 있다.

문 ㉠에 공통으로 들어갈 한자는? [1점] (2006-9월모의 9번)

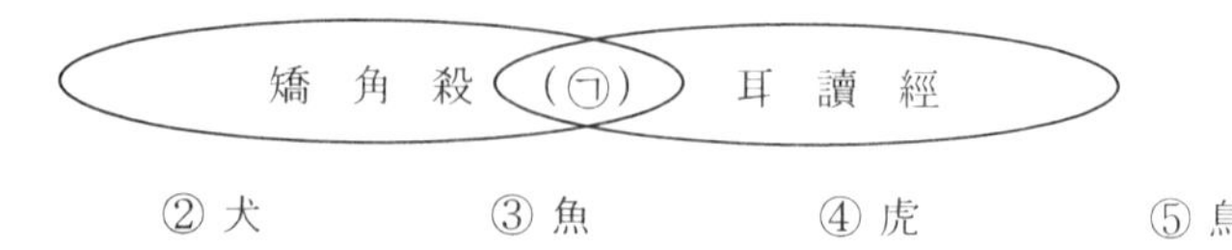

① 牛　　　　② 犬　　　　③ 魚　　　　④ 虎　　　　⑤ 鳥

問 ㉠에 알맞은 것은? [1점] (2007-수능 6번)

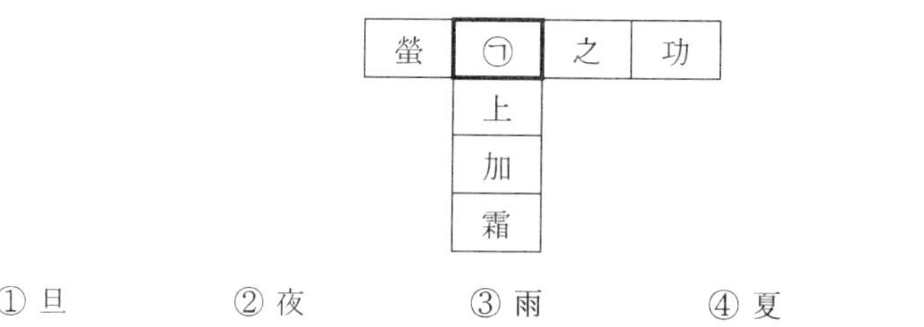

① 旦　　　② 夜　　　③ 雨　　　④ 夏　　　⑤ 雪

위 유형은 동일한 한자가 공통으로 사용된 성어에서 공통되는 부분을 빈칸으로 하고 그에 알맞은 한자를 찾게 하는 문항으로써, 한자와 한자어 영역에 걸쳐 있기 때문에 한문과 교육과정에 제시된 '학습한 한자를 언어생활에 활용한다.'와도 관계있다. 그래서 이미 "대학수학능력시험 한문 과목 '한자 영역'의 출제 경향 및 문항 유형 분석"에서 사례를 소개[12]한 바 있으므로 여기서는 이 유형의 변천 과정을 주로 소개하기로 한다.

이 유형은 다음과 같이 변화를 모색하게 된다. 첫째는, 수험생에게 오해의 소지를 없애기 위하여 발문에 '화살표 방향으로 성어를 만들 때'라는 글을 추가하게 된다.

問 화살표 방향으로 성어를 만들 때, ㉠에 알맞은 것은? [1점] (2009-9월모의 5번)

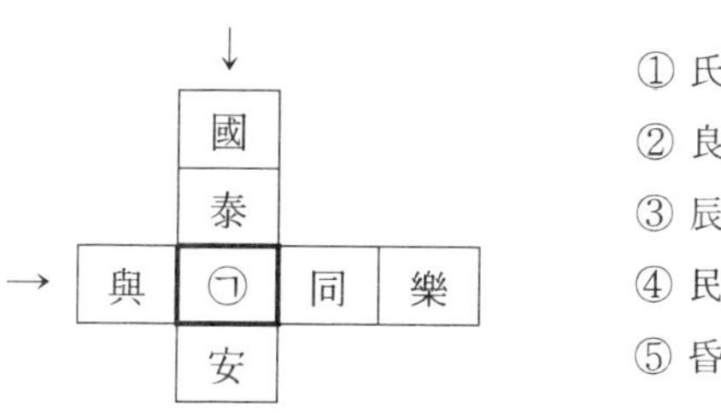

① 氏
② 良
③ 辰
④ 民
⑤ 昏

---

12) 張豪晟(2008), 309~313면 참조.

두 번째 변화는 기존에 한자를 제시하던 방식에서 '세로 열쇠'와 '가로 열쇠'를 제시하여 한 번 더 사고하는 방식으로 전환한 것이다.

문 화살표 방향으로 성어를 만들 때, ㉠에 알맞은 것은? [1점] (2009-수능 9번)

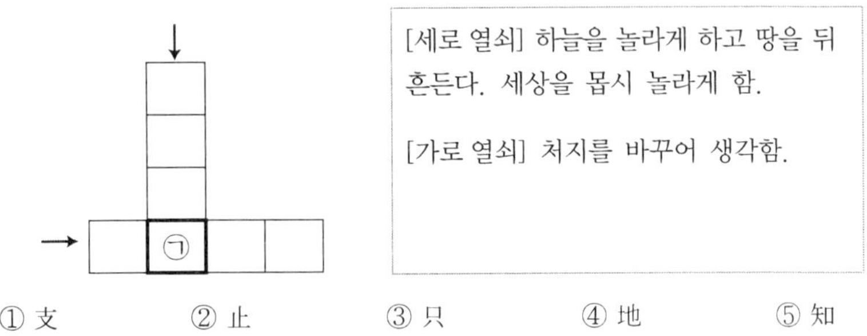

① 支　　② 止　　③ 只　　④ 地　　⑤ 知

문 화살표 방향으로 성어를 만들 때, ㉠에 알맞은 것은? (2010-6월모의 12번)

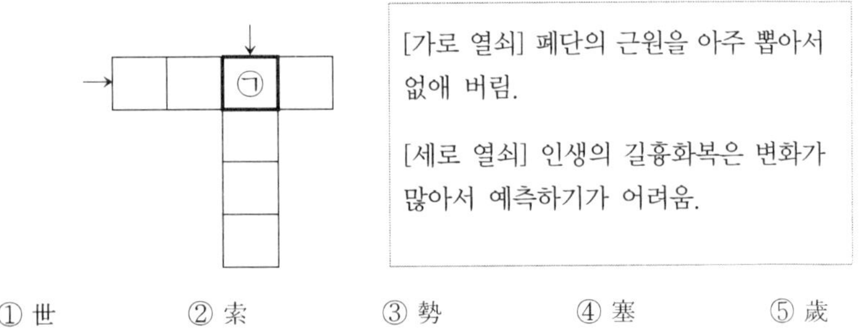

① 世　　② 索　　③ 勢　　④ 塞　　⑤ 歲

문 화살표 방향으로 성어를 만들 때, ㉠에 알맞은 것은? (2010-9월모의 13번)

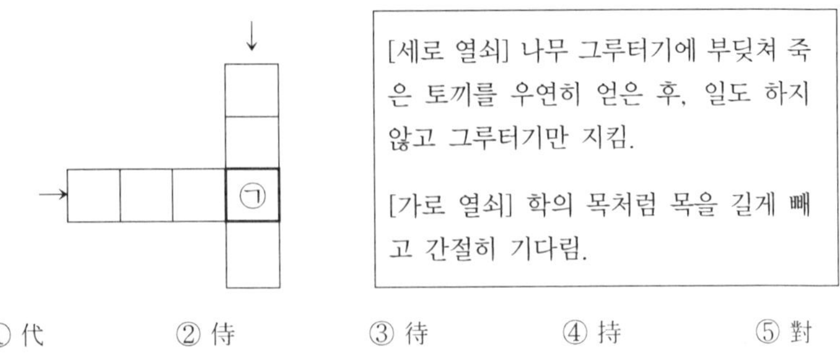

① 代　　② 侍　　③ 待　　④ 持　　⑤ 對

위 유형은 일단 사자성어를 한자로 제시하지 않기 때문에 전체 문제지에서 한자의 충돌을 줄일 수 있다는 장점이 있다. 또한 답지 구성은 모양이나 음이 비슷한 한자, 또는 同音異義字를 제시하여 난이도를 높이고 있다.

問 ㉠에 알맞은 것은? [1점] (2010-9월모의 6번)

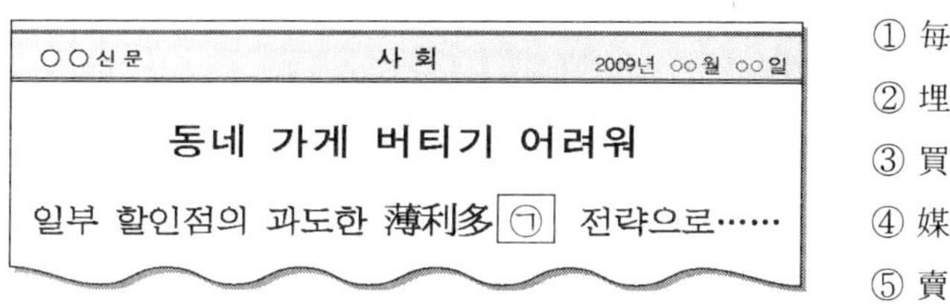

① 每
② 埋
③ 買
④ 媒
⑤ 賣

위 유형은 아예 사자성어를 1개만 제시하고 그 성어를 구성하고 있는 한자에 대해 바르게 알고 있는지 평가하는 문항이다. 전후의 맥락을 통해 해당하는 성어가 '박리다매'임을 알아내고 다시 '박리다매'를 구성하고 있는 한자를 정확히 알고 있어야 풀 수 있는 문제이다. 답지 구성 에서 同音異義字를 제시하여 난이도를 높이고 있는 것은 다른 문항과 유사하다. 이 유형은 한자어 영역 학습에 있어서 '언어생활에 활용하기'와도 관련이 있으며, 아울러 사자성어의 사용을 극소화함으로써 한자간의 충돌도 최소화한다는 장점이 있다.

• 성어의 뜻 알기

『고등학교 교육과정 해설』에서 "성어는 역사 속의 사건이나 전설 속의 이야기와 연유되어 있으므로, 한자의 자의(字義)를 의미하는 겉뜻만을 풀이하는 데 그치지 않고, 그 고사의 내력이나 고문헌에서 유래된 속뜻을 알게 해야 한다."13)라고 하였다.

그동안 '성어의 뜻'과 관련하여 출제된 유형을 살펴보면 다음과 같다. 초기에는 5개의 사자성어와 그 뜻을 연결하여 제시하는 방식을 취하고 있다.

問 성어의 풀이가 <u>잘못된</u> 것은? (2005-6월모의 9번)

① 多多益善 : 많으면 많을수록 더욱 좋다.

② 有備無患 : 대비가 있으면 근심이 없다.

③ 無爲徒食 : 하는 일 없이 무리 지어 먹는다.

④ 見利思義 : 이익을 보면 의로움을 생각한다.

⑤ 仁者無敵 : 어진 사람은 대적할 사람이 없다.

問 성어의 속뜻으로 알맞은 것은? (2005-9월모의 10번)

① 刻舟求劍 : 계획적으로 일을 처리함.

② 沙上樓閣 : 화려하고 튼튼하게 지은 집.

③ 脣亡齒寒 : 서로 사이가 좋지 않은 관계.

④ 指鹿爲馬 : 윗 사람을 농락하여 권세를 부림.

⑤ 孤掌難鳴 : 혼자 힘으로 어려운 환경을 극복함.

問 성어의 뜻이 바르지 <u>않은</u> 것은? (2006-6월모의 13번)

① 自强不息 : 스스로 힘쓰며 쉬지 않음.

② 束手無策 : 손이 묶인 것처럼 어쩔 도리 없음.

③ 刻舟求劍 : 어떤 일이 이루어지길 몹시 기다림.

④ 指鹿爲馬 : 윗 사람을 농락하여 멋대로 권세를 부림.

⑤ 莫上莫下 : 우열을 가리기 어려울 만큼 차이가 거의 없음.

問 성어의 속뜻으로 바르지 <u>않은</u> 것은? (2007-6월모의 5번)

① 東問西答 : 아주 엉뚱하게 대답함.

② 苦盡甘來 : 고생 끝에 낙이 찾아옴.

---

13) 교육부(2001), 27면.

③ 塞翁之馬 : 사람의 앞날은 예측할 수 없음.
④ 刻舟求劍 : 자기를 희생하려는 마음이 있음.
⑤ 同病相憐 : 어려운 처지에 있는 사람끼리 동정함.

㊀ 성어의 뜻이 바르지 <u>않은</u> 것은? [1점] (2007-9월모의 11번)
① 難兄難弟 : 서로 우열을 가리기 힘듦.
② 千載一遇 : 좀처럼 만나기 어려운 기회
③ 螢雪之功 : 고생하며 공부하여 이룬 공.
④ 三人成虎 : 남의 권세를 빌려 위세를 부림.
⑤ 群鷄一鶴 : 많은 사람 가운데서 뛰어난 인물.

이상의 문항들은 성어의 뜻을 모두 하나의 문장으로 제시하고 있는 것이 특징이라 할 수 있다. 이처럼 문장으로 성어의 뜻을 제시하던 방식이 차츰 변화를 보이게 된다.

㊀ 성어의 속뜻으로 알맞은 것은? [1점] (2007-수능 5번)
① 朝三暮四 : 치열한 경쟁
② 烏飛梨落 : 과감한 행동
③ 結草報恩 : 무례한 요구
④ 愚公移山 : 부단한 노력
⑤ 鷄卵有骨 : 신중한 판단

㊀ 성어의 속뜻으로 알맞은 것은? [1점] (2008-6월모의 8번)
① 自强不息 : 안락한 생활
② 手不釋卷 : 부단한 독서
③ 不恥下問 : 거만한 자세
④ 三人成虎 : 용감한 행동
⑤ 克己復禮 : 안이한 대처

두 사례 모두 성어의 뜻을 '수식어 + 피수식어' 구조로 제시하고 있다. 이처럼 성어의 뜻 제시 방식을 문장에서 語句로 전환한 가장 큰 이유는 기출 문제에 저촉되지 않기 위해서였다. 이러한 방식은 다시 한 번 변화하게 된다.

㉖ 성어의 속뜻으로 알맞지 <u>않은</u> 것은? [1점] (2008-9월모의 10번)
① 目不識丁 : 무식　　　　　　② 累卵之勢 : 위태
③ 昏定晨省 : 효도　　　　　　④ 一擧兩得 : 협동
⑤ 日就月將 : 발전

위 문항에서 성어의 뜻을 제시한 방식은 문장도 語句도 아닌 名詞였다. 이렇게 다시 전환한 가장 큰 이유는 '수식어 + 피수식어' 구조로 제시하는 것이 쉽지도 않고 또한 표현상 한계가 있었기 때문이었다.

이상에서 살펴본 유형은 모두 답지에 제시한 5개 성어의 뜻을 알고 있는지 묻는 것이다. 이러한 유형에서 벗어나려는 시도가 있었는데, 다음 사례가 그것이다.

㉖ ㉠~㉣에 들어갈 한자를 차례로 모으면 네 글자의 성어가 된다. 풀이로 알맞은 것은? (2006-6월모의 11번)

> 登龍(㉠) · (㉡)無後無 · 殺身(㉢)仁 · 夜(㉣)場

① 문하에서 배우는 제자
② 어떤 일의 전문가가 아닌 사람
③ 한 가지를 들으면 열 가지를 앎.
④ 문 앞이 시장을 이루다시피 붐빔.
⑤ 작은 것을 탐내다가 큰 것을 잃음.

위 문항은 앞서 살펴본 문항들과는 달리 답지가 아닌 〈보기〉에 4개의 성어를 제시했는데, 그 중 일부를 빈칸으로 두고 있다. 그 빈칸에 들어갈 한자를 차례대로 모아 만든 1개 성어에 대한 풀이를 묻고 있는 것이 차이점이다.

이상에서 살펴본 문항 유형들 역시 1문항을 출제하면서 4~5개의 사자성어를 사용하기 때문에 전체 문제지를 구성함에 있어 '한자의 충돌'이 문제점으로 대두되곤 하였다.

이러한 단점을 일정 부분 해소해주는 유형으로 개발한 것이 '제시한 한자를 이용하여 만들 수 있는 사자성어의 뜻 찾기'라 할 수 있다.

問 다음 한자 카드를 이용하여 만들 수 있는 사자성어의 속뜻은? (2008-수능 8번)

① 차이가 거의 없음.
② 남의 은혜를 저버림.
③ 죽어서도 은혜를 잊지 않고 갚음.
④ 자기가 저지른 일은 자기가 해결해야 함.
⑤ 자기만 못한 사람에게 묻는 것을 부끄러워하지 않음.

위 문항은 6장의 한자 카드를 제시하여 그중 4개를 추출하여 성어를 만들고, 그에 해당하는 성어의 속뜻을 찾아내게 하는 문항이다. 단순히 성어를 제시하고 그 속뜻을 묻던 기존 방식에서 탈피하여 제시된 한자 중에서 4자를 조합하여 성어를 추출해내는 장치를 마련함으로써 한 단계 사고하는 응용 문항이 되었다. 이후로 제시하는 한자의 수가 증가하게 된다.

문 그림의 글자로 만들 수 있는 사자성어의 속뜻은? (2009-6월모의 6번)

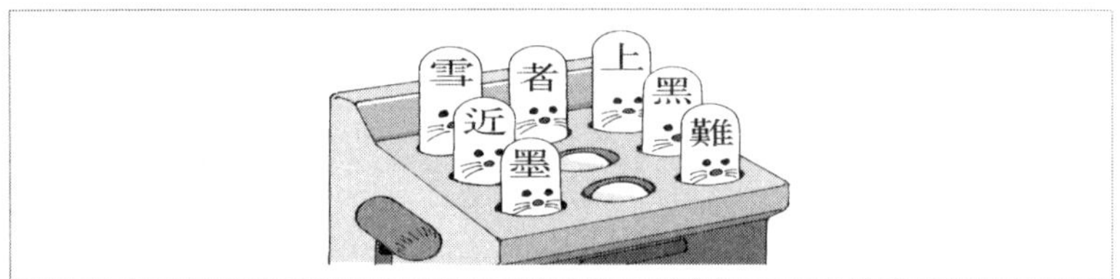

① 좋은 일 위에 또 좋은 일이 더하여짐.
② 난처한 일이나 불행한 일이 잇따라 일어남.
③ 혼자의 힘만으로 어떤 일을 이루기 어려움.
④ 나쁜 사람과 가까이 지내면 나쁜 버릇에 물들기 쉬움.
⑤ 두 사물이 서로 비슷하여 낫고 못함을 정하기 어려움.

문 그림의 글자로 만들 수 있는 사자성어의 속뜻은? (2009-9월모의 7번)

① 몹시 애태우며 간절히 기다림.
② 처음부터 끝까지 철저하게 함.
③ 야단스럽게 시작하여 흐지부지 끝남.
④ 여러 평범한 사람 속에 뛰어난 한 사람.
⑤ 겉보기는 그럴듯하나 속은 변변치 못함.

문 그림의 글자로 만들 수 있는 사자성어의 속뜻은? (2009-수능 12번)

① 고생을 하면서 공부하여 얻은 보람.

② 윗사람을 농락하여 권세를 마음대로 함.
③ 난처한 일이나 불행한 일이 잇따라 일어남.
④ 인생의 길흉화복은 변화가 많아서 예측하기 어려움.
⑤ 가까운 한쪽이 망하면 다른 한쪽도 온전하기 어려움.

문 그림의 글자로 만들 수 있는 사자성어의 속뜻은? (2010-6월모의 13번)

① 옳고 그른 것을 묻지 않음.
② 가까이 있는 것이 도리어 알아내기 어려움.
③ 낮고 쉬운 것을 배워 깊고 어려운 이치를 깨달음.
④ 바른 길에서 벗어난 학문으로 세상 사람에게 아첨함.
⑤ 자기보다 못한 사람에게 묻는 것을 부끄러워하지 않음.

　위 문항들은 놀이 방식 등을 결합하여 시각적으로 한자를 제시하고 있는데, 제시한 한자의 수가 6개에서 7개로 상향 조정되었다. 또 제시된 한자에서 조합 가능하게 보이는 성어가 여러 개 되도록 차츰차츰 변화를 거듭하고 있다. 즉 제시된 한자 중 해당하는 글자가 3자나 쓰인 오답지도 2개나 만들었는데 이는 난이도와 변별도를 고려한 바람직한 시도라고 생각된다.

　이상의 문항들 역시 성어의 뜻을 모두 하나의 문장으로 제시하고 있었는데, 이 방식이 또 한 번 변화를 시도하고 있으니 다음 사례가 그것이다.

⽂ 그림의 글자로 만들 수 있는 사자성어의 속뜻은? (2010-9월모의 15번)

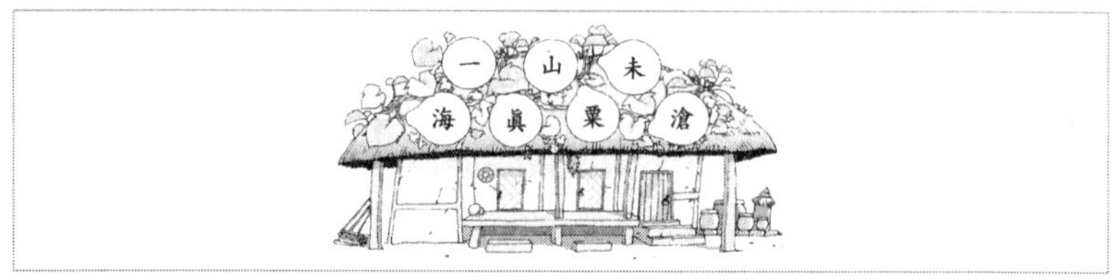

① 미미함　　② 세심함　　③ 달콤함　　④ 광활함　　⑤ 푸짐함

위 문항에서는 성어의 뜻을 '名詞形'으로 제시하여 이전 문항과 차별화를 모색하고 있다. 이처럼 성어의 뜻 제시 방식을 문장에서 名詞形으로 전환한 가장 큰 이유 역시 기출 문제에 저촉되지 않기 위해서였다.

다음에 제시하는 사례들은 위에서 살펴본 문항들과는 달리 발문에 '성어의 속뜻(혹은 풀이)'라는 표현을 쓰지 않고 대신 '관계(관련) 있는 것(성어)' 등의 표현을 사용하고 있어 일견 다른 유형의 문항처럼 보이는 것들이다. 하지만 실제로는 이 역시 '성어의 뜻 알기'에 해당한다.

⽂ 그림이 나타내는 성어와 관계가 있는 것은? (2005-6월모의 10번)

① 協同　　② 出衆　　③ 虛勢　　④ 包容　　⑤ 自足

위 문항은 묻고자 하는 성어를 한자로 제시하지 않고 그림으로 대신 표현하고 있다. 또한 성어의 뜻 역시 한글로 제시하지 않고 한자어로 제시한 것이 눈에 띄는 특징이라 할 수 있다. 다만 이 문항처럼

오해의 소지 없이 1단 컷으로 표현할 수 있는 성어가 거의 없기 때문에 이러한 유형은 일회성으로 끝나기 쉬운 유형이라 할 수 있다.

　다음은 성어의 뜻을 한글로 설명하지 않고 속담으로 에둘러 제시한 경우이다.

文 성어와 속담이 바르게 연결된 것은? (2007-6월모의 7번)
① 雪上加霜 : 가재는 게 편
② 草綠同色 : 제 논에 물대기
③ 積小成大 : 티끌 모아 태산
④ 我田引水 : 우물 안 개구리
⑤ 坐井觀天 : 엎친 데 덮친 격

　위 유형은 성어의 뜻뿐만 아니라 속담의 의미도 바르게 알아야 문제를 해결할 수 있다. 이 유형은 다음과 같이 또 변화하게 된다.

文 글의 내용과 관련 있는 것은? (2007-9월모의 14번)

·隨友適江南.	-『순오지』-
·숭어가 뛰니까 망둥이도 뛴다.	

① 走馬看山　　② 牛耳讀經　　③ 目不識丁　　④ 附和雷同　　⑤ 一石二鳥

　위 문항에서는 속담을 우선 제시한 후 속담의 의미와 관련 있는 성어를 찾게 하는 방식으로 변화를 꾀하고 있다. 속담 또한 韓譯俗談과 한글 속담을 함께 제시하고 있다.
　이러한 유형은 다음과 같이 변화를 거듭하게 된다.

문 ㉠에 알맞은 것은? [1점] (2009-6월모의 10번)

> 학생 : '불가능해 보이는 일도 노력하면 끝내 성공한다.'라는 의미의 속담에
> 　　　는 어떤 것이 있나요?
> 교사 : '무쇠공이도 삼 년 갈면 바늘이 된다.'라는 속담이 있단다.
> 학생 : 사자성어는 없어요?
> 교사 : ＿＿＿㉠＿＿＿(이)라는 성어가 있지!

① 武陵桃源　　② 指鹿爲馬　　③ 愚公移山　　④ 緣木求魚　　⑤ 錦衣還鄕

문 ㉠에 알맞은 것은? [1점] (2009-9월모의 11번)

> 교사 : '잘못을 저지른 사람은 반드시 벌을 받게 된다.'라는 의미의 속담에
> 　　　는 어떤 것이 있을까요?
> 학생 : '죄는 지은 데로 가고, 덕은 닦은 데로 간다.'입니다.
> 교사 : 그러면 유사한 의미의 사자성어는 무엇일까요?
> 학생 : ＿＿＿㉠＿＿＿(이)라는 성어가 있습니다.

① 一罰百戒　　② 風前燈火　　③ 事必歸正　　④ 雪上加霜　　⑤ 緣木求魚

　위 유형은 사자성어의 뜻을 대화 형식을 통해 '유사한 의미를 지닌 한글 속담'으로 제시함으로써 이전의 문항들과 차별화를 모색하고 있다.

　다음은 묻고자 하는 성어를 1개가 아니라 유사한 주제를 가진 여러 개를 제시하고, 성어의 뜻 역시 관련 있는 성어로 제시한 경우이다.

문 성어들의 내용과 관련이 깊은 것은? (2007-9월모의 10번)

> 　　　　昏定晨省　　　　望雲之情　　　　出告反面

① 百年河淸　　② 風樹之歎　　③ 羊頭狗肉　　④ 尾生之信　　⑤ 敎學相長

위 문항은 동일한 주제와 관련된 성어들을 제시하고 그와 관련이 깊은 성어를 찾게 하는 방식으로 성어의 속뜻을 정확하게 파악하고 있는지를 평가하는 문항이다. 다만 이 유형은 1개 문항에 무려 8개나 되는 성어를 사용함으로써 전체 문제지를 구성함에 있어 한자간의 충돌이 심하게 발생한다는 약점을 지니고 있다. 이러한 치명적인 약점 때문에 이러한 문항은 일회성으로 끝나기 쉬운 유형이라 할 수 있다.

다음은 성어의 의미와 관련이 있는 문장을 한글 번역문으로 제시하고 그에 해당하는 성어를 찾게 하는 유형이다.

문 글의 내용과 관계있는 성어는? [1점] (2005-9월모의 9번)

> 나는 본래 우물 안 개구리인지라 우주고 인생이고 알 까닭이 없다. 대통 구멍으로 하늘을 내다 보고, 달이 어떻고 별이 어떻고 말할 주제가 못 된다.

① 千慮一失　　② 坐井觀天　　③ 好衣好食　　④ 敎學相長　　⑤ 天高馬肥

문 글의 내용과 가장 관계있는 것은? [1점] (2005-수능 5번)

> 이익은 누구나 다 바라는 것이다. 그러나 자기만을 위해 함부로 탐하면 본래의 착한 마음이 흐려져서 의리를 망각하게 된다.
>
> -『성리대전(性理大全)』-

① 表裏不同　　② 錦上添花　　③ 甘言利說　　④ 發憤忘食　　⑤ 見利思義

문 글의 내용과 가장 가까운 성어는? [1점] (2006-9월모의 10번)

> 세월이 흘러 어버이가 돌아가신 뒤에는, 인생이 한 번뿐이기에 그 은혜 갚을 길이 없게 되리라.　　-『담헌서(湛軒書)』-

① 見利思義　　② 我田引水　　③ 溫故知新　　④ 風樹之歎　　⑤ 浩然之氣

문 글의 내용과 가장 관계있는 것은? [1점] (2007-수능 8번)

> 대나무의 뿌리는 단단하다. 군자는 그 뿌리를 보고 뜻을 굳게 세워 어떠한
> 시련에도 뽑히지 않을 것을 생각한다.　　　　　　　-『고문진보(古文眞寶)』-

① 不恥下問　② 百折不屈　③ 守株待兔　④ 燈下不明　⑤ 種豆得豆

문 글의 내용과 관계있는 것은? (2008-9월모의 14번)

> 여러 사람들이 함께 말을 만들어 내면 물에 가라앉아야 할 돌이 떠다니게
> 되고, 떠 있어야 할 나무는 가라앉게 된다. 또한 곧은 것도 굽은 것으로 만
> 들고, 흰 것도 검은 것으로 만든다.　　　　　　　-『신어(新語)』-

① 草綠同色　② 不問曲直　③ 近墨者黑　④ 緣木求魚　⑤ 三人成虎

문 글의 내용과 관련 있는 것은? (2008-수능 11번)

> 꾸불꾸불한 쑥도 곧은 삼 속에서 자라면 저절로 곧게 되듯 성격이 비뚤어진
> 사람도 바른 사람들과 어울려 사귀면 바른 사람이 된다.

① 不問曲直　② 多多益善　③ 三遷之敎　④ 同病相憐　⑤ 靑出於藍

문 글의 내용과 가장 관련 있는 것은? (2009-6월모의 7번)

> 다음과 같은 옛 이야기가 전한다.
> 까마귀는 먹고 남은 고기를 묻어 놓고, 하늘 위에 떠 있는 구름으로 그곳을
> 기억해둔다. 그런데 구름은 수시로 변하기 때문에 까마귀는 결국 고기를 찾
> 아낼 수 없다고 한다.　　　　　　　-『송남잡지(松南雜識)』-

① 他山之石　② 刻舟求劍　③ 朝三暮四　④ 結草報恩　⑤ 漁父之利

🔲 글의 내용과 관계있는 성어는? (2009-수능 13번)

> 농사를 같이 지은 형제가 벼를 어떻게 나눌지 상의하였다.
> 형　　: 벼의 윗부분은 내가 가질 테니 너는 아랫부분을 가져라.
> 동생 : 불공평해. 싫어!
> 형　　: 내년에는 반대로 네가 윗부분을 가지면 되잖아.
> 동생 : 알았어.
> 다음해가 되었다.
> 형　　: 올해는 벼를 심지 말고 감자를 심자구나.
> 동생 : 그러지 뭐.　　　　　　　　　　　　　　　　　－『소림(笑林)』－

① 近墨者黑　　② 朝三暮四　　③ 漁父之利　　④ 錦上添花　　⑤ 矯角殺牛

　이상의 문항들은 모두 성어의 의미와 관련이 있는 문장을 한글 번역문으로 제시하고 그에 해당하는 성어를 찾게 하는 유형이다.

🔲 시의 내용과 가장 관계있는 성어는? (2010-9월모의 12번)

> 물결에 떠내려간 부평줄기
> 자리잡을 새도 없네
> 제자리로 돌아갈 날 있으랴마는!
> 괴로운 바다 이 세상의 사람인지라 놀아가리
>
> 고향을 잊었노라 하는 사람들
> 나를 버린 고향이라 하는 사람들
> 죽어서만은 天涯一方 헤매지 말고
> 넋이라도 있거들랑 고향으로 네 가거라　　　　　－김소월, 「고향」－

① 事必歸正　　② 首丘初心　　③ 天長地久　　④ 錦衣還鄕　　⑤ 殺身成仁

위 문항은 한글 번역문 대신 한글로 된 현대시를 제시하고 그 주제와 관계있는 성어를 찾게 하고 있다.

다음은 성어의 의미와 관련이 있는 문장을 2종으로 제시한 유형이다.

問 글의 내용과 가장 관계있는 것은? (2006-수능 9번)

> ○ 己所不欲, 勿施於人.　　　　　　　　　　　　　　　-『논어(論語)』-
> ○ 남을 책망하는 마음으로 자신을 책망하고, 자신을 용서하는 마음으로 남을 용서하여야 한다.　　　　　　　　　　　　　　-『송사(宋史)』-

① 推己及人　　② 朝三暮四　　③ 結草報恩　　④ 大器晚成　　⑤ 我田引水

위 문항은 한문 문장 및 한글 번역문을 제시하고 그와 유사한 의미를 지닌 한자성어를 찾게 하고 있다.

다음은 성어의 의미와 관련이 있는 문장을 한문 문장으로 제시하고 그에 해당하는 성어를 찾게 하는 유형이다.

問 글의 내용과 의미상 가까운 성어는? (2005-6월모의 14번)

> 士君子, 閑居無事, 不讀書, 復何爲?

① 不恥下問　　② 百年河淸　　③ 浩然之氣　　④ 手不釋卷　　⑤ 識字憂患

問 글의 내용과 가장 관계있는 것은? (2005-9월모의 11번)

> 二人同心, 其利斷金 ; 同心之言, 其臭如蘭.　　　　　　-『주역(周易)』-

① 君臣有義　　② 父子有親　　③ 夫婦有別　　④ 長幼有序　　⑤ 朋友有信

🈂 글의 내용과 가장 가까운 것은? (2005-수능 11번)

> 父母, 養其子而不敎, 是不愛其子也, 雖敎而不嚴, 是亦不愛其子也.
>
> −『고문진보(古文眞寶)』−

① 不恥下問　　② 昏定晨省　　③ 日就月將　　④ 斷機之戒　　⑤ 敎學相長

🈂 글의 내용과 관계있는 것은? (2006-6월모의 19번)

> 子曰：ᄀ後生可畏, 焉知來者之不如今也? 四十五十而無聞焉,
> 斯亦不足畏也已."
>
> −『논어(論語)』−

① 一擧兩得　　② 馬耳東風　　③ 事必歸正　　④ 手不釋卷　　⑤ 大同小異

🈂 글의 내용과 관계 있는 성어는? [1점] (2008-6월모의 11번)

> 山, 吾仁者所樂也, 見山, 則存吾仁.
> 水, 吾智者所樂也, 見江, 則存吾智.　　　　　　−『목은집(牧隱集)』−

① 山高水長　　② 山戰水戰　　③ 山紫水明　　④ 背山臨水　　⑤ 樂山樂水

　이상의 문항들은 먼저 한문 문장을 번역하여 그 의미를 이해하여 주제를 파악하는 것이 선결 과제이고 그 뒤에 답지에 제시한 성어의 뜻을 바르게 알고 있어야 문제 해결이 가능한 유형이다. 이 유형 역시 비록 성어에 대해 묻고는 있지만 제시문의 내용 파악을 전제로 하고 있기 때문에 한문 영역에도 속하는 문항이다.

　· 성어의 유래 알기

　『고등학교 교육과정 해설』에서 "'성어'란, 옛 사람들이 만든 숙어(熟語)로 오늘날에도 일상의 언어 생활에서 많이 사용되고 있는 한자어이다. '성어(成語)의 속뜻을 안다.'란, 성어가 이루어진 내력이나 그 속에 담겨 있는 속뜻을 아는 것을 말한다."14)라고 하였다. 이에 따르면 '성어의 유래'는 '성어의 속뜻 알기'의 하위 범주에 속하는 것이다.

그동안 '성어의 유래'와 관련해 출제된 유형을 살펴보면 다음과 같다.

問 그림과 관련된 고사성어는? [1점] (2006-9월모의 6번)

① 矛盾 　　② 白眉 　　③ 助長 　　④ 知音 　　⑤ 蛇足

위 문항은 고사성어의 유래를 2단 컷에 말풍선을 포함시켜 제시하고 있다. 이렇게 그림으로 표현하는 방식 외에 다음과 같은 방식이 동원되기도 한다.

問 글에서 유래한 성어는? [1점] (2009-6월모의 21번)

> 芳碩變後, 太祖棄位, 奔于咸興. ㉠<u>太宗屢遣中使, 問安.</u> 太祖輒彎弓而待之, 前後相望之使, 未敢道達其情. 時, 問安使, ㉡<u>無一得還者.</u>
>
> * 芳碩(방석): 조선 시대 인물　* 中使(중사): 왕명을 전하던 내시　* 輒(첩): 번번이
> * 彎(만): 당기다　　　　　　　　　　　　　　　　　　　　－『축수편(逐睡篇)』－

① 一罰百戒 　② 束手無策 　③ 咸興差使 　④ 背水之陣 　⑤ 塞翁之馬

위 문항에서는 그림 대신 고사성어가 유래하게 된 原典의 내용을

---

14) 교육부(2001), 27면.

그대로 인용하여 제시하는 방식을 취하고 있다.

2. '한자어 활용하기'의 문항 유형

'한자어 활용하기'란 "다양한 특징을 지닌 한자어의 뜻을 명확히 알아서, 이미 학습한 한자어가 표현하고자 하는 내용에 부합되도록 활용해야 한다.", "이미 학습한 한자어들을 그 문법적 기능 관계에 따라 이해하고, 이들 한자어가 문장에서 활용되고 있음을 알면, 한자어 학습의 효과를 높일 수 있는 동시에 문장을 독해하는 데 크게 도움이 될 수 있다. 그러나 학습한 한자어를 문장에서 활용할 때에는 용어에 치중하거나 상호 관계를 도식적으로 강조하는 문법 중심에서 벗어나, 많은 용례를 통해서 문장을 바르게 이해하고 풀이하는 방법을 익히도록 해야 한다."[15]는 것이다. 따라서 '한자어 활용하기'의 평가 요소로는 '실용 한자어 알기', '성어를 일상생활에 활용하기', '한자어를 구성하고 있는 한자의 쓰임 알기', '문맥 속에서 쓰인 한자어의 뜻 알기', '의미가 유사하거나 상대되는 한자어 알기', '문맥상 알맞은 한자어 찾기' 등을 들 수 있다.

먼저 '한자어를 언어생활에 활용하기'와 관련하여 출제된 유형을 살펴보기로 한다.

• 실용 한자어 알기

실생활에서 우리가 흔히 사용하거나 접할 수 있는 한자어를 알고 있는지 묻는 유형이다. 문항의 성격상 이 유형은 우리가 흔히 접할 수 있는 장면을 제시해야 하므로 삽화 등을 적극적으로 활용하고

---

15) 교육부(2001), 28~29면.

있다.

그동안 '실용 한자어 알기'와 관련하여 출제된 유형을 살펴보면 다음과 같다.

問 노래의 가사가 가리키는 것은? [1점] (2006-6월모의 12번)

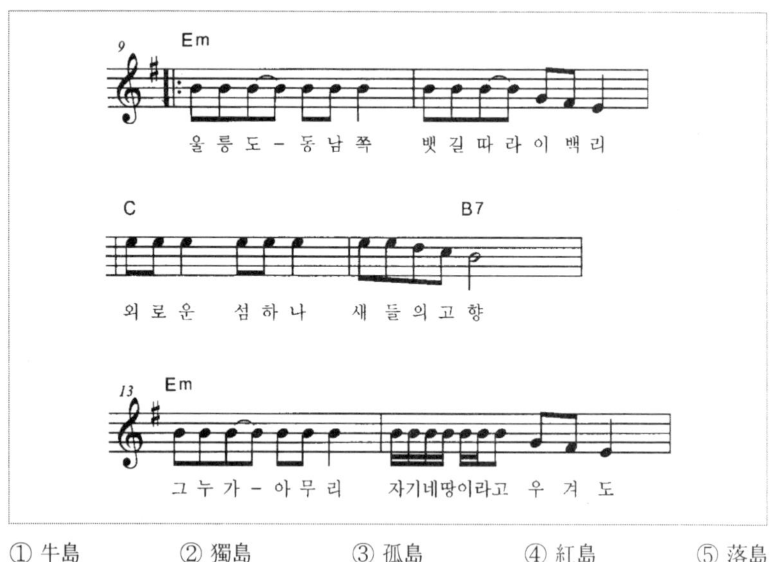

① 牛島   ② 獨島   ③ 孤島   ④ 紅島   ⑤ 落島

위 유형은 일상생활 속에서 많이 불리는 노래와 관련하여 그 제재가 되는 한자어를 정확히 표현한 것을 찾게 하는 문항이다. 하지만 이 문항은 특정인에게만 유리할 수 있다는 편파성 논란의 소지가 다소 있다. 제시한 노래가 널리 알려진 노래이기는 하지만 발표 시점이 상당히 오래되어 이 노래 자체를 알지 못하거나, 이러한 노래에 대해 관심이 없는 수험생에게는 불리하다는 지적이 제기될 수 있다. 따라서 한문 외적인 지식에 따라 성패가 갈리지 않도록 신중을 기해야 한다.

問 ㉠에 알맞은 것은? [1점] (2007-9월모의 9번)

① 發展
② 開業
③ 昇進
④ 結婚
⑤ 生辰

위 문항은 일상생활에서 많이 접하는 결혼식의 모습을 담은 그림을 제시하고 그 행사에 해당하는 한자어를 찾아낼 수 있는지를 평가하는 문항이다. 문장 대신 간단한 삽화를 통해 일상 언어생활과 관련한 한자어 문제를 제작한 점이 참신하다고 할 수 있다.

問 ㉠에 알맞은 것은? [1점] (2009-9월모의 6번)

① 共販場
② 乘車場
③ 野營場
④ 運動場
⑤ 講演場

위 문항은 기차역의 모습을 담은 그림을 세시하고 그 그림에 나타난 표지판의 뜻에 해당하는 한자를 찾아낼 수 있는지를 평가하는 문항이다.

問 ㉠에 알맞은 것은? (2009-수능 7번)

① 主意   ② 朱衣   ③ 主義   ④ 周衣   ⑤ 注意

위 문항은 표지판에 제시된 한글 부분에 해당하는 한자어를 찾아낼 수 있는지 평가하는 문항이다. 실생활에서 우리가 흔히 접할 수 있는 기차역의 표지판 등에는 '階段注意'와 같은 한자어를 자주 사용하고 있다. 이 문항은 교육과정과 일상생활을 고려하여 구안한 문항으로 내용상 타당도가 아주 높다고 할 수 있다.

문 ㉠에 알맞은 것은? [1점] (2009-수능 8번)

① 工事
② 休業
③ 消毒
④ 修理
⑤ 暖房

위 문항은 유리창에 붙어 있는 안내문의 내용이 무엇인지를 두 사람의 대화를 통해 찾아낼 수 있는지 평가하는 문항이다.

문 ㉠에 알맞은 것은? [1점] (2010-9월모의 7번)

> ○ 問安 – 안녕하십니까?
> ○ (㉠) – 고맙습니다!

① 不平   ② 招請   ③ 祝賀   ④ 感謝   ⑤ 稱讚

위 문항은 일상생활에서 흔히 사용하는 인사말을 범주에 따라 제시하고, 그 범주를 나타내는 한자어의 뜻을 이해하고 있는지 평가하는 문항이다.

問 영수증에 나타나지 <u>않은</u> 것은? [1점] (2010–9월모의 8번)

2009년 08월 **도시가스 영수증**			
주소 / 성명	○○동 ○○–○ ○○○ / ○○○		
사용내역	금월 지침	1,757m³	기본 요금	840원
	전월 지침	1,736m³	사용 요금	14,130원
	사 용 량	21m³	부 가 세	1,490원
	보 정 량	20.9643m³	가 산 금	1,260원
금 액			17,720원
발행일 2009. 09. 01.		사용량 비교	

① 使用量
② 附加稅
③ 納期日
④ 加算金
⑤ 發行日

　위 문항은 도시가스 영수증에 나오는 한자어를 통해 생활 한자어를 바르게 표기할 수 있는지 평가하는 문항이다.

問 ㉠에 알맞은 것은? [1점] (2010–9월모의 9번)

① 白壽
② 古稀
③ 回甲
④ 耳順
⑤ 弱冠

　위 문항은 언어생활에 비교적 많이 활용되는 한자어 가운데 사람이 나이를 지칭하는 한자어의 음과 뜻을 알 수 있는지 평가하는 문항이다. 삽화에 나오는 아들의 말을 통해 이 자리가 칠순 잔치의 모습임을 알 수 있다.

　이상의 문항들은 간단한 그림을 통해 일상 언어생활과 관련한 한자어 문제를 제작한 점이 참신하다. 그림을 제시함으로써 수험생의 지루함도 덜어주고 아울러 측정하고자 하는 평가 목표도 달성할 수 있다는 점을 높이 평가할 수 있다.

◆ 성어를 일상생활에 활용하기

『고등학교 교육과정 해설』에서 "'성어를 일상 생활에 활용한다.'란, 학습한 성어를 일상 생활에 활용하는 것을 말한다. 성어에 대한 정확한 이해는 일상의 언어 생활에서 의사 소통을 원활하게 할 뿐만 아니라, 표현에 있어서도 청자의 이해를 돕는 데 크게 도움이 된다. 따라서, 성어에 대한 학습에서는 단순히 겉뜻만 아는 데 그쳐서는 안 되며, 반드시 그 속뜻을 알고 그 말을 일상 생활에서 바르게 활용할 수 있도록 하여야 한다."[16]라고 하였다.

그동안 '성어를 일상생활에 활용하기'와 관련하여 출제된 유형을 살펴보면 다음과 같다.

問 그림의 내용으로 유추할 수 있는 것은? [1점] (2005-수능 6번)

① 桑田碧海
② 牛耳讀經
③ 指鹿爲馬
④ 朝三暮四
⑤ 結草報恩

위 문항은 그림의 내용이 뜻하는 의미를 파악한 후 그러한 속뜻을 지닌 성어를 추론적 이해를 통해 찾아내도록 구안된 문항이다.

---

16) 교육부(2001), 28면.

問 그림의 내용으로 유추할 수 있는 성어는? [1점] (2008-수능 9번)

① 百年佳約
② 送舊迎新
③ 類類相從
④ 燈火可親
⑤ 種豆得豆

위 문항은 한 해를 보내고 새 해를 맞이하는 보신각 타종 현장에서 이를 보도하는 기자의 말을 통해 유추할 수 있는 사자성어를 찾도록 한 문항이다. 매년 연말마다 흔히 쓰는 '送舊迎新'의 의미를 정확히 알고 있는지, 그 의미에 합당한 한자어를 찾을 수 있는지를 묻는 문항이다.

問 대화의 내용과 관계있는 것은? (2010-6월모의 11번)

① 他山之石
② 束手無策
③ 知行一致
④ 欲速不達
⑤ 雪上加霜

위 문항에서 제시한 그림에는 二人三脚 경기를 하며 빨리 가기 위해 조바심을 내는 아이에게 서두르면 오히려 넘어질 수 있고, 그렇게 되면 목적을 달성할 수 없다고 엄마가 타이르고 있는 내용이 담겨 있다. 우리가 흔히 쓰는 '欲速不達'의 의미를 정확히 알고 있는지, 그 의미에 합당한 한자어를 찾을 수 있는지를 묻는 문항이다.

이상의 문항들은 독백이나 대화, 보도 등을 하고 있는 그림을 제시하고 그 내용이 뜻하는 의미를 파악한 후 그러한 속뜻을 지닌 성어를 추론적 이해를 통해 찾아내도록 구안된 문항이다.

문 그림의 내용으로 유추할 수 있는 성어는? [1점] (2009-9월모의 8번)

① 伯牙絶絃
② 見危授命
③ 指鹿爲馬
④ 厚顔無恥
⑤ 畫蛇添足

위 문항은 앞서 살펴본 유형과는 달리 제시한 그림에 말풍선이 달려 있지 않다. 그림에는 지하철에서 노인이 힘들어 주저앉아 있는데 전화를 받는 척 신문을 보는 척하며 노인에게 자리를 양보하지 않는 젊은이들이 그려져 있다. 우리가 흔히 쓰는 '厚顔無恥'의 의미를 정확히 알고 있는지, 그 의미에 합당한 한자어를 찾을 수 있는지를 묻는 문항이다.

문 그림의 내용으로 유추할 수 있는 성어는? [1점] (2009-6월모의 8번)

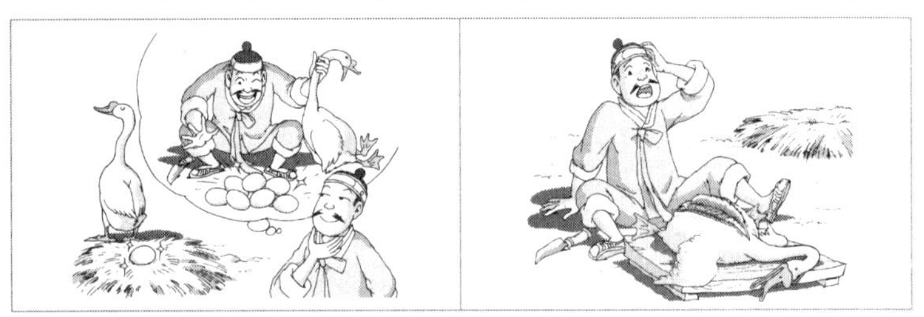

① 大器晚成　　② 小貪大失　　③ 不恥下問　　④ 手不釋卷　　⑤ 竹馬故友

위 문항은 앞의 유형과 달리 2단 컷을 사용하고 있다. '황금알을 낳는 거위'로 알려진 우화를 그림으로 제시하고, 이를 통해 우리가 흔히 쓰는 '小貪大失'의 의미를 정확히 알고 있는지, 그 의미에 합당한 한자어를 찾을 수 있는지를 묻는 문항이다.

問 그림의 내용으로 유추할 수 있는 성어는? [1점] (2009-수능 11번)

① 不恥下問　　② 日就月將　　③ 孤掌難鳴　　④ 相扶相助　　⑤ 緣木求魚

위 문항은 앞의 유형과 달리 3단 컷을 제시하고 있다. 첫 번째 그림은 어떤 남학생이 달리기 대회에서 가장 뒤늦게 결승점에 도달하는 장면이다. 두 번째 그림은 동일한 남학생이 오랫동안 달리기 연습에 전념하면서 실력을 다져나가며 노력하는 모습이다. 세 번째 그림은 동일한 남학생이 훗날 달리기 대회에서 결국 일등으로 결승점을 통과하는 모습이다. 우리가 흔히 쓰는 '日就月將'의 의미를 정확히 알고 있는지, 그 의미에 합당한 한자어를 찾을 수 있는지를 묻는 문항이다.

다음에 제시하는 사례는 이상의 유형과는 또 다른 방식을 취하고 있다.

問 ㉠에 들어갈 말로 알맞은 것은? [1점] (2005-9월모의 8번)

세인 : 소연아! 지금 무슨 책 읽고 있어?
소연 : 응, 『심청전』. 다시 읽는 중이야.
세인 : 그래. 그 책 나도 읽었는데, 심청이의 효성이 너무 감동적이지 않니?
소연 : 맞아! 특히 맹인 잔치에서 심청이를 만나 심봉사가 눈 뜨는 장면은

> 정말 (㉠)이야.

① 壓卷   ② 助長   ③ 盲目   ④ 知音   ⑤ 蛇足

문 ㉠에 가장 알맞은 것은? (2010-6월모의 9번)

① 千篇一律
② 目不識丁
③ 事必歸正
④ 刻舟求劍
⑤ 群鷄一鶴

두 문항 모두 대화 속에 직접 해당 성어가 노출되어 있어 해당 성어를 괄호로 처리한 후 그것이 무언인지 문맥을 통해 찾아내도록 하고 있다. 이점이 추론적 이해를 통해 해당 성어를 찾아내도록 한 앞의 문항들과 구별되는 차이점이다.

다음으로 '한자어를 문장 독해에 활용하기'와 관련하여 출제된 유형을 살펴보기로 한다.

• 한자어를 구성하고 있는 한자의 쓰임 알기

이 유형은 한자어를 구성하고 있는 한자의 다양한 쓰임과 그 의미를 파악하고 있는지 측정하는 문항이다.

問 ㉠과 뜻이 서로 통하는 것은? (2006-6월모의 10번)

教學相㉠長

① 長短   ② 長壽   ③ 成長   ④ 長點   ⑤ 家長

問 ㉫과 쓰임이 같은 것은? [1점] (2007-6월모의 25번)

客亦知㉠夫水㉡與月乎? 逝者㉢如斯, 而未㉣嘗往也. 盈虛者如彼, 而㉤卒莫
消長也. 蓋㉫將自其變者而觀之, 則天地㉬曾不能以一瞬, ◎自其不變者而觀
之, 則物與我皆無盡也, 而又何羨乎?

* 逝(서) : 가다   * 盈(영) : 차다   * 羨(선) : 부러워하다

－「적벽부(赤壁賦)」－

① 將軍   ② 將卒   ③ 將次   ④ 將帥   ⑤ 將星

위 문항들은 하나의 한자가 성어 또는 문장 중에서 사용될 때 지니는
뜻을 바르게 알고 있는지 평가하는 문항이다. 보기에 제시한 성어 또는
문장 속에서 쓰인 한자의 의미를 정확히 파악하고 있으면서 동시에
답지들에 쓰인 동일한 한자의 의미를 알아야만 정답을 맞힐 수 있는
문항이다.

이 문항은 다음과 같이 '합답형'으로 형식이 변화하게 되는데, 한
문 과목에서는 2008학년도 6월 모의고사에서 처음으로 시도해 본 유
형이다.

🔲 ⓛ과 쓰임이 같은 것을 〈보기〉에서 고른 것은? (2008-6월모의 23번)

> 母, 以橘二枚, 授二子, ㉠幼子, 置不食.
>
> 母問 : "何故?" 曰 : "頃者, 兒有ⓛ過, 父親, 禁勿食也."
>
> 父適入聞之, 喜曰 : "兒能不欺爾母, 可以食橘矣."
>
> *橘(귤) : 귤   *枚(매) : 낱개   *爾(이) : 너   －『몽학한문초계(蒙學漢文初階)』－

─────── 〈보 기〉 ───────

ㄱ. 過失   ㄴ. 過信   ㄷ. 過誤   ㄹ. 過多

① ㄱ, ㄴ   ② ㄱ, ㄷ   ③ ㄴ, ㄷ   ④ ㄴ, ㄹ   ⑤ ㄷ, ㄹ

🔲 ㉠과 같은 의미로 쓰인 것을 〈보기〉에서 모두 고른 것은? (2008-9월모의 21번)

> 古之聖人, 其㉠出人也, 遠矣, 猶且從師而問焉. 今之衆人, 其下聖人也, 亦遠矣,
>
> 而恥學於師. 是故, 聖益聖, ⓛ愚益愚.   －『한창려집(韓昌黎集)』－

─────── 〈보 기〉 ───────

ㄱ. 出衆   ㄴ. 外出   ㄷ. 出發   ㄹ. 特出

① ㄱ, ㄷ   ② ㄱ, ㄹ   ③ ㄴ, ㄷ   ④ ㄱ, ㄷ, ㄹ   ⑤ ㄴ, ㄷ, ㄹ

합답형 문항이란 위에서 살펴본 바와 같이 '〈보기〉에 제시된 여러 개의 선택지 중 하나 또는 둘 이상이 합해서 정답이 되는 형식'이다. 선택지 중 하나만 알아서는 안 되며, 여러 개를 종합적으로 알아야 되는 문항 형식이다. 이 형식을 한문 과목에서 처음으로 채택한 것은 '소재 고갈'과 관련이 있다. 이러한 당면과제를 해결하기 위해서는 기출문항에 저촉되지 않도록 새로운 형식을 도입할 필요성이 제기되었던 바 그 해결책으로 이 형식을 도입한 것이다.

이상에서 살펴본 바와 같이 성어나 문장 중에 쓰인 한자의 문맥적 의미를 정확히 파악하고 있는가를 평가하는 문항은 한자의 다양한 쓰임을 묻고 있다는 점에서 타당도가 높은 문항이다.

• 문맥 속에서 쓰인 한자어의 뜻 알기

문맥 속에서 각각의 한자어가 어떠한 의미로 쓰이고 있는지 알고 있나 평가하는 문항이다. 이것은 '한자어를 문장 독해에 활용하기'의 가장 바람직한 유형이라 할 수 있다.

문 ㉠의 풀이로 가장 알맞은 것은? (2005-9월모의 17번)

> 春川俗, 有車戰. 以獨輪車, 各里分隊, 前驅相戰, 以占㉠年事, 逐北者爲凶. 加
> 平俗, 亦然.　　　　　　　　　　　　　　　　　－『동국세시기(東國歲時記)』－

① 나이　　　② 농사　　　③ 차전놀이　　　④ 명절 준비　　　⑤ 수레 제작

문 ㉡의 풀이로 알맞은 것은? (2005-수능 21번)

> 公主對曰：“大王常語, ㉠汝必爲溫達之婦, 今何故改前言乎? 匹夫猶不欲㉡食
> 言, 況至尊乎? 故曰 : '王者無戲言', 今大王之
> 命, 謬矣. 妾不敢祗承.”
>
> * 謬(류) : 그릇되다　　* 祗(지) : 공경하다　　* 溫達(온달) : 고구려의 장수
> 　　　　　　　　　　　　　　　　　　　　　　　－『삼국사기(三國史記)』－

① 침착하게 말하다.　　　　　　　② 식사하는 중에 말하다.
③ 음식에 대해 말하다.　　　　　　④ 말한 것을 지키지 않다.
⑤ 입을 다물고 말하지 않다.

문 ㉢의 풀이로 알맞은 것은? (2005-수능 24번)

> 王問衆女子曰 : “何花最好?” 或言桃花, 或言牡丹花, ㉠所對不一. 貞純王后,
> 獨曰 : “㉡綿花最好.” 王問其故. 對曰 : “他花, ㉢不過一時之好, 唯綿花, 衣被
> 天下, 有防寒之功也.”
>
> * 牡(모): 수컷　* 后(후): 왕비　* 貞純王后(정순왕후): 영조의 비
> 　　　　　　　　　　　　　　　　　　　　　　　－『대동기문(大東奇聞)』－

① ～하기 어렵다　　　② ～에 지나지 않다　　　③ ～의 시기를 놓치다
④ ～을(를) 탓하지 않다　　　⑤ ～을(를) 부정하지 않다

위 유형은 제시한 글을 읽고 글 속에 쓰인 한자어의 문맥적 의미를 정확하게 알고 있는지 평가하는 것이다. 이처럼 풀이가 옳은 것을 묻는 정답형으로 출제하기도 하지만 다음의 경우에는 부정형으로 출제를 하고 있다.

問 ㉠~㉤의 풀이가 바르지 <u>않은</u> 것은? [1점] (2005-수능 14번)

> 伯兪有過, 其母笞之, 泣. 其母曰 : "㉠<u>他日</u>笞, 子未嘗泣, 今泣㉡<u>何也</u>?" 對曰 : "兪㉢<u>得罪</u>, 笞常㉣<u>痛</u>, 今母之力, 不能使 痛, ㉤<u>是以泣</u>."
>
> *笞(태) : 매질하다   *伯兪(백유) : 중국 한(漢)나라 사람   -『소학(小學)』-

①㉠ : 오늘　　　　②㉡ : 어째서　　　　③㉢ : 잘못하다
④㉣ : 아프다　　　⑤㉤ : 이 때문에

問 ㉠~㉤의 풀이가 바르지 <u>않은</u> 것은? [1점] (2005-수능 25번)

> 黃相國喜, ㉠<u>微時</u>行役, 憩于路上, 見㉡<u>田夫</u>駕二牛而耕者, 間曰 : "二牛何者爲勝?" 田夫不對, 輟耕而至, 附耳㉢<u>細語</u>曰 : "此牛勝." 公怪之. 田夫曰 : "雖㉣<u>畜物</u> 其心與人同也 此勝則彼劣 使牛聞之 ㉔<u>寧無不平之心乎</u>" 公㉤<u>大悟</u>, 遂不復言人之長短云.
>
> *駕(가) : 부리다   *輟(철) : 그치다   *黃喜(황희) : 조선 시대의 정승
>
> 　　　　　　　　　　　　　　　　　　　　　　　-『지봉유설(芝峯類說)』-

①㉠ : 정오　　　　②㉡ : 농부　　　　③㉢ : 작게 말함
④㉣ : 짐승　　　　⑤㉤ : 크게 깨달음

위의 경우처럼 부정형으로 출제를 하는 것은 기술적인 문제일 때도 있지만 대개는 수험생들에게 어려운 지문일 경우에 전체 맥락을 어느 정도 파악하는 데 도움을 주기 위해 의도적으로 구안하는 경우가 많다.

・의미가 유사하거나 상대되는 한자어 알기

이 유형은 의미상 서로 통하는 한자어나 상대적인 의미를 지닌 한자어를 알고 있는지 평가하는 것이다.

問 ⓛ과 의미가 가장 가까운 한자어는? (2007-수능 26번)

> 金正浩, 自號古山子. 素多巧藝, 癖於輿地之學, 博考廣蒐, 嘗作地球圖. 又作大東輿地圖, 能畫能刻, 印布㉠于世, 詳細精密, 古今ⓛ無比.
>
> *金正浩(김정호): 조선 시대 인물   *癖(벽): 버릇   *蒐(수): 모으다
>
> ―『이향견문록(里鄕見聞錄)』―

① 無雙   ② 無害   ③ 無限   ④ 無情   ⑤ 無識

위 문항은 문장 속에 쓰인 한자어와 의미가 유사한 한자어를 찾을 수 있는지 묻고 있다.

이 문항과 달리 한자어가 아니라 한자 또는 어구와 의미가 통하는 한자어를 찾으라고 하는 방식도 사용되고 있으니, 다음 두 사례가 그것이다.

問 ㉠의 의미와 가까운 것은? (2006-9월모의 20번)

> 知恩 〈중략〉 不勝困苦, 就富家, 請賣身爲婢, 得米十餘石. 窮日行役於其家, 暮則作食歸養之. 如是三四日, 其母謂女子曰: "㉠向食麤而甘, 今則食雖好, ⓛ味不如昔, 而肝心若以刀刃刺之者, 是何意耶?"
>
> *麤(추): 거칠다   *知恩(지은): 사람 이름   ―『삼국사기(三國史記)』―

① 今日   ② 來日   ③ 終日   ④ 後日   ⑤ 前日

문 ㉡의 풀이에 가까운 한자어는? (2006-9월모의 26번)

> 虎求百獸而食之. 得狐, 狐曰:"子無敢食我也. 天帝使我長百獸, 今子食我, 是㉠
> 逆天帝命也. 子以我爲不信, 吾爲子先行, 子隨我後, 觀百獸之見我而敢不走乎."
> 虎以爲然. 故遂㉡與之行, 獸見之, 皆走. 虎不知獸畏己而走也, 以爲畏狐也.
>
> * 狐(호) : 여우
> —『전국책(戰國策)』—

① 同行　　　② 直行　　　③ 苦行　　　④ 暗行　　　⑤ 擧行

　다음으로 서로 상대적인 의미를 지닌 한자어를 묻는 유형에 대해 살펴보기로 한다.

문 ㉠에 가장 알맞은 것은? [1점] (2006-수능 8번)

> 成功之難, 如登天.
> ↕　　↕
> (㉠)之易, 如燒毛.　　　　　　　—『공자가어(孔子家語)』—

① 失敗　　　② 勤勉　　　③ 行動　　　④ 敎育　　　⑤ 創作

문 ㉠에 알맞은 것은? (2009-9월모의 15번)

> 德勝才, 謂之君子,
> ↕
> 才勝德, 謂之(㉠).　　　　　　　—『자치통감(資治通鑑)』—

① 小人　　　② 主人　　　③ 哲人　　　④ 聖人　　　⑤ 義人

　이 유형은 서로 對를 이루고 있는 문장을 제시하고 있는데, 수험생의 부담을 덜어주기 위해 서로 의미가 對가 되는 한자어에 밑줄을 치고 화살표 표시를 더해 주고 있다.

• 문맥상 알맞은 한자어 찾기

이 유형은 주로 간단한 문장을 제시하고 문맥상 의미에 적합한 한자어를 찾을 수 있는가 평가하는 문항이다.

〔문〕 글의 내용으로 보아 ㉡에 가장 알맞은 것은? (2007-수능 12번)

> ○ 天下難得者, 兄弟. ㉠프求者, 田地.　　　　　　　　　　-『북사(北史)』-
>
> ○ 兄弟, 同氣之人, 骨肉至親, 尤當(　㉡　).　　　　　　-『동몽선습(童蒙先習)』-

① 立志　　　② 分別　　　③ 友愛　　　④ 完全　　　⑤ 節約

〔문〕 ㉠, ㉡에 공통으로 들어갈 한자어는? (2008-수능 13번)

> ○ 不信乎(　㉠　), 不獲乎上矣.　　　　　　　　　　　　-『중용(中庸)』-
>
> ○ 吾日三省吾身, 爲人謀而不忠乎?
>
> 　與(　㉡　)交而不信乎? 傳不習乎?　　　　　　　　　　-『논어(論語)』-

① 君臣　　　② 父子　　　③ 夫婦　　　④ 朋友　　　⑤ 長幼

위의 사례처럼 문장을 제시하지 않고 다음처럼 삽화나 악보를 제시하는 경우도 있다.

〔문〕 ㉠에 알맞은 한자어는? [1점] (2005-9월모의 6번)

① 光陰　　　② 春秋　　　③ 歲月　　　④ 回甲　　　⑤ 古稀

問 밑줄 친 부분의 의미와 관련지어 볼 때 ㉠, ㉡에 가장 알맞은 것은? [1점]
(2009-9월모의 12번)

	㉠	㉡		㉠	㉡		㉠	㉡
①	休憩所	檢問所	②	國境線	水平線	③	三角山	八公山
④	日出峯	月出峯	⑤	遊園地	耕作地			

3. '가치관 형성하기'의 문항 유형

'가치관 형성하기'란 "한자어를 학습할 때에는 글자 하나하나의 뜻을 정확히 이해하고, 한자어의 짜임을 통해서 한문의 구조에 대한 이해도를 높여야 함은 물론, 그 말의 내력에서 연유한 정확한 뜻을 알아 우리 선인들의 삶과 지혜를 이해하도록 해야 한다. 그리고 한자어들이 오늘날에도 이어받을 만한 가치가 있는 삶과 지혜를 담고 있는 경우, 이를 학생 각자의 삶 속에서 실천하는 과정을 통하여 건전한 가치관과 바람직한 인성을 함양할 수 있도록 해야 한다."17)는 것이다. 따라서 '가치관 형성하기'의 평가 요소로는 '선인들의 삶과 지혜 알기', '歲時風俗, 節氣, 干支 알기' 등을 들 수 있다.

• 선인들의 삶과 지혜 알기

한글이 창제된 이후에도 오랫동안 한문은 우리 민족의 삶과 역사를

---

17) 교육부(2001), 30면.

표현하고 기록하는 데에 중요한 역할을 하였다. 따라서 한문 학습을 통하여 한문에 담겨있는 선인들의 삶과 지혜를 바르게 이해할 필요가 있다. 하지만 그동안 이와 관련하여 출제된 유형은 그다지 많지 않다.

問 '退溪先生'의 태도로 알맞은 것은? (2006-6월모의 25번)

> 退溪先生, 僑居漢城, 隣家有栗樹, 數枝過墻, 子熟落庭, ㉠恐兒童取食, 拾而投之墻外.
>
> * 僑(교) : 타향에서 살다.
>   -『사소절(士小節)』-

① 高潔   ② 恭敬   ③ 勤勉   ④ 儉素   ⑤ 寬大

問 글의 내용으로 보아 인물 ㉮가 취한 행동을 가장 잘 표현한 것은? (2006-수능 23번)

> 世宗十三年, 上曰 : "太宗實錄垂成, ㉠子欲觀之." 右相㉮孟思誠曰 : "實錄所載, 皆當時之事, 以示後世, 皆實事也. 殿下見之, 亦不得爲太宗更改. 今一見之, 後世人主效之, 史官㉡疑懼, 必失其職, 何以傳信將來?" 上從之.
>
> * 垂(수) : 거의   * 殿(전) : 큰 집   * 孟思誠(맹사성) : 조선의 정승
>   -『연려실기술(燃藜室記述)』-

① 曲學   ② 直言   ③ 助長   ④ 順從   ⑤ 過恭

이상의 유형은 모두 일화를 제시하고 이를 통해 선인들의 삶의 자세와 지혜에 대해 알 수 있는지 평가하는 문항이다. 답지로 제시하고 있는 한자어 속에 선인들의 삶의 자세와 관련된 덕목이 표현되어 있다.

• 歲時風俗, 節氣, 干支 알기

우리는 한자문화권에 속해 있기 때문에 특수한 역사적 문화적 배경

아래 형성된 한자문화권에 공통된 문화에 대해 이해할 필요가 있다. 하지만 이러한 문화 상식은 한문 학습에 필요한 최소한의 범주로 국한할 필요가 있으니, 歲時風俗, 節氣, 干支 알기 등이 그것이다.

먼저 세시풍속에 관한 문항을 살펴보기로 한다.

問 글의 내용과 관계있는 풍속은? [1점] (2006-수능 14번)

> 安東俗, 每年正月十六日, 府內居民, 以中溪, 分爲左右, 投石相戰, 以決勝負.
>
> 『동국세시기(東國歲時記)』

① 茶禮　　　　② 歲拜　　　　③ 石戰　　　　④ 車戰　　　　⑤ 踏橋

위 문항은 세시풍속에 관한 문장을 제시하고 그것이 설명하고 있는 것이 어떤 풍속에 관한 것인지 묻고 있다. 이 문항은 먼저 한문 문장을 번역하여 그 내용을 파악하는 것이 선결 과제이고 그 뒤에 답지에 제시한 풍속 관련 한자어의 음과 뜻을 바르게 알고 있어야 문제 해결이 가능한 유형이다. 비록 답지는 한자어로 되어 있지만 제시문의 내용 파악을 전제로 하고 있기 때문에 한문 영역에도 속하는 문항이다.

다음으로 절기에 관한 유형은 비교적 다양한 편이다.

問 다음이 가리키는 것은? [1점] (2006-수능 4번)

○ 24절기의 하나
○ 大雪 다음의 절기
○ 일년 중 밤이 가장 긴 날

① 立春　　　　② 夏至　　　　③ 秋分　　　　④ 冬至　　　　⑤ 小寒

문 그림의 내용과 관계있는 날은? [1점] (2009-9월모의 9번)

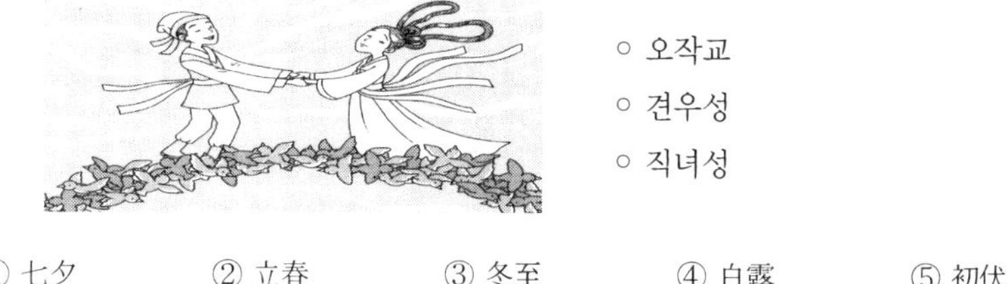

○ 오작교
○ 견우성
○ 직녀성

① 七夕　　　② 立春　　　③ 冬至　　　④ 白露　　　⑤ 初伏

　　이상의 유형은 관련 설명을 그림과 함께 제시하고 그에 알맞은 절기를 찾게 하고 있다. 다음 예시 문항은 이러한 유형에서 벗어나 관련 설명을 삽화에 등장하는 인물의 입을 통해 제시하는 방식으로 변화하고 있다.

문 그림의 내용으로 유추할 수 있는 절기는? [1점] (2008-6월모의 5번)

① 春分
② 立夏
③ 大雪
④ 小滿
⑤ 處暑

　　위 문항은 절기에 관한 정보를 그림 속의 두 사람의 대화를 통하여 제시하고, 그 절기를 한자로 바르게 표기한 것이 무엇인지 평가하는 문항이다.

問 ㉠에 알맞은 절기는? [1점] (2008-9월모의 8번)

① 寒露
② 小滿
③ 雨水
④ 立夏
⑤ 清明

　위 문항은 절기에 관한 정보를 그림 속 기상 캐스터의 말을 통하여 제시하고, 괄호 안에 들어갈 절기를 한자로 바르게 표기한 것이 무엇인지 찾게 하는 문항이다.

　이상의 문항들은 한자어를 언어생활에 활용하는 것과 관련된 것이다. 절기의 의미를 정확히 알고 있는지, 그 의미에 합당한 한자어를 찾을 수 있는지를 묻는 문항으로, 우리의 전통 문화를 이해하고 나아가 선인들의 삶과 지혜를 이해할 수 있는 매우 타당성이 높은 문항이다.

　다음으로 간지에 관한 유형을 살펴보기로 한다.

問 '십이지(十二支)'에 속하는 동물이 들어 있지 않은 것은? [1점] (2008-수능 7번)

① 九牛一毛　　② 羊頭狗肉　　③ 守株待兔　　④ 畫蛇添足　　⑤ 緣木求魚

　위 문항은 비록 十二支에 대해 묻는 형식을 취했지만 사실상 사자성어를 구성하고 있는 낱낱의 한자의 뜻을 묻는 문항이다.

問 ㉠에 알맞은 것은? (2010-6월모의 7번)

① 丁亥　　　② 壬辰　　　③ 甲午　　　④ 辛未　　　⑤ 癸巳

위 문항은 금년과 내년의 干支를 제시하고 3년 뒤의 干支가 무엇인지 찾게 하는 문항으로, 干支를 알고 이를 활용할 수 있는지를 묻는 문항이다. 우리 조상들은 해를 표시할 때 간지를 해마다 하나씩 배당하여 사용하였는데, 이 문항은 '선인들의 삶과 지혜를 이해하고 가치관 형성하기'라는 내용 요소를 평가하기에 적절한 문항이라 할 수 있다.

Ⅳ. 結論

본 연구에서는 대학수학능력시험 한문 과목 '한자어 영역'에 대한 분석을 '출제 경향'과 '문항 유형'의 차원에 국한하여 수행하였다. 검토 대상은 총 17회에 걸친 모의평가 및 대학수학능력시험 문항으로, 한문 과목이 대학수학능력시험 제2외국어/한문 영역에 포함되어 시행되기 시작한 2005학년도 6월 모의평가부터 2009학년도 9월 모의평가까지이다.

먼저 출제 경향의 차원에서 살펴본 결과, 한자어 영역의 문항 수는 외형상 매 시험마다 전체 문항 수의 30%인 9문항이 출제되어 『출제 매뉴얼』에서 제시한 시행 지침과 일치하고 있다. 그러나 총 배점으로 보면 '12점(24%)~15점(30%)'로 『출제 매뉴얼』의 시행지침보다는 최고 6% 정도 하회하고 있는 것으로 나타났다.

문항의 평가 요소를 살펴보면 한자어 영역의 학습 요소를 고르게 반영하고 있으며, 문항의 유형 역시 다양하게 변화를 거듭하고 있다. 이러한 유형의 변화는 내용상 타당성을 높이거나 변별도를 제고하거나 정답률을 조정하기 위한 노력의 일환인 동시에 기출 문항에 저촉되지 않기 위한 것이기도 하다. 또한 삽화를 적극 활용하고 있는 것도 특징 중의 하나라 할 수 있다.

본 연구에서는 '한자어 영역'에 대한 분석을 수행하였다. 이는 작년에 수행한 '한자 영역'에 대한 후속 작업이다. 나머지 '한문 영역'에 대한 분석 작업은 차후의 과제로 수행하여 대학수학능력시험 한문 과목의 전체적인 출제 경향 및 문항 유형 분석을 마무리할 예정이다. 이처럼 '출제 경향'과 '문항 유형'의 차원에 관한 분석 작업이 마무리되면 한 단계 더 나아가 측정·평가의 통계적 원리와 기법을 활용하여 '문항의 양호도'에 관한 연구를 수행할 필요가 있다. 이 연구는 시험 결과에 대한 기술 통계 자료, 예컨대 정답률, 변별도, 답지 반응률 등의 공개가 이루어져야 가능하기 때문에 그 이후에 수행해야 할 과제로 남겨 두기로 한다.

참고문헌

교육인적자원부(2007), 중학교 재량 활동의 선택 과목 교육과정. 교육인적자원부 고시 제 2007-79호.

교육인적자원부(2007), 한문, 교양 선택 과목 교육과정. 교육인적자원부 고시 제 2007-79호.

문교부(1988), 중학교 한문과 교육과정 해설.

문교부(1989), 고등학교 한문과 교육과정 해설.

교육부(1994), 중학교 교육과정 해설 -한문·컴퓨터·환경-.

교육부(1995), 고등학교 한문과 교육과정 해설 -한문Ⅰ, 한문Ⅱ-.

교육부(1998), 중학교 재량 활동의 선택과목 교육과정-한문, 컴퓨터, 환경, 생활 외국어-.

교육부(1999), 중학교 교육과정 해설(Ⅴ)-외국어(영어), 재량 활동, 한문, 컴퓨터, 환경, 생활 외국어-.

교육부(1998), 한문, 교련, 교양 선택과목 교육과정.

교육부(2001), 고등학교 교육과정 해설-한문-.

교육과학기술부(2008), 중학교 교육과정 해설(Ⅴ)-외국어(영어), 재량 활동, 한문, 정보, 환경, 생활 외국어-.

교육과학기술부(2008), 고등학교 교육과정 해설 ⑬-한문-.

한국교육과정평가원(2005), 대학수학능력시험 출제 메뉴얼 제2외국어/한문 영역.

문영진, 장호성, 김왕규, 박영호, 송병렬, 안재철, 윤재민, 이군선(2006), 중·고등학교 한문 선택과목 교육과정 개정 시안 연구 개발. 한국교육과정평가원.

張豪晟(2004), 「제7차 교육과정에 따른 中學校 漢文 敎科書의 問題」, 『漢文學報』 제10집, 우리한문학회.

張豪晟(2004), 「漢文科 敎材의 問題-제7차 교육과정 高等學校 漢文 敎科書를 중심으로」, 『漢文敎育硏究』 제22호, 한국한문교육학회.

張豪晟(2005), 「漢文敎育用 基礎漢字의 문제-漢文 敎育課程 改定 試案의 연구 개발에 즈음하여」, 『東方漢文學』 제29집, 동방한문학회.

張豪晟(2006), 「漢文 學校文法 制定 方案의 摸索-爭點 事項을 中心으로-」, 『漢字漢文學』 제16집, 한국한자한문교육학회.

張豪晟(2008), 「대학수학능력시험 한문 과목 '한자 영역'의 출제 경향 및 문항 유형 분석」, 『漢字漢文學』 제21집, 한국한자한문교육학회.

이 글은 『漢字漢文敎育』 제23집(韓國漢字漢文敎育學會, 2009)에 수록한 논문을 재수록한 것이다.

韓國과 中國의 大學入試 漢文 試驗 比較 考察

張豪晟

Ⅰ. 序論

우리나라의 大學修學能力試驗에 漢文이 시험 과목으로 처음 포함된 것은 2005학년도부터이니 이제 7년차에 접어들었다. 따라서 시험의 성격을 규정하고 평가 방향을 모색하던 초기 단계에서 진일보하여 이제는 안정적인 단계로 접어들었다고 할 수 있다. 하지만 아직도 여러 가지 현실적인 제약 때문에 문항 출제에 있어 어려움을 겪고 있다. 이에 외국의 한문 시험은 어떤 방식으로 어떻게 시행하고 있는지 파악하여 대학수학능력시험 한분 과목 출세에 시사짐을 읽고자 본고를 기획하였다. 이를 위해 먼저 漢文을 外國語로서 배우고 있는 日本의 경우를 살펴본바 있고,[1] 本稿에서는 母國語로 漢文을 배우고 있는 中國의 경우를 살펴보고자 한다.

본고에서는, 우리나라의 경우 한문 과목이 대학수학능력시험 제2외국어/한문 영역에 포함되어 시행되기 시작한 2005학년도 6월 모의

---

1) 張豪晟(2009b), 75~107면 참조.

평가부터 2011학년도 9월 모의평가까지 총 20회에 걸친 模擬評價 및 大學修學能力試驗 問項을 검토 대상으로 삼기로 한다. 이는 아직까지 2007년 개정 교육과정의 적용을 받지 않고 있기 때문이다. 반면 중국의 경우에는 '2009年 普通高等學校招生全國統一考試' 중 全國卷 Ⅰ, 全國卷Ⅱ, 北京卷의 '語文' 試驗 總3種만을 검토 대상으로 삼고자 한다. 그 이유는 자료 수집상의 제한도 있지만 이들 시험이 동일한 敎育課程의 내용을 바탕으로 이루어졌기 때문이다. 중국에서는 2004년부터 新敎育課程이 일부 지역부터 시행되기 시작하여 현재 전국적으로 적용이 확대되고 있는 관계로 지역별로 시험에 적용하는 교육과정이 다른데, 2009년에 시행된 이들 3종의 시험은 모두 舊敎育課程의 적용을 받고 있다.

검토할 내용으로는 양국의 시험에 대해 시험의 구성(문항 수, 시험 시간, 문항당 소요 시간, 배점), 문항의 내적인 면(문항의 유형, 지문 내용 및 문항 배열, 평가 목표 및 난이도), 문항의 외적인 면(문항 형식, 문두 표현, 답지의 배열, 밑줄 표시, 문제지 면수) 등의 측면에서 살펴볼 것이다.

Ⅱ. 韓中 兩國의 大學入學試驗 槪觀

1. 試驗의 槪要

우리나라의 大學修學能力試驗은 대학 교육에 필요한 수학 능력을 측정하는 시험으로, 1993년에 처음 시행되었다. 政府出捐 研究機關인 韓國敎育課程評價院에서 出題, 問題紙 印刷·配付, 採點, 成績 通知를 담당하고 있고, 應試願書 交付·接受, 問答紙 運送·保管, 試驗 實施 등은 各 市, 道 敎育廳에서 主管하고 있다.

중국의 대학입학시험의 정식 명칭은 '普通高等學校招生全國統一考試'인데 일반적으로 '高考' 또는 '統考'라고 줄여서 부르고 있다. 敎育部考試中心에서 시험 문제를 통일적으로 출제하다가 2004년부터 경제・사회가 발달한 순서대로 각 省(區, 市)에서 자체출제를 하게 되었는데, 점차 늘어나 2009년에는 16개 省(區, 市)에서 자체출제를 하고 있다. 敎育部考試中心에서 출제한 문항은 자체 출제를 하지 않는 지역에서만 사용하고 있다. 매년 초 敎育部考試中心에서 국가교육과정에 의거해 '普通高等學校招生全國統一考試大綱'을 발표하면, 지역별로 자체 출제를 하는 16개 有關 省級 考試機構에서는 이 大綱에 의거하되 지역의 특성에 따라 약간의 내용을 추가한 大綱을 만들어 시행하고 있다. 이 시험은 매년 고정된 날짜인 6월 7일과 8일 양일간에 걸쳐 실시하고 있는데, 출제 과목의 수가 많은 일부 지역은 6월 9일까지 시행하고 있다. 우리나라와는 달리 시험 문제 출제, 인쇄, 채점 그리고 관리 등의 업무를 敎育部考試中心 또는 有關 省級 招生委員會에서 모두 주관하고 있는데, 敎育部考試中心은 또한 16개 省(區, 市)에서 출제하는 시험 문제의 質 등을 전체적으로 관리하고 있다. 다만 시험지 제작 단계에서는 16개 省(區, 市)에서 자체 관리를 하고 있다.

韓中 兩國의 시험 보두 각국의 고등학교 '敎育課程'(중국은 '課程標準'이라 함)에 의거하여 출제하고 있다. 양국 대학입학시험의 개요를 소개하면 다음 〈표 1〉과 같다.

〈표 1〉 韓中 兩國 大學入學試驗 槪要

	大學修學能力試驗	普通高等學校招生 全國統一考試
시행일	매년 11월 2째 주 목요일	매년 6. 7~6. 8(또는 6. 9)

출제, 문제지 인쇄 · 배부, 채점, 성적 통지	韓國敎育課程評價院	敎育部 考試中心 또는 省級 招生委員會
응시원서 교부 · 접수, 문답지 운송 · 보관, 시험 실시	市 · 道 敎育廳	
출제 범위	敎育課程	課程標準

2010학년도에 시행된 兩國 시험의 시험일, 시험 영역/교과, 응시 자격, 시행 절차 등 제반사항을 비교하여 정리하면 다음 〈표 2〉와 같다.

〈표 2〉 2010학년도 韓中 兩國 大學入學試驗 시행 현황

	大學修學能力試驗	普通高等學校招生全國統一考試
시험 일	2009. 11. 12	2009. 6. 7~6. 8(또는 6. 9)
시험 영역/ 교과	7개 영역 : 언어, 수리, 외국어(영어), 사회/과학/직업탐구, 제2외국어/한문 영역	省, 區, 市 單位別로 相異함. 11개 교과 : 어문, 수학, 외국어, 문과 종합, 이과 종합, 역사, 지리, 정치, 화학, 생물, 물리
응시 자격	· 2009학년도 고등학교 졸업예정자 · 고등학교 졸업자 · 초 · 중등교육법시행령 제98조에 의거 고등학교 졸업자와 동등의 학력이 있다고 인정된 자	· 중화인민공화국의 헌법과 법률 준수 · 고급중등교육학교 졸업 혹은 이와 동등한 학력 소지자 · 신체가 건강한 자
시행 절차	세부 시행 계획 발표(2009. 3. 30) → 1차 모의평가 실시(2009. 6. 4) → 시험 시행 공고(2009. 7. 27) → 응시 원서 접수(2009. 8. 26~9. 10) → 2차 모의평가 실시(2009. 9. 3) → 수험표 교부(2009. 11. 11) → 시험 실시(2009. 11. 12) → 문제·정답 공개 및 이의 신청(2009. 11. 12~11. 16) → 이의제기 심사(2009. 11. 17~11. 24) → 정답 확정 발표(2009. 11. 25) → 성적통지표 교부(2009. 12. 9)	신입생 모집 통지(2009. 3. 3) → 시험 업무 규정 고시(2009. 3. 8) → 시험 실시(2009. 6. 7~6. 9) 　* 有事時 副題 사용 → 합격 업무(2009. 7. 上旬부터~8. 20前)

양국 시험 중 특징적인 것은 우리나라의 '모의평가'와 '이의 신청', 중국의 '有事時 副題 사용'이라 할 수 있다. 이는 모두 양국의 특수한 사정에서 기인한 것이라 할 수 있다. 즉 우리나라의 경우 대학입학시험에 대한 사회의 예민한 반응에서 '모의평가'와 '이의 신청'이 탄생하였고, 중국은 지리적인 특성 때문에 '有事時 副題 사용'에 관한 규정을 마련해 두고 있는 것으로 보인다.

중국의 '有事時 副題 사용'에 관한 규정은 다음과 같다.

(1) 자연 재해 등 불가항력적인 원인 및 기타 갑작스런 사건으로 인해 성(시, 지역) 혹은 현에서 시험을 제 때 시행하지 못할 경우, 성 단위 시험 기관은 교육부 시험 안전 관련 돌발사건 응급처리조에 제때 보고하여 교육부의 비준을 거친 후 副題(별도 시험지)를 사용하여 시험을 진행하도록 한다.

(2) 시험지, 수험생 답안지의 분실, 유실 혹은 기타 원인으로 시험 문제 유출, 비밀 누설 및 시험 답안 훼손이 된 경우, 성 단위 시험 기관은 즉시 조치를 취하여 이에 대한 확산을 효과적으로 통제하고, 교육부 시험 안전 관련 돌발사건 응급처리조와 省(區, 市) 보안국에 즉시 보고한다. 비밀 누설, 유출, 훼손범위를 철저히 조사한 후 시험이 시작되기 전에 반드시 확정된 범위 내에서 시험을 즉각 중지시키며, 시험을 치른 후 교육부가 확정된 범위 내에서 이번 시험이 무효임을 선포한다.

(3) 副題를 사용하여 시험을 진행, 관리, 시험 답안을 채점하는 등의 모든 일은 본 규정에서 정하는 조항에 근거하여 처리하고, 시험시간은 교육부가 정하고, 교육부 고시중심 혹은 유관 省 단위 시험 기관이 副題 제공 및 이에 상응하는 답안 및 점수를 참고하여 책임지고 일을 추진한다.[2]

---

2) 中華人民共和國教育部(2009a), 第33條 참조.

우리나라에서는 중국처럼 '有事時 副題 사용'에 관한 규정을 제정하지는 않고 있다. 중국은 우리나라처럼 '모의평가'에 관한 제도는 없으나 '이의 신청'과 관련한 절차는 있다. 이의신청은 우리나라처럼 채점을 하기 전에 문제나 정답에 관해 이의를 제기하는 것이 아니라 채점이 끝난 후 자기 성적에 대해 이의를 제기한다는 점에 차이가 있다. 이는 우리나라와는 달리 선택형뿐만 아니라 서답형 문항이 상당수를 차지하고 있는 현실과 관계가 있다. 성적에 관한 이의 제기는 일반적으로 전화를 통해 할 수 있는데 '이의 제기 수험생 → 교사 → 학교장 → 교육청'의 과정을 거쳐 중재위원회에서 이의를 제기한 당사자에게 결과를 발표하고 있다.天津市의 경우는 이와는 조금 다른 방식을 취하고 있다. 신청 방식이 전화가 아니라 응시 단위에 가서 書面으로 해야 되는데, 시험쟁의 처리 기구에서 심판위원회를 개최하여 검토한 후 이의를 제기한 당사자에게 결과를 書面으로 통지하고 있다. 이러한 절차가 있기는 하지만 실제적으로 이의신청을 하는 경우도 거의 없고 성적이 바뀌는 경우 역시 거의 없다고 한다. 이는 서답형 문항의 경우 참고 답안 및 채점 기준을 공개하는데다 채점시스템에 신뢰를 가지고 있기 때문이라고 생각된다. 서답형 문항은 문항 당 최소 2인이 채점하여 그 평균점을 부여하되, 2인이 준 점수의 차가 2점 이상(논술은 5점 이상) 나게 되면 다른 사람들에게 재위촉하게 되어 있다.

2. 試驗의 構成

우리나라의 大學修學能力試驗(以下 '修能'으로 略稱)의 시험 영역, 시험 시간, 영역별 배점, 문항 수 등 구성 내역을 살펴보면 다음 〈표 3〉~〈표 4〉와 같다.

<표 3> 修能의 構成[3]

교시	시험 영역	시험 시간	배점	문항 수	비고
1	언어	08 : 40~10 : 00 (80분)	100	50	· 듣기 문항 5개 포함 - 08 : 40부터 13분 이내
2	수리	10 : 30~12 : 10 (100분)	100	30	· 단답형 30% 포함
3	외국어(영어)	13 : 10~14 : 20 (70분)	100	50	· 듣기·말하기 문항 17개 포함 - 13 : 10부터 20분 이내
4	사회/과학 /직업탐구	14 : 50~16 : 56 (126분)			
	시험 : 4과목 선택자	14 : 50~15 : 20 (30분)	50	20	
	시험 본 과목 문제지 회수	15 : 20~15 : 22 (2분)			
	시험 : 3~4과목 선택자	15 : 22~15 : 52 (30분)	50	20	· 선택과목 응시순서는 응시원서 뒷면에 명기된 탐구 영역별 과목의 순서에 따라야 함. · 문제지 회수 시간은 과목당 2분임.
	시험 본 과목 문제지 회수	15 : 52~15 : 54 (2분)			
	시험 : 2~4과목 선택자	15 : 54~16 : 24 (30분)	50	20	
	시험 본 과목 문제지 회수	16 : 24~16 : 26 (2분)			
	시험 : 1~4과목 선택자	16 : 26~16 : 56 (30분)	50	20	
5	제2외국어 / 한문	17 : 25~18 : 05 (40분)	50	30	· 8개 과목 중 택1

---

3) 한국교육과정평가원(2010), 3면 참조.

〈표 4〉 修能의 領域別 出題範圍(選擇科目)[4]

영역 \ 구분		문항 수	출제 범위(선택 과목)
언어		50	범교과적인 소재를 활용하여 출제
수리 (택 1)	'가'형	30 수학Ⅰ 12문항 수학Ⅱ 13문항 선택 5문항	수학Ⅰ + 수학Ⅱ + 선택과목(미분과 적분, 확률과 통계, 이산수학 등 3개 과목 중 택 1)
	'나'형	30	수학Ⅰ
외국어(영어)		50	범교과적인 소재를 활용하여 출제
사회/ 과학/ 직업 탐구 (택 1)	사회 탐구	과목당 20	윤리(윤리와 사상 + 전통윤리), 국사, 한국 지리, 세계 지리, 경제 지리, 한국 근·현대사, 세계사, 법과 사회, 정치, 경제, 사회·문화 등 11과목 중 최대 택4
	과학 탐구	과목당 20	물리I, 화학I, 생물I, 지구과학I, 물리II, 화학II, 생물II, 지구과학II 등 8과목 중 최대 택4(단, 물리II, 화학II, 생물II, 지구과학II 과목 중에서는 최대 2과목까지만 선택 가능)
	직업 탐구	과목당 20	농업 정보 관리, 정보 기술 기초, 컴퓨터 일반, 수산·해운 정보 처리 등 컴퓨터 관련 4과목 중 최대 택1 농업 이해, 농업 기초 기술, 공업 입문, 기초 제도, 상업 경제, 회계 원리, 수산 일반, 해사 일반, 해양 일반, 인간 발달, 식품과 영양, 디자인 일반, 프로그래밍 등 전공 관련 13과목 중 최대 택2
제2외국어/한문		과목당 30	독일어Ⅰ, 프랑스어Ⅰ, 스페인어Ⅰ, 중국어Ⅰ, 일본어Ⅰ, 러시아어Ⅰ, 아랍어Ⅰ, 한문 등 8과목 중 택1

중국 '普通高等學校招生全國統一考試'(以下 '高考'라고 略稱)의 출제 과목, 시험 시간, 과목별 배점, 문항 수, 문항 구성 등 내역을 정리하면 다음 〈표 5〉와 같다.

〈표 5〉 高考의 構成

시험 일	과목	시험 시간	배점	문항 수	문항 구성	
					第Ⅰ卷(선택형)	第Ⅱ卷(서술형)
제1일	어문	09 :00 ~11:30 (150분)	150	21	10문항(30점) – 4지선다형	10문항(60점) – 단답형, 서술형 1문항(60점) – 논술형

4) 한국교육과정평가원(2010), 5면 참조.

시험일	과목		시험시간	배점	문항수	문항 구성	
						第 I 卷(선택형)	第 II 卷(서술형)
제1일	수학 (문과/이과)		15 : 00 ~17 : 00 (120분)	150	22	12문항(60점) – 4지선다형	4문항(20점) – 빈칸 채워 넣기 6문항(70점) – 서술형
제2일	문과 종합 (역사, 지리, 정치 통합)		09 : 00 ~11 : 30 (150분)	300	39	35문항(140점) – 4지선다형	4문항(160점) – 서술형
	이과 종합 (화학, 생물, 물리 통합)			300	34	총 21문항(126점) 13문항 – 4지선다형 8문항 – 4지선다형	13문항(174점) – 서술형
	외국어 (6개 중 택 1)	영어	15 : 00 ~17 : 00 (120분)	150	86	청해 : 20문항(30점) – 3지선다형 문법, 어휘 : 35문항 (45점)–4지선다형, 문장 완성 독해 : 20문항(40점)– 4지선다형	10문항(10점) – 단답형 1문항(25점) – 논술형
		러시아어		150	71	청해 : 20문항(30점) – 3지선다형 문법, 어휘 : 40문항(60점)–괄호 넣기, 문장 완성 독해 : 10문항(30점)– 4지선다형	1문항(30점) – 논술형
		일본어		150	81	청해 : 15문항(30점) – 3지선다형 문법, 어휘 : 40문항(40점)–4지선다형, 문장 완성 독해 : 25문항(50점)– 4지선다형	1문항(30점) – 논술형
		프링스어		150	86	청해 : 20문항(30점) – 3지선다형 문법, 어휘 : 35문항(45점)–4지선다형, 문장 완성 독해 : 20문항(40점) – 4지선다형	10문항(10점) – 단답형 1문항(25점)– 논술형
		독일어		150	76	청해 : 20문항(30점) – 3지선다형 문법, 어휘 : 35문항(45점)–4지선다형, 문장 완성 독해 : 20문항(40점) – 4지선다형	1문항(35점)–논술형

	스페인어	15 : 00 ~17 : 00 (120분)	150	91	청해 : 20문항(30점) - 3지선다형 문법, 어휘 : 40문항(40점) - 4지선다형, 문장 완성 독해 : 20문항(40점) - 4지선다형, 단답형	10문항(20점)-단답형 1문항(20점)-논술형
제3일	역사		150	37	30문항(60점)-4지선다형	7문항(90점)-서술형
	지리		150	48	25문항(50점)- 4지선다형	23문항(100점)-서술형
	정치		150	38	15문항(30점)- 4지선다형 8문항(24점)- 4지선다형	8문항(8점)-빈칸 채우기 4문항(38점)-단답형 2문항(30점)-서술형 1문항(20점)-논술형
	화학		150	31	17문항(46점)-4지선다형 5문항(20점)-4지선다형	9문항(84점)-서술형
	생물		150	41	32문항(60점)-4지선다형	9문항(90점)-서술형
	물리		150		9문항(40점)-4지선다형	5문항(20점)-빈칸 채우기 5문항(30점)-서술형 5문항(60점)-계산형

2009년 현재 출제 과목은 16개 과목이다. 우리나라와는 달리 선택형 이외에 단답형 및 서술형 문항이 포함되어 있으며, 일부 과목의 경우에는 논술형 문항도 출제되고 있다. 선택형 문항 역시 우리나라와는 달리 4지선다형으로 출제하고 있으며, 외국어 과목의 경우 3지선다형으로 출제되기도 한다.

수험생은 반드시 호적이 있는 省(區, 市)의 招生委員會에서 규정하는 시간과 지정하는 장소에 지원 신청을 하고 시험을 보면 된다. 수험생의 과목 선택 방법은 대학의 요구와 필요에 따라 필수 3과목에 몇 개의 선택과목으로 이루어지고 있다. 필수 3과목은 '어문, 수학, 외국어'인데, 외국어의 경우 '영어, 러시아어, 일본어, 프랑스어, 독일어, 스페인어' 중 하나를 선택하여야 한다.

高考의 시험 과목은 省(區, 市)別로 相異하여 지역별로 과목 수가

많은 곳은 6월 9일까지 시행하기도 하는데, 2009년 圈域別 시험 과
목은 다음 〈표 6〉과 같다.

〈표 6〉 高考의 圈域別 試驗科目

	구분	주관	실시 지역	시험 과목
1	全國卷 1	敎育部	河北, 河南, 山西, 廣西	어문, 수학(문/이), 외국어, 문과 종합, 이과 종합
2	全國卷 2	敎育部	貴州, 黑龍江, 吉林, 雲南, 甘肅, 新疆, 內蒙古, 青海, 西藏	어문, 수학(문/이), 외국어, 문과 종합, 이과 종합
3	北京卷	北京市	北京市	어문, 수학(문/이), 외국어(영어 이외는 全國卷1), 문과 종합, 이과 종합
4	上海卷	上海市	上海市	어문, 수학(문/이), 외국어, 문과 종합, 이과 종합 역사, 정치, 지리, 물리, 화학, 생물
5	重慶卷	重慶市	重慶市	어문, 수학(문/이), 외국어, 문과 종합, 이과 종합
6	天津卷	天津市	天津市	어문, 수학(문/이), 외국어, 문과 종합, 이과 종합
7	安徽卷	安徽省	安徽省	어문, 수학(문/이), 외국어, 문과 종합, 이과 종합
8	福建卷	福建省	福建省	어문, 수학(문/이), 외국어, 문과 종합, 이과 종합
9	廣東卷	廣東省	廣東省	어문, 수학(문/이), 외국어, 역사, 정치, 지리, 물리, 화학, 생물, 문과 기초, 이과 기초
10	海南卷	海南省	海南省	어문, 수학(문/이), 외국어, 역사, 정치, 지리, 물리, 화학, 생물
11	湖北卷	湖北省	湖北省	어문, 수학(문/이), 외국어(자체 개발), 문과 종합, 이과 종합(全國卷1)
12	湖南卷	湖南省	湖南省	어문, 수학(문/이), 외국어(자체 개발), 문과 종합, 이과 종합(全國卷1)
13	江蘇卷	江蘇省	江蘇省	어문, 수학(문/이), 외국어, 역사, 정치, 지리, 물리, 화학, 생물

14	江西卷	江西省	江西省	어문, 수학(문/이), 외국어(자체 개발), 문과 종합, 이과 종합(全國卷1)
15	遼寧卷	遼寧省	遼寧省	어문, 수학(문/이), 외국어, 문과 종합, 이과 종합
16	山東卷	山東省	山東省	어문, 수학(문/이), 외국어, 문과 종합, 이과 종합 기본 능력
17	陝西卷	陝西省	陝西省	어문, 문과 종합, 이과 종합(全國卷1), 수학(문/이), 외국어(자체 개발)
18	四川卷	四川省	四川省	어문, 수학(문/이), 외국어, 문과 종합, 이과 종합
19	浙江卷	浙江省	浙江省	어문, 수학(문/이), 외국어, 문과 종합, 이과 종합 자기 선택 모듈
20	寧夏卷	寧夏區	寧夏區	어문, 수학(문/이), 문과 종합, 이과 종합(자 체 개발) 외국어(全國卷1)

교육부고시중심에서는 2종의 全國卷을 개발하고 있는데, 그 차이는 소수 민족의 언어로 번역이 필요한지 여부이다. 소수 민족의 언어로 번역하려면 해당 지역에 문제지를 먼저 제공할 수밖에 없는데, 이 과정에서 문항이 유출될 수도 있기 때문에 '全國卷1'과 '全國卷2'는 문제를 달리 출제할 수밖에 없다.

2009년의 경우 全國卷1은 4개 지역(河北, 河南, 山西, 廣西)에서, 全國卷2는 9개 지역(貴州, 黑龙江, 吉林, 雲南, 甘肅, 新疆, 內蒙古, 青海, 西藏)에서 시행하였다. 그 외의 省(區, 市)에서는 자체 개발한 문항으로 시험을 시행하고 있다. 또 北京, 湖北, 湖南, 江西, 陝西 등의 지역에서는 일부 과목에 한해 '全國卷1'의 문항을 사용하고 있다.

Ⅲ. 韓中 兩國 大學入學試驗의 漢文 試驗 比較

1. 漢文 試驗의 構成과 特徵

中國 普通高等學校招生全國統一考試에서 우리나라의 大學修學能力試驗의 '漢文' 과목에 해당하는 시험은 '語文' 속에 들어 있다. 우리나라의 修能에서는 '漢文' 과목이 第二外國語/漢文 영역으로 독립되어 있으나, 중국의 高考에서는 語文 교과 속에 한 부분으로 편입되어 있다.

'高考'에서 '語文' 시험은 내용상 '어문 지식과 언어 표현', '문학 상식과 명문장', '고전시 독해', '현대문 독해', '작문' 등으로 大別할 수 있다. 이중에서 '문학 상식과 명문장', '고전시 독해'가 우리나라의 '漢文'에서 다루는 내용이라 할 수 있다. '修能'과 '高考'의 한문 과목을 대비해보면 다음 〈표 7〉과 같다.

〈표 7〉 修能과 高考의 漢文 科目 比較

구분	修能	高考		
과목	'漢文'으로 독립	'語文'에 포함		
배점	50점	32~37점/150점		
문항 수	30문항	6~7문항		
배점별 문항 수	1점 문항 : 10개 2점 문항 : 20개		全國卷 Ⅰ, Ⅱ	北京卷
		선택형	3점 문항 : 3개	3점 문항 : 5개
		서술형	5점 문항 : 1개 8점 문항 : 1개 10점 문항 : 1개	5점 문항 : 1개 7점 문항 : 1개 10점 문항 : 1개
검사 시간	40분 (17 : 25~18 : 05)	150분(어문 지식과 언어 표현, 문학 상식과 명문장, 고전시 독해, 현대문 독해, 작문 총 21문항) 시험 1일차 (09 : 00~11 : 30)		
문항당 소요 시간	1분 20초	7분 8초		

출제 범위	고등학교 교육과정 漢文科의 '漢文', '漢文古典' 중 '漢文' 수준에서 출제.	古代 詩文의 暗誦 시험은 교육과정에서 추천하는 작품의 범위 안에 국한해도 되므로 교과서 내의 지문도 사용할 수 있음. 그 외 모든 과목은 교과서 내의 지문을 사용할 수 없음.

高考에서 한문 영역 시험의 구성과 특징을 살펴보면 다음 〈표 8〉과 같다.

한문 영역의 문제는 3개의 大題를 제시하고 그에 따른 관련 문항을 배치하고 있다.

〈표 8〉高考의 漢文 領域 槪觀

구분	순서	유형	지문 분량	점수	문항
全國卷 I, II	語文의 第I卷 第三題	4지선다형	文言文 600자 내외	9	3개 小題 : 8~10번, 각3점.
北京卷	語文의 第I卷 第二題			15	5개 小題 : 6~10번, 각3점.
全國卷 I, II	語文의 第II卷 第四題	단답형, 서술형 (北京卷은 4지선다형 포함)	文言文 600자 내외	10	1개 小題 : 11-(1), (2)번 10점. (第I卷 第三題와 동일 地文)
北京卷	語文의 第II卷 第三題		文言文 80자 내외	5	1개 小題 : 11번 5점.
全國卷 I, II	語文의 第II卷 第四題		古典詩 30자 내외	8	1개 小題 : 12-(1), (2)번 8점.
北京卷	語文의 第II卷 第三題		古典詩 50자 내외	10	1개 小題 : 12-①, ②, ③번 10점. (12-①은 4지선다형)
全國卷 I, II	語文의 第II卷 第四題		名篇名句 30~40자 내외	5	1개 小題(擇一) : 13번, 5점.
北京卷	語文의 第II卷 第三題		名篇名句 40자 내외	7	1개 小題 : 13-①, ②, ③번, 7점.

語文 시험 중 한문 영역에 속한 문항은 2개의 大題와 거기에 따른 각 3개의 小題(北京卷의 경우 1개 大題는 5개 小題, 1개 大題는 3개 小題)로 구성되어 있는데, 중국의 글감 중에서 文言文, 古典詩, 名篇名句를 제시하고 있다. 修能의 한문 과목이 우리나라와 中國의 글감을 고르게 배분하는 것과는 달리 高考의 경우에는 自國의 글감만 사용하고 있는 것이 특징이다. 지문의 분량은 文言文의 경우 修能보다 10배 정도나 많으나, 古典詩나 名篇名句의 경우는 대동소이하다. 지문의 수준과 내용은 우리나라의 고3 학생이 읽고 풀이하기에는 쉽지도 않고 접하기도 어려운 것인데, 이는 兩國에서 차지하고 있는 漢文 과목의 위상과 관계있다고 할 수 있다. 이러한 차이 외에 高考의 語文 시험이 修能의 漢文 시험과 가장 다른 점은 바로 '서술형 문항'을 포함하고 있다는 점이다. '서술형 문항'을 도입하기 위해 선결해야 할 문제로는 '채점요원의 확보 및 교육', '채점의 객관성과 공정성 확보', '채점 장소 확보' 등을 들 수가 있겠는데, 중국의 경우 사회주의 국가라는 특성상 출제자나 채점자의 권위를 인정하는 사회적인 분위기가 조성되어 있고 인원 동원을 일사불란하게 할 수 있기 때문에 '채점요원의 확보 및 교육', '채점의 객관성과 공정성 확보'는 일정 부분 해결될 수 있는 기반이 마련되어 있었다. 채점 상소의 문제는 대규모 인원이 합숙할 수 있는 공간을 확보하는 대신 웹상에서 채점을 용이하게 할 수 있는 프로그램을 개빌함으로써 해결을 하였다. 여기에 명확한 채점 기준을 마련하여 객관성 및 공정성을 보다 강화함으로써 무리 없이 서술형 문항을 도입할 수 있었던 것으로 보인다. 우리나라의 현실은 여의치 않은데 서술형 문항이 가지고 있는 여러 가지 장점을 고려하여 일부 문항을 서술형으로 출제하는 방안도 고민해 볼 필요가 있다.

2. 問項의 類型

2009년에 시행된 高考 語文 시험 중 한문 영역의 문항 유형을 살펴 보면 다음과 같다.

•본문 속에 쓰인 한자의 의미 알기

이 문항은 지문에 사용된 한자의 의미를 묻는 문제로, 고등학교에 있어서 기본적인 학습을 확인하는 문제라고 할 수 있다. 배점은 3점 만점으로 되어 있다.

〈예시〉 문 8 (전국권Ⅰ) * 제시문(-『北史·魏德深傳』-) 생략

8. 다음 문장에서 점찍은 글자의 해석이 바르지 <u>않은</u> 것은?

A. 爲政淸靜, 不嚴而**肅**　　　　　肅 : 恭敬
B. **會**興遼東之役　　　　　　　　會 : 適逢
C. 所在征斂, 人不**堪**命　　　　　堪 : 忍受
D. **動**之軍法從事　　　　　　　　動 : 招致

〈예시〉 문 8 (전국권Ⅱ) * 제시문(-『宋書·郭原平傳』-) 생략

8. 다음 중 점을 찍은 글자의 해석이 바르지 <u>않은</u> 것은?

A. **稟**至行, 養親必己力　　　　　稟 : 賜與
B. 性**閑**木功, 傭賃以給供養　　　閑 : 熟習
C. 日暮作畢, 受**直**歸家　　　　　直 : 報酬
D. 於裏中買**糴**, 然後舉**爨**　　　爨 : 做飯

〈예시〉 문 6 (북경권) * 제시문(-『史記·叔孫通傳』-) 생략

6. 다음 중 점을 찍은 글자의 해석이 바르지 <u>않은</u> 것은?

A. 叔孫通知上**益**厭之也　　　　　益 : 漸漸
B. **度**吾所能行爲之　　　　　　　度 : 估量
C. 若眞**鄙**儒也　　　　　　　　　鄙 : 品德低下
D. **竟**朝置酒　　　　　　　　　　竟 : 直至……終了

위와 같은 문항은 다음 예시에서 보듯 우리나라의 修能에서도 자주 출제되고 있어 친숙한 유형이다.

〈예시〉 문 29 (2010학년도 修能) * 제시문(-『孟子·梁惠王』-) 생략

29. 문맥상 ㉠~㉣의 풀이로 옳은 것은?

① ㉠ : 끝나다　　　　② ㉡ : 갑옷　　　　③ ㉢ : 저지하다

④ ㉣ : 곧다　　　　⑤ ㉤ : 옳다

　· 언어 표현 이해하기

이 문항은 어구의 含意를 정확하게 이해하고 있는지 묻는 문제이다. 배점은 3점 만점으로 되어 있다.

〈예시〉 문 9 (전국권 I)

9. 다음 중 위덕심이 백성들에게 추앙받았다는 것을 표현한 문장끼리 묶인 것은?

　① 많은 현 중에서 항상 으뜸이었다.
　② 모두 눈물 흘리며 말을 하지 않았다.
　③ 감히 문밖으로 나오지 못하였다.
　④ 입궐하여 위덕심을 보내달라고 청하였다.
　⑤ 귀향으로 부임하라는 문서가 가짜이다.
　⑥ 관리는 소송에서 귀향으로 부임하라고 판결하였다.

A. ①, ③, ④　　　B. ①, ⑤, ⑥　　　C. ②, ③, ⑥　　　D. ②, ④, ⑤

〈예시〉 문 9 (전국권 II)

9. 다음 중 곽원평이 부모에게 효도하고 다른 사람을 도와 준 내용으로만 짝지어진 것은?

　A.　┌ 오직 소금만으로 밥을 먹었다.
　　　└ 다른 사람이 도착하지 않으면 항상 멈추어 기다렸다.

B. ┌ 아버지가 중한 병으로 누운 지 일 년 되었다.
　　└ 조금 싸게 한 후 돈을 받았다.

C. ┌ 어머니 앞에서 먹으려 하지 않았다.
　　└ 어찌 논에 댈 물을 쓸 수 있겠는가

D. ┌ 곽원평은 그제야 고맙다고 한 후 받았다.
　　└ 자기의 배는 자신이 끌고 다른 사람의 도움을 받지 않았다.

〈예시〉 문 9 (북경권)

9. 다음 중 숙손통의 높은 안목과 정세를 파악한 것끼리 묶인 것은?
　① 한왕이 서쪽을 정벌한 후 한을 섬겼다.
　② 한나라 고조는 진나라의 번잡한 예법을 폐기하고 간단하게 하였다.
　③ 유생들이 반대하여 참여하지 않으려 했다.
　④ 유가는 시대의 흐름에 따르지 못하는구나.
　⑤ 만약 예를 어기면 어사가 즉시 끌어내었다.
　⑥ 숙손 선생은 성인이고 시대의 소명을 안다.

A. ①, ②, ⑥　　B. ①, ③, ④　　C. ②, ⑤, ⑥　　D. ③, ④, ⑤

全國卷Ⅰ과 北京卷은 합답형으로 되어 있고 全國卷Ⅱ는 짝짓기 유형으로 되어 있는데, 우리나라의 修能에서는 비교적 보기 어려운 유형이라 할 수 있다. 이러한 유형은 우리나라의 修能에 시사하는 바가 적지 않다고 할 수 있다.

• 내용 분석 및 요약

이 문항은 제시된 지문의 내용을 분석하고 정확하게 요약할 수 있는지 묻는 문제로, 배점은 3점 만점으로 되어 있다.

〈예시〉 문 10 (전국권 I)

10. 원문(지문)의 내용을 분석하고 요약한 것 중 바르지 <u>않은</u> 것은?

A. 위덕심은 재능이 있어 여러 관직을 역임한 후 귀향의 현령으로 부임하였다. 당시 조정의 기강이 문란하고 관리는 부패하고 백성들은 살기 어려웠다. 귀향에서 한 생산 활동이 모두 정상적이었고 백성들도 편안하였다.

B. 위덕심은 권위적이지 않고 백성들을 따뜻하게 대하였다. 이웃 현에서 병기를 만들 때 많은 사람이 관부에 모여 엄한 감독을 받으며 일했지만 언제나 성공하지 못하였다. 그러나 귀향에서는 관리들이 백성들의 고통을 덜어주려고 노력하여 관부가 언제 조용하였고 일이 하나도 없는 것 같았다.

C. 위덕심은 백성들에게 환영받아 교활한 자를 두렵게 하였다. 그가 관도에 가니 백성들이 마치 부모를 만난 듯 대했고 교활한 조군실은 망명하여 숨었다. 그가 후에 귀향으로 돌아가자 귀향의 관리와 백성들이 서로 기뻐하였다.

D. 군의 관리 원보장은 위덕심의 재능을 시기하여 그에게 무양의 병사를 인솔하여 전쟁에 나가도록 하였다. 병사들의 향수병을 이용하여 군대가 붕괴되기를 바랐다. 그러나 위덕심은 병사들의 마음을 얻었기 때문에 사병들 전부 그를 떠나지 않았다.

〈예시〉 문 10 (전국권 II)

10. 원문(지문)의 내용을 분석하고 요약한 것 중 바르지 <u>않은</u> 것은?

A. 곽원평은 품성이 고상하고 부모 봉양에 전심전력을 다하였다. 그는 밖에서 일을 하여 돈을 벌어 집안을 돌보고, 집안에 땔감이 떨어져도 혼자 배불리 먹지 않았다. 세월이 흘러도 변함없이 병든 아버지를 보살폈다. 부친이 별세한 후 30여 년 동안 생선과 고기를 먹지 않았다.

B. 곽원평은 마음이 넓어 항상 다른 사람을 생각하였다. 시장에 나가 물건을 팔 때 반값만 받아 사는 사람이 값을 더 얹어 지불하였다. 그의 집에 대나무를 심었는데 어떤 사람이 죽순을 훔치려 하자 죽순을 따서 울타리 밖에 놓았다. 이에 도둑이 참회하고 다시는 훔치지 않았다.

C. 곽원평은 오이를 심어 생계를 유지했는데 가뭄이 들어 오이를 운반하는

물길이 막혀 배가 움직이지 못했다. 현령 유승수가 논에 댈 물을 수로에 대어
  그가 오이를 운반할 수 있게 하였지만 그는 거절하였다. 오이를 운반할
  때 다른 사람이 곤경에 처하면 신속하게 도와주었다.
D. 태수 왕승랑이 곽원평의 효행과 겸손함에 상을 주려 하였으나 그는 받지
  않았다. 태수 채홍종이 자신의 쌀을 그에게 주었으나 사양하였다. 어떤
  사람이 그에게 받으라고 권하였지만 곽원평은 겸허히 자신이 조금도 선행
  을 하지 않았으니 상을 받을 수 없다고 말하였다.

〈예시〉 문 10 (북경권)
10. 다음 중 원문(지문)에 대한 이해와 분석이 정확하지 <u>않은</u> 것은?
A. 유방 즉위 초에는 유학과 절차의 복잡함을 싫어하여 따르지 않았다.
B. 유방을 따라 전쟁에 참여한 장군들은 예의를 몰라 난폭하였다.
C. 숙손통은 체계적이고 엄격한 예절을 확립할 것을 조정에 건의하였다.
D. 노나라 유생은 모두 절개가 있어 숙손통과 협력하지 않았다.

위와 같은 문항은 우리나라의 修能의 다음 문항과 유사한 유형이다.

〈예시〉 문 30 (2011학년도 6월 모의평가)
* 제시문(-『박은식전서』-) 생략
30. 위 글의 내용과 일치하지 <u>않는</u> 것은?
  ① 일본 경찰은 여자 아이가 기뻐한 이유를 처음에는 몰랐다.
  ② 여자 아이는 일본 경찰에게 기뻐했던 이유를 설명하였다.
  ③ 일본 경찰은 여자 아이가 잃어버린 물건에 대해 물었다.
  ④ 여자 아이는 자기가 작은 바늘을 잃어 버렸다고 대답했다.
  ⑤ 일본 경찰은 여자 아이의 답변에 감동하여 눈물을 흘렸다.

우리나라의 修能에서는 문제 풀이 시간, 지면의 제약 등으로 인해
중국의 高考처럼 장황한 답지를 만들 수가 없다. 또한 지문도 중국에

비해 짧기 때문에 '분석'과 '요약'을 동시에 묻기는 불가능하다. 하지만 '요약'과 관련된 문항은 修能에서도 긍정적으로 검토해 볼 필요가 있다.

• 현대 중국어로 번역하기

이 문항은 文言文의 밑줄 친 부분을 현대 중국어로 번역할 수 있는지 묻고 있는 문제로, 배점은 10점 만점으로 되어 있다. 선택형으로 출제한 북경권은 3점 만점으로 되어 있다.

〈예시〉문 11(전국권Ⅰ)

11. 제1권의 문언문 독해 자료 중 밑줄 친 부분을 현대중국어로 번역하시오.(10점)

(1) 與郡丞元寶藏深相交結, 前後令長, 未有不受其指麾者。

(2) 館陶眾庶, 合境悲泣, 因從而居住者數百家。

〈예시〉문 11 (전국권Ⅱ)

11. 제1권 문언문 독해 지문 중 밑줄 친 문장을 현대 중국어로 번역하시오. (10점)

(1) 自以不能廣施, 至使此人顛沛, 乃於此植竹處溝上立小橋, 令足通行。

(2) 若以其貧老邪, 耋齒甚多, 屢空比室, 非吾一人而已。

〈예시〉문 8 (북경권)

8. 다음 중 문장의 해석이 바르지 <u>않은</u> 것은?

A. 諸侯共尊漢王爲皇帝於定陶

　　諸侯一起擁戴漢王在定陶即位爲皇帝

B. 公所事者且十主, 皆面諛以得親貴

　　您所侍奉過的人主將近十位了, 您都是憑當面阿諛得到了信任和富貴

C. 陳車騎步卒衛宮, 設兵張旗幟

　　擺車戰車騎兵步兵以拱衛皇宮, 設置士兵的隊列, 並豎起旗幟

D. 以尊卑次起上壽

　　按照地位高低的次序起身上前, 爲皇帝祝壽

전국권 I, II는 서술형인데 반해 북경권은 선택형으로 되어 있다. 위와 같이 어구 풀이에 관한 문항은 한문 시험에서 가장 보편적인 유형이라 할 수 있다. 우리나라 修能의 다음 문항과 유사한 유형이다.

〈예시〉 문 20 (2011학년도 9월 모의평가) *제시문(-『격몽요결』-) 생략

20. ㉮의 의미로 옳은 것은? (㉮<u>非學問, 無以爲人</u>.)

  ① 그릇된 학문은 남이 알아주지 않는다.

  ② 그릇된 학문으로는 사람을 위할 수 없다.

  ③ 학문이 아니면 올바른 사람이 될 수 없다.

  ④ 남에게 보이기 위한 학문을 해서는 안 된다.

  ⑤ 학문을 하지 않으면 남을 위해 일할 수 없다.

우리나라의 修能에서는 하나의 어구에 대한 풀이를 묻고 있는데 이는 선택형이냐 서술형이냐의 차이만 있을 뿐 결국은 전국권 I, II와 동일한 유형이라 할 수 있다. 다만 북경권처럼 여러 개의 어구를 동시에 묻는 유형은 修能에 도입할 수 있는 방안을 모색해 볼 필요가 있다.

·한시의 내용을 파악하고 감상하기

이 문항은 한시를 제대로 이해하고 감상할 수 있는지 묻는 문제로, 전국권의 배점은 8점 만점, 북경권은 10점 만점으로 되어 있다.

〈예시〉 문 12(전국권 I)

12. 다음 宋詩를 읽고 물음에 답하시오. (8점)

次石湖書扇韻①

姜夔②

橋西一曲水通村, 岸閣浮萍綠有痕。

家住石湖人不到, 藕花多處別開門。

注 : ① 石湖 : 南宋 詩人 範成大(1126—1193), 말년에 관직을 떠나 石湖(지금
의 강소성 소주)에 은거하였다. 스스로 石湖居士라 했다.
② 薑夔(1155—1221 ?) : 字는 堯章, 號는 白石道人이고, 현재의 강서성
波陽 사람이다. 평생 관직에 나가지 않고 강호를 떠돌았다. 淳熙 十四年
(1187년)여름, 범성대를 만나러 간 적이 있다. 이 시는 그때 쓰였다.

(1) 이 시는 한 폭의 어떤 그림을 묘사한 것이며 어떤 풍경을 형상화한 것인
지 간단히 서술하시오.

(2) 어떤 사람은 시의 후반부 두 구가 범성대의 품격을 노래한 것이며 셋째
구의 '人'은 권세에 아부하는 자를 지칭한 것이라고 한다. 이런 관점에 대
한 자신의 생각을 간단히 서술하시오.

〈예시〉 문 12 (전국권Ⅱ)
12. 아래 唐詩를 읽고 물음에 답하시오.(8점)

軍城早秋　　嚴武[注]
昨夜秋風入漢關, 朔雲邊月滿西山。
更催飛將追驕虜, 莫遣沙場匹馬還。

注 : 엄무(726-765) : 자는 季鷹, 華陰(현재 섬서성) 사람이다. 都尹、劍南 절
도사를 역임했고, 광덕 2년(764) 가을 서역을 정벌하여 토번 군사 7만
여 명을 무찔렀다.

(1) 시의 앞 두 구는 어떤 상황을 묘사한 것이며 어떤 상싱석 의미를 지니는
지 서술하시오.

(2) 시의 뒤 두 구는 작자의 어떤 심정을 표현한 것인지 간단히 분석하시오.

〈예시〉 문 12 (북경권)
2. 아래의 詞를 읽고 (1)~(3)번 문항을 완성하시오. (10점)

西江月 · 黃陵廟 (又題阻風三峰下)
張孝祥①

滿載一船秋色, 平鋪十裏湖光。波神②留我看斜陽, 喚起鱗鱗細浪。

明日風回更好, 今宵露宿何妨？水晶宮裏奏≪霓裳≫, 准擬③嶽陽樓上。

注：① 장효상 : 남송 초기의 시인. 이 시는 배를 타고 동정호수 가의 황릉
묘 아래에서 풍랑이 멈추길 기원하며 지은 작품이다. 작자와 친구와의
편지에 '아무개가 장사(長沙)를 떠나 10일 걸려 황릉묘에 도착했는데
풍랑의 신이 장난을 치네.'라고 언급하였다.

② 神：水神 수신

③ 准擬：准定 마치~인 것 같다

(1) 이 詞에 대한 이해가 바르지 않은 것은?(2점)

A. 1, 2구에서는 배를 운행한 가을을 배경으로 하여 동정호에 풍랑이 일기
전의 경치를 묘사하고 있다.

B. 3, 4구는 주관적 색채가 강하며, '鱗鱗細浪'을 통해 파도가 이어지는 것
을 묘사하였다.

C. 5, 6구는 "내일 풍향이 순풍으로 바뀔 것인데 오늘 밤 노숙을 한들 무슨
상관이 있겠느냐?"라는 의미로 풀이된다.

D. 7, 8구에서 화자는 악양루에 올라 ≪霓裳≫을 듣기를 기대하고 있다.

(2) 이 詞의 풍격은 송나라의 두 시인 누구와 비슷한가? 그리고 그들이 속
한 유파는 무엇인가? (3점)

(3) 이 詞에서 화자는 풍랑이 이는 것을 어떤 마음으로 대하고 있는가? 풍
랑에 대한 화자의 태도를 구체적으로 묘사한 부분을 두 곳 찾아 쓰고
그 의미를 해석하시오.(5점)

한시의 내용을 파악하고 감상하는 것은 한시 시험에서 가장 보편적
인 유형이라 할 수 있다. 우리나라 修能의 다음 문항과 유사한 유형
이다.

우리나라의 修能은 선택형이기 때문에 문제나 답지를 구성하는 데 일정한 한계가 있다. 반면 중국 高考의 경우에는 서술형이기 때문에 작품에 대한 총체적인 이해 및 감상에 보다 심층적으로 접근하는 방식을 취하고 있다. 修能에서 '한시를 풀이하고 감상하기' 문항의 답지를 구성할 때 이와 같은 장점을 녹여 넣을 수 있는 방안을 강구할 필요가 있다.

• 名篇名句 외워 쓰기

이 문항은 名篇名句를 외우고 있는지를 묻는 문제로, 문항당 배점은 전국권이 5점 만점, 북경권이 7점 만점으로 되어 있다.

〈예시〉 문 13(전국권Ⅰ)

13. 다음 문장의 빈칸에 알맞은 구절을 쓰시오.(택1)   (5점)

(1) 子曰：“知者不惑, __________, __________。”(≪論語·子罕≫)

　　爾來四萬八千歲, __________。西當太白有鳥道, __________。

　　__________, 然後天梯石棧相鉤連。 (李白 ≪蜀道難≫)

(2) 屈心而抑志兮, __________。__________, 固前聖之所厚。 (屈原 ≪離騷≫)

　　羽扇綸巾, 談笑間, __________。__________, __________, 早生華發。

　　(蘇軾 ≪念奴嬌·赤壁懷古≫)

〈예시〉 문 13 (전국권Ⅱ)

13. 다음 문장의 빈칸에 들어갈 알맞은 구절을 쓰시오.(택1)   (5점)

(1) __________, __________；不積小流, 無以成江海, 騏驥一躍, 不能十步；

　　駑馬十駕, __________。 (≪荀子·勸學≫)

　　羈鳥戀舊林, __________。__________, 守拙歸園田。 (陶淵明 ≪歸園田居≫)

(2) __________, 渚清沙白鳥飛回。__________, 不盡長江滾滾來。

　　萬裏悲秋常作客, 百年多病獨登臺。艱難苦恨繁霜鬢, __________。

　　(杜甫 ≪登高≫)

　　__________, 荒於嬉；行成於思, __________。 (韓愈 ≪進學解≫)

〈예시〉 문 13 (북경권)

13. 빈칸에 시의 원문을 쓰시오. (7점)

(1) 登東皋以舒嘯, 臨清流而賦詩。__________, __________？

　　(陶淵明 ≪歸去來兮辭≫)

(2) 星垂平野闊, __________。__________, 官應老病休。

　　(杜甫 ≪旅夜書杯≫)

(3) 滅六國者六國也, 非秦也；__________, __________。

　　杜牧 ≪阿房宮賦≫)

(4) 兩情若是久長時, __________！

　　(秦觀 ≪鵲橋仙≫)

　　위 문항은 古典 詩文의 일부를 제시한 후 빈칸에 해당하는 내용을 쓰게 한 것이다. 自國의 대표적인 詩文을 암송하도록 요구하고 있는데, 이러한 암송은 한문 공부에서 가장 기본이 되는 것이지만 실제 평가에 있어서는 활용하기 어려운 것이 우리나라의 실정이다. 하지만 중국에서는 이미 초등학교에서부터 自國의 우수한 문학 작품을 암송하도록 하고 있는데, 의무교육 기간에 총 240편을 암송하도록 하고 있다. 즉 초등학교에서 160편, 중학교에서 80편을 암송하도록 하고 있는데 교육과정의 부록에 '優秀詩文背誦推薦篇目'으로 초등학교 70편, 중학교 50편의 편목을 제시하고 있다.[5] 이 연장선상에서 고등학교 교육과정에도 암송해야 할 편목으로 古文 20篇과 詩·詞·曲 50首를 제시하고 있는데, 名篇名句 외워 쓰기는 이 추천 목록에 있는 작품이 주요 대상이 되고 있다. 따라서 학생들에게는 이 유형의 문항이야말로 가장 친숙한 것이 될 수밖에 없다. 참고로 그 추천 篇目을 소개하면 다음 〈표 9〉와 같다.

〈표 9〉 古詩文背誦篇目(高等學校)[6]

(一) 古文 (20篇)

寡人之於國也	《孟子》	諫太宗十思疏	魏　徵
勸學	《荀子》	☆滕王閣序	王　勃
☆逍遙遊(節選)	《莊子》	師說	韓　愈
鄒忌諷齊王納諫	《戰國策》	阿房宮賦	杜　牧
☆過秦論	賈　誼	六國論	蘇　洵
☆屈原列傳	司馬遷	☆遊褒禪山記	王安石
☆報任安書(節選)	司馬遷	赤壁賦	蘇　軾
陳情表	李　密	石鐘山記	蘇　軾
蘭亭集序	王羲之	項脊軒志	歸有光
歸去來兮辭	陶　潛	登泰山記	姚　鼐

---

5) 中華人民共和國教育部制訂(2001), 28~33면 참조.
6) 中華人民共和國教育部制訂(2001), 8~11면 참조.

(二) 詩詞曲 (50首)

靜女	《詩經》	石頭城	劉禹錫
無衣	《詩經》	琵琶行	白居易
☆氓	《詩經》	聞樂天左降江州司馬	元稹
湘夫人	屈原	李憑箜篌引	李賀
☆離騷	屈原	過華清宮	李商隱
長歌行	漢樂府	菩薩蠻 (小山重疊金明滅)	溫庭筠
☆孔雀東南飛	漢樂府	錦瑟	李商隱
迢迢牽牛星	《古詩十九首》	浪淘沙 (簾外雨潺潺)	李煜
短歌行	曹操	虞美人 (春花秋月何時了)	李煜
白馬篇	曹植	雨霖鈴 (寒蟬淒切)	柳永
歸園田居(少無適俗韻)	陶潛	桂枝香・金陵懷古	王安石
山居秋暝	王維	江城子・乙卯正月二十日夜記夢	蘇軾
夢遊天姥吟留別	李白	念老嬌・赤壁懷古	蘇軾
越中覽古	李白	鵲橋仙 (纖雲弄巧)	秦觀
蜀道難	李白	蘇幕遮 (燎沉香)	周邦彦
將進酒	李白	一剪梅 (紅藕香殘玉簟秋)	李清照
登高	杜甫	聲聲慢 (尋尋覓覓)	李清照
蜀相	杜甫	書憤	陸遊
兵車行	杜甫	臨安春雨初霽	陸遊
客至	杜甫	永遇樂・京口北固亭懷古	辛棄疾
旅夜書懷	杜甫	揚州慢 (淮左名都)	姜夔
詠懷古蹟 (其三)	杜甫	☆竇娥冤	關漢卿
閣夜	杜甫	☆長亭送別	王實甫
登岳陽樓	杜甫	醉太平 (人皆嫌命窘)	張可久
漁翁	柳宗元	☆哀江南	孔尚任

注 : '☆'가 있는 것은 단지 그 일부분만 암송한다. 이상의 편목은 학생에게 암송하도록 추천하지만 교재에서 반드시 모두 본문으로 선정할 필요는 없다. 백화 시문으로 암송할 편목은 교재 편찬자와 과목 담당 교사가 추천한다.[7]

高考에서 나타나는 그 밖의 문항 유형은 지면 관계상 생략한다. 우리나라 수능의 문항 유형은 이미 졸고에서 소개[8]한 바 있으므로 역

---

7) 中華人民共和國教育部制訂(2000), 11면. 注 : 有☆的只背誦其中一部分. 以上篇目推薦給學生背誦, 敎材不一定都選作課文. 白話詩文背誦篇目由敎材編者和任課敎師推薦.

8) 張豪晟(2008), 292~326면; 張豪晟(2009a), 248~313면 참조.

시 생략하기로 한다.

양국 시험의 문항 유형을 비교해보면 다음 〈표 10〉과 같다.

<표 10〉 修能과 高考의 問項 類型 比較

문항의 유형	修能	高考
숙어의 의미 알기	○	×
행위의 주체 알기	○	×
내용 파악하기	○	○
언어 표현 이해하기	△	○
내용 분석 및 요약	△	○
현대어로 번역하기	○	○
名篇名句 외워 쓰기	×	○
산문을 읽고 풀이하기	○	○
문장의 형식 알기	○	×
한시의 기초적인 형식과 특징 알기	○	○
한시를 풀이하고 감상하기	○	○
허자의 쓰임 알기	○	○
격언·속담, 명언·명구를 일상 생활에 활용하기	○	○
가치관 형성하기	○	○
전통문화 계승 발전시키기	○	○
한자의 음과 뜻을 알고 쓰기	○	○
한자의 짜임을 통해 청·음·의 알기	○	×
한자를 언어 생활에 활용하기	○	○
한자를 문장 독해에 활용하기	○	○
한자어의 음과 뜻을 알고 쓰기	○	○
한자어의 짜임을 통해 뜻 알기	○	×
성어의 속뜻 알기	○	×
한자어를 언어 생활에 활용하기	○	○
한자어를 문장 독해에 활용하기	○	○
한자어에 담긴 선인들의 삶과 지혜를 이해하고 가치관 형성하기	○	○

우리나라 修能과 달리 중국의 高考는 '한자'나 '한자어'보다는 '한문'에 관한 문제가 주종을 이루고 있다. 하지만 위 〈표 10〉에서 알 수 있듯이 高考와 修能은 정도의 차이만 있을 뿐 거의 유사한 유형으로 이루어져 있다. 다만 '名篇名句 외워 쓰기'의 유형은 선택형인 修能의 경우에는 찾기 어렵고, '문장의 형식'이나 '한자(어)의 짜임' 등에 관한 유형은 高考에서는 출제되지 않고 있다.

3. 地文 內容 및 問項 配列

먼저 高考에서 한문 영역 시험이 어떻게 구성되고 있는지 자세히 살펴보면 다음 〈표 11〉과 같다.

〈표 11〉高考 漢文 領域의 構成

구분	문항 번호 (배점)	설문		배점	지문 분량 (출전, 제목 제외)	주석 수 (출전 제외)	지문 출전
全國卷 I	第3題 (9)	8		3	595자	없음	『北史·魏德深傳』
		9		3			
		10		3			
	第4題 (23)	11	(1)	10			
			(2)				
		12	(1)	8	28자	2개	姜夔, 「次石湖书扇韵」
			(2)				
		13	(1)	(擇一) 5	29자	없음	『論語·子罕』 李白, 「蜀道難」
			(2)		23자	없음	屈原, 「離騷」 苏轼, 「念奴嬌·赤壁懷古」
全國卷 II	第3題 (9)	8		3	595자	없음	『宋書·郭原平傳』
		9		3			

		10		3			
	第4題 (23)	11	(1)	10			
			(2)				
		12	(1)	8	28자	1개	严武, 「军城早秋」
			(2)				
		13	(1)	(擇一) 5	31자	없음	『荀子·勸學』 陶淵明, 「歸園田居」
			(2)		42자	없음	杜甫, 「登高」 韓愈, 「進學解」
北京卷	第2題 (15)	6		3	547자	없음	『史記·叔孫通傳』
		7		3			
		8		3			
		9		3			
		10		3			
	第3題 (22)	11		5	74자	없음	『老子·七十七章』
		12	(1)	2	50자	3개	张孝祥, 「西江月·黃陵庙」
			(2)	3			
			(3)	5			
		13		7	39자	없음	陶淵明, 「歸去來兮辭」 杜甫, 「旅夜書懷」 杜牧, 「阿房宮賦」 秦觀, 「鵲桥仙」

위에서 살펴본 바와 같이 高考에서는 산문익 경우 자기 나라의 史書의 글감 중에서 1개를 발췌하여 지문으로 제시하고 5개 문항 정도를 묻는 형식으로 되어 있다. 지문의 분량은 600자 정도로 매우 긴 편인데, 각주는 제시하지 않고 있다. 그리고 시의 경우 絕句나 長短句 1편을 제시하는데, 시의 내용을 파악하는 데 도움이 되도록 주요 어구에 1~3개 정도의 각주를 달아 주고 있다.

그러면 수능의 경우는 지문의 내용과 분량 등에 있어 高考와 어떻게 차이가 있는지 2009학년도 수능 한문의 지문 분석을 통해 살펴보기로 한다. 수능의 경우에는 '한자', '한자어', '한문'의 3개 내용 영역 중 주로 한문 영역에만 지문을 사용하고 있는데, 그 비율은 전체 30문항 중 50% 정도인 15개 내외의 문항이 여기에 해당한다. 자세히 살펴보면 다음 〈표 12〉와 같다.

〈표 12〉 修能 漢文 領域의 構成

구분	문항 번호 (배점)	설문	배점	지문 분량 (출전, 제목 제외)	주석 수 (출전 제외)	지문 출전
2009 학년도 修能	漢文 중 지문을 사용하는 문항 15개 (29점)	16~17	16	2	36자	1개	李白, 「春夜宴桃李園序」
			17	2			
		18~20	18	2	56자	2개	李晬光, 『芝峯類說』
			19	2			
		21	20	2	8자	0개	洪大容, 『湛軒書』
		22~23	21	2	40자	3개	權韠, 「途中」 杜甫, 「絕句」
			22	2			
		24~25	23	2	44자	1개	『孟子』
			24	2			
			25	2			
		26~27	26	2	54자	3개	李舜臣, 「陣中吟」 『論語』
			27	2			
		28~30	28	2	60자	3개	李肯翊, 『燃藜室記述』
			29	1			
			30	2			

高考와는 달리 修能에서는 9편의 지문을 사용하였는데, 중국 글감뿐만 아니라 우리나라 글감도 사용하고 있는데 그 비율이 중국 글감보다 조금 더 높게 나타났다. 또한 대다수 지문의 분량도 高考의 1/10 정도인 60자 내외에 지문 당 문항 수도 2개 정도로 나타나고 있다.

　그러면 高考에서는 지문을 어떻게 제시하고 있으며 각주는 어떻게 달고 있는지 살펴보기로 한다.

〈그림 1〉 2009年 高考 漢文의 地文과 脚注

> 12. 阅读下面这首宋诗，然后回答问题。（8分）
>
> **次石湖书扇韵①**
>
> 姜夔②
>
> 桥西一曲水通村，岸阁浮萍绿有痕。
>
> 家住石湖人不到，藕花多处别开门。
>
> 【注】①石湖：南宋诗人范成大（1126—1193）晚年去职归隐石湖（在今江苏苏州），自号石湖居士。②姜夔（1155—1221?）：字尧章，号白石道人，饶州鄱阳（今江西波阳）人。浪迹江湖，终生不仕。淳熙十四年（1187）夏，曾去拜见范成大，这首诗约作于此时。
>
> (1) 这首诗描绘了一幅什么样的画面？是由哪些景物构成的？请简要叙述。
>
> (2) 有人说，诗的后两句歌颂了范成大的品格，第三句中的"人"是指趋炎附势的人。你对此有什么看法？请简要说明。

　　〈그림 1〉은 宋詩를 지문으로 제시하고 있다. 위 시를 보면 구두점 외에 내용 파악에 도움이 되도록 시의 제목과 작자 및 주요 어구에 대해 친절하게 주석을 달아주고 있음을 알 수 있다. 제목과 작자에 대한 주석을 꼼꼼하게 읽어보면 이 시가 무엇을 노래하고 있는지 일정 부분 파악할 수 있게 하였다. 그러면 우리나라의 수능에서는 지문을 어떻게 제시하고 있으며 각주는 어떻게 달고 있는지 살펴보기로 한다.

〈그림 2〉 2010學年度 修能 漢文의 地文과 脚注

> [22~24] 다음 시를 읽고 물음에 답하시오.
>
> (가) ㉠一萬二千峯, 高低自不同.
>
> 　　　君看日輪上, 高處最先紅.
>
> 　　　　　　　　　　　　　-성석린, 「송승지풍악(送僧之楓岳)」-
>
> (나) 問余何意棲碧山, 　笑而不答心自閑.
>
> 　　　桃花流水杳然去, 　別有天地非人間.
>
> *棲(서) : 살다　　*杳(묘) : 아득하다　　　-이백, 「산중답속인(山中答俗人)」-

〈그림 2〉는 우리나라와 중국의 한시를 함께 제시하고 있다. 위 시를 보면 중국 高考와는 달리 지문에 구두점만 표기하고 있다. 또한 '한문 교육용 기초 한자'에 포함되어 있지 않은 한자에 한해 최소한으로 주석을 달아주고 있음을 알 수 있다.

이상에서 살펴본 韓中 양국 한문 시험의 지문 내용 및 문항 배열을 대비해보면 다음 〈표 13〉과 같다.

〈표 13〉修能과 高考의 漢文 地文 內容 및 問項 配列 比較

구분	修能	高考
지문 내용	우리나라 글감, 중국 글감	중국 글감
지문 분량	산문 : 40~60자 내외 시 : 2편, 각 20~30자 내외	산문 : 600자 내외 시 : 1편, 30~50자 내외
지문당 문항 수	산문 : 1~3문항 시 : 2~3문항	산문 : 5문항 시 : 2~3문항
지문당 각주 수	0~3개	古典詩의 경우에만 1~3개
각주의 성격	'한문 교육용 기초 한자'에 포함되어 있지 않은 한자를 사용할 경우에만 주석을 달아줌.	내용 파악에 도움이 되도록 시의 제목과 작자 및 주요 어구에 주석을 달아줌.
지문 제시 방법	구두점만 표기하여 제시	구두점만 표기하여 제시

4. 評價 目標 및 難易度

중국 高考의 '語文 要綱'에 의하면 2009년도 문제 작성의 방침을 다음과 같이 밝히고 있다.

어문 입학시험은 지식, 이해, 분석 종합, 표현 응용과 감상 평론 등의 5개 능력을 측정할 수 있어야 한다. 이 5개 능력은 5개의 등급으로 나타낸다.

A. 지식은 식별 능력과 기억력을 의미하며 이는 가장 기본적인 등급이다.

B. 이해는 내용 파악 능력과 간단한 해석 능력을 의미하며 이는 지식과 이해

의 기초보다 높은 등급이다.

C. 분석 종합은 분석 능력과 귀납적 정리 능력을 의미하며 이는 지식과 이해보다 진일보한 등급이다.

D. 표현 응용은 어문 지식을 운용하는 능력을 의미하며 이는 지식, 이해, 분석종합에 기초하는 표현 능력에 해당되는 등급이다.

E. 감상 평론은 독해 지문에 대한 감상, 분석, 평론 능력을 의미하고, 지식, 이해, 분석종합에 기초하는 독해 능력에 해당되는 등급이다.

이상의 A, B, C, D, E 5개 능력과 등급에 대해 고른 난이도를 유지해야 한다.[9]

위에 언급한 5개 능력을 측정하는 것이 바로 평가의 목표인 셈인바, 한문 영역이 포함되어 있는 '어문' 과목 교수·학습의 목적과 내용을 정리하여 소개하면 다음 〈표 14〉와 같다.

〈표 14〉中國 課程標準에서 語文 과목의 목적과 내용[10]

목 적	내 용	
고등학교 어문 교육은 중학교의 기초 위에서 한 걸음 더 나아가 학생들이 조국의 언어와 문자를 정확하게 이해하고 운용하는 수준을 한 층 더 향상시켜서, 그들로 하여금 실제 수요에 적합한 현대문 읽기 능력과 쓰기 능력 및 입말 의사 소통 능력을 갖게 하며, 초보적인 문학 작품 감상 능력과 평이한 文言文을 읽는 능력을 지니게 해야 한다. 또한	독해	⑴ 표준어로 본문을 유창하게 소리 내어 읽는다. 소리 내지 않고 읽을 때는 효율성을 중시하고, 일정하게 읽는 속도(일반적인 현대문을 읽을 때 분당 600자 이상)를 갖추어야 한다.
		⑵ 본문 내용을 전체적으로 파악하고, 생각의 맥락을 분명하게 정리하며, 요점을 대강 추려서 작자의 사상과 관점 및 감정을 이해한다.
		⑶ 콘텍스트에 근거하여 어구의 함의를 따지고, 언어의 표현 효과를 체득한다.
		⑷ 본문에 대하여 설명하고 평가하고 질의할 수 있다.
		⑸ 문학 형상을 느껴보고, 문학 작품에 사용된 언어와 예술적 기교의 표현력을 맛보며, 문학 작품을 초보적으로 감상한다.

---

9) 教育部考試中心(2009), 3면 참조.

10) 中華人民共和國教育部制訂(2000), 1~3면 참조.

어문 학습의 기본 방법을 이해하게 하고, 스스로 어문을 익히는 습관을 기르게 하며, 문제를 발견하고 탐구하며 해결하는 능력을 기르게 하여 계속해서 공부하는 습관과 평생 동안의 자기 계발에 필요한 튼튼한 기초를 마련하게 해야 한다. 교육의 과정에서 학생들이 조국의 언어와 문자를 사랑하는 마음과, 중화민족의 우수한 문화를 사랑하는 감정을 한층 더 북돋우고, 사회주의 사상과 도덕 및 애국주의 정신을 기르며, 고상한 심미 취향과 일정한 심미 능력을 길러서, 건전한 개성을 발전시키고 온전한 인격을 형성하도록 해야 한다.	독해	⑹ 고전 詩詞와 쉬운 文言文을 소리 내어 읽고, 어구의 함의와 작품의 사상·내용을 이해하며, 일정한 분량의 작품을 외운다. 출현 빈도가 높은 150개의 文言 實詞와 18개의 文言 虛詞 및 주요 文言 句式의 본문에서의 용법을 이해한다.
		⑺ 본문에서 언급된 중요한 작자와 작품에 대한 지식을 이해하고, 중국 문학의 발전 양상의 대략을 이해한다.
		⑻ 과외로 고전(10부 이상), 과학 보급 서적과 잡지 및 기타 도서 300만 자 이상을 스스로 읽는다.
		⑼ 여러 가지 語文 工具書를 사용할 수 있고, 여러 매체를 이용하는 방법을 습득하며, 정보·자료를 수집·정리한다.
	쓰기	⑽ 작문은 관점이 명확하고 내용이 충실하며, 감정이 진실되고 건전하며, 창의성이 있도록 힘쓴다.
		⑾ 생각의 흐름을 분명히 정리하고 중점을 확고히 하며, 글감을 잘 선택하여 짜임새를 합리적으로 안배한다.
		⑿ 필요에 따라 연상과 상상을 풍부하게 전개한다.
		⒀ 서술·설명·묘사·의론·서정 등의 표현 방식을 적당하게 운용한다.
		⒁ 언어는 규범을 지키고 간단 명료하며 뜻이 이어지고 격식에 맞아야 한다.
		⒂ 사물을 관찰하고 자료를 축적하며 사고를 깊게 하는 것과 많이 쓰고 많이 고치는 습관을 기른다.
		⒃ 작문은 한 학기에 일반적으로 5번 이상 실시하고, 3년 동안에 기타 각종 작문 연습을 3만 자 이상 한다. 45분 동안에 600자 안팎의 글을 쓸 수 있도록 한다.
	입말 의사 소통	⒄ 표준말을 하는 습관을 기른다.
		⒅ 상이한 상황의 필요에 따라 입말 의사 소통을 적절하고 민첩하게 한다. (일상 대화·발표·강연·토론·변론 등을 포함)

앞서 살펴본 2009년도 한문 영역 문항의 유형, 즉 본문 속에 쓰인 한자의 의미 알기, 언어 표현(語句의 含意) 이해하기, 내용 분석 및 요약, 현대 중국어로 번역하기, 한시의 내용 파악하고 감상하기, 名篇名句 외워 쓰기 등은 위와 같은 평가 목표를 비교적 충실하게 반영한 것이라고 할 수 있다.

2009년도 시험의 난이도에 대해 '語文 要綱'에서는 다음과 같이 밝히고 있다.

시험 내용에 상응하는 능력 등급은 아래와 같다.

一. 어문 지식과 언어 표현
　　기본적인 언어지식과 상용하는 언어표현 능력

1. 지식 A
① 현대한어 표준어의 자음 지식
② 현대 한자의 자형(철자) 지식

2. 표현 응용 D
① 표점부호의 정확한 사용 능력
② 어휘의 정확한 사용(관용구 포함) 능력
③ 틀린 문장에 대한 판단과 수정 능력
④ 어구의 확장과 압축 능력
⑤ 문장의 선택 사용, 모방 사용, 변환 능력
⑥ 상용 수사 방법의 정확한 운용 능력
⑦ 언어 표현의 정확성, 선명함, 생동감, 간명함, 연결성, 적절성에 관한 능력

二. 문학 상식과 명문장
　상용하는 명문장에 대한 문자 상식, (암기한 것)쓰기 능력

　지식 A
① 중국과 외국의 주요 작가 또는 시대와 국가별 대표작
② 문학 상식에 대한 지식
③ 상용 명문장 암기하여 쓰기

三. 고전시 독해
　　간단 명료한 고전시 독해 능력

1. 이해 B
① 상용하는 문언문의 실사(實詞)에 대한 이해와 문장에서 함의하는 내용
　파악 능력
② 상용하는 문언문의 허사(虛詞)에 대한 이해와 문장에서의 용법 파악 능력
③ 현대 한어의 다양한 문장 형식과 용법에 대한 이해 능력

④ 문장의 어구에 대한 이해와 번역 능력

2. 분석 종합 C
① 문장의 정보 파악 능력
② 내용의 요점 귀납 능력, 중심 뜻 개괄 능력
③ 작자의 관점과 태도에 대한 분석 개괄 능력

3. 감상 평론 E
① 문학 작품의 이미지, 표현 기교에 대한 감상 능력
② 문장의 사상 내용과 작가의 관점, 태도에 대한 평론 능력

四、 현대문 독해
　　일반적인 사회과학, 자연과학 분야의 문장과 문학작품에 대한 독해 능력

1. 이해 B
① 문장의 중요 단어의 함의(含意)에 대한 이해 능력
② 문장의 중요 어구의 함의(含意)에 대한 이해 능력

2. 분석 종합 C
① 문장의 정보 파악과 조합 능력
② 문장 구조의 분석, 문장의 맥락 파악 능력
③ 내용 요점의 귀납 능력, 중심 뜻 개괄 능력
④ 문장에 나타난 작가의 관점과 태도에 대한 분석, 개괄 능력
⑤ 문장 내용에 근거한 추론과 상상 능력

3. 감상 평가 E
① 문학 작품의 이미지, 언어 표현 기법에 대한 감상 능력
② 문장의 사상 내용과 작가의 관점 및 태도에 대한 평가 능력

五、 작문
서술문, 논설문, 설명문과 기타 상용 문체의 문장 쓰기 능력
작문 시험은 기초와 향상의 2개 등급으로 구분한다.

1. 기초 등급 D
① 제재의 의미와 부합

② 요구하는 문체와 부합

③ 진실한 감정, 건강한 사상

④ 내용 충실, 내용 명확

⑤ 자연스러운 언어 사용과 안정된 구조

⑥ 쓰기 규범, 표점 정확

2. 향상 등급 D

① 심각성

② 풍부성

③ 작문의 재능

④ 창조성[11]

高考의 경우 省(區, 市)에 따라 난이도가 다르기 때문에 일률적으로 말할 수는 없으나 대개 100점을 만점으로 했을 때 평균 55~60점을 목표로 설정하고 있고 근래에 이러한 난이도를 계속 유지하고 있다고 한다. 실제 결과도 이 목표치를 유지하는지는 정확히 알 수 없으나 이러한 목표치는 수능의 한문 과목과 대동소이하다고 할 수 있다.

우리나라 수능 '한문' 과목의 목표와 지도 내용을 살펴보면 다음 〈표 15〉와 같다.

〈표 15〉 우리나라 敎育課程에서 漢文 科目의 目標와 內容[12]

목 표		내 용
한자, 한자어, 한문을 익혀 언어 생활에서 바르게 읽고 쓰며, 한문을 독해할 수 있는 능력을 기르고, 한문 기록에 담긴 선인들의 삶과 지혜를 이해하여 건전한 가치관과 바람직한	한 자	(1) 한자의 음과 뜻을 스스로 알고 바르게 읽고 쓴다. (2) 한자의 짜임을 통해 한자의 형·음·의를 이해한다. (3) 학습한 한자를 언어 생활에 활용한다. (4) 학습한 한자를 문장 독해에 활용한다.
	한 자 어	(1) 한자어의 음과 뜻을 스스로 알고 바르게 읽고 쓴다. (2) 한자어의 짜임을 통해 한자어의 뜻을 스스로 풀이한다. (3) 성어의 속뜻을 알고 일상생활에 활용한다.

---

11) 敎育部考試中心(2009), 5~85면 참조.

12) 敎育部(1998), 29~31면 참조.

인성을 함양하며, 전통 문화를 계승 발전시키려는 태도를 지니고, 한자 문화권 내에서의 상호 이해와 교류 증진에 기여한다.	한 자 어	(4) 학습한 한자어를 언어 생활에 활용한다. (5) 학습한 한자어를 문장 독해에 활용한다. (6) 한자어에 담긴 선인들의 삶과 지혜를 이해하고, 건전한 가치관과 바람직한 인성을 함양한다.
	한 문	(1) 산문을 바르게 읽고 풀이한다. (2) 문장의 구조를 알고 문장을 스스로 풀이한다. (3) 허자의 쓰임을 알고 문장 풀이에 스스로 활용한다. (4) 문장의 형식을 알고 문장 풀이에 스스로 활용한다. (5) 한시를 풀이하고 감상한다. (6) 한시의 기초적인 형식과 특징을 이해한다. (7) 격언·속담, 명언·명구의 속뜻을 알고 일상 생활에 활용한다. (8) 선인들의 삶과 지혜를 이해하고 건전한 가치관과 바람직한 인성을 함양한다. (9) 전통 문화를 바르게 이해하고 창조적으로 계승 발전시키려는 태도를 지닌다. (10) 한문 학습을 통하여 한자 문화권 내에서의 상호 이해와 교류 증진에 기여한다.

앞서 살펴본 한문 과목의 문항 유형 역시 위와 같은 평가 목표를 비교적 충실하게 반영한 것이라고 할 수 있다.

수능의 한문 과목은 100점 만점에 평균 55점을 목표로 설정하고 있는데, 실제로는 어떠한 결과를 얻고 있는지 2008학년도 이래의 응시자 수와 평균 점수의 추이를 살펴보면 다음 〈표 16〉과 같다.

〈표 16〉 修能 한문 응시자 수와 평균 점수 추이

학년도	응시자 수 (비율)	평균 점수
2008	17,625 (19.8%)	58.8
2009	16,908 (17.0%)	56.2
2010	16,745 (13.9%)	59.6

* 비율은 제2외국어/한문 영역 응시자 중 '한문'을 선택한 비율
** 평균 점수는 100점 만점으로 환산한 점수

〈표 16〉에 나타난 바와 같이, 수능의 한문 과목 응시자 수는 제2외국어/한문 영역 응시자의 17% 정도인 1만 7천 명 내외이고, 실제 평

균점은 56~59점의 범위에 분포되어 있다. 이러한 점수 분포는 평균 55~60점을 목표로 설정하고 있고 근래에 이러한 난이도를 계속 유지하고 있다고 하는 高考 시험과 대동소이하다고 할 수 있다.

5. 問項 形式, 問頭, 答紙, 問題紙 面數

修能과 高考 한문의 문항 형식을 대비해보면 다음 〈표 17〉과 같다.

〈표 17〉 修能과 高考 漢文의 問項 形式 比較

문항 형식	修能	高考
세트형	○	○
최선답형	○	×
완성형	○	×
정답형	○	○
부정형	○	○
합답형	○	○
단답형	×	○
서술형	×	○

高考 한문 영역에 있어서는 하나의 자료를 활용하여 두 개 이상의 문항을 제시하는 '세트형', 여러 답지 중에서 하나만이 정답이고 나머지는 오답인 '정답형', 답지 중 한 개는 '거짓'인 항목을 주고 그것을 선택하게 하는 '부정형', 〈보기〉에 제시된 여러 개의 선택지 중, 하나 또는 둘 이상이 합해서 정답이 되는 '합답형'뿐만 아니라 '단답형', '서술형' 등 보다 다양한 형식이 동원되고 있다. 修能의 경우에는 '단답형', '서술형' 등 주관식 문제는 도입하지 않고 있으며 다만 선택형 문항 중 여러 답지 중에서 '정답에 가장 가까운 것'을 선택하게 하는 '최

선답형', 진술문의 일부분(예컨대, 단어, 어구, 문장 등)을 띄어 놓고 정답으로 채우게 하는 '완성형' 등도 사용하고 있다.

다음으로 두 시험에서 문두를 어떻게 기술하고 있는지, 답지는 어떻게 제시하고 있는지, 문제지의 면수는 어떠한지 대비해보면 다음 〈표 18〉과 같다.

〈표 18〉 修能과 高考의 漢文 問頭, 答紙, 問題紙 面數 比較

구분		修能	高考
문두	기술 방식	간결하고 명료하게 기술	간결하고 명료하게 기술
	문장	불완전 문장	불완전 문장, 완전한 문장
	형식	의문문	의문문, 명령문
	밑줄 친 부분	㉠, ㉮, ⓐ 다음의 밑줄 친 부분은 제시 안 함	밑줄만 쳐서 제시함
지문	기호	㉠, ㉮, ⓐ 등 원문자 사용	원문자나 괄호 문자 등 미사용
선택형답지	길이	길이 순서대로 제시	길이 순서 고려 안 함
	내용	논리적 혹은 시간적 순서 고려	내용상 순서 고려 안 함
	한자, 한자어	획수, 부수, 자음 순서 고려	
문제지 면수	2009년	3면	8~11면

文頭는 문제에서 답지, 지문, 보기 등을 제외한 부분을 가리키는 용어이다. 두 시험의 문두 기술 방식은 서로 비슷하다. 수능의 경우는 간결하고 명료하게 기술하되 형식은 불완전 문장으로 하고 의문문으로 끝나게 하고 있다. 이는 문항을 이해하는 데 소요되는 시간을 최소화하고 대신 정답을 구하는 데 시간을 더 주기 위한 배려이다. 高考 역시 선택형의 경우에는 修能과 같은데, 다만 서술형의 경우에는 형식은 완전한 문장으로 하고 명령문으로 끝나게 하고 있다. 高考의 경우는 지문의 특정 부분을 언급할 때, 기호를 사용하지 않는 반면 修能에서는 한글 자모 또는 원문자를 사용하고 있다.

문제지의 면수에 있어서 수능의 경우에는 제2외국어/한문 영역에 속해 있는 8개 과목이 모두 같은 체제로 이루어져 있기 때문에 문제지의 면수가 A3 용지 3면으로 고정되어 있다. 이에 따라 때에 따라서는 공간의 제약으로 인해 문항의 내용이 바뀌거나 폐기되기도 하는 부작용이 있다. 高考의 경우에는 B4 용지를 사용하고 있는데 면수는 省(區, 市)別로 상이하다. 語文 시험은 選擇題인 1권과 非選擇題인 2권으로 양분할 수 있는데, 1권은 4~5면, 2권은 5~6면으로 구성되어 있다. 이는 서술형 문항도 있고 지문이 긴 것과도 관계가 있다.

다음으로 답지 배열에 관해 살펴보기로 한다. 수능의 경우는 답지의 길이와 같은 관례적 순서나 논리적 혹은 시간적인 순서에 따라 답지를 제시하고 있다. 답지가 한자나 한자어인 경우에는 획수나 부수, 자음의 순서까지 고려하기도 한다. 반면 高考의 경우는 나름대로 배열의 원칙이 있겠으나 修能처럼 세심하게 고려하지는 않는 것으로 보인다.

Ⅳ. 結論

이상의 문항 분석 작업을 통해 얻은 중국 '普通高等學校招生全國統一考試' '한문' 문항의 특성을 바탕으로, 수능 '한문' 과목에서 얻을 수 있는 시사점 및 한계를 정리해보면 다음과 같다.

첫째, 지문 내용 및 문항의 배열 등과 관련하여 시사점을 얻을 수 있다. 중국은 지문의 길이가 경우에 따라 우리나라의 10배에 달하기 때문에 독해 능력을 보다 심층적으로 다양하게 측정할 수 있다는 장점이 있다. 또한 古詩文背誦篇目에 해당하는 작품 이외에는 교과서에 나오는 지문을 사용할 수 없다는 점도 하나의 시사점이 될 수 있다. 또 지문의 수준과 내용은 우리나라의 고3 학생이 읽고 풀이하기에는 쉽지도 않고 접하기도 어려운 것인데, 이는 兩國에서 차지하고 있는 漢文 과목의 위상과 관계있다고 할 수 있다.

둘째, 평가 방향 및 문항의 유형 등과 관련하여 시사점을 얻을 수 있다. 중국 高考의 語文 시험이 修能의 漢文 시험과 가장 다른 점은 바로 '서술형 문항'을 포함하고 있다는 점이다. '서술형 문항'을 도입하기 위해 선결해야 할 문제로는 '채점요원의 확보 및 교육', '채점의 객관성과 공정성 확보', '채점 장소 확보' 등을 들 수가 있겠는데, 중국의 경우 사회주의 국가라는 특성상 출제자나 채점자의 권위를 인정하는 사회적인 분위기가 조성되어 있고 인원 동원을 일사불란하게 할 수 있기 때문에 '채점요원의 확보 및 교육', '채점의 객관성과 공정성 확보'는 일정 부분 해결될 수 있는 기반이 마련되어 있었다. 채점 장소의 문제는 대규모 인원이 합숙할 수 있는 공간을 확보하는 대신 웹 상에서 채점을 용이하게 할 수 있는 프로그램을 개발함으로써 해결을 하였다. 여기에 명확한 채점 기준을 마련하여 객관성 및 공정성을 보다 강화함으로써 무리 없이 서술형 문항을 도입할 수 있었던 것으로 보인다. 우리나라의 현실은 여의치 않은데 서술형 문항이 가지고 있는 여러 가지 장점을 고려하여 일부 문항을 서술형으로 출제하는 방안도 고민해 볼 필요가 있다.

高考 문항 중 어구의 含意를 정확하게 이해하고 있는지 묻는 '언어표현 이해하기' 유형은 바람직한 것으로, 修能에 도입을 검토해 볼만하다. 제시된 지문의 내용을 분석하고 정확하게 요약할 수 있는지 묻는 '내용 분석 및 요약' 유형은 修能의 제약상 '분석'과 '요약'을 동시에 묻기는 불가능하다. 하지만 '요약'과 관련된 문항은 도입을 검토해 볼 필요가 있다. '현대 중국어로 번역하기'와 같은 어구 풀이 유형 중

北京卷처럼 여러 개의 語句를 동시에 묻는 유형은 修能에 도입할 수 있는 방안을 모색해 볼 필요가 있다. 현행 수능에서 '마지막으로 풀이 되는 것은?' 또는 '의미로 옳은 것은?' 등의 유형에 속한 문항을 직접 우리말 풀이를 묻는 방식으로 전환할 수도 있을 것이다. 또 '한시의 내용을 파악하고 감상하기' 유형의 경우 작품에 대한 총체적인 이해 및 감상에 보다 심층적으로 접근하는 방식을 취하고 있는데, 修能에 서 '한시를 풀이하고 감상하기' 문항의 답지를 구성할 때 이와 같은 장점을 녹여 넣을 수 있는 방안을 강구할 필요가 있다. 古典 詩文의 일부를 제시한 후 빈칸에 해당하는 내용을 쓰게 하는 '名篇名句 외워 쓰기' 유형은 自國의 대표적인 詩文을 암송하도록 요구하고 있다는 점에서 修能에 도입을 적극적으로 모색할 필요가 있다. 대우법을 사 용한 문장에서 뜻이 상대가 되는 한자를 묻는 문항을 어구를 묻는 방 식 등으로 전환하면 불가능한 것만은 아니라고 생각된다. 서술형 문 항의 장점을 선택형 문항에 그대로 적용하기는 매우 어려운 일이다. 하지만 그 장점을 선택형에 접목시켜 가면서 점차 유형을 새롭게 바 꾸어가는 노력을 경주해야 할 것이다.

참고문헌

문교부(1988), 중학교 한문과 교육과정 해설.

문교부(1989), 고등학교 한문과 교육과정 해설.

교육부(1994), 중학교 교육과정 해설 -한문·컴퓨터·환경 .

교육부(1995), 고등학교 한문과 교육과정 해설 -한문Ⅰ, 한문Ⅱ-.

교육부(1998), 중학교 재량 활동의 선택과목 교육과정-한문, 컴퓨터, 환경, 생활 외
　　국어-.

교육부(1999), 중학교 교육과정 해설(Ⅴ)-외국어(영어), 재량 활동, 한문, 컴퓨터,
　　환경, 생활 외국어-.

교육부(1998), 한문, 교련, 교양 선택과목 교육과정.

교육부(2001), 고등학교 교육과정 해설-한문-.

교육인적자원부(2007), 중학교 재량 활동의 선택 과목 교육과정. 교육인적자원부 고시 제2007-79호.

교육인적자원부(2007), 한문, 교양 선택 과목 교육과정. 교육인적자원부 고시 제2007-79호.

교육과학기술부(2008), 중학교 교육과정 해설(Ⅴ)-외국어(영어), 재량 활동, 한문, 정보, 환경, 생활 외국어-.

교육과학기술부(2008), 고등학교 교육과정 해설 13-한문-.

한국교육과정평가원(2005), 대학수학능력시험 출제 메뉴얼 제2외국어/한문 영역.

한국교육과정평가원(2010), 2011학년도 대학수학능력시험 실시요강

문영진, 장호성, 김왕규, 박영호, 송병렬, 안재철, 윤재민, 이군선(2006). 중·고등학교 한문 선택과목 교육과정 개정 시안 연구 개발. 한국교육과정평가원.

장호성, 안재철, 윤재민, 송병렬, 김왕규, 이군선(2007). 중학교 교과재량활동 Ⅰ(한문) 교육과정 해설 연구 개발. 한국교육과정평가원.

장호성, 윤재민, 송병렬, 김왕규, 이군선(2008), 고등학교 한문 교육과정 해설 연구 개발. 한국교육과정평가원.

장호성(2008), 「대학수학능력시험 한문 과목 '한자 영역'의 출제 경향 및 문항 유형 분석」, 『한자한문교육』 제21집, 한국한자한문교육학회.

장호성(2009a), 「대학수학능력시험 한문 과목 '한자어 영역'의 출제 경향 및 문항 유형 분석」, 『한자한문교육』 제23집, 한국한자한문교육학회.

장호성(2009b), 「한국과 일본의 대학입시 한문 시험 비교」, 『한문교육연구』 제33호, 한국한문교육학회.

中華人民共和國教育部制訂(2000), 全日制普通高級中學 語文敎學大綱(試驗修訂版), 人民敎育出版社.

中華人民共和國敎育部制訂(2001), 全日制義務敎育-語文課程標准(實驗稿), 北京師範大學出版社.

中華人民共和國敎育部制訂(2003), 普通高中課程方案(實驗), 人民敎育出版社.

中華人民共和國敎育部制訂(2003), 普通高中語文課程標准(實驗), 人民敎育出版社.

中華人民共和國敎育部(2009a), 高等學校招生全國統一考試考務工作規定.

中華人民共和國敎育部(2009b), 2009年普通高等學校招生工作規定.

敎育部考試中心(2009), 普通高等學校招生全國統一考試大綱的說明, 高等敎育出版社.

韓國敎育課程評價院, http://www.kice.re.kr

中華人民共和國 敎育部, http://www.moe.gov.cn

이 글은『漢文敎育硏究』제35호(韓國漢文敎育學會, 2010)에 수록한 논문을 재수록한 것이다.

고전 검사 이론에 의한 漢文科 평가 문항 분석

金經益·金王奎

Ⅰ. 問題 提起

현장의 한문 교사들은 문항 제작에 심혈을 기울인다. 단위 학교의 한문 교사는 자기 자신의 한문 교과에 대한 신념에 기초하고 학습자의 수준을 고려하면서 교과 교육학·교과 내용학 지식을 활용하여 문항을 제작한다. 그러나 문항 제작에 비해 상대적으로 문항 분석에 대한 교사들의 관심과 이해는 많이 부족한 실정이다.[1] 문항 분석과 그 필요성에 대한 인식 부족은 적극적인 문항 분석을 저해하며, 평가 결과의 활용 즉 교수·학습 과정에의 환류와 교사의 평가 전분성 능력 신장을 담보해 내지 못하고 있다.

이 연구는 한문과 평가 문항을 '고전검사이론'에 의해 분석하고, 그 결과를 해석하여 문항 자체의 오류와 문제점을 찾고, 더 나아가 문항의

---

[1] 김정환(2005)은 교사의 학생평가 능력 분석 도구를 구안하여 현장 교사들을 대상으로 학생평가능력을 평가하여 분석하였다. 분석 결과 교사들의 변별도와 난이도 및 답지의 효과성 분석 능력 등 문항분석에 관련된 능력은 초·중·고 교사들의 문항분석 능력은 항목별로 준거점수 80.0%에 크게 미달하였다. 이 검사 결과를 통해 교사들의 문항 분석의 기본 개념에 대한 이해가 부족한 현실을 알 수 있다.

良好度를 검증하는 한편, 교사의 문항 제작의 技能과 평가 전문성을 提高하는 것을 목적으로 한다. 단, 이 연구에서 한문과 평가 문항은 학교 단위의 총괄평가 문항으로 제한한다. 즉 고전검사이론을 통해 평가 문항을 분석하기 위해 선다형 문항 위주로 구성되는 총괄평가 문항을 대상으로 한 것이다. 고전 검사 이론의 몇 가지 단점[2]에도 불구하고 고전검사이론에 의한 문항 분석을 시도하는 이유는 출제된 문항의 양호도를 검증할 수 있으며 산출 방법이 비교적 간단하고 쉬워 현장 교사들의 접근이 용이하기 때문이다. 이 연구에서 문항 분석(item analysis)은 각 문항의 좋고 나쁨, 즉 양호도를 알아보는 절차이다. 문항 분석은 문항의 양호도 검증을 통해 교사 제작 문항의 오류를 찾아내고 궁극적으로 교사의 문항 제작 능력의 향상을 도모할 수 있다는 측면에서 한문교육학 탐구 영역에서 유의미한 연구 작업의 하나로 볼 수 있다.

문항 분석은 크게 질적 평가와 양적 평가로 구분할 수 있다. 질적 평가는 주로 문항에 대한 내용타당도 검증을 통해 이루어지며, 양적 평가는 피험자의 응답 결과를 검사 이론에 근거하여 분석하게 된다. 질적 평가는 평가자의 주관성이 개입될 수 있으며, 동료 교사나 평가 전문가의 협력이 절대적으로 필요하다. 반면 양적 평가는 수치화된 응답 자료를 토대로 분석하기 때문에 객관성이 담보되며, 문항제작자 스스로도 자신이 제작한 평가 문항에 대한 분석을 시행할 수 있다. 이 점이 한문 교사가 1명인 경우가 대부분인 학교 한문 교육 현실을 감안할 때 고전검사이론에 의한 평가 문항 분석이 유용한 이유이다.

---

2) 고전검사이론의 단점은 크게 세 가지로 요약될 수 있다. 첫째, 문항난이도, 문항변별도와 같은 문항의 고유한 특성이 피험자 집단의 특성에 의하여 변화된다. 둘째, 피험자의 능력이 검사도구의 특성에 따라 달리 추정된다. 셋째, 피험자들의 능력을 비교할 때 총점에 근거하므로 정확성이 결여된다. 성태제(2005), 『현대교육평가』. 250면.

한문과 학생 평가 문항 분석 관련 선행 연구들은 대부분 문항의 내용타당도를 검증[3]하거나 전국연합평가와 대학수학능력시험을 대상[4]으로 하였다. 전국연합평가와 대학수학능력시험은 학교에서 시행되는 총괄 평가와는 대상과 평가 목적이 달라 그 연구 결과를 代入하는 것은 적절치 않다. 일부 고전검사이론에 의해 현장 평가 문항을 분석한 성과도 있다.[5] 분석 대상이 중학교 총괄평가 문항에 국한되며, 문항 분석 결과 활용 방안 등이 제시되어 있지 않다.

한편, 고전검사이론에 의한 한문과 평가 문항 분석은 한문과 평가론, 특히 한문과 학생 평가의 이론 정립과 체계화 작업의 一環이기도 하다. 이러한 작업은 궁극적으로 한문 교사의 평가 전문성 신장과 한문과 학생 평가 문화 개선이라는 목적을 달성하는데 초석이 될 것이다.

Ⅱ. 理論的 背景

이 연구는 고전검사이론에 의해 한문과 총괄 평가 문항을 분석하고자 한다. 학교 현장에서 교사들이 별도의 조작 없이 손쉽게 접근할 수 있는 문항 분석 결과는 교무업무시스템을 통해 제공되는 자료들이다. 교무업무시스템에서 제공되는 지필평가의 각종 결과 자료들은 고전검사이론에 의해 산출되는 指數로 置換 가능한 것도 있으며, 고전검사이론에 의해 분석할 수 있는 항목들도 있다. 즉 고전검사이론에 대한 이해와 산출되는 지수들의 평가 기준 설정 그리고 교무업무시스

---

3) 김경익(2005).

4) 송 경(2006); 장호성(2008); 장호성(2009); 김진배(2009a); 김진배(2009b).

5) 임명호(2002).

템에서 제공되는 평가 결과 활용 방법에 대한 이해는 문항 분석에 보다 손쉽게 접근할 수 있는 도구가 될 것이다.

1. 고전 검사 이론에 의한 문항 평가 기준 설정

고전검사이론은 문항과 검사를 검사 총점에 의하여 분석하는 것으로서 출제된 문항의 양호도를 검증하기 위한 이론이다. 고전검사이론에 의해 주로 분석되는 지수는 문항난이도(item difficulty), 문항변별도(item discrimination), 문항반응분포, 오답지 매력도 등이다.

가. 문항난이도(item difficulty)에 의한 문항 평가

문항난이도는 문항의 어렵고 쉬운 정도를 뜻하며 난이도 지수로 총 피험자 중 정답을 한 피험자의 비율, 즉 정답률이 된다.[6] 문항난이도가 높으면 쉬운 문항이며, 문항난이도가 낮으면 어려운 문항이다.[7] 문항난이도에 대한 절대적인 기준은 없으나 여러 학자들의 기준을 토대로 현실에 적합한 평가기준을 설정하고자 한다.

1) Cangelosi(1990)의 문항난이도에 따른 평가기준[8]

〈표 1〉 Cangelosi의 문항난이도에 의한 문항평가

문항난이도	문항 평가
.25 이하	어려운 문항
.25 이상~.75 미만	적절한 문항
.75 이상	쉬운 문항

---

6) 박도순 외(2007), 179면.

7) 일반적으로 난이도가 높으면 어려운 문항으로 인식하는 경우가 많다. 용어 사용의 혼란을 피하기 위해 '정답률'을 사용하기도 한다.

8) 성태제(2005), 229면.

2) 성태제(2005)의 문항난이도에 따른 평가 기준[9]

〈표 2〉 성태제의 문항난이도에 의한 5단계 문항 평가

문항난이도	문항 평가
.00~.20 미만	매우 어려운 문항
.20 이상~.40 미만	어려운 문항
.40 이상~.60 미만	중간 난이도 문항
.60 이상~.80 미만	쉬운 문항
.80 이상~1.00 미만	매우 쉬운 문항

3) 성태제(2004)의 문항난이도에 의한 문항 평가 기준[10]

〈표 3〉 성태제의 문항난이도에 의한 문항 평가

문항난이도	문항 평가
.30 미만	매우 어려운 문항
.30 이상~.80 미만	적절한 문항
.80 이상	매우 쉬운 문항

'2)'와 '3)'의 평가 기준은 박도순 외(2007)[11]의 기준과 동일하다. 현재 학교 현장에서는 일반적으로 5~10%의 급간으로 정답률을 추정한다. 학생들의 학기말 성적 산출도 9등급으로 이루어진다. 이러한 점들을 고려할 때 문항난이도에 의한 문항 평가 기준을 3등급으로 설정하는 것은 적절하지 않다. 그러므로 '2)'의 기준에 근거하여 5단계로 문항 평가 기준을 설정하고자 한다.

---

9) 성태제(2005), 230면.

10) 성태제(2004), 194면.

11) 박도순 외(2007), 182면.

나. 문항변별도 지수에 의한 문항의 평가

문항변별도란 문항이 피험자의 능력을 辨別하는 정도를 나타내는 지수를 말한다.[12] 능력이 높은 피험자가 문항의 답을 맞히고, 능력이 낮은 피험자가 문항의 답을 틀렸다면 그 문항은 辨別力을 지닌 문항이라고 할 수 있다. 규준 지향 평가(상대 평가)에서는 변별도가 문항의 질을 좌우한다. 반면 준거 지향 평가(절대 평가)에서는 부적 변별도가 나오지 않는다면 크게 문제가 되지 않는다. 현재 학교 현장에서 시행되는 총괄 평가 결과는 피험자의 총점을 기준으로 등급 산출에 활용된다. 즉 규준 지향 평가의 성격이 강하다고 할 수 있다. 총괄 평가가 지닌 이러한 특성 때문에 문항변별도 지수에 의한 문항 평가는 주목해야 할 영역이다.

문항변별도를 산출하는 공식은 흔히 문항변별도지수라고 불리는 상하부지수[상·하위 능력집단의 정답비율에 의한 문항변별도 지수]와 양분상관계수[상관계수를 사용한 변별도]가 있다. TestAn에 의한 문항 분석 결과는 두 계수가 모두 産出된다.

1) 이블과 프리스비(Ebel & Frisbile, 1991)[13]

〈표 4〉 문항변별도 지수에 의한 문항의 평가

변별도 지수값	문항에 대한 평가
0.40 이상	매우 양호한 문항
0.30~0.39	괜찮은 문항, 수정의 여지가 있음
0.20~0.29	쓸 수 있는 문항, 수정이 필요함
0.19 이하	나쁜 문항

---

12) 박도순 외(2007), 183면.
13) 김재춘 외(2006), 347면.

2) Ebel의 문항변별도 평가기준(1965)[14]

〈표 5〉 Ebel의 문항변별도 평가기준

문항변별도 지수	문항 평가	
.40 이상	변별력이 높은 문항	
.30~.40 미만	변별력이 있는 문항	
.20~.30 미만	변별력이 낮은 문항	
.10~.20 미만	변별력이 매우 낮은 문항	수정되어야 할 문항
.10 미만	변별력이 없는 문항	

위에 제시된 문항변별도 평가 기준은 모두 상관 계수에 의한 평가 기준이다. '1)'과 '2)'는 기준이 대부분 일치하며 '2)'가 .10 미만을 세분화했다. 본 연구에서는 '2)'의 기준을 준용하도록 한다.

2. 교무업무시스템 활용 문항 분석

교무업무시스템에서 제공하는 평가 결과는 총점에 의한 자료만이 아니라, 답지별 반응도와 문항별 정답률까지도 포함되어 있다. 평가 결과를 분석하기 위해서는 먼저 문항 분석이 선행되어야 한다. 문항 분석은 교무업무시스템의 메뉴에 따라 '성적 → 지필평가 → 문항분석 → 일괄문항분석'의 순으로 이루어진다. 교무업무시스템을 통해 산출할 수 있는 지필평가 결과 자료는 다음 〈그림 1〉과 같다.

이 중 고전검사이론에 의해 분석할 수 있는 자료는 '지필평가통계' 항목의 '정답률비교표조회'와 '문항분석표조회'이다. '정답률비교표조회'를 통해 각 문항의 답지별 반응 비율을 학급별로 비교할 수 있으며, 전체 피험자의 정답률도 산출 할 수 있다. 또한 '문항분석표조

---

14) 성태제(2004), 197면.

회'를 통해 학급별 답지 반응 비율과 무표기, 중복 표기 인원 등을 파악할 수 있다. 즉 문항난이도는 별도의 프로그램을 활용하지 않더라도 교사들이 손쉽게 산출하여 문항 분석을 실행할 수 있는 것이다. 단, 문항변별도와 신뢰도는 제공되지 않아 문항의 양호도를 확인하기 위해 필요한 자료가 충분히 제공된다고 보기 어렵다.15)

〈그림 1〉 교무업무시스템의 지필 평가 관련 항목

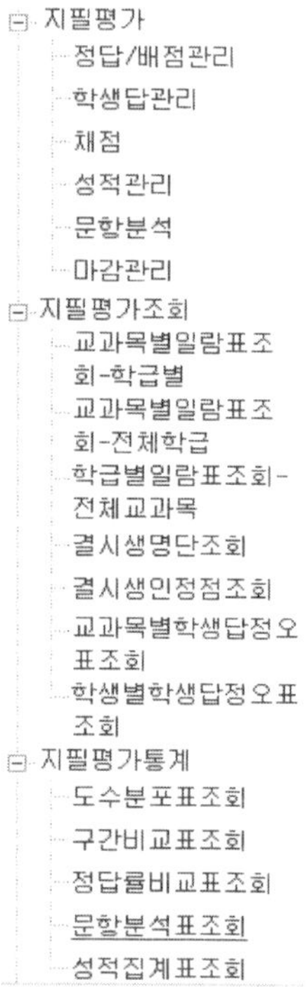

- 지필평가
  - 정답/배점관리
  - 학생답관리
  - 채점
  - 성적관리
  - 문항분석
  - 마감관리
- 지필평가조회
  - 교과목별일람표조회-학급별
  - 교과목별일람표조회-전체학급
  - 학급별일람표조회-전체교과목
  - 결시생명단조회
  - 결시생인정점조회
  - 교과목별학생답정오표조회
  - 학생별학생답정오표조회
- 지필평가통계
  - 도수분포표조회
  - 구간비교표조회
  - 정답률비교표조회
  - 문항분석표조회
  - 성적집계표조회

Ⅲ. 研究 方法 및 節次

이 연구의 일차적 목적이 한문과 총괄 평가 문항을 고전검사이론에 의해 분석하는 데 있지만, 더 나아가 교사가 제작하는 평가 문항의 양호도를 검증하고 궁극적으로 한문 교사의 평가 전문성 신장을 기하고자 한다. 이를 위해 일련의 연구 절차를 수립하여 자료를 수집, 생성하였다.

---

15) 학교 현장에서 교무업무시스템에서 제공되는 자료의 종류와 활용 방법은 면담 참여 교사와의 면담 내용을 통해 확인할 수 있었다.

　참여자B ; 요새는 아마 대부분의 학교가 그렇게 할텐데 제가 근무하는 학교는 시험이 끝난후에 neis에서 제공하는 평가 분석자료들이 있잖아요. 통계 자료들
　연구자B : 거기 변별도는 없죠?
　참여자B : 음. 변별도는 없어요. 변별도는 없고 문항에 대한 답지반응률, 평균, 전체적인 아이들이 몇 퍼센트 맞췄는가 뭐 이 정도 수준만 나오는데, 그걸 가지고 교과협의회를 통해서 교과협의록에 그것을 남겨요. 시험에 대한 평가 반성이겠죠. 그런 평가 반성들을 하고 거기에서 이제 뭐 반별로 편차가 심하게 벌어진 문항이라

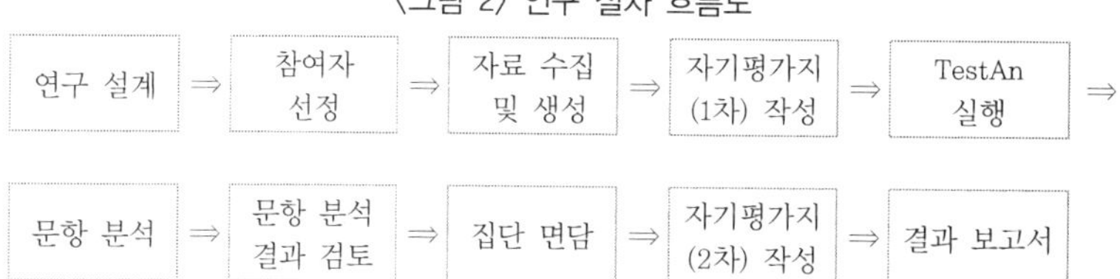

〈그림 2〉 연구 절차 흐름도

'연구 설계' 단계에서는 연구 목적 달성을 위해 적합한 연구 방법을 선정하고 전체적인 연구 절차를 선정하였다. 문항 분석 연구의 목적 정립, 연구 의의 확보, 연구 기간 설정, 연구자와 참여자 선정, 참여자의 자격, 문항 분석 절차, 자료 수집 및 생성 목록, 전체적 일정 등을 계획하고 점검하였다.

'참여자 선정' 단계에서는 중학교와 고등학교 학교급별로 각각 한문 교사 1인을 선정하였다. 선정 기준은 한문과 평가와 관련된 전문적 지식이나 경험이 있으며, 일련의 연구 과정에 참여할 수 있는지 등이다. 이와 같은 기준에 따라 경기도 소재 중학교와 고등학교 한문 교사 각 1인을 참여자로 선정하였다. 이 연구에서 편의상 중학교에 재직하는 교사를 참여자A, 고등학교에 재직하는 교사를 참여자B로

든가 아니면 거기서 제공해주는 파일을 보면 0%기 나온 답지라든가 그런 것에 대한 이유를 기술하고, 다음부터는 그러지 않겠다. 잘못했다.

　연구자B : 자기반성을……

　참여자B : 이런 내용을 담은 그런 내용들하고 일단 그런데 이게 그거를 통해서 제가 제 반성하는 면도 있기는 하지만 사실 아이들한테 나중에 제가 수업에 실제로 들어가서 가르칠 때는 저는 그런 면을 주로 보죠. 반평균이 어떤 문항이 반별로 편차가 심했을 때 이 문항은 왜 반별로 편차가 심하게 났을까? 내가 혹시 가르치는 과정에서 같은 내용을 했지만, 어느 반에서는 강조를 하고 어느 반에서는 강조를 하지 않은게 있는가? 뭐 이런 내용들 수업에 실제로 반영을 한다는 부분에 있어서 그런 부분에 대해서는 제가 돌이켜보는 그런 자료로서는 활용을 하죠. 사실 그 이외에 더 전문적이거나 그러지는 못하고 있는 형편이죠.

[초점집단 면담전사 내용 중]

지칭하기로 한다. 참여자A는 대학원에서 한문교육학을 전공하였으며, 참여자B는 전국단위 연합평가 한문 영역의 출제자로 참여한 경험이 있다. 참여자 모두 지역 단위 한문 교사 모임에 자발적으로 참여하여 '연구자로서 한문 교사' 역할을 수행하고 있었다. 참여자들을 통해 해당 학교의 학교장에게 연구 목적으로 평가 관련 자료를 제공해도 좋다는 '허락받기' 과정을 거쳤다.

'자료 수집 및 생성' 단계에서는 참여자로부터 평가관련 자료[16]—평가 문항, 평가목표이원분류표, 시험 범위, 학습지, 평가 결과 통계 자료, 교과협의록 등—를 제공받고, 학생 답지 반응 자료를 토대로 TestAn 프로그램 실행을 위한 입력 자료를 생성하였다. TestAn프로그램을 실행하기 위해서는 피험자들의 답지별 반응 자료가 필요하다. 참여자가 자료를 직접 입력해야 하는 점 등을 고려하여 1개 학급의 피험자들의 답지별 반응 자료를 text파일에 입력해 주도록 협조를 구하였다.

'자기평가지(1차) 작성' 단계에서는 참여자에게 기출제한 총괄 평가 문항에 대한 자기평가지(1차)를 작성토록 하였다. 총괄 평가 문항에 대한 참여 교사의 자기 평가지는 자유기술 형식으로 쓰게 하되, 대상 시험, 평가 범위 및 내용, 평가 대상 학생 특성, 문항 제작 절차, 문항 제작 주안점, 교사의 학생 평가 관점 및 신념, 문항 제작에 대한 기타 사항 등이 포함되도록 사전에 참여자에게 안내하였다.

'TestAn을 활용한 자료 산출' 단계에서는 연구자가 참여자로부터 제공받아 생성한 입력 자료를 토대로 TestAn프로그램을 실행하여 검사 문항 분석 결과 파일 등 자료를 산출하였다. 절차와 생성 자료 목

---

16) 연구 대상이 되는 평가 문항은 참여자의 자료 접근이 용이하도록 2009학년도 2
학기 중간·기말 고사 중 자유롭게 선택하여 제공하도록 하였다.

록, 그리고 그에 대한 설명은 다음 문항 분석의 실제에서 설명하기로 한다.

'문항 분석' 단계에서는 'TestAn을 활용한 자료 산출' 단계에서 산출된 결과를 토대로 답지별 반응비율, 문항난이도, 문항변별도, 신뢰도 등에서 특이점이 발견된 문항을 대상으로 문항 분석을 실행하였다. 한문 교사가 제작한 평가 문항 가운데 일부 문항을 선택하여 구체적인 수치를 근거로 문항 분석을 시도하였다. 자료에 근거하되, 일부분 연구자의 主觀, 推論, 判斷이 개입된 부분도 있다.

'문항 분석 결과 검토' 단계에서는 연구자가 실행한 문항 분석 결과를 참여자들에게 제공하여, 문항 제작자 입장에서 문항 분석 결과를 검토하여 검토 의견서를 작성하도록 하였다. 검토 의견서를 통해 참여자는 연구자들이 분석한 평가 문항에 대한 교사 자신의 검토 의견을 제시할 수 있었다.

'집단 면담' 단계에서는 연구 설계 단계에서 문항 분석 결과 검토 단계까지 생성된 자료를 토대로 연구자가 반구조화된 질문지를 구안하여 참여자와 함께 초점 집단 면담을 실시하였다. 참여자가 제공한 평가 관련 자료와 총괄 평가 1차 자기 평가지, TestAn프로그램을 활용한 검사 문항 분석 결과 파일, 연구자의 문항 분석 결과, 참여자의 문항 분석 검토 의견을 바탕으로 '초점 집단 면담'을 실시하였다. 집단은 연구자 2명과 참여자 2명이었으며, 연구 전과정에서 수집, 생성된 자료에서 확인하고 싶은 내용이나 미처 파악하지 못한 참여자의 의견 등이 초점이었다. '집단 면담' 실행 이전에 생성된 자료들을 토대로 반구조화된 면담지를 작성하였다. 면담은 70분 정도 진행되었다. 이 면담을 통해 연구자와 참여자의 경계가 줄어들었으며, 한문과 평가 전반에 散在되어 있는 문제들에 대한 공감대를 형성할 수 있었다. 면담을 마친

후, 면담 내용을 轉寫하여 면담 전사 자료를 생성하였다.

'자기 평가지(2차) 작성' 단계에서는 문항 분석과 면담 후 교사의 인식 변화를 중심으로 참여자가 자유롭게 연구에 참여한 느낌에 대한 내용을 기술하도록 요구하였다. 참여 교사들은 자기 평가지를 통해 이 연구에 참여하면서 경험한 사실이나 인식의 변화를 조심스럽게 기술하였다.

마지막으로, '연구 보고서 작성' 단계는 연구의 모든 단계에서 수집, 생성된 자료를 토대로 연구 보고서를 작성하는 단계이다. 이 단계에서 연구자의 교육적 감식안과 비평적 안목이 요구된다.

Ⅳ. 問項 分析의 實際

1. TestAn에 의한 문항 분석 實行

중학교와 고등학교 각 1개 학급 학생이 총괄평가 문항[17]에 응답한 자료 파일을 가지고 TestAn1.0 프로그램[18]을 활용하여 검사 분석을 실시하였다. 단, TestAn 프로그램의 분석 대상은 선다형 중 정답형

---

17) 중학교는 2009학년도 3학년 2학기 중간고사, 고등학교는 2009학년도 2학년 2학기 중간고사 응답 자료를 제공받았다. 학년이나 계열 전체의 응답 자료를 분석 대상으로 삼는 것이 이상적이나, 1개 학급만을 대상으로 한 것은 참여자가 직접 입력 자료 파일을 생성해야 하는 어려움을 고려한 것이다. 또한 이 연구에서 주목하는 부분이 TestAn프로그램을 활용하여 교사 제작 총괄 평가 문항 분석을 비교적 어렵지 않게 시행한다는 점을 고려해서 이다.

18) TestAn은 고전검사이론에 의하여 문항과 검사의 특성을 분석하는 한글 윈도우즈용 프로그램으로서 분석파일 설정하기, 분석실행하기, 분석결과보기의 세 부분으로 구성되어 있다 (성태제(2005), 238면). 이 프로그램은 단행본에 부록 형식으로 첨부되어 있어 누구나 손쉽게 접근할 수 있다.

문항에 제한되며, 다답형 문항은 분석할 수 없다.[19] TestAn을 실행하기 위해서는 피험자가 문항의 답지별로 응답한 응답 자료 파일이 필요하다. 일반적으로 학교 현장에서는 총괄 평가를 시행할 때 OMR(Optical Mark Reader) 카드를 사용하여 학생들이 정답을 표기하도록 한다. 이후 별도의 성적처리프로그램을 활용하여 OMR카드 리더기로 카드를 읽은 후 성적 처리를 하게 된다. 이 과정에서 저장된 정보를 활용하면 피험자의 응답 자료 파일을 생성할 수 있으며, 일부 학교에서는 프로그램을 활용하여 문항변별도 등을 제공하기도 한다.[20]

TestAn의 대략적인 실행 절차는 〈그림 3〉과 같다.[21]

---

19) 참여자A가 제공한 총괄평가 문항의 15번 문항은 다답형이었다. 그러므로 중학교 총괄평가 문항의 실제 분석 대상은 30문항 중 29개 문항이다. 단, 15번 문항의 학생 반응 자료는 연구자가 TestAn프로그램 구동 조건에 맞게 수정하여 입력하였다. 즉 15번 문항은 답지 ①, ③을 정답으로 하는 다답형 문항이다. 두 개의 정답지에 응답한 학생을 ①로 조정하여 입력하고 오답인 경우 임의의 답지에 반응한 것으로 입력하였다. 예컨대 ①, ⑤에 응답한 경우 ⑤로 입력하였다. 이 경우 15번 문항의 문항 분석 결과, 총 피험자 중 문항의 답을 맞힌 피험자 수를 기준으로 하는 문항난이도와 문항 점수와 피험자 총점의 상관계수에 의해 추정되는 문항변별도에는 영향을 끼치지 않는다. 단 15번 문항의 답지별 반응률은 무의미하게 된다.

20) 교사가 교무업무시스템의 지필 평가 통계 자료에서 제공되지 않는 문항변별도를 제공받았다는 것은 별도의 성적처리프로그램을 통해 산출된 자료를 제공받았음을 의미한다. 다음 면담 내용을 통해 이런 사실을 확인할 수 있었다.

참여자A : 저도 뭐 이제 비슷한데요. 일단 수집 경로는 정보부에서 제공합니다. 거기에는 이제 변별도, 곤란도, 정답 반응분포, 그 다음에 학급 간 격차 이런 것이.

연구자B : 변별도도 나오나요?

참여자A : 변별도도 나옵니다. 그러니까 그 변별도에 따라서.

연구자B : 그러니까 교무업무시스템에서 제공하는 것 말고 학교에서 별도로 정보부에서 데이터를 준다는 이야기인가요?

연구자A : 네. 그것은 학교마다 사용하는 시스템에 따라서 다른데 저는 제가 간 네 학교 중에서 두 학교에서 변별도를 제공받았고, 그 전전 학교인 두 학교에서는 변별도를 제공받지 못했습니다.   [초점 집단 면담 전사 내용 중]

21) 프로그램 실행의 자세한 내용은 성태제(2005), 238~243면에 자세하게 소개되어 있다. TesyAn프로그램의 가장 큰 장점은 전문적인 지식이 없더라도 손쉽게 구동

〈그림 3〉 TestAn프로그램을 활용한 문항 분석 실행 절차

입력 자료 파일 생성	⇒	TestAn 실행	⇒	기본데이터 설정	⇒	분석 실행	⇒	분석 결과 파일 산출

위와 같은 절차를 거쳐 생성된 분석 결과 파일은 아래와 같다.

검사 분석 프로그램 : TestAn 1.0 for Windows

파일 성격 : 검사 분석 결과 파일

파일 이름 : E:₩문항 분석 관련 논문 생성₩○○고 문항 분석 결
과.out

입력 파일 : E:₩문항 분석 관련 논문 생성₩data-h.txt

생성 시간 : 2010년 1월 26일 화요일 오후 12:09

문 항 수 : 30개

피험자 수 : 40명

문항 번호	문항 난이도	문항변별도		답지 번호	응답비율			상관 계수	정답	비고
		상관 계수	정답 비율차		전체	상위	하위			
				(上略)						
9	.95	.33	.18	1	.00	.00	.00	.00		
				2	.00	.00	.00	.00		
				3	.95	1.00	.82	.33		
				4	.05	.00	.18	-.33	*	
				5	.00	.00	.00	.00		
				기타	.00	.00	.00			
				(下略)						

할 수 있다는 점이다. 데이터파일만 생성한다면 고전검사이론에 의한 문항 분석을
용이하게 수행할 수 있는 도구로 활용할 수 있다.

문항 분석 결과	
문항수	30
평균난이도	.668
평균변별도	.512
Alpha 값	.903
측정 오차	2.162

검사 점수 분석 결과	
피험자수	40
평균	20.050
표준편차	6.932
분산	48.048
최저점수	5
최고점수	30
중앙값	22
왜도	−.466
첨도	−.638

상위 27% 집단		하위 27% 집단	
치험자수	11	피험자수	11
최저점수	25	최고점수	16

해당 문항을 제외한 검사의 신뢰도									
문항번호	신뢰도	문항번호	신뢰도	문항번호	신뢰도	문항번호	신뢰도	문항번호	신뢰도
1	0.898	2	0.902	3	0.899	4	0.898	5	0.899
6	0.898	7	0.899	8	0.900	9	0.902	10	0.901

(下略)

위에서 예시한 결과 파일 가운데, 문항 분석 결과의 사례는 ○○고 총괄 평가 30문항 중 9번 문항이고, 이 문항에 대한 분석은 다음 절 '2. 사례별 문항 분석'의 [사례5]에 자세하다. 아래의 '문항 분석 결과' 와 '검사 점수 분석 결과'를 통해서 여러 가지 통계 값의 종류와 수치 를 일차적으로 확인할 수 있다.

'상위 27% 집단', '하위 27% 집단'은 상위 27% 피험자 집단의 정답 비율과 하위 27% 피험자 집단의 정답비율의 차에 의한 문항 변별도 산출을 위해 제시된 것이다. 전체 검사의 신뢰도인 Alpha 값은 .903 이며, '해당문항을 제외한 검사의 신뢰도'를 통해 해당 문항을 제외했을 때의 신뢰도를 비교하여 개별 검사 문항의 양호도를 검증할 수 있다. TestAn프로그램의 가장 큰 장점은 복잡하고 어려운 조작 없이 교무업무시스템에서 제공받을 수 없는 많은 자료를 산출할 수 있다는 점이다. 일련의 과정을 통해 산출된 문항 분석 자료를 통해 교사는 자신이 출제한 문항을 객관적으로 검증할 수 있다.

2. 事例別 問項 分析

개별 문항에 대한 분석은 문항난이도와 문항변별도에서 가장 높거나 낮은 문항, 답지 반응율이 0%에 가까운 답지로 구성된 것이 많은 문항을 대상으로 하였다. 이 기준을 가지고 문항을 분석했는데, 대상 문항은 중학교 4개, 고등학교 2개이며, 문항 분석 자료를 토대로 1차 분석을 하고, 문항과 답지에 대한 내용타당도 검증도 병행하였다. 비교적 객관적 수치에 기초하되, 부분적으로 연구자의 해석에 근거한 곳도 있다.

[사례 1]

◇**단원** : 15. 友情
◇**목표 분류** : 내용 – 대구가 되는 문장/ 행동 – 이해
◇**문제 및 답지**

[6~7] 다음 문장을 읽고서 물음에 답하시오.

> ° 近墨者黑近朱者赤

6. 의미상 밑줄 친 한자 '墨'과 대구를 이루고 있는 것은? (3.5점)

① 黑　　　② 近　　　③ 朱　　　④ 者　　　⑤ 赤

◇문항 분석 자료

구분	답지 반응 비율					지수		
	①	②	③*	④	⑤	문항 난이도	문항 변별도	해당문항제외 신뢰도
결과	.03	.03	.92	.00	.03	.92	.43	0.877

◇**문항 분석 의견**

6번 문항의 문항난이도(정답률)는 .92로서 매우 쉬운 문항으로 분석된다. 상관계수에 의한 문항변별도는 .43으로 변별력이 매우 높은 문항이다. 오답지 ①, ②, ⑤의 답지 반응 비율은 .03으로 매우 낮고, ④번 답지는 .00로 응답한 사례가 없다. 이는 정답을 제외한 오답지 ①, ②, ④, ⑤는 답지로서의 매력을 상실한 즉, 없는 것과 마찬가지인 답지이다. 매력적인 오답지가 없는 점이 문항난이도가 높은 주요 요인의 하나로 推測된다.

총 30문항에 대한 검사의 Cronbach α값은 .880인데, 6번 문항을 제외한 Cronbach α값은 0.877이다. 6번 문항을 제거하면 검사의 신뢰도가 감소하기 때문에, 해당 문항 제외 신뢰도 수치를 기준으로 할 때, 제거하면 안 될 좋은 문항이다.

6번 문항의 문항난이도가 매우 높게 나타난 이유는 평가 내용 곧 '대구가 되는 문장'과 관련된다. 다시 말해, 한자의 음과 뜻, 문장의 의미를 파악하지 못하더라도 이 문항에서 요구하는 내구의 형식적 득성만을 가지고 정답을 유추할 수 있다고 판단되기 때문이다.[22]

---

22) 연구자의 문항분석 의견에 대해 문항제작자인 참여자A는 6번 문항에 포함된 학습 내용과 문항난이도와의 상관관계에 대하여 다른 의견을 제시하였다. 연구자는 문항난이도에 영향을 끼친 요인으로 '대구'라는 학습 내용 자체('대구'의 형식을 빌린, 문항 형태를 포함함)를 지목한 반면, 문항제작자는 이 학습 내용이 교수-학습 과정에서 여러 차례 노출되고 강조된 점을 들었다. 연구자가 '대구'라는 학습 내용 자체를 요인으로 지목한 이유는 '대구'인 문장이 학생들의 추측이 가능하기 때문이다. 즉 문장 독해 과정을 거치지 않고, 한자의 배열 순서만으로 정답을 추측하는 경우를 감안한 것이다. 다음은 참여자A의 문항검토 의견서 해당 진술이

문항 유형과 관련해서 문항 난이도를 논의해보면, 문항 유형을 만약 유추형으로 제작하였다면 문항난이도는 낮아졌을 것이다.

공통지시문은 '읽고서'를 '읽고'로 간결하게 할 수 있다. 질문을 간결하게 하고, 피험자에게 출제자의 출제 의도를 명확하게 전달하기 위하여 '墨'를 '㉠墨'과 같이 기호를 부여할 수 있다. 질문은 '㉠墨과 대구를 이루는 것은?'으로 간결하게 표현할 수 있다. 단, 여기서 '대구'[23]라는 용어는 수정, 보완할 필요가 있다.

다. "6번 문항의 困難度가 높은 이유는 평가 내용의 문제가 아니라 판단된다. 백보를 양보해서 類推의 요인으로라도 이 문항을 풀기위해서는 적어도 한자 '墨'의 의미 그리고 '대구'의 개념 등에 대해서 알지 않으면 안 된다는 것이다. 이 문항은 단문의 풀이는 물론 간단한 단문조차도 대구로 표현되는 문장이 많다는 것, 그리고 그 사실을 아는 자체로 단문 풀이에 도움이 된다는 것 등 복합적인 출제 의도가 있다. 예를 들어 이러한 문항을 道 단위의 시험으로 출제했다면 절대로 이러한 형태로 곤란도가 산출되지 않았을 것이다. 다만 이 문항에서 곤란도가 높은 이유는 37명의 학생들에게 '문제 사태'의 형태로 다가가지 못했기 때문이다. 좋은 문항은 학생의 고차원적 사고를 측정하여야 하고 그러기 위해서는 '문제 사태'를 담보로 하여야 한다. 하지만 이 문항 같은 경우는 학교 시험이라는 특성으로 인해 문제의 형태만 '문제 사태'를 띠고 있으며, 실제로 진행되었던 교수-학습의 과정에서 단문의 대구가 무수히 강조되었기에 학생들에게는 문제 사태로 인식될 수 없었던 것이며, 그로 인해 곤란도가 높게 형성된 것으로 판단된다. 이러한 점에 비추어 교사가 이러한 문항에 고배점을 적용한 것은 큰 실수이다."[참여자A의 문항분석 검토 의견 중]

23) 7차 중·고 한문과 교육과정에서는 문장의 수사법에 대한 내용이 수록되어 있지 않다. 다만, 한시 영역에 다음과 같이 진술하였다. "대우법이란, 한 연의 상하구(上下句 : 出句와 對句)가 서로 상대어나 어조가 비슷한 글귀로 짝을 맞춰 병렬·대치의 미를 나타내는 문장 수사법으로 대장법[對杖法 또는 대구법(對句法)]이라고 한다." 한편, 2007년 개정 한문과 교육과정 해설서에서는 '문장지식-문장-문장의 수사' 영역에 '對偶'에 대해 다음과 같이 제시하고 있다. "(나) 대우(對偶) - 자수와 구법이 서로 같거나 서로 비슷한 어구의 표현을 이용하여 상반되거나 상관된 의미를 표현하는 방법이다." 그러므로 6번 문항의 질문에서 '대구'라는 용어는 수정하는 것이 좋겠다. 따라서 '의미상 밑줄 친 한자 墨과 짝을 이루는(혹은 상관된 의미를 표현하는) 것은?'으로 수정할 수 있다.

[사례2]

　　◇**단원** : 15. 友情
　　◇**목표 분류** : 내용 – 한자의 음/행동 – 지식
　　◇**문제 및 답지**

[1~2] 〈보기〉의 한자를 읽고서 물음에 답하시오.

─────── 〈보기〉 ───────

ㄱ. 支　　ㄴ. 依　　ㄷ. 約　　ㄹ. 素　　ㅁ. 胸

2. 제시된 한자들을 자전의 자음 색인에서 찾을 때, 색인의 가장 앞부분에 등장할 한자는? (3.5점)

① ㄱ　　　　② ㄴ　　　　③ ㄷ　　　　④ ㄹ　　　　⑤ ㅁ

　　◇**문항 분석 자료**

구분	답지 반응 비율					지수		
	①	②	③	④*	⑤	문항 난이도	문항 변별도	해당문항제외 신뢰도
결과	.16	.19	.24	.32	.08	.32	.45	0.877

　　◇**문항 분석 의견**

　2번 문항의 난이도는 .32로서 어려운 문항으로 분석된다. 상관 계수에 의한 문항 변별도는 .45로 변별력이 매우 높은 문항이다. 정답인 ④번 답지의 상위 집단의 응답비율은 .64이고, 하위 집단의 응답비율은 .00이다.[24) 하위 집단의 정답지 반응 비율이 0에 가깝다는 것은, 이 문항의 변별도가 높다는 것이고, 한편으로 문항난이도 곧 정답률이 낮은 요인으로 작용했을 것이다.

　총 30문항에 대한 검사의 Cronbach α값은 .880인데, 2번 문항을

─────────────────────────

24) 여기서는 제시하지 않았지만, 문항 분석 결과 파일의 자료에 상, 하위 27% 집단의 답지별 반응 비율도 기록되어 있다.

제외한 Cronbach α값은 0.877이다. 6번 문항을 제거하면 검사의 신뢰도가 감소하기 때문에, 해당 문항 제외 신뢰도 수치를 기준으로 할 때, 제거하면 안 될 좋은 문항이다.

공통지시문은 '〈보기〉를 읽고 물음에 답하시오.'로 간결하게 표현할 수 있다. 〈보기〉의 기호는 한자와 구분을 명확히 하기 위하여 'ㄱ, ㄴ, ㄷ, ㄹ,'를 원문자 'ⓐ, ⓑ, ⓒ, ⓓ'로 수정할 수 있다. 아울러 질문은 'ⓐ~ⓔ' 중 자전의 한자음 색인에 가장 먼저 나오는 것은?'으로 간결화 할 수 있다.[25]

[사례 3]

◇**단원** : 17. 靜夜思
◇**목표 분류** : 내용 – 한시의 작자/행동 – 지식
◇**문제 및 답지**

[18~22] 다음 한시를 읽고서 물음에 답하시오.

靜夜思
牀前看月光
疑是地上霜
舉頭望明月
低頭思故鄉

---

[25] 이 문항 분석에 대한 문항 제작자의 검토 의견은 다음과 같다. " 이러한 문항이 '문제 사태'를 담고 있는 좋은 예이다. 모든 한자의 개별적인 '음'을 알고 '자음 색인'에 대한 이해를 접목하여 학생들은 풀어내어야 한다.
음순 색인이라는 용어는 자음 색인에 비해 일반적인 용어가 아니기에 사용하기 힘들고, 00중학교에서 사용되는 모든 문항지는 공통된 양식으로 맞추기 때문에 본 교사만 원문자를 사용할 수 없다. 문항을 간결하게 하는 방안은 좋다고 판단된다. 이 문항의 지시문을 만들 때 고치기를 반복했던 기억이 난다."[참여자A의 문항 분석 검토 의견 중]

18. 이 시의 작자에 대한 설명으로 옳은 것을 모두 고르면? (3.5점)

〈보기〉

ㄱ. 詩仙으로 불리운다.

ㄴ. 중국 당나라 때의 시인이다.

ㄷ. 신분제의 한계 속에서 항상 고민하였다.

ㄹ. 술과 방랑 생활은 그의 작품에 중요한 바탕이 된다.

① ㄱ, ㄴ   ② ㄱ, ㄷ   ③ ㄴ, ㄹ   ④ ㄱ, ㄴ, ㄹ   ⑤ ㄱ, ㄴ, ㄷ, ㄹ

◇문항 분석 자료

구분	답지 반응 비율					지수		
	①	②	③	④*	⑤	문항 난이도	문항 변별도	해당문항제외 신뢰도
결과	.05	.00	.16	.62	.16	.62	.17	0.884

◇문항 분석 의견

18번 문항은 문항 난이도가 .62로서 쉬운 문항으로 분석된다. 상관계수에 의한 문항 변별도는 .17로 변별력이 매우 낮아 수정되어야 할 문항이다. ①과 ②번 답지의 반응 비율이 매우 낮아 답지로서의 매력을 상실하여, 실질적으로 3지선다형 문항이 된다. ③과 ⑤번 답지의 반응 비율은 .16으로 동일하나 상위 집단은 ③번 답지에 1명도 반응하지 않았고, 하위 집단의 ⑤번 답지 반응 비율은 .10으로 매우 낮다. 전체적으로 보아, 답지의 수정 및 조정이 필요하다.

총 30문항에 대한 검사의 Cronbach α값은 .880인데, 18번 문항을 제외한 Cronbach α값은 0.884로 오히려 증가한다. 다시 말해, 18번 문항을 제거하면 검사의 전체 신뢰도가 오히려 증가하기 때문에, 해당 문항 제외 신뢰도 수치를 기준으로 할 때, 대폭 수정이나 삭제를 고려할 수 있는 문항이다. 그리고 18번 문항은 형식상 합답형으로 답지군 구성에 유념해야 한다.[26)]

[사례4]

　　◇**단원** : 17. 靜夜思
　　◇**목표 분류** : 내용 – 자전을 사용하는 방법/ 행동 – 이해
　　◇**문제 및 답지**

30. 다음은 자전으로 '念'자를 찾았을 때 제시된 정보이다. 제시된 정보를 통해
　　알 수 있는 사실을 모두 고르면? (3.2점)

---

26) 이 문항 분석에 대한 문항 제작자인 참여자A의 검토 의견은 다음과 같다. "변별
　　도, 신뢰도가 높으면 좋은 문항?(이 구절은 참여자A가 문항 검토 의견서에 작은
　　제목으로 쓴 문구임. 연구자 주.) 문항내적합치도(Cronbach α값)는 근본적으로
　　변별도에 영향을 받는 신뢰도이다. 문항 세트가 총체적으로 어느 정도의 신뢰도
　　지수를 가지고 있는 가를 판단하는 신뢰도이므로 한 번의 검사만으로도 신뢰도를
　　산출할 수 있다는 장점이 있다. 하지만 통계학을 한번이라도 공부한 사람이라면
　　신뢰도가 지니는 허점에 대해서 대체로 이해하고 있을 것이다. 아무리 하찮다고
　　생각되는 문항들도 세트로 구성하여 응시 인원을 늘리거나 그래도 성에 차지 않으
　　면 문항 개수를 늘리면 신뢰도는 백발백중 상승하게 된다. 이러한 점을 사회 과학
　　분야의 각종 실험 연구에서 악용하는 사례는 어제 오늘의 일이 아닐 터이다. 그럼
　　에도 불구하고 37명 가운데 1명도 응답하지 않은 답지가 나왔다는 것은 용서할
　　수 없는 부분이다. 원래 이 문항은 다섯 개의 보기를 제시하고 옳은 것을 모두 고
　　르는 형식으로 출제를 하려 했던 문항이었다. 하지만 교수–학습의 내용에서 적당
　　한(어거지가아닌 적당한) 답지를 찾기 어려웠다. 그래서 네 개의 답지만으로 문
　　항을 구성할 수 없었기에 이러한 형태의 문항이 출제된 것이며, 곤란도 .70 정도를
　　겨냥하고 제작된 문항이다. 불과 4과 정도의 범위에서 중복을 피하고 매력 있는
　　답지를 만드는 것은 어찌 보면 불가능에 가까울 수도 있다."[참여자A의 문항분석
　　검토 의견 중] 참여자 A의 문항 검토 의견 중, '곤란도 .70 정도를 겨냥하고 제작된
　　문항이다.'란 말에 대해, 참여자 A는 스스로 각주를 달아 보충 설명하였다. 그 내
　　용은 다음과 같다. "부연으로 곤란도에 대한 이야기를 덧붙인다. 일반적으로 문항
　　곤란도는 개별 문항의 쉬운 정도를 나타내는 지수이다. 문항 정답률이라고도 할
　　수 있다. 그런데 학교 정기고사를 경험하다 보면 의외의 경우를 목격할 수 있다.
　　모든 문항의 정답률을 70%로 맞추고 문제를 출제한다면 절대로 응답한 학생의 전
　　체 정답률은 70%가 안 된다는 것이다. 그 보다는 정답률이 매우 높은 문항(바람직
　　하지 않음), 보통인 문항(바람직함), 매우 낮은 문항(바람직하지 않음)을 골고루
　　섞어야 70%가 나온다. 이러한 일이 발생하는 이유에 대해서는 포커스 면담에서
　　자세히 설명하도록 하겠다."[참여자A의 문항분석 검토 의견 중]

<table>
<tr><td>心
4
⑧</td><td>[念]</td><td>생각 (념)</td></tr>
</table>

1. 생각, 생각할 (념)
2. 소리내어 읽을 (념)
3. 스물 (념)

(형성)
음을 나타내는 '今'자와 뜻을 나타내는 '心'의 결합

念慮(염려) : 마음을 놓지 못함
念願(염원) : 마음속으로 바람

〈보기〉

ㄱ. 총 획수

ㄴ. 여러 가지 한자어

ㄷ. 부수를 제외한 획수

ㄹ. 한자가 만들어진 원리

① ㄱ　　② ㄱ, ㄴ　　③ ㄱ, ㄴ, ㄷ　　④ ㄴ, ㄷ, ㄹ　　⑤ ㄱ, ㄴ, ㄷ, ㄹ

◇문항 분석 자료

구분	답지 반응 비율					지수		
	①	②	③*	④	⑤	문항 난이도	문항 변별도	해당문항제외 신뢰도
결과	.00	.00	.16	.00	.84	.84	.56	0.874

◇문항 분석 의견

30번 문항의 문항 난이도는 .84로서 매우 쉬운 문항으로 분석된다. 상관 계수에 의한 문항 변별도는 .56으로 변별력이 매우 높은 양호한 문항이다. 오답지 ①번, ②번, ④번에 대한 답지 반응 비율이 모두 .00이다. 즉 실질적으로 이 문항은 진위형 문항이 된다. 그 이유는 합답형으로 제작된 문항 형식 때문으로 추측된다. 답지군이 정답의 단서를 주기 때문이다. ③번 답지의 집단별 반응 비율은 상위 집단 .00, 하위 집단 .60이다. 즉 상위 집단 전원이 정답에 응답하였다.

총 30문항에 대한 검사의 Cronbach α값은 .880인데, 6번 문항을 제외한 Cronbach α값은 0.874이다. 30번 문항을 제거하면 검사의 신뢰도가 감소하기 때문에, 해당 문항 제외 신뢰도 수치를 기준으로 할 때, 제거하면 안 될 좋은 문항이라고 할 수 있다.

질문이 두 문장으로 구성되어 있다. 질문을 '아래와 같이 자전에서 한자를 찾을 때, 알 수 있는 것을 모두 고르면?'으로 간결하게 표현할 수 있다.[27]

[사례5]

◇**단원** : 한시의 이론
◇**목표 분류** - 내용 : 한시의 대우법
　　　　　　행동 : 적용
　　　　　　예상난이도 - 하
◇**문제 및 답지**

9. 한시의 대우법을 이해하기 위해 노트에 다음과 같이 적었을 때, ㉠에 알맞은 것은? (3.2점)

我 足 튽 足(내 다리는 롱다리)
↕　　　↕
汝 足(㉠)足(니 다리는 숏다리)

①上　　　　②大　　　　③短　　　　④長　　　　⑤多

---

27) 이 문항에 대한 참여자 A의 문항 검토 의견은 다음과 같다. "'문제 사태'를 담보하고 있지만 쉽게 답을 찾을 수 있다고 판단되기에 저배점으로 배정한 문항이다. (중략) 문항을 간결하게 하는 방안은 매우 좋다고 판단된다. 정기 고사 출제 시기가 될 때 마다 유능한 동료 교사가 함께 있었으면 좋겠다고 늘 생각한다. 역으로 적어도 그 반대의 경우는 아니라서 다행이라고 생각하기도 한다. 이러한 문항은 시나 도 단위 이상의 학력 평가와 같은 고사에 출제될 수 있다고 생각된다. 다양한 시도를 하기 위한 문항이었지만 학생들은 수업 중 교사의 몸짓 발짓 하나까지도 기억해내어 정기고사에 응하기 때문에 의도를 잘 살릴 수 없는 문항이 되었다."[참여자A의 문항분석 검토 의견 중]

◇문항 분석 자료

구분	답지 반응 비율					지수		
	①	②	③*	④	⑤	문항 난이도	문항 변별도	해당문항제외 신뢰도
결과	.00	.00	.95	.05	.00	.95	.33	0.902

◇문항 분석 의견

9번 문항의 문항 난이도는 .95로서 매우 쉬운 문항으로 분석된다. 상관계수에 의한 문항변별도는 .33으로 괜찮은 문항이지만 수정의 여지가 있는 문항이다. 수정의 여지는 답지 반응률에서 찾을 수 있다. 오답지 ①, ②, ⑤의 반응비율은 모두 .00으로 답지로서의 매력을 상실하여. 실질적으로 진위형 문항이 된다. 오답지의 낮은 답지 반응 비율은 높은 문항 난이도와 직결된다. 총 30문항에 대한 검사의 Cronbach α값은 .903인데, 9번 문항을 제외한 Cronbach α값은 0.902이다. 해당 문항을 제거하더라도 전체 신뢰도에는 큰 변화가 없다.

오답지의 반응 비율에 큰 편차가 있는 것은 문항 자체가 매우 쉽기 때문이다. 답지에 제시된 한자가 누구나 쉽게 알 수 있는 점도 문항 난이도에 영향을 끼쳤을 것으로 분석된다. 출제자도 예상난이도를 '하'로 설정하고 있다.

질문은 'ㄱ에 알맞은 것은?'으로 간결화 할 수 있다.[28]

---

[28] 이 문항 분석에 대한 문항 제작자 참여자 B의 문항 검토 의견은 다음과 같다. "위 문항의 내용은 수업 시간 중 한시의 대우법을 설명하기 위해 예를 들고, 모든 학생이 실습까지 해 본 문장이다. 그런 이유로 인해 사실상 ①, ②, ⑤번의 답지 매력도가 없어졌고, ④번에 반응한 학생들은 대우법의 의미를 알지 못하고 위 구절에 노출된 '長'자를 그대로 찾은 것으로 보인다. 만약 이 문장이 수업시간에 다루어지지 않은 문장이라면 답지 반응률은 달라졌겠지만, 결과적으로 답지 중 3개의 반응률이 0%라는 것은 출제자로서 반성해야 할 문제이고 적절한 지적이라 본다. 위 검토의견에서 'ㄱ에 알맞은 것은?'으로 발문을 간결하게 하지 않은 이유는 위 구절 자체가 한시의 구절이 아니라 수업 시간 중 필요한 이해를 도모하기 위해 인위적으로 漢作한 문장이기 때문에 '한시의 대우법을 이해하기 위해~' 라는 부분을 삽입한 것이다. 개인적으로는 괄호안의 해석도 불필요한 부분이라고 생각하

[사례6]

◇**단원** : 한시

◇**목표 분류** : 내용 – 시어의 풀이/ 행동 – 이해/ 예상난이도–중

◇**문제 및 답지**

* [18~21] 다음 시를 읽고 물음에 답하시오.

(가)	㉠蕭蕭落木聲	
	錯認爲㉡疎雨	
	㉢呼僧出門看	
	㉣月掛溪㉤南樹	
(나)	山翁夜推戶	산속에 사는 늙은이 한밤중에 문 열고 나와
	四望立一回	사방을 한 번 둘러보며 서 있구나
	生憎啄木鳥	얄미운 딱따구리 녀석 같으니라고
	錯認縣人來	마을에서 사람이 찾아온 줄 (㉠)

위 시의 4구에도 (가)의 2구처럼 '錯認' 곧 '(㉠)' 라는 말이 들어가 있다. 한밤중에 산 속 외딴집에 사는 할아버지가 갑자기 일어나 문을 열더니, 누가 왔나 하고 이리저리 둘러본다. 아무도 없다. 누구였을 까? 방금 문을 두드린 사람은 고개를 갸웃하며 두리번거려도 사람 그림자는 찾을 길이 없다. 그때 앞쪽 나무 위에서 딱따구리가 딱딱딱딱 나무를 쫀다. 아이쿠! 저 녀석에게 속았구나. 그제서야 할아버지는 조금 전 노크 소리의 주인공을 알아차린다.

–정민, 『꽃들의 웃음판』–

21. ㉠~㉤의 풀이로 옳지 <u>않은</u> 것은? (3.4점)

　① ㉠ : 우수수

였지만, 이 역시 출제자의 기우가 반영된 결과이다." [참여자 B의 문항분석 검토 의견 중]

② ㉡ : 성근 비

③ ㉢ : 중을 불러

④ ㉣ : 달이 밝다

⑤ ㉤ : 남쪽 나뭇가지

◇문항 분석 자료

구분	답지 반응 비율					지수		
	①	②	③	④*	⑤	문항 난이도	문항 변별도	해당문항제외 신뢰도
결과	.08	.23	.13	.33	.23	.33	.50	0.900

◇문항 분석 의견

21번 문항의 문항 난이도는 .33으로서 어려운 문항으로 분석된다. OO고 총괄 평가 전체 30문항 중 문항 난이도가 가장 낮다. 상관 계수에 의한 문항변별도는 .50으로 변별력이 있는 매우 양호한 문항이다. 오답지 ②번과 ⑤의 반응 비율이 모두 .23으로 매력적인 답지여서 문항 난이도 저하에 영향을 끼치고 있다. 단 ②번 답지의 집단별 반응 비율이 상위 집단 .00, 하위집단 .18로 나타나 집단별로 매력적인 오답이 다르게 나타나고 있다.

총 30문항에 대한 검사의 Cronbach α값은 .903인데, 21번 문항을 제외한 Cronbach α값은 0.900이다 해당 문항을 제거하더라도 전체 신뢰도에는 큰 변화가 없다.

평가 내용이 시어의 풀이인 점과 대상 시어를 구성하고 있는 한자가 비교적 어려운 점 등이 문항 난이도에 영향을 끼쳤을 것으로 분석된다.

함께 제시된 (가)와 (나)에 동일한 기호 ㉠이 사용되어 피험자의 혼란을 야기할 수 있으므로 수정할 필요가 있다.[29]

---

29) 이 문항 분석에 대한 문항 제작자인 참여자 B의 문항 검토 의견은 다음과 같다. "한시의 해석 문항은 '시를 알고 있느냐 아니냐'의 여부에 따라 정답률이 많이 달라지는 문항으로 알고 있다. (가)시의 경우 수업시간에 다루었기에 난이도를 '중'으

3. 協力 體制를 통한 문항 분석

이 연구는 고전검사이론에 의해 한문과 총괄 평가 문항을 분석하고 그 결과를 토대로 현장 한문 교사와 연구자가 상호 협력 체제를 구축해서 교사 제작 문항의 오류와 문제점을 찾아 개선하고 총괄 평가 문항 제작 관련 인식 변화를 살펴보려고 하는데 목적을 두었다. 연구 목적을 달성하기 위해, 연구자와 참여자는 상호 협력 체제를 구축하기로 하였다. 연구자는 참여자로부터 문항 분석의 의의와 필요성을 강조하면서 자료 협조를 요청하였다. 참여자들은 연구자에게 자신이 제작한 총괄 평가 문항과 관련 문건을 제공하였다. 그리고 연구 절차가 진행됨에 따라 연구자들이 요구하는 자기 평가지, 문항 검토 의견서를 작성하였으며, 면담에 응하여 학교의 평가 문화, 교사의 학생 평가 관점이나 신념, 문항 분석에 대한 견해 등을 말했다. 이 과정에서 참여 교사의 인식 변화를 일정 부분 감지할 수 있었다.

문항 분석 결과를 제공하기 이전에 참여자들은 기제출한 총괄 평가 문항에 대한 자기평가지를 작성하였다. 이를 통하여 현장의 한문 교사들은 문항 제작 시, 무엇보다 문항 제작 주안점을 '오류가 적은 문항 제작'과 '등급 산출을 위한 난이도 조정'에 두고 있었음을 알 수 있었다.

로 설정하였지만 시의 정서를 학생들이 이해하기 쉽지 않으며, 시어로 쓰인 한자 역시 어려워 난이도는 '상'으로 오답 반응률도 모든 답지에 비교적 고르게 나타났다고 생각한다. ②번 답지에서 상위권 학생들의 반응률이 .00인 것은 ④번 답지를 답으로 찾은 상위권 학생들이 ②번에는 유인되지 않았으나 하위권 학생들은 ④번 답지에서 '月'이 나오기에 '달이 밝다'를 답으로 보고 생소한 단어인 '성근'이 들어간 ②번에 유인된 것으로 나름대로 추측해 본다. (가) (나)에 ㉠기호가 동일하게 사용된 것은 출제자의 불찰로 매우 적절한 지적이다." [참여자 B의 문항분석 검토 의견 중]

현장에 근무하는 어떠한 교사이든 마찬가지겠지만 문항에 오류가 없어야 한다. 문항의 오류는 결정적으로 '타당도'에 영향을 주어 문항지 세트가 지녀야 할 기능(선발·분류·발달 등)에 회의를 들게 한다.

〈中略〉

난이도는 70% 정도 비율을 유지하기 위해 노력한다. 어떠한 문항이든 발문은 쉬어야 되고 답지는 다양해야 한다는 것이 교사의 개인적인 의견이다. 난이도 조절은 결국 답지를 통해 하는 것이다. 변별도는 난이도 조정에 의한 부산물이다. 모든 문항이 적정한 변별을 지녀야 한다는 것은 아니다. 어디까지나 그것이 바람직하다는 것이다. 물론 정기고사가 변별·분류의 기능을 지양하기는 하지만 기본적인 평가의 관점은 절대평가에 있다고 교사는 굳게 믿는다.

[참여자A의 총괄평가 자기평가지(1차) 중에서]

최우선으로 문항의 객관도와 적절성에 가장 많이 신경을 쓰며, 문항 오류로 인해 문항의 신뢰도가 떨어지지 않도록 유의하고 있음. 국가 수준에서 이루어지는 평가문항의 발문이나 평가 내용에 근접하도록 하되, 학교 시험이니 만큼 교사가 필요하다고 판단하는 창의적 문항 개발을 하기 위해 노력하고 있음. 특히 직전 시험의 평균점, 수행 평가의 평균점 등을 고려하여 난이도 조절을 하고 있으며, 등급 산출의 변별력을 갖도록 가급적 동점자가 생기지 않도록 신경을 쓰고 있음.

[참여자B의 총괄평가 자기평가지(1차) 중에서]

참여자들이 문항 제작 주안점을 일차적으로 문항 오류와 난이도 조정에 두는 것은 총괄평가가 지닌 중요성과 선발의 기능 때문이다.[30]

---

30) 문항 오류와 내신 등급 산출에 대한 교사들의 부담은 다음 면담 내용을 통해서도 확인할 수 있었다. "(참여자B)학교 현장에서 교사가 문제를 출제하면서 문항에 오류가 없어야 하는 것은 가장 현실적인 문제여서 그런 것 같아요. 말 그대로 진짜 고등학교에 있다 보면 등급을 산출하는데 있어서 한 문제, 수행평가 하나 어떻게

이는 총괄평가에 영향을 끼치는 여러 요인[31) 중 주로 교과 외적인 요인에 영향을 받은 것이다. 예컨대, 문항 출제 오류로 인해 문항 출제 교사는 행정적인 제재를 당할 수 있으며, 난이도 조정에 실패하면 내신 등급 산출 과정에서 특정 등급이 형성되지 않을 수도 있다. 내신 등급은 상급 학교 진학의 주요 자료로 활용되기 때문에 학생과 학부모에게는 관심의 대상일 수밖에 없다. 그러므로 총괄평가의 문항 오류와 난이도 조정은 문항을 출제하는 교사에게 큰 과제일 수밖에 없다.

이와 관련하여 고전검사이론에 의해 산출된 여러 지수 중 참여자들이 특히 주목한 부분은 답지 반응률이었다. 교사들은 일반적으로 총괄평가 문항 제작 시 개별 문항의 난이도나 전체 문항의 난이도 조정에 유념하게 된다. 상대적으로 개별 문항의 답지 반응률은 看過하기 쉬운 부분이다. 그러나 TestAn프로그램을 활용한 문항분석 결과는 개별 문항의 답지별 반응률과 답지의 매력도 분석결과도 포함되기 때문에 문항제작들은 그 결과에 주목하게 되는 것이다. 또한 다른 지수들과는 달리 해석상 별도의 기준 설정이 필요하지 않다는 점도 답지 반응률에 1차적으로 주목하는 이유라고 할 수 있다.

연구자의 문항분석 의견에 대해 참여자들은 문항 제작자 입장에서 검토 의견을 제시하였다. 연구자의 문항 분석에 대한 참여자들의 검토 의견서를 통해 참여자들의 동의, 부정, 유보, 제안 등의 의견을 읽

채점하느냐에 따라서 아이들이 민감하게 반응하고 그렇기 때문에 요새는 학부모들도 또 틀린 문항이 나왔을 때 집단적으로 대응하는 경우도 있고 그런 경우들을 봤거든요. 저희 학교에 예도 있었고. 그렇기 때문에 어떤 부분보다도 사실은 문항 오류를 줄이는 것에 대해서 가장 신경을 많이 쓸 수밖에 없는 그런 상황인 것 같습니다." [초점집단 면담전사 내용 중]

31) 고등학교 한문과 총괄평가에 영향을 끼치는 요인은 김경익(2008b)에서 개념 지도로 상세하게 제시했다.

을 수 있었다.[32) 부분적으로 이론을 제기하기도 하고, 개별 문항에 대해 다른 해석을 하기도 하였지만, 두 명의 참여자 모두 질문과 답지 구성에 대한 문항 검토 의견에 대체로 동의하였다. 그 이유는 문항 제작 과정에서 문항제작자 이외의 교사로부터 문항 검토를 받을 수 없는 교과 현실 때문이다. 한편으로 연구자들은 현장의 한문 교사들의 총괄 평가 문항 출제 의도, 문항을 제작하는 한문 교사의 고충[33), 그리고 한문 교과를 포함한 학교 현장의 평가 관행[34) 등을 확인할 수 있었다.

고전검사이론에 의한 문항 분석은 현장 교사에게 유용한 측면이 있다. 반면 산출된 수치에 매몰될 수 있다는 단점이 있다.[35) 그러므로 문항 분석 결과의 해석에 신중을 기해야 한다. 학교 현장의 총괄 평가는 그 평가 주체가 교사이며, 교사가 수업을 진행한 학생의 특성을 고려해야 한다는 특수성 때문에 표준화된 검사와는 다른 관점으로 바라봐야 한다. 앞서 제기한 여러 이유로 교사가 제작한 총괄 평가 문

---

32) 참여자들의 검토 의견은 '2. 사례별 문항 분석'의 각주에 모두 제시하였다.

33) 참여자들은 단위 학교에 한문 교사가 1명인 경우가 많아 문항의 상호 검토가 어려운 점, 교육과정 편제 상 이수 단위가 적어 시험 범위가 적은 점 등을 어려움으로 들있다.

34) 단위 학교의 평가 관행에 영향을 끼치는 요인은 다기하다. 참여자들은 특히 상급 기관(교육청)의 평가 관습을 지적했다. 곧 성적 관리 감사 시, 주로 직전 시험과의 평균차, 학급 간의 평균 격차 등을 위주로 성적을 감사하는 관행으로 인한 영향을 문제로 제기했다.

35) 이 점은 참여 교사 A도 강조하였다. "고전검사이론이라는 타이틀이 달리는 순간 논문은 어느 정도의 한계점을 지니고 있다. 물론 한계가 되는 문제의 핵심은 '반응자 변수'에 대한 부분이다. 따라서 이 논문은 어느 정도의 방향타 역할만을 제시할 뿐이지 평가 문항 분석에 대한 종착점이 되기 힘들다 본다. (중략) 얼렁뚱땅 수치로 교사들을 속이려 해서는 안 된다. 제시된 숫자(수치)는 거짓이 아니지만, 진실이 아닌 정보를 담고 있는 경우가 많다."[참여자 A의 총괄 평가 자기평가지(2차) 중]

항은 양호도 검증이나 문항 분석이 쉽사리 이루어지지 않는 것이 현실이다. 그럼에도 교사가 제작한 평가 문항에 대한 문항 분석은 다양한 방법으로 시도되어야 한다. 그 이유는 한문과 평가에 전문성을 지닌 참여자들도 이번 연구에 참여하는 과정을 통해 문항 분석의 필요성에 일정부분 공감했기 때문이다. 다음 자료에서 이 점을 확인할 수 있다.

> 교직에 들어온 이후 수십 번 학교 문항을 출제하였지만, 내가 출제한 문항을 '문항 분석 검사 도구'를 통해 검사하고 자료 데이터를 받기는 처음이다. 그래서 사실은 연구에 참여하는 것에 대해 부끄럽고 두려운 마음이 든 것도 사실이다. 하지만 '분석 결과가 나에게 부끄러울수록 앞으로 나의 문항이 더 좋아질 것이다'라는 생각으로 참여를 결정하였고, 결과를 받아보고 시사점을 얻은 지금은 더욱더 잘 한 일이란 생각이 든다.
>
> [참여자 B의 총괄 평가 자기평가지(2차) 중에서]

참여자 B는 문항 분석에 대해 다방면에서 비평하였는데, 예컨대 "그동안 문항을 제작할 때 문항의 발문과 평가요소에만 주안점을 두었다면, 앞으로는 답지의 구성과 학생들의 수준을 고려한 매력도 등을 좀 더 치밀하게 구성 해야 겠다는 점", "평가를 실시한 후에 산출되는 자료들은 내용을 적극적으로 검토한 뒤 나의 수업을 변화시키는 자료로 활용해야 겠다는 것", "고전 검사 이론에 의거한 평가 데이터의 중요성에 대해 인식하게 되었고, 그것이 교육 현장의 중요한 분야라는 것을 인식하게 되었다는 것" 등을 강조했다.

문제는 학교 현장에서 이러한 협력 체제 구축이 가능한 것인가이다. 모든 한문 교사가 이 연구에서와 같이 연구자 혹은 동료 교사와 협력하여 자신이 출제한 문항에 대한 분석을 실행하고 의견을 조율할 수는 없을 것이다. 다만 몇 가지 방안은 제안할 수 있을 것이다. 첫째, 한문 교사의 평가 전문성이 신장되어야 할 것이다. 문항 제작, 문항 분석 등 한문과 평가 전반에 대한 교사의 지식 습득은 한문과 평가의 제반 문제를 해결하기 위한 전제이다. 둘째, 한문과 평가 관련 이론이 정립되어야 할 것이다. 평가에 대한 일반적 수준의 이론을 수용하고, 한문교육학의 교과적 특수성을 고려한 평가 이론이 개발되어야 할 것이다. 문항 분석에 대한 여러 사례가 보고되고, 구체적인 실행 방법 등이 소개되어 현장 교사들이 보다 손쉽게 문항 분석에 접근할 수 있는 교두보를 마련해야 할 것이다. 또한 평가 이론의 정립은 사범대학에서의 교사 양성과 현장 교사의 연수 과정에서 한문과 평가가 체계적으로 교육될 수 있을 것이다. 셋째, 지역별 교사 공동체 구성이 요구된다. 교육청 주도의 평가 컨설팅이 일부 이루어지고 있지만 제한적인 실정이다. 평가 문항은 결코 문항 제작자 단독으로 검토할 수 없다. 그러나 단위 학교에 근무하는 한문 교사는 1인인 경우가 허다하다. 그러므로 지역별로 교사 공동체를 활성화하여 상호 협력 체제를 모색해야 할 것이다. 시간·공간적 문제를 고려하여 인터넷 웹 사이트에서의 커뮤니티를 활용하는 방안도 고려될 수 있을 것이다.

V. 남은 문제

이 연구는 일차적으로 고전검사이론에 의한 한문과 평가 문항 분석을 실시하였다. 그러나 고전검사이론은 문항 분석을 위한 절대적이며 最善의 방법은 아니다. 고전검사이론 자체가 지닌 단점도 지적되고 있다. 그럼에도 불구하고 이 연구가 고전검사이론에 의한 문항 분석을 시도한 것은 현장 교사들이 손쉽게 접근할 수 있는 교무업무시스템의 문항 분석 결과 해석에 활용할 수 있으며, 비록 TestAn이라는 별도의 프로그램을 활용하더라도 해석이 용이하다는 점 때문이다. 현장 교사의 문항분석 능력 더 나아가 평가 전문성 신장이 요구되는 현실에서 고도의 능력을 요구하는 이론은 畵中之餅에 지나지 않기 때문이다.

또한 이 연구의 결과를 현장 교사들이 접했을 때의 상반된 반응도 예상된다.[36] 긍정과 부정의 반응이 상존할 것이다. 대부분의 교사가 문항 분석의 필요성을 공감함에도 불구하고 1인의 한문 교사가 많게는 30개 학급을 담당하고, 교육과정 편제와 시간 배당이라는 거대한 걸림돌이 버티고 있으며, 교과이외의 여러 업무들로 인해 정신을 차릴 수 없는 학교 현실이 그 필요성을 희석시키고 있는 것이다.

이 연구가 설정했던 애초의 목적 즉, 교사 제작 문항의 양호도 제고, 오류와 문제점 개선 더 나아가 협력체제 구축을 통한 문항분석은 한 개인의 열정이나 노력만으로 이루어질 수 없다. 많은 단점이 露呈된 고전검사이론 이외에 문항반응이론에 의한 문항분석, 현장 교사가 협력 체제 구축을 위한 구체적인 방안, 사범대학에서의 한문과 평가 강좌 개설, 교사의 한문과 평가 관련 연수 확대 등[37] 다양한 방안이

---

36) 현장 교사들의 반응은 다음 진술에서 짐작할 수 있다. "두 참여자를 발가벗겨놓은 이 논문을 보았을 때 현장의 교사들은 어떠한 반응을 보일까 생각해 본다. 한 부류는 스스로 돌이켜 자신의 평가 문항에 대해 채찍질 하며 반성을 하기도 하겠고, 또 한 부류는 '이러한 분석과정은 현실을 잘 모르고 하는 이야기이며, 현장에 있는 교사들을 힘들게만 할 뿐이야!'라는 회의를 가질 수도 있겠다."[참여자A의 총괄평가 자기 평가지(2차) 중에서]

37) 이러한 방안은 참여자들과의 면담을 통해서도 그 필요성을 확인할 수 있었다.

모색되어야 할 것이다.

참고문헌

김경익(2005), 「대학입시에서의 한문 -2005학년도 대학수학능력 시험 한문 영역 분석과 2006대학입시에서의 한문 성적 활용을 중심으로-」, 『한문교육연구』제 25집, 한국한문교육학회.

김경익(2008a), 「성어영역 평가 요소와 평가 문항」, 『2008년 여름 연수 자료집』, 전국한문교사모임.

김경익(2008b), 『한문과 총괄평가 연구』, 한국교원대학교 대학원 석사학위논문.

김경익(2009), 「단문영역 평가 요소와 평가 도구」, 『2009년 여름 연수 자료집』, 전 국한문교사모임.

김왕규(2009a), 「2007년 개정 한문과 교육과정 解說에 따른 학습 평가의 제 문제-중 학교 한문, 고등학교 한문 解說 '5. 평가'를 중심으로-」, 『2007 한문과 개정 교육과정의 현장 적용』, 한국한자한문교육학회 2009년 추계 학술 발표 대회

"(참여자 B) 저도 선생님과 비슷한데 저도 이런 고전검사이론에서 나오는 분석 기법들이 굉장히 중요하다고 생각은 해요. 그리고 기르고 싶은 능력이기도 하고 개인적으로는 도교육청에서 실시하는 모의평가 이런 것들을 출제하러 들어간 경험을 비추어보면, 그런 것들이 또 굉장히 중요하고 또 평가라고 하는 게 변별해 가려서 아이들을 분류하려는 목적이 있다 보니까 그런 것들이 굉장히 중요한데 사실 그게 일선 학교에서 개별 교사가 혼자 하기에는 굉장히 예측하기가 어렵고 또 아까 선생님이 말씀하신 것처럼 그 결과를 적극적으로 활용하기에는 일선 교사들이 하고 있는 일이 너무 많아서 부담이 될 때가 있죠. 내가 평가하고자 하는 내용을 평가하면서도 그런 분석이론에 적합한 문항을 믿드는 게 최우선이 목표인데 일단은 일선교사들이 학교에서 문항을 출제하다 보면 후자에서 언급했던 분석이론 이런 것 보다는 오류 없는 문항, 중복답 없는 문항을 만드는 데 사실은 급급하게 되고 사실은 주변에 있는 동료교사들을 봐도 거기에 대한 인식이 사실은 부족한 것은 사실인 것 같아요. 그런데 좀 관심을 갖고 문항 출제나 이런 것들을 하게 되면 거기에 대한 필요성을 인식하고 저도 개인적으로 사실은 사범대에서 4년을 배웠지만 평가에 관한 마땅한 과목을 들어본 적도 없고, 기술을 배워 본 적도 없고, 뭐 목표이원분류표라는 것을 학교 현장에 와서 처음 들어봤으니까 정말로 목표이원분류표가 뭐에요? 그랬더니 이런 것을 딱 보여주는데 아! 이런 게 있었구나. 뭐 그 정도였으니까요. 사범대 교육과정도 좀 문제가 있는 것 같고 또 뭐 나중에 학교현장에서 이 교사들을 재연수하는 문제에 있어서도 그런 부분들은 좀 안하고 있는 측면도 많은 것 같아요." [초점집단 면담전사 내용 중]

자료집, 77~99면.

김왕규(2009b),「한문과 학생 평가 硏究와 實踐의 課題」,『한문교육연구』33, 한국한
　　문교육학회, 285~310면.

김왕규(2010),「漢文科 學生 評價의 實態와 要求 分析」,『2010년도 한국한문교육학
　　회 동계 학술대회 자료집』, 한국한문교육학회.

김정환(2005),「초・중등 교사의 학습자 평가 능력 수준 분석」,『학습자중심 교과교
　　육 연구』10집, 학습자중심 교과교육학회.

김재춘・부재율・소경희・채선희(2006),『교육과정과 교육평가』, 교육과학사.

김진배(2009a),「성어의 평가 분석」,『한문교육』78호, 전국한문교사모임.

김진배(2009b),「한시의 평가 분석」,『한문교육』79호, 전국한문교사모임.

박도순 외(2007),『교육 평가―이해와 적용』, 교육과학사.

성태제(2004),『문항제작 및 분석의 이론과 실제』(개정판), 학지사.

성태제(2005),『현대교육평가』, 학지사.

송　경(2006),「대학수학능력시험 한문영역의 문항분석 ―2006학년도 본수능 및 모
　　의평가 출제 문항을 중심으로」,『한문교육연구』제27집, 한국한문교육학회.

임명호(2002),「한문과 학습평가문항의 제작 및 분석의 이론과 실제」,『한자한문교
　　육』제9집, 한국한자한문교육학회.

장호성(2008),「대학수학능력시험 한문 과목 "한자 영역"의 출제 경향 및 문항 유형
　　분석」,『한자한문교육』제21집, 한국한자한문교육학회.

장호성(2009),「대학수학능력시험 한문 과목 '한자어 영역'의 출제 경향 및 문항 유
　　형 분석」,『한자한문교육』제23집, 한국한자한문교육학회.

[부록]

고전검사이론에 의한 한문과 평가문항 분석 관련 면담지

1. 두 분 모두 문항 제작 시 주안점을 두는 부분이 문항 오류를 줄이는 것 이라고 했습니다. 그 이유는 무엇이며, 구체적으로 어떤 방법으로 오류 를 줄이고 있습니까? 현장 교사가 문항 출제시 오류를 줄이기 위해 어 떤 대처를 할 수 있다고 생각하십니까?

2. 문항을 배열할 때 어떤 기준으로 하십니까?(문항배열순서가 변별도와 난이도에 미치는 영향은 없는가?)

3. 총괄평가 문항 제작 시 가장 어려운 점은 무엇입니까?

4. 문항 제작 시 학교에서 지정한 특정 양식이 있는지?(편집 체제, 글자크 기, 글꼴, 기호 사용 등)

5. 문항 제작 과정에서 문항난이도 설정과 관련하여 말씀해 주십시오.

6. 평소 평가 결과를 어떤 경로를 통해 수집하며, 어떻게 활용하십니까?

7. 문항 출제 시 예상했던 것과 문항 분석 결과 사이에 가장 큰 괴리는 무엇입니까?

8. 연구자의 문항분석 자료를 보고 발견한 문항 오류나 개선점이 있습니 까?

9. 문항 분석 결과에 대한 질문입니다. 두 분이 출제하신 문항은 모두 문 항난이도, 문항변별도, 신뢰도에서 크게 문제가 되는 문항은 없었습니 다. 다만, 몇 개 문항에서 답지 반응률이 .00이 나온 경우가 있었습니

다. 어떻게 생각하시는지요?

10. 고전검사이론에 의한 문항 분석 즉, 문항난이도, 문항변별도, 신뢰도 등의 산출이 현장 한문교사에게 어떤 의미가 있다고 생각하십니까?

11. 이 연구에 참여하신 경험이 향후 선생님의 총괄평가 문항 제작에 어떤 영향을 끼칠 것이라 생각하십니까? 연구 과정에 추가했으면 하는 점이 있습니까?

이 글은 『漢文學論集』 제30집(근역한문학회, 2010)에 수록한 논문을 재수록한 것이다.

임용고사 출제 범위에 대한 개선안

김여주

Ⅰ. 제언

1991년 교원임용 공개경쟁 채용시험이 실시된 이후 출제방식과 경향에 여러 가지 변화가 있었다. 우선 1994년부터 종전 장학사들이 출제하던 것을 대학교수들이 출제하게 되면서 문제 수준의 提高를 꾀하였고, 1997년에는 전공과목의 출제 형태가 주관식 논술형으로 바뀌었으며, 1998년부터는 교육학 과목의 문항이 60문제로 늘어나는 등 종전의 출제경향과는 판이한 유형의 문제들로 변화하게 되었다.

전공과목을 주관식 논술형 문제로 출제하게 되면서 기존 개관식 출제 방식에 비해서 예비교사들의 보다 깊이 있는 학문적 소양과 체계적이고 논리적인 記述 훈련을 기대할 수 있게 되었다는 긍정적인 효과도 있었으나, 그에 수반하여 몇 가지 문제점들도 드러나게 되었다. 우선 그 출제 문항의 내용들이 과연 대학의 학부과정만을 이수한 예비교사들이 소화할 수 있는 수준인가에 대한 것이며, 출제의 내용들이 중·고등학교 학생들을 대상으로 교육하는데 꼭 필요한 내용인지에 대한 것이다. 마지막으로 매년 바뀌는 출제자에 따라서 출제 범위와 그에 따른 출제 경향의 변동이 심하여 이에 따른 객관성과 공정성 문제가 제기되기도 하였다. 특히 한문 교과는 타 교과에 비해 시험범위가 매우 방대한데도 출제범위가 제한되지 않다보니 매년 달라지는 출제경향에 따라 수험생들과 이들을 지도하는 교수님들 사이에 크고 작은 혼선이 발생하기도 하였다.

이에 따라 한국한문교육학회는 임원회의를 거쳐 임용고사 출제 범위 개선 방안을 연구하기 위한 소위원회를 구성하기로 하고 수도권 대학과 지방 대학의 분포를 고려하여 네 개 대학의 교수와 한 개 대학 출신의 교사[1]로 임용고사개선위원회를 구성하였다. 그리고 지난 6개 월여간 수차례의 만남과 토의를 통해 임용고사 출제의 객관성과 공정성을 높이고, 수험생의 임용고사 준비에 방향성을 제시할 수 있는 임용고사 출제범위를 선정하는 방안을 모색하였다.

우선 범위선정을 위한 영역분류는 한문교육과(한문학과)의 공통이수과목(한문교육론, 한문학개론 한문문법, 한문학사, 경서강독, 한문국역연습, 한시선독, 한문소설선독, 역대산문강독, 문자학개론)을 반영하여 모두 5개 영역으로 분류하였다. 文·史·哲 가운데 역사·철학은 한데 아울러서 '공통영역'으로 분류하였고, 문학은 '소설'·'산문'·'한시'·'시화와 비평'의 4개 영역으로 세분하였다. 공통이수과목에 포함되어 있는 과목 가운데 문자학과 한문 문법의 경우는 그 학문적 영역이 광범위하고, 아직 학계(학회)에서 통일된 이론을 준비해가는 과정에 있으며, 그간 기출문제에서도 거의 다루지 않았다는 점을 들어 논의의 영역에서 제외하기로 하였다.

이렇게 설정한 5개 영역을 각 영역별로 선정기준을 정하여 그 출

---

1) 고려대학교 한문학과, 공주대학교·단국대학교·성신여자대학교·원광대학교 한문교육과.

제 범위(가안)를 선정하고, 각 영역별로 선정된 출제 범위 자료를 전국의 한문교육과·한문학과 교수님들에게 보내어 설문조사를 실시하였다. 임용고사 범위 조정 관련 설문 작업은 선정된 출제범위를 공론화하고, 혹 적절하지 못한 내용이 범위 안에 포함되었는가를 검증하기 위한 필수적인 과정이었으며, 수험생들의 시험 준비와 출제 및 평가 등 임용고사 관련 전 과정에서 효율성과 공정성을 담보하기 위한 방법이었다.

본 발표문은 전국 각 대학에서 회신한 설문조사의 의견들을 종합·수렴하여 작성한 것이다. 한문교과의 전적이 워낙 방대하므로 모두를 만족시킬 수 있고, 모두가 인정하는 출제 범위 선정은 쉽지 않은 일이라고 생각한다. 다만 현재 임용고사를 준비하고 있는 전국의 예비 교사들에게 공부의 방향성을 제시할 수 있다는 데에 중심점을 두고 긍정적 방향으로 논의를 진척시켜야 할 것으로 생각한다. 상대 평가를 통해 제한된 인원의 교원만을 채용하고 있는 현 교원 수급 상황을 고려할 때, 통일된 시험 출제 범위를 도출하기 위한 노력이 선행되지 않는다면, 그 동안의 출제 관련 선례들이 충분히 증명하듯이, 교원 채용 시험과 관련한 불협화음은 계속적으로 피할 수 없을 것이기 때문이다.

Ⅱ. 영역별 출제 방안

범위선정을 위한 영역분류는 한문교육과(한문학과)의 공통이수과목(한문교육론, 한문학개론 한문문법, 한문학사, 경서강독, 한문국역연습, 한시선독, 한문소설선독, 역대산문강독, 문자학개론)을 반영하여 文·史·

哲 중에 역사와 철학은 '공통영역'으로 한데 아울렀고, 문학은 '소설', '산문', '한시', '시화와 비평'의 4개의 영역으로 세분하였다. 이렇게 나누어진 영역을 위원들이 각각 전공 분야 혹은 담당 강의 교과별로 분담하여 자료정리를 해서 출제 범위 목록을 만들었다. 그 후 위원들 간의 몇 차례에 걸친 토의와, 여러 한문교육과(한문학과) 교수님들의 설문조사 내용 수렴을 통하여 최종 선정된 출제 범위 작품목록을 본 발표문에서 제시하였다. 본 학회에서 최종 논의를 통해 객관성과 공정성을 담보하는 출제 범위가 선정되기를 희망한다.

1. 공통영역

1) 작품 선정 기준 및 설문 의견 수렴

한문의 文史哲 중에 주로 역사와 철학에 해당되는 전적들에서 한문과 전공을 공부하는데 있어서 가장 기초가 되는 문장들을 선정하여 '공통영역'으로 아울러서 한 영역에 배치하였다. 역사분야에서는 중국과 한국의 시대별 역사인식이 가장 잘 드러나면서도 다양한 인물 형상과 고사들이 풍부하게 형성되어 있는 역사서를 선정하였고, 철학분야에서는 기초적인 儒學的 사고를 이해하는데 도움을 주면서도 한문 문리를 터득하는데 필요한 기본 경전만을 선정하였다. 중국 문장 중에 명문만을 엄선 해놓은 『古文眞寶』後集은 비록 '산문 영역'에 해당되는 자료이나, '산문영역'에서는 한국 산문만을 그 대상 범위로 삼았기 때문에 포함시킬 수 없었다. 그러나 이것은 한문 문장을 공부하는 데에 있어 필독서라고 판단되어 '공통 영역' 안에 포함시켰다.

다음 표는 위원들이 함께 논의하여 선정한 일차적인 자료 목록이다.

〈표 1〉 1차 선정한 '공통' 영역 자료 목록

1	三國史記 「列傳」		11	中庸
2	三國遺事		12	荀子 「勸學」
3	通鑑節要 「周紀」		13	荀子 「解蔽」
4	通鑑節要 「秦紀」		14	莊子 「逍遙游」
5	通鑑節要 「後秦紀」		15	莊子 「齊物論」
6	通鑑節要 「漢紀」		16	莊子 「秋水」
7	史記英選		17	小學 「稽古」
8	論語		18	小學 「嘉言」
9	孟子		19	小學 「善行」
10	大學		20	古文眞寶 後集

위의 일차 자료를 설문조사 자료로 제시하여 전국의 한문교육과·한문학과 교수님들의 의견을 수합한 결과, 『通鑑節要』「後秦紀」「漢紀」가 양에 있어서 너무 많다는 의견이 있었으며 『莊子』「秋水」도 빼는 것이 좋겠다는 지적이 있어서 빼기로 하였다.

그리하여 다음 표의 목록이 최종 선정된 자료이다.

〈표 2〉 의견 조사 후 수정된 '공통' 영역 자료 목록

1	三國史記 「列傳」		9	中庸
2	三國遺事		10	荀子 「勸學」
3	通鑑節要 「周紀」		11	荀子 「解蔽」
4	通鑑節要 「秦紀」		12	莊子 「逍遙游」
5	史記英選		13	莊子 「齊物論」
6	論語		14	小學 「稽古」
7	孟子		15	小學 「嘉言」
8	大學		16	小學 「善行」
			17	古文眞寶 後集

2. 한문소설

1) 작품 선정 기준 및 설문 의견 수렴

한문소설 분야는 출제 빈도가 매우 희박했고 비록 출제된다 하더라도 문학사와 결부된 응용문제가 대부분이었다. 따라서 고립된 영역으로서 임용고사에서 차지하는 비중은 상대적으로 높다고 할 수 없다. 하지만 수험생들이 보편적으로 학습하지 않는 소설이 출제될 경우, 실제 그러한가의 여부를 떠나 일부 수험생들은 심리적으로 소외감을 느끼거나 스스로 피해를 보았다고 느낄 확률도 높기에 일정한 범위 조정이 불가피하다.

개선안 설문지에 포함시킨 한문소설 작품들은 각 시기를 대표하는 작품들이었다. 나말여초 전기소설에서 5-6편을 선정했고 15세기에서『금오신화』, 16세기에서『기재기이』, 17세기에서『운영전』과『최척전』그리고『주생전』을 선정했다. 이 작품들 대부분이 설문 조사 결과와 일치하여 대부분 최종 시안에 포함시키게 되었다. 이 가운데 나말여초 전기 작품들 일부는『삼국유사』와『삼국사기』에 소재하고 있어 공통 영역과 중복되기도 했다. 그러나 해당 작품들이 한문소설 영역에서 갖는 비중을 명기해 주는 것이 수험생들에게 혼선을 빚지 않는 길이라 여겨 소설 영역에도 속한다는 사실을 분명하게 드러내기로 하였다.

17세기 이후 한문소설사는 생각보다 다채롭고 한글소설 분야와 서로 넘나드는 복잡한 국면마저 띠고 있다. 한문소설 전공자들로서는 이러한 문학사적 현상들을 충분히 반영하여 다양한 작품들을 범위 안에 포함시키고 싶을 것이다. 그러나 개별 전공 영역 담당자들이 전문적인 수준에서 욕심을 부리다보면 출제 범위를 제한한다는 애초의 취지가 무색해질 것이다. 무엇보다 임용된 교사들이 수업 현장에서 가르칠 수 있는 소설 작품이 거의 없거나 극히 희소하다는 현실을 냉엄하게 인정해야 할 필요가 있다. 따라서 17세기 한문소설 가운데 전쟁 체험을 소설화한 대표작인『김영철전』을 한 편 더 넣고, 18세기에서『심생전』을 더 첨보하였다.

아울러 풍자소설 가운데 실제 교과서에 선재된 바 있는 연암 소설『허생전』과『양반전』을 포함시켰고,『오유란전』과『정생전』을 추가로 첨보하였다. 후자는 연암 소설과는 다른 측면에서 조선 후기 사회상과 소설 미학적 변화를 구현하고 있기에 선정되었다. 물론 이 작품들만으로 조선후기 소설사의 전경을 통관하기엔 턱없이 부족하지만 중, 고등학교 한문 교육의 실제에 즉해 볼 때 결코 적은 범위라고 할 수는 없을 것이다. 문무자 이옥의 한문소설이나 다산 정약용의『송실솔전』같은 작품도 고려해 볼 수 있으나 전자는『심생전』으로 이미 대표되었고 후자의 작품들은 산문의 각도에서 얼마든지 출제 가능하기에 소설 영역에서 명기하지 않았다. 사실 이는 이옥의 작품들도 마찬가지여서『유광옥전』같은 경우 산문 영역에서 출제가 가능하리라 생각한다.

설문 결과 야담계 작품들이 전무하다는 제안이 있어 이를 대표하는『결방연이팔낭자』와『송반궁도우구복』두 작품을 더 첨부하였다. 이들 작품들은 야담집에 따라 제목에는 다소 차이가 있으나 야담계 소설을 대표하는 수작으로서 이 계열을 충분히 대표할 수 있을 것으로 생각한다. 전체적인 작품수의 비중으로 볼 때 야담 작품들을 더 선정하기는 힘들고, 이 역시 야담계 산문이라는 측면에서 따로 출제가 가능하리라 생각한다. 이처럼 장르 귀속이 분명치 않은 경우 한문소설 영역만큼은 분명히 작품수를 제한하는 것이 바람직할 것이다. 물론 향후 한문소설의 정확한 영역 경계를 위한 토의가 수반되어야 하리라고 생각한다.

18세기 말에서 19세기 전반을 대표하는 한문소설인『절화기담』과『포의교집』을 첨부하였다. 두 작품은 조선후기의 풍속이나 사회 현실을 적나라하게 보여주는 수작들로서 한문소설의 최종 진화 양상을 짐작케 해준다는 점에서 삭제하기 어려웠다. 또한 이 작품들은 한문학이 본격적으로 다루기 어려웠던 근대적 욕망의 형식을 상징적으로 구현하고 있기에 여타 작품들과는 구별될 가치가 있다고 판단했다. 그리고 페미니즘적인 시각으로 본격적인 작품 분석이 가능한 작품들이라는 점에서도 한문 교과의 時宜的 위상 제고에도 일정한 기여를 할 것으로 생각한다.

기타『사씨남정기』,『구운몽』,『창선감의록』등과 조선후기 장편한문소설, 예컨대『삼한습유』와 같은 작품들을 어떻게 처리할 것인가에 대한 의견들이 있었다. 여러 의견이 가능하겠고 또 이론적으로 타당한 면도 있을 것이지만 이런 작품들을 배제하는 방향으로 가닥을 잡았다. 우선 고전문학[소설] 연구 범위에 해당하는 이런 작품들까지 아우르다 보면 출제 범위를 오히려 증대시키는 결과를 초래할 것이기 때문이다. 실제 전국의 한문교육과나 한문학과에서『구운몽』이나『창선감의록』등을 강의하고 있는지는 의문이다. 조선후기 장편한문소설의 경우는 대학원 과정에서도 강독하기 힘든 것이 현실임은 재론을 요하지 않는다. 물론 이런 작품들이 임용고사에 출제된 적도 없거니와 출제되기도 힘들 것으로 판단하고 있다.

한문소설 분야는 이론과 이설이 많은 편이고 연구자들에 따라 영역 설정이 다양할 수 있어 향후 많은 의견들이 분분할 수 있으리라 생각한다. 그러나 지금까지 이루어진 임용고사 출제의 흐름을 현실적으로

파악하고, 아울러 앞으로 출제할 수 있는 가능한 범위를 역시 현실적
으로 헤아려본다면 이번에 한문교육학회 임용고사개선위원회가 마련
한 개선 시안 속에 담긴 고심을 충분히 이해할 수 있으리라고 생각한
다. 특히 한문소설 영역에 관심과 애정이 많은 회원 제위께서는 시험
범위를 놓고 학문성을 재단하기보다는 중, 고등학교 한문교육의 정상
화를 통해 장기적으로 한문교양 교육의 확충을 모색하는데 학회와 함
께 노력해 주실 것을 간청하고 싶다.

2) 최종 선정 작품 목록

<표 3> 의견 조사 후 수정된 '소설' 영역 자료 목록

1	調信	12	崔陟傳
2	金現感虎	13	金英哲傳
3	白月山兩聖成道記	14	雲英傳
4	崔致遠	15	布衣交集
5	首揷石枏	16	折花奇談
6	溫達	17	沈生傳
7	薛氏女	18	許生傳
8	都彌	19	兩班傳
9	金鰲新話	20	烏有蘭傳
10	企齋記異	21	丁生傳
11	周生傳	22	結芳緣二八娘子
		23	宋班窮途遇舊僕

3. 산문

1) 산문 선정 기준

한문 산문의 선정에 있어 제일 먼저 고려한 점은 문학사와의 관계
이다. 산문작품 선정은 한 개인이 주관적으로 판단하여 자의적으로

선별할 수 없다. 따라서 한국한문학사를 살펴보아 문학사에서 주로 언급되는 인물을 선정하였다. 아래의 표에서 보듯 이렇게 선정된 작가는 되도록 시대별로 골고루 안배하려고 하였다. 삼국시대의 최치원에서 시작하여, 고려시대에 김부식, 임춘, 이인로, 이규보, 최해, 이제현, 이곡, 이색, 이숭인이 있고 조선전기에 정도전을 비롯하여 문학사에 이름을 올린 22명의 작가가, 그리고 조선후기에 의고문 수용기의 최립부터 46명의 작가를 선정하였다. 물론 이 안에는 산문보다 시로 이름을 날린 인물도 있고 시문보다는 학문으로 경세가로 이름을 날린 인물도 있다. 그럼에도 불구하고 이들을 선정한 이유는 이들의 작품이 비록 얼마 되지는 않지만 역사상 중요한 자료이고 또 문학사에서 자주 언급되는 작품으로 제외할 수 없기 때문이다. 이렇게 인물을 선정해 놓고 각각의 인물들 혹은 시대에 대하여 연구한 개별 논문을 참고로 하여 문학사와 산문작품을 연결시키고자 하였다. 이는 개별 산문 작품이 가지는 의미도 있겠지만 문학사와 연결하여 설명할 때 그 작품의 의의가 더 살아날 수 있기 때문이다. 개인의 관점에 따라 많은 차이가 있겠지만 선정된 작품들은 모두 개별 논문에서 다루어지고 있다는 점은 부정할 수 없을 것이다. 다만 여기에서의 문제는 아직까지의 연구가 작품론보다는 문학론과 연계하여 작품을 다루었기 때문에, 문학론과 관련한 작품이 상대적으로 작품성이 뛰어난 이른바 '명문'이라는 작품보다 많다는 점이다. 다음에 다시 언급하겠지만 이 때문에 서발류의 작품을 많이 선정할 수밖에 없었다.

그리고 다음으로 역대 선문가들이 명문이라고 평했던 작가와 작품을 선정하고자 했다. 하지만 옛 사람의 시각에서 작법과 연관한 내용, 혹은 주역 등 현행 대학에서 배우기에는 너무 어려운 내용이 들어 있는 작품은 선정 대상에서 제외하였다. 여기에는 물론 자의적이라는 비판을 받을 수는 있겠지만 연구자용이 아닌 임용고사와 관련한 작품을 선정한 것이라는 점에서는 충분히 이해할 수 있는 것이라고 생각한다.

이러한 기준으로 1차적으로 선정한 작품은 81작가 390편이고, 각각의 문체에 해당하는 작품은 序 113편, 跋 11편 도합 125편으로 서발류가 가장 많다. 이어 記 47편, 傳 33편, 雜著 33편, 書 33편, 說 32편, 論 24편, 贈序 11편, 題跋 10편, 原 8편, 辨 6편, 墓誌銘 5편, 策 5편, 疏 3편, 義 3편, 賦 3편, 祭文 2편, 箴 2편, 記事 2편, 引 1편, 哀辭 1편, 檄 1편, 表 1편의 순으로 모두 24종의 산문 문체가 수용되었다. 이렇게 보면 비록 숫자의 차이는 있지만 대체로 주종을 이루는 산문의 문체는 모두 포괄하였다고 할 수 있을 것이다.

이와 같은 기준으로 선별한 작가와 작품 수는 다음과 같다.

〈표 4〉 1차 선정한 '산문' 영역 작가와 작품 수

작 가	작품수	작 가	작품수	작 가	작품수	작 가	작품수	작 가	작품수	작 가	작품수	작 가	작품수
최치원	3	김부식	1	임 춘	4	이인로	4	이규보	13	최 해	3
이제현	5	이 곡	5	이달충	1	이 색	17	정도전	5	이숭인	1
권 근	5	정극인	1	김수온	1	박팽년	1	신숙주	2	서거정	7
강희맹	2	성 간	2	김종직	4	표연말	2	김시습	8	성 현	8
남효온	3	김안국	3	정여창	1	서경덕	1	이언적	2	이 황	9
조 식	3	권문해	2	이 이	6	정 철	2	최 립	6	유성룡	1
임 제	2	차천로	2	유몽인	6	이수광	2	이정귀	10	신 흠	7
허 균	11	권 필	1	심광세	1	이 식	8	장 유	11	허 목	4
김득신	1	송시열	8	남구만	2	김석주	6	김춘택	1	김창협	10
홍세태	2	이하곤	3	이 익	4	이정섭	1	조귀명	7	김창흡	1
이용휴	3	안석경	6	홍양호	9	이규상	1	홍대용	2	박지원	34
이덕무	3	유득공	2	박제가	14	정약용	16	이 옥	7	김 려	2
이학규	2	신 위	1	홍석주	6	김매순	3	홍길주	7	김정희	3
김택영	3	황 현	4	이건창	7								

2) 설문조사와 의견 수용

이렇게 해서 선정한 작품을 가지고 각 대학의 한문학과와 한문교육과에 재직하고 있는 교수님들께 내용의 타당성을 묻는 설문조사를 진행하여 제외하기를 희망한 작품은 제외하고 새로이 추가를 희망한 작품은 추가하기로 하였다. 그 결과 390편 중에서 제외를 희망한 작품 168편을 제외하고 222편을 남겨 두었다. 또한 소설과 관련하여 전 작품에서 겹치는 이옥의 「심생전」과 박지원의 「양반전」, 「허생전」을 제외하고 「심생전」 대신 이옥의 「유광억전」을 추가하였다. 이는 소설 분야의 작품 선정을 염두에 두었기 때문이다. 따라서 222편 중에서 3편을 제외하고 1편을 보충하면 모두 220편이 된다. 그리고 설문조사를 통해 선정대상에 추천된 작품을 선별하여 추가하였다. 설문조사 결과 새로 추가될 작품으로 추천해 준 목록은 다음과 같다.

〈표 5〉 '산문' 영역의 추천 작품 목록

작 가	작품명	작 가	작품명	작 가	작품명
	廣開土王陵碑		砂宅智積碑	后稷	上眞平王書
文武王	遺詔	元曉	法華經宗要序	薛聰	花王戒
金弻奧	聖德大王神鐘銘	慧超	往五天竺國傳	崔承祐	代甄萱寄高麗王書
無名氏	代高麗王答甄萱書	曺偉	杜詩諺解序	李滉	遊小白山錄
金昌翕	觀復稿序	吳光運	昭代風謠序	朴趾源	答蒼厓九
金正喜	歲寒圖說	金澤榮	麗韓九家文抄序		

추천 작품 중에서 金后稷의 上眞平王書와 薛聰의 花王戒는 공통으로 제시한 『삼국사기』 열전에 들어 있는 내용임으로 제외하기로 한다. 또한 慧超의 『往五天竺國傳』도 자료의 양이 많기 때문에 제외하기로 하고 나머지 14편을 새로이 추가하였다. 이렇게 하여 산문의 범위는 모두 234편으로 확정하였다. 다만 설문 조사를 의견만 제시하

고 구체적인 작품명을 제시하지 않은 경우에는 그 내용을 수용하지 못하였다. 이와 관련한 의견으로 다음과 같은 것이 있다. "삼국시대와 남북국시대의 문학작품과 승려들의 작품에 관심이 부족합니다. 을지문덕의 작품을 제외하면, 한국한문학이 최치원에 와서야 비로소 시작된 듯합니다. 한문학 전공자들 스스로 한국한문학사의 상한선을 낮추고, 범위를 축소하는 것이 아닌가 하는 생각이 들었습니다." "문학론이나 정치, 사회사상을 담은 논변, 서발류에 편중되어 있음. 비지, 애제, 증서, 서신, 척독 가운데 문학성이 높은 작품을 추가로 수록할 필요가 있음. 중국산문 또한 적절한 수준에서 출제범위에 포함시켜야 함." 등이다. 의견이 타당함에도 불구하고 자료의 양이 많다는 지적에 따라 작품을 더 선별할 수 없었던 점에 대하여 양해를 구한다.

(3) 최종 선정 작품 목록

위의 설문 조사를 바탕으로 산문 작품을 확정하였다. 이렇게 확정한 결과 작가와 문체별 작품수, 그리고 시대적 안배를 살펴보면 다음과 같다. 먼저 문체별 작품수는 역시 문학론과 관련한 내용이 들어있는 序跋類(序 74편, 跋 8편)가 82편으로 가장 많았고, 이어 傳 28편, 雜著 21편, 書 21편, 記 19편, 說 18편, 論 15편, 題跋 5편, 贈序 4편, 原 4편, 辨 4편, 墓誌銘 2편, 策 2편, 箴 2편, 疏 1편, 義 1편, 賦 1편, 檄 1편, 銘 1편, 詔 1편, 表 1편의 순으로 나타났다. 비록 모든 문체를 골고루 선정하지는 못하였지만 어느 정도는 각 문체에 대해 안배한 것으로 나타났다. 다만 문학성이 높은 제문이나 애제류 산문이 포괄되지 못했다는 아쉬움은 있다. 차후 보완할 수 있을 것이라고 생각한다. 또한 선정된 작가와 작품수는 다음과 같다. 세대별로 살펴보면 삼국시대가 8작가에 9편, 고려시대가 9명의 작가에 22편, 조선 전기가 23작가에 47편, 그리고 조선 후기가 48작가에 156편이다. 조선 후기의 작품에 편중된 이유는 이 시대의 자료가 가장 풍부하고 연구 또한 이 시대에 집중되어 있기 때문이다. 이렇게 본다면 작가의 안배에 있어서는 비교적 무난하지만 실제 작품 선정에 있어서는 작가의 비중에 비해 작품이 적은 경우가 있다. 이는 설문결과의 수용으로 인해 나타난 결과로 좀 더 보완이 필요할 것으로 보인다. 우선 이대로 범위를 설정한 다음 몇 년 동안 시행한 뒤 보완하는 것이 좋을 것이라고 생각한다.

〈표 6〉 의견 조사 후 수정된 '산문' 영역 작가와 작품 수

작 가	작품수	작 가	작품수	작 가	작품수	작 가	작품수	작 가	작품수	작 가	작품수
무명씨	3	문무왕	1	원 효	1	김필오	1	최치원	2	최승우	1
김부식	1	임 춘	2	이인로	1	이규보	8	최 해	2	이제현	4
이 곡	1	이달충	1	이 색	4	정도전	2	권 근	3	정극인	1
김수온	1	박팽년	1	신숙주	1	서거정	4	강희맹	2	성 간	1
김종직	2	표연말	1	김시습	4	성 현	3	남효온	1	조 위	1
김안국	1	서경덕	1	이언적	1	이 황	7	조 식	1	권문해	1
이 이	5	정 철	2	최 립	3	유성룡	1	임 제	2	차천로	2
유몽인	2	이수광	1	이정귀	5	신 흠	3	허 균	7	권 필	1
심광세	1	이 식	3	장 유	8	허 목	1	김득신	1	송시열	6
남구만	1	김석주	3	김춘택	1	김창협	4	홍세태	2	이하곤	1
이 익	4	이정섭	1	오광운	1	조귀명	1	김창흡	2	이용휴	3
안석경	3	홍양호	5	이규상	1	홍대용	2	박지원	16	이덕무	2
유득공	2	박제가	9	정약용	3	이 옥	7	김 려	2	이학규	2
신 위	1	홍석주	6	김매순	3	홍길주	5	김정희	3	김택영	4
황 현	2	이건창	5								

다음은 최종 선정 작품 목록이다.

〈표 7〉 의견 조사 후 수정된 '산문' 영역 작품 목록

1		廣開土王陵碑	32	李穡	雪谷詩藁序	63	徐敬德	太虛說
2		砂宅智積碑	33	李穡	陽村記	64	李彦迪	海月樓記
3	文武王	遺詔	34	鄭道傳	上鄭達可書	65	李滉	陶山十二曲跋
4	元曉	法華經宗要序	35	鄭道傳	陶隱文集序	66	李滉	論四學師生文
5	金弼奧	聖德大王神鐘銘	36	權近	陶隱李先生崇仁文集序	67	李滉	甲辰乞勿絕倭使疏
6	崔致遠	檄黃巢書	37	權近	恩門牧隱先生文集序	68	李滉	凤興夜寐箴
7	崔致遠	桂苑筆耕集序	38	權近	圃隱集序	69	李滉	陶山雜詠并記
8	崔承祐	代甄萱寄高麗王書	39	丁克仁	不憂軒記	70	李滉	遊小白山錄
9	無名氏	代高麗王答甄萱書	40	金守溫	書東人詩話後	71	李滉	書曹南冥遊頭流錄後
10	金富軾	進三國史記表	41	朴彭年	八家詩選序	72	曹植	陋巷記
11	林椿	與眉叟論東坡文書	42	申叔舟	海東諸國記序	73	權文海	大東韻玉序
12	林椿	上李學士書	43	徐居正	東文選序	74	李珥	贈崔立之序
13	李仁老	雙明齋詩集序	44	徐居正	雙溪齋記	75	李珥	精言妙選序
14	李奎報	答全履之論文書	45	徐居正	滑稽傳序	76	李珥	擊蒙要訣序
15	李奎報	論詩中微旨略言	46	徐居正	眞逸集序	77	李珥	文策
16	李奎報	東明王篇并序	47	姜希孟	東人詩話序	78	李珥	文武策
17	李奎報	鏡說	48	姜希孟	訓子五說并序	79	鄭澈	戒酒文
18	李奎報	舟賂說	49	成侃	慵夫傳	80	鄭澈	水月亭記
19	李奎報	白雲居士傳	50	金宗直	尹先生祥詩集序	81	崔岦	栗谷文集跋
20	李奎報	屈原不宜死論	51	金宗直	弔義帝文	82	崔岦	山水屛序
21	李奎報	麴先生傳	52	表沿沫	筆苑雜記序	83	崔岦	高山九曲潭記
22	崔瀣	東人之文序	53	金時習	神鬼說	84	柳成龍	懲毖錄序
23	崔瀣	猊山隱者傳	54	金時習	豫讓傳	85	林悌	意馬
24	李齊賢	櫟翁稗說前序	55	金時習	愛民義	86	林悌	送懶文
25	李齊賢	櫟翁稗說後序	56	金時習	文天祥傳	87	車天輅	詩能窮人辯
26	李齊賢	送辛員外北上序	57	成俔	浮休子傳	88	車天輅	題芝峯詩卷後
27	李齊賢	范增論	58	成俔	風騷軌範序	89	柳夢寅	大家文會跋
28	李穀	借馬說	59	成俔	文變	90	柳夢寅	文章指南跋
29	李達衷	愛惡箴	60	南孝溫	六臣傳	91	李睟光	二貓說
30	李穡	六友堂記	61	曹偉	杜詩諺解序	92	李廷龜	愛閑亭記
31	李穡	遁村記	62	金安國	文範序	93	李廷龜	抗義新編序

94	李廷龜	忠烈錄序		126	宋時烈	三學士傳		158	洪良浩	答宋德文論書書
95	李廷龜	石洲集序		127	宋時烈	石洲權公韠墓碣銘 并序		159	洪良浩	太史公改古文論
96	李廷龜	芝峯集序		128	南九萬	咸鏡道地圖記		160	李奎象	世界說
97	申欽	民心篇		129	金錫冑	古文百選序		161	洪大容	大東風謠序
98	申欽	財用篇		130	金錫冑	郭將軍傳		162	洪大容	與中國文人書
99	申欽	去蔽篇		131	金錫冑	海東辭賦序		163	朴趾源	楚亭集序
100	許筠	蔣生傳		132	金春澤	論詩文附雜說		164	朴趾源	嬰處稿序
101	許筠	遺才論		133	金昌協	息菴集序		165	朴趾源	會友錄序
102	許筠	豪民論		134	金昌協	贈季達序		166	朴趾源	孔雀館文稿自序
103	許筠	學論		135	金昌協	谷雲九曲圖跋		167	朴趾源	洪德保墓志銘
104	許筠	詩辨		136	金昌協	三一亭記		168	朴趾源	烈女咸陽朴氏傳
105	許筠	文說		137	金昌翕	觀復稿序		169	朴趾源	綠天館集序
106	許筠	石洲小稿序		138	洪世泰	雪蕉詩集序		170	朴趾源	北學議序
107	權韠	倉氓說		139	洪世泰	海東遺珠序		171	朴趾源	廣文者傳
108	沈光世	海東樂府 并序		140	李夏坤	刪補古文集成序		172	朴趾源	金神仙傳
109	李植	玄洲遺稿序		141	李瀷	錢論		173	朴趾源	答蒼厓九
110	李植	谿谷集序		142	李瀷	六蠹		174	朴趾源	夜出古北口記
111	李植	作文模範		143	李瀷	論科弊		175	朴趾源	一夜九渡河記
112	張維	筆說		144	李瀷	詩經疾書序		176	朴趾源	穢德先生傳
113	張維	詩能窮人辯		145	李廷燮	靑丘永言跋		177	朴趾源	虎叱
114	張維	詩史序		146	吳光運	昭代風謠序		178	朴趾源	放瓊閣外傳自序
115	張維	白沙先生集序		147	趙龜命	復答趙盛叔書		179	李德懋	小說最壞人心說
116	張維	風竹說		148	金昌翕	答拙修齋趙公三		180	李德懋	蘇書齋詩集序
117	張維	簡易堂集序		149	李用休	我菴記		181	柳得恭	渤海考序
118	張維	石洲集序		150	李用休	虎說		182	柳得恭	柳遇春傳
119	張維	曲木說		151	李用休	松穆館集序		183	朴齊家	財賦論
120	許穆	自評		152	安錫儆	劍女		184	朴齊家	尊周論
121	金得臣	北窓傳		153	安錫儆	朴孝娘傳		185	朴齊家	炯菴先生詩集序
122	宋時烈	梅月堂畵像跋		154	安錫儆	答成大中書		186	朴齊家	古董書畵
123	宋時烈	東國名筆跋		155	洪良浩	詩解		187	朴齊家	詩學論
124	宋時烈	孤竹集序		156	洪良浩	風謠續選序		188	朴齊家	柳惠風詩集序
125	宋時烈	林將軍慶業傳		157	洪良浩	遼野日出記		189	朴齊家	北學議自序

190	朴齊家	詩選序	205	李學逵	嶺南樂府序	220	洪吉周	海東諸名家文選序
191	朴齊家	雅亭集序	206	申緯	紫霞小樂府并序	221	洪吉周	明文選目錄序
192	丁若鏞	高句麗論	207	洪奭周	無命辨	222	洪吉周	東文十二家小題
193	丁若鏞	湯論	208	洪奭周	原詩上	223	洪吉周	與人論文書
194	丁若鏞	牧民心書序	209	洪奭周	原詩中	224	金澤榮	麗韓九家文抄序
195	李鈺	浮穆漢傳	210	洪奭周	原詩下	225	金澤榮	答人論古文書
196	李鈺	歌者宋蟋蟀傳	211	洪奭周	答金平仲論文書	226	金澤榮	雜言 二 丙午
197	李鈺	柳光億傳	212	洪奭周	擬古詩序	227	金澤榮	申紫霞詩集序丁未
198	李鈺	俚諺引(一難)	213	金邁淳	鵲鴟說	228	黃玹	然窩說
199	李鈺	俚諺 二難	214	金邁淳	風棲記	229	黃玹	答李石亨書
200	李鈺	俚諺 三難	215	金邁淳	三韓義烈女傳序	230	李建昌	見山堂記
201	李鈺	南靈傳	216	金正喜	實事求是說	231	李建昌	金貞女
202	金鑢	題文無子文鈔卷後	217	金正喜	與丁茶山若鏞	232	李建昌	答友人論作文書
203	金鑢	題桃花流水舘小稿卷後	218	金正喜	歲寒圖說	233	李建昌	伯夷列傳批評
204	李學逵	己庚紀事詩序	219	洪吉周	原文	234	李建昌	某學者傳

4. 한시

1) 작품 선정 기준 및 설문 의견 수렴

한시 작품 선정에 있어서도 가장 고려되어야 할 점은 한문학사에 있어서의 중요도이기 때문에 한국 한문학사에서 각 시대를 관통하는 문학사적 특징을 드러내고 있다고 판단되는 시인과 시를 선별하였다.

우선 한문학사를 다룬 저서 몇 권과『대동시선』,『국한문학』2), 개별 작가에 대한 연구 논문 및 단행본을 참조하여 각 시대별로 문학사적 흐름을 형성하는데 기여하고 있는 작가와 시작품을 엄선하였다. 또한

---

2) 송민호(1993),『국한문학』, 개문사.
　　각 장르의 작품을 시대별로 선집해서 교재로 만든 것으로, 앞부분 한시(1)·(2)·(3)에서 각 시기별 대표적 한시를 선집해 놓았다.

이렇게 선정된 작가는 되도록 시대별로 균등하게 안배하려고 하였다. 한국 한문학사에 드러난 시대별 시인과 시작품이 방대한 양임을 감안할 때 임용고사를 준비하는 학생들에게 공부의 방향성을 제시해 주면서, 동시에 유의미하게 범위 축소를 해 주는 것은 쉬운 일은 아니었다. 그러나 주요 작가들의 대표 작품들을 집약하여 제시해 주는 것이 오히려 예비 교사들이 漢詩史의 흐름을 파악하는 데 있어 방향 제시의 긍정적인 효과가 있을 것이라 생각되어 다음과 같이 선정하였다.

삼국시대의 작가로는 고구려 을지문덕을 시작으로 신라 말 최치원, 최광유, 박인범, 박인량을, 고려시대에는 정지상부터 시작하여 원천석까지 16인의 작가를 선정하였다. 조선전기 정도전에서 허난설헌까지 48인의 작가와 조선후기 최립부터 김택영까지 35인의 작가를 선정하여, 총 104人의 374首의 시를 한국한시 임용 출제 자료로 제시하였다. 선별된 시작품의 수적 차이는 작가의 시대적 대표성과 그 작품의 우수성을 염두에 두어 다르게 편성한 것에 기인한다.

<표 8> 1차 선정한 '한시' 영역 작가와 작품 수

작 가	작품수	작 가	작품수	작 가	작품수	작 가	작품수	작 가	작품수	작 가	작품수
을지문덕	1	최치원	8	최광유	1	박인범	1	박인량	1	정지상	5
김부식	5	최유청	2	임 춘	3	김극기	4	이인로	6	이규보	7
진 화	5	최 해	3	이제현	6	이 곡	3	이 색	8	정몽주	8
이숭인	5	길 재	2	원천석	2	정도전	4	권 근	2	이 첨	3
변계량	4	유방선	2	성삼문	3	강희안	2	신숙주	2	서거정	7
강희맹	4	이승소	3	김시습	7	남효온	3	성 간	3	김종직	6
유호인	2	이 주	3	박 은	5	이 행	5	박 상	3	어무적	1
조광조	1	김안국	3	김 정	4	서경덕	3	정사룡	5	임억령	4
이 황	2	조 식	2	김인후	2	신사임당	2	황진이	5	이매창	5
이옥봉	2	박 순	3	노수신	4	황정욱	4	송익필	5	성 혼	3
이 이	3	정 철	8	백광훈	5	최경창	5	이 달	7	임 제	5

허 봉	3	이항복	2	허난설헌	6	최 립	3	차천로	3	이수광	4
이정귀	5	신 흠	4	권 필	8	김상헌	2	이안눌	3	이 식	2
장유	2	윤선도	2	최기남	3	이명한	3	정두경	3	송시열	2
김창협	3	김창흡	2	홍세태	3	신광수	3	박지원	4	이덕무	3
유득공	4	박제가	4	이서구	3	서영수합	2	정약용	4	조수삼	2
신위	4	김정희	3	이상적	3	김운초	2	강 위	3	이건창	3
황현	5	김택영	2								

한시영역은 한국한시와 중국한시로 나누어지지만 현 한문교육은 한국 한문교육에 중점을 두고 있으므로 한국한시를 주 자료로 하여 출제범위를 선정하였다. 그러나 중국한시 또한 한시를 제대로 공부하기 위한 기초자료이기 때문에 출제 범위에서 배제시키는 것은 문제가 있다고 판단되어 위원들과 논의한 끝에 한문학 전공자라면 기본서로 보아야 할『古文眞寶』에 실려 있는 중국한시를 임용 출제 자료로 채택하게 되었다.

이렇게 선정된 자료를 설문 조사 자료로 제시하여 내용의 타당성을 묻는 과정에서 2개 대학 교수님께서 세부적으로 체크해서 제외할 것을 제안하셨는데, 공통적인 의견에 한하여 수용하였다. 그리고 조선후기 한시의 주요한 흐름인 악부시, 서사한시 등과 관련된 작품과 여성정감이 강한 최성대의 한시도 언급되기를 희망하는 의견이 있어서 석극 수용하였다. 악부시나 서사한시는 한 편의 편폭이 길어서 과연 다 읽을 수 있는지, 학부 수업에서 다루고 있는지 의문이 제기되어 가장 잘 알려진 정약용의「哀絶陽」과 최성대의 작품을 첨가하기로 하였다.

2) 최종 선정 작품 목록

다음은 최종 정리된 작가와 작품수를 제시한 표로 총 105人 340首이다.

<표 9> 의견 조사 후 수정된 '한시' 영역 작가와 작품 수

작 가	작품수	작 가	작품수	작 가	작품수	작 가	작품수	작 가	작품수	작 가	작품수
을지문덕	1	최치원	7	박인범	1	박인량	1	정지상	4	김부식	4
최유청	2	임 춘	3	김극기	4	이인로	6	이규보	7	진화	3
최 해	3	이제현	5	이 곡	1	이 색	8	정몽주	7	이숭인	4
길 재	2	원천석	2	정도전	3	권 근	2	이 첨	3	변계량	3
유방선	2	성삼문	3	강희안	2	신숙주	2	서거정	6	강희맹	3
이승소	2	김시습	6	남효온	2	성 간	2	김종직	3	유호인	2
조 위	2	이 주	2	박 은	4	이 행	5	박 상	2	어무적	1
조광조	1	김안국	3	김 정	2	서경덕	3	정사룡	5	임억령	3
이 황	2	조 식	2	김인후	2	신사임당	2	황진이	5	이매창	5
이옥봉	2	박 순	3	노수신	3	황정욱	3	송익필	5	성 혼	2
이 이	3	정 철	8	백광훈	5	최경창	5	이 달	7	임 제	5
허 봉	2	이항복	2	허난설헌	6	최 립	3	차천로	3	이수광	4
이정귀	4	신 흠	3	권 필	8	김상헌	2	이안눌	2	이식	2
장유	2	윤선도	2	최기남	3	이명한	3	정두경	2	송시열	2
김창협	2	김창흡	2	홍세태	2	최성대	2	신광수	3	박지원	4
이덕무	3	유덕공	4	박제가	4	이서구	3	서영수합	2	정약용	5
조수삼	2	신 위	4	김정희	3	이상적	3	김운초	2	강 위	3
이건창	3	황 현	4	김택영	2						

다음은 한국한시와 중국한시의 최종 선정 작품 목록이다.

〈韓國漢詩〉

<표 10> 의견 조사 후 수정된 '한국 한시' 영역 작품 목록

연번	작가	작품 명	연번	작가	작품 명
1	乙支文德	遺于仲文	7	崔致遠	贈金川寺主人
2	崔致遠	秋夜雨中	8	崔致遠	登潤州慈和寺
3	崔致遠	夜贈樂官	9	朴仁範	涇州龍朔寺閣兼東雲栖上人
4	崔致遠	江南女	10	朴寅亮	使宋過泗州龜山寺
5	崔致遠	題伽倻山讀書堂	11	鄭知常	送人
6	崔致遠	芋江驛亭	12	鄭知常	大洞江

연번	작가	작품 명	연번	작가	작품 명
13	鄭知常	長源亭	45	崔瀣	四皓歸漢
14	鄭知常	醉後	46	崔瀣	雨荷
15	金富軾	東宮春帖子	47	李齊賢	漁磯晚釣
16	金富軾	題松都甘露寺次惠遠韻	48	李齊賢	放舟向峨嵋山
17	金富軾	燈夕	49	李齊賢	多景樓雪後
18	金富軾	自宋回次書狀	50	李齊賢	感懷(二首選一)
19	崔惟淸	雜興四首(其一)	51	李齊賢	山中雪後
20	崔惟淸	雜興四首(其二)	52	李穀	途中避雨有感
21	林椿	長湍渡	53	李穡	漢浦弄月
22	林椿	暮春聞鶯	54	李穡	洞庭晚靄
23	林椿	冬日途中/病中有感(새문사)	55	李穡	浮碧樓
24	金克己	田家四時(春)	56	李穡	有感
25	金克己	漁翁	57	李穡	我生
26	金克己	高原驛	58	李穡	遣懷
27	金克己	醉時歌	59	李穡	蠶婦
28	李仁老	山居	60	李穡	對菊有感
29	李仁老	宋迪八景圖(瀟湘夜雨)	61	鄭夢周	春興
30	李仁老	夜直銀臺(內庭寫批有感)	62	鄭夢周	偶題
31	李仁老	元夕燈籠詩	63	鄭夢周	復州食櫻桃
32	李仁老	遊智異山	64	鄭夢周	定州重九韓相命賦
33	李仁老	半月城	65	鄭夢周	洪武丁巳奉使日本作(其三)
34	李奎報	晚望	66	鄭夢周	洪武丁巳奉使日本作(其四)
35	李奎報	詠井中月	67	鄭夢周	征婦怨
36	李奎報	江上曉雨	68	李崇仁	村居
37	李奎報	違心詩戲作	69	李崇仁	題僧舍
38	李奎報	夏日卽事	70	李崇仁	扈從城南
39	李奎報	憶舊京	71	李崇仁	嗚呼島
40	李奎報	和宿德淵院	72	吉再	卽事
41	陳澕	奉使入金	73	吉再	閒居(述志)
42	陳澕	野步	74	鄭道傳	山中
43	陳澕	春晚題山寺	75	鄭道傳	訪金居士野居
44	崔瀣	縣齋雪夜	76	鄭道傳	公州錦江樓

연번	작가	작품 명	연번	작가	작품 명
77	元天錫	立春	109	金時習	山行卽事
78	元天錫	過楊口邑	110	金時習	無題
79	權近	春日城南卽事	111	金時習	乍晴乍雨
80	權近	金剛山	112	金時習	何處秋深好
81	李詹	夜過涵碧樓聞彈琴有作	113	南孝溫	西江寒食
82	李詹	聞罵	114	南孝溫	上巳城南
83	李詹	舟行至潼陽驛	115	成侃	漁父
84	卞季良	春事	116	成侃	途中
85	卞季良	晨興	117	金宗直	入京
86	卞季良	金神寺	118	金宗直	寶泉灘卽事
87	柳方善	雪後	119	金宗直	洛東津
88	柳方善	卽事(四山松檜一茅廬)	120	金宗直	仙槎寺
89	成三問	臨死賦絶命詩	121	俞好仁	沙斤驛亭
90	成三問	水墨鷺圖	122	俞好仁	登鳥嶺
91	成三問	夷齊廟	123	曹偉	扶餘懷古次稼亭韻
92	姜希顔	蔡子休求畵作	124	曹偉	長門春曉
93	姜希顔	題畵山水	125	李胄	漫成
94	申叔舟	阿赤河陣中	126	李胄	寄贈
95	申叔舟	上霽雲樓	127	朴誾	福靈寺
96	徐居正	睡起	128	朴誾	曉望
97	徐居正	獨坐	129	朴誾	萬里瀨
98	徐居正	秋風	130	朴誾	永保亭五首(地如拍拍)
99	徐居正	題提川客館	131	李荇	陜川聞子規
100	徐居正	春日	132	李荇	次霜月韻
101	徐居正	夏日卽事	133	李荇	題天磨錄後
102	姜希孟	田家	134	李荇	獨酌有感
103	姜希孟	病餘獨吟	135	李荇	大興洞途中
104	姜希孟	梅	136	朴祥	彈琴臺
105	李承召	次義州韻	137	朴祥	忠州南樓次韻
106	李承召	早朝	138	魚無迹	流民嘆
107	金時習	有客	139	趙光祖	詠琴
108	金時習	題徐四佳渭川漁釣圖	140	金安國	盆城贈別

연번	작가	작품 명	연번	작가	작품 명
141	金安國	綾城謫中	173	李梅窓	閨怨
142	金安國	途中卽事	174	李玉峰	自適
143	金淨	遣懷	175	李玉峰	贈雲江(其二)
144	金淨	叢石亭	176	朴淳	訪曹處士山居(其二)
145	徐敬德	大興洞	177	朴淳	湖堂口號
146	徐敬德	海州虛白堂	178	朴淳	自龍山歸漢江舟中作
147	徐敬德	山居	179	盧守愼	碧亭待人
148	鄭士龍	春興	180	盧守愼	十六夜喚仙亭
149	鄭士龍	大灘	181	盧守愼	題鶴林守遊金剛軸
150	鄭士龍	荒山戰場	182	黃廷彧	次玉堂小桃韻
151	鄭士龍	楊根夜坐卽事示同事	183	黃廷彧	送沈公直赴春川
152	鄭士龍	記懷	184	黃廷彧	題砥柱臺
153	林億齡	秋村雜題	185	宋翼弼	南溪暮泛
154	林億齡	鷺	186	宋翼弼	山行
155	林億齡	示子芳三首(其三)	187	宋翼弼	望月
156	李滉	盤陀石	188	宋翼弼	春晝獨坐
157	李滉	次友人韻	189	宋翼弼	寄牛溪
158	曺植	天王峰	190	成渾	偶吟
159	曺植	有感	191	成渾	挽朴思庵
160	金麟厚	題忠州望京樓韻	192	李珥	山中
161	金麟厚	讀離騷有感	193	李珥	求退有感
162	申師任堂	踰大關嶺望親庭	194	李珥	花石亭
163	申師任堂	思親	195	鄭澈	山寺夜吟
164	黃眞伊	詠半月	196	鄭澈	贈僧
165	黃眞伊	奉別蘇判書世讓	197	鄭澈	對月獨酌
166	黃眞伊	別金慶元	198	鄭澈	淸源棘裏
167	黃眞伊	滿月臺懷古	199	鄭澈	宿松江亭舍
168	黃眞伊	朴淵	200	鄭澈	感興十月看菊
169	李梅窓	自恨	201	鄭澈	次環碧堂韻
170	李梅窓	贈醉客	202	鄭澈	臘月初六日夜坐
171	李梅窓	自傷	203	白光勳	弘慶寺
172	李梅窓	愁思	204	白光勳	龍門春望

연번	작가	작품 명	연번	작가	작품 명
205	白光勳	松月	237	崔岦	西都晚望
206	白光勳	送沈公直赴春川	238	車天輅	江夜
207	白光勳	廣漢樓	239	車天輅	偶吟
208	崔慶昌	題高峰郡山齋	240	車天輅	次權秀才鞾見贈韻
209	崔慶昌	寄朴觀察	241	李晬光	吹笛院
210	崔慶昌	箕城聞白評事別曲	242	李晬光	途中
211	崔慶昌	闒陽驛	243	李晬光	春宮怨
212	崔慶昌	廢寺	244	李晬光	壯遊
213	李達	佛日菴贈因雲釋	245	李廷龜	尋僧
214	李達	江陵書事	246	李廷龜	朝天途中
215	李達	伽倻山	247	李廷龜	贈白沙(二首)
216	李達	田家行	248	李廷龜	月夜登統軍亭口占
217	李達	祭塚謠	249	申欽	睡起
218	李達	經廢寺	250	申欽	次月沙
219	李達	鳥嶺聞杜鵑	251	申欽	詠夕
220	林悌	無語別	252	權韠	途中
221	林悌	浿江歌	253	權韠	過松江墓有感
222	林悌	高山驛	254	權韠	夜坐書懷
223	林悌	鞦韆曲	255	權韠	聞任茂叔削科
224	林悌	浿江泛碧	256	權韠	寒食
225	許筠	瀿河	257	權韠	征婦怨
226	許筠	井浦城樓	258	權韠	讀杜詩偶題
227	李恒福	移配北靑別延陵諸君	259	權韠	忠州石效白樂天
228	李恒福	夜坐	260	金尙憲	瀋獄途秋日感懷
229	許蘭雪軒	江南曲	261	金尙憲	夜坐
230	許蘭雪軒	雜詩	262	李安訥	東萊四月十五日
231	許蘭雪軒	效崔國輔體 三首	263	李安訥	龍山歌
232	許蘭雪軒	貧女吟	264	李植	詠新燕
233	許蘭雪軒	寄荷谷	265	李植	江行卽事
234	許蘭雪軒	閨怨	266	張維	感興
235	崔岦	三日浦	267	張維	大雪
236	崔岦	三月三日登望京樓	268	尹善道	偶吟

연번	작가	작품 명	연번	작가	작품 명
269	尹善道	被謫北塞	301	柳得恭	松京雜絕
270	崔奇男	自挽(其二)	302	朴齊家	爲人賦嶺花
271	崔奇男	冬日書齋	303	朴齊家	登白雲臺絕頂
272	崔奇男	三淸洞	304	朴齊家	紙鳶
273	李明漢	白馬江	305	朴齊家	翠溪小集
274	李明漢	圓通夜月	306	李書九	自白雲溪復至西岡
275	李明漢	水鍾寺	307	李書九	山行
276	鄭斗卿	檀君祠	308	李書九	陳曉畵
277	鄭斗卿	登凌漢山城	309	徐令壽閣	贈兒輩
278	宋時烈	金剛山	310	徐令壽閣	呼韻遣悶
279	宋時烈	詠柳下綠陰	311	丁若鏞	松京懷古
280	金昌協	江行	312	丁若鏞	謫中送竹里金學士(履喬)歸京
281	金昌協	山民	313	丁若鏞	老人一快事
282	金昌翕	驪江	314	丁若鏞	狸奴行
283	金昌翕	曉吟	315	丁若鏞	哀絕陽
284	洪世泰	聞雁	316	趙秀三	北行百絕
285	洪世泰	鹽谷七歌 其一首	317	趙秀三	西寇檮杌
286	崔成大	(黃昏)有感	318	申緯	春日山居
287	崔成大	松都	319	申緯	林亭遣悶
288	申光洙	峽中所見	320	申緯	會寧嶺
289	申光洙	東臺	321	申緯	秋雨歎
290	申光洙	臘月九日行	322	金正喜	秋庭
291	朴趾源	遼野曉行	323	金正喜	配所輓妻喪
292	朴趾源	元朝對鏡	324	金正喜	驟雨
293	朴趾源	鷺(一作道中午晴)	325	李尙迪	論詩絕句五首
294	朴趾源	渡鴨綠江回首望龍灣城	326	李尙迪	紙鳶
295	李德懋	曉發延安	327	李尙迪	狗鬪
296	李德懋	春日偶題	328	金雲楚	過松嶽山
297	李德懋	題田舍	329	金雲楚	四絕亭
298	柳得恭	送李時叔南歸	330	姜瑋	壽春途中
299	柳得恭	歲暮山中客	331	姜瑋	龍城遇雨
300	柳得恭	二十一都懷古詩, 百濟四首(其三)	332	姜瑋	道中聞雁有感

연번	작가	작품 명	연번	작가	작품 명
333	李建昌	籠山亭次孤雲韻	338	黃玹	涵碧亭贈申老人
334	李建昌	天磨山懷于霖	339	黃玹	絶命詩 四首
335	李建昌	卽事	340	金澤榮	聞黃梅泉殉信作
336	黃玹	過仙隱寺	341	金澤榮	聞義兵將安重根報國讐事 三首
337	黃玹	山居卽事			

〈中國 漢詩〉

〈표 11〉 의견 조사 후 수정된 '중국 한시' 영역 작품 목록

연번	작가	작품 명	연번	작가	작품 명
1	賈島	訪道者不遇	21	陶潛	歸田園居
2	賈島	劍客	22	陶潛	責子
3	江淹	擬怨歌行	23	陶潛	擬古
4	江淹	歸田園	24	陶潛	讀山海經
5	高駢	步虛詞	25	陶潛	七月夜行江陵途中作
6	高適	人日寄杜二拾遺	26	陶潛	飮酒
7	歐陽修	廬山高	27	陶潛	歸田園居
8	歐陽修	明妃曲	28	杜甫	遊龍門奉先寺
9	歐陽修	明妃曲和王介甫	29	杜甫	戲簡鄭廣文兼呈蘇司業
10	盧仝	有所思	30	杜甫	夢李白二首
11	盧仝	茶歌	31	杜甫	夏日李公見訪
12	唐庚	二月見梅	32	杜甫	贈衛八處士
13	唐庚	內前行	33	杜甫	石壕吏
14	陶潛	四時	34	杜甫	佳人
15	陶潛	歸園田居	35	杜甫	上韋左相二十韻
16	陶潛	問來使	36	杜甫	寄李白
17	陶潛	雜詩	37	杜甫	投贈哥舒開府二十韻
18	陶潛	雜詩	38	杜甫	贈韋左丞
19	陶潛	擬古	39	杜甫	歎庭前甘菊花
20	陶潛	雜詩	40	杜甫	秋雨歎

연번	작가	작품 명	연번	작가	작품 명
41	杜甫	枏木爲風雨所拔歎	73	馬存	長淮謠
42	杜甫	哀江頭	74	馬存	浩浩歌
43	杜甫	飮中八僊歌	75	梅堯臣	采石月贈郭功甫
44	杜甫	醉時歌	76	孟郊	遊子吟
45	杜甫	徐卿二子歌	77	文天祥	六歌
46	杜甫	戲題王宰畵山水歌	78	班婕妤	怨歌行
47	杜甫	茅屋爲秋風所破歌	79	白居易	商山路有感
48	杜甫	戲作花卿歌	80	白居易	慈烏夜啼
49	杜甫	題李尊師松樹障子歌	81	白居易	太行路
50	杜甫	戲韋偃爲雙松圖歌	82	白居易	七德舞
51	杜甫	劉少府畵山水障歌	83	白居易	江南遇天寶樂叟歌
52	杜甫	李潮八分小篆歌	84	白居易	長恨歌
53	杜甫	天育驃騎歌	85	白居易	琵琶行
54	杜甫	貧交行	86	謝薖	陶淵明寫眞圖
55	杜甫	醉歌行	87	謝靈運	直中書省
56	杜甫	麗人行	88	謝枋得	菖蒲歌
57	杜甫	古栢行	89	謝朓	鼓吹曲
58	杜甫	兵車行	90	謝朓	和徐都曹
59	杜甫	洗兵馬行	91	謝朓	遊東園
60	杜甫	入奏行	92	聶夷中	傷田家
61	杜甫	高都護驄馬行	93	聶夷中	君子行
62	杜甫	李鄠縣丈人胡馬行	94	蘇過	鼠鬚筆
63	杜甫	驄馬行	95	蘇庠	淸江曲
64	杜甫	偪側行	96	蘇軾	和韋蘇州詩寄鄧道士
65	杜甫	去矣行	97	蘇軾	足柳公權聯句
66	杜甫	莫相疑行	98	蘇軾	綠筠軒
67	杜甫	今夕行	99	蘇軾	和陶淵明擬古
68	杜甫	丹靑引	100	蘇軾	司馬溫公獨樂園
69	杜甫	桃竹杖引	101	蘇軾	楊康功有石狀如醉道士爲賦此詩
70	杜甫	韋諷錄事宅觀曹將軍畵馬圖引	102	蘇軾	遊三遊洞
71	馬存	燕思亭	103	蘇軾	月夜與客飮酒杏花下
72	馬存	邀月亭	104	蘇軾	驪山

연번	작가	작품 명	연번	작가	작품 명
105	蘇軾	虢國夫人夜遊圖	137	柳宗元	田家
106	蘇軾	荔枝歎	138	柳宗元	漁翁
107	蘇軾	定惠院海棠	139	陸龜蒙	離別
108	蘇軾	書王定國所藏煙江疊嶂圖王晉卿畫	140	李嶠	汾陰行
109	蘇軾	贈寫眞何秀才	141	李白	王昭君
110	蘇軾	薄薄酒	142	李白	子夜吳歌
111	蘇軾	於潛令刁同年野翁亭	143	李白	友人會宿
112	蘇軾	後石鼓歌	144	李白	王右軍
113	蘇軾	續麗人行	145	李白	對酒憶賀監 二首
114	邵雍	淸夜吟	146	李白	送張舍人之江東
115	宋之問	明河篇	147	李白	戲贈鄭溧陽
116	宋之問	有所思	148	李白	嘲王歷陽不肯飲酒
117	沈約	長歌行	149	李白	紫騮馬
118	楊賁	時興	150	李白	待酒不至
119	吳融	畫山水歌	151	李白	少年子
120	吳隱之	貪泉	152	李白	月下獨酌
121	王轂	苦熱行	153	李白	春日醉起言志
122	王安石	虎圖行	154	李白	蘇武
123	王安石	桃源行	155	李白	獨酌
124	王安石	明妃曲其一	156	李白	峨眉山月歌
125	王安石	明妃曲其二	157	李白	山中答俗人
126	王禹偁	觀聖上親試貢士歌	158	李白	山中對酌
127	王維	春桂問答	159	李白	金陵酒肆留別
128	王維	少年行	160	李白	思邊
129	王翰	古城長吟	161	李白	烏夜啼
130	元稹	連昌宮辭	162	李白	送羽林陶將軍
131	魏野	尋隱者不遇	163	李白	採蓮曲
132	韋應物	寄全椒山中道士	164	李白	登金陵鳳凰臺
133	劉邦	大風歌	165	李白	早春寄王漢陽
134	劉禹錫	百舌吟	166	李白	金陵城西樓月下吟
135	柳宗元	江雪	167	李白	題東溪公幽居
136	柳宗元	田家	168	李白	上李邕

연번	작가	작품 명	연번	작가	작품 명
169	李白	南陵敍別	201	韓愈	靑靑水中蒲
170	李白	流夜郎贈辛判官	202	韓愈	幽懷
171	李白	醉後答丁十八以詩譏子搥碎黃鶴樓	203	韓愈	送諸葛覺往隨州讀書
172	李白	把酒問月	204	韓愈	醉贈張秘書
173	李白	長進酒	205	韓愈	齪齪
174	李白	觀元丹丘坐巫山屛風	206	韓愈	贈唐衢
175	李白	三五七言	207	韓愈	古意
176	李白	登梁王棲霞山孟氏桃源中	208	韓愈	贈鄭兵曹
177	李白	蜀道難	209	韓愈	雉帶箭
178	李白	襄陽歌	210	韓愈	桃源圖
179	李白	草書歌行	211	韓愈	寄盧仝
180	李白	烏棲曲	212	韓愈	短檠歌
181	李紳	憫農	213	韓愈	石鼓歌
182	李鄴	讀李斯傳	214	邢居實	李伯時畫圖
183	李賀	刺年少	215	黃庭堅	子瞻謫海南
184	李賀	又(長進酒)	216	黃庭堅	贈東坡
185	李賀	高軒過	217	黃庭堅	戲和答禽語
186	岑參	春夢	218	黃庭堅	水仙花
187	張穀	行路難	219	黃庭堅	題磨崖碑
188	張耒	磨崖碑後	220	黃庭堅	塞上曲
189	張耒	七夕歌	221	僧淸順	十竹
190	張說	襄陽路逢寒食	222	釋貫休	古意
191	張詠	勸酒惜別	223	*無名氏	蠶婦
192	諸葛亮	梁甫吟	224	*無名氏	金谷園
193	曹景宗	競病韻	225	*無名氏	古詩
194	曹植	七步詩	226	*無名氏	金陵新亭
195	曹植	公讌	227	*無名氏	古詩
196	朱熹	雲谷雜詠	228	*無名氏	古詩
197	曾鞏	虞美人草	229	*無名氏	古詩
198	陳師道	妾薄命 二首	230	*無名氏	樂府上
199	崔顥	登黃鶴樓			
200	韓駒	題太乙眞人蓮葉圖			

5) 시화와 비평

(1) 작품 선정 기준 및 설문 의견 수렴

시화와 비평에 관한 작품을 선정하는 기준도 앞의 여타 영역의 작품선정의 기준과 크게 다를 것이 없다. 김태준의 『한문학사』를 비롯하여 기 출간 된 한문학사 관련 저서에서 모두 중요하게 언급하고 있으며, 한문학사를 전개 서술함에 있어서 내용 인용이 많은 전적을 선별하였다. 또한 전국의 한문교육과 및 한문학과의 교육과정에서 주로 다루어지는 교재를 중심 내용으로 하였다. 각 작가의 문집에 수록되어 있는 비평과 관련된 서문은 산문 영역에서 다루었기 때문에, 본 영역에서는 제외하였다.

다음은 일차로 선정된 전적의 목록이다.

〈표 12〉 1차 선정한 '시화와 비평' 영역 자료 목록

	전 적	작 가		전 적	작 가
1	破閑集	이인로	6	慵齋叢話	성 현
2	補閑集	최 자	7	惺叟詩話	허 균
3	白雲小說	이규보	8	谿谷漫筆	장 유
4	櫟翁稗說	이제현	9	農巖雜識	김창협
5	東人詩話	서거정			

처음 위원회에서 논의를 시작했을 때는 홍만종의 시화총림에 수록된 시화를 모두 선정하자는 의견도 있었으나, 전체적으로 양이 너무 많아서 '시화와 비평'이라는 영역의 성격에 가장 적합한 전적만을 선별하였다. 또한 이수광의 『지봉유설』의 경우는 시화를 포함하고 있기는 하지만, 그 외의 내용도 적지 않다는 점을 감안하여 범위에서 제외하였다.

설문지 수합 결과, 설문에 응해준 대부분의 학교에서 1차 선정의 결과에 동의 하였으나, 일부 교수님들에게서 양이 많다는 의견과 『동인시화』와 『계곡만필』을 제외하자는 의견이 있었고, 추가해야 할 전적에 대한 제시는 없었다. 이러한 결과를 가지고 위원회에서 토의를 거듭하였는데, 선정된 전적의 내용이 여전히 많고, 문집에 수록된 비평 관련 서문도 '산문영역'에서 범위로 선정하고 있으므로 범위를 좀 더 축소하자는 방향으로 의견이 모아져서 1차 선정된 전적 가운데 『보한집』, 『동인시화』, 『용재총화』, 『계곡만필』을 제외하기로 최종 결정하였다.

2) 최종 선정 전적 목록

〈표 13〉 의견 조사 후 수정된 '시화와 비평' 영역 자료목록

	전 적	작 가
1	破閑集	이인로
2	白雲小說	이규보
3	櫟翁稗說	이제현
4	惺叟詩話	허 균
5	農巖雜識	김창협

Ⅲ. 설문조사 결과 – 마무리

임용고사개선위원회는 한문교육학회 임원회의에서 임용고사 출제 범위 개선 방안을 연구하기 위한 소위원회를 구성하기로 한 이후, 지난 6개월 여 간 수차례의 만남과 토의를 통해 임용고사 출제의 객관성과 공정성을 높이고, 수험생의 임용고사 준비에 방향성을 제시할 수 있는 임용고사 출제범위를 선정하는 방안을 모색하였다. 이에 범

위선정을 위해 5개의 영역을 설정하고 각 영역별로 선정기준을 정하여 그 출제 범위(가안)를 선정하고, 각 영역별로 선정된 출제 범위 자료를 전국의 한문교육과·한문학과 교수님들에게 보내어 설문조사를 실시하였다. 임용고사 범위 조정 관련 설문 작업은 선정된 출제범위를 공론화하고, 혹 적절하지 못한 내용이 범위 안에 포함되었는가를 검증하기 위한 필수적인 과정이었으며, 수험생들의 시험 준비와 출제 및 평가 등 임용고사 관련 전 과정에서 효율성과 공정성을 담보하기 위한 방법이었다.

2007년 5월 4일경 준비된 설문 조사지[3]를 전국의 한문교육과·한문학과 교수님들에게 우편과 전자메일을 통해 보내어 답신을 받았는데, 그 결과는 다음 표와 같다.

〈표 14〉 답신 현황(답신:○)

강원대 한문교육과		경상대 한문학과	○
계명대 한문교육과		경성대 한문학과	○
공주대 한문교육과	○	고려대 한문학과	○
단국대 한문교육과	○	대구한의대(구.경산대) 한문학과	
성균관대 한문교육과	○	동국대 한문학과(경주캠퍼스)	
성신여대 한문교육과	○	부산대 한문학과	
영남대 한문교육과	○	성균관대 한문학과	
원광대 한문교육과	○	안동대 한문학과	○
전주대 한문교육과		조선대 한문학과	○
청주대 한문교육과		충남대 한문학과	
경북대 한문학과	○		

전국의 21개의 한문교육과·한문학과 중에서 12개교로 부터 14건

---

3) 설문조사지는 부록 참조.

의 답신을 받았는데, 학교에 따라서 합의된 의견을 정리하여 보내주기도 하였고, 개인적인 의견을 상세하게 지적하여 보내기도 하였다. 그 중에 7건 정도의 답신에서 긍정적인 동의의 의사를 보내주었으며, 범위선정에 따른 우려의 내용을 지적해온 경우도 있었다.

우려를 표명한 공통적인 의견은 임용 출제 범위 선정으로 인한 그 범위의 영향으로 대학 교육은 입시 교육화 될 것이고, 이로 인해 대학 캠퍼스가 임용고시 학원화될 것이라는 우려이다. 또한 임용고시 학원 강사들에게 자료를 제공해 주는 상황이 될 것을 염려한 의견도 있었다. 처음 위원회에서도 이 문제에 대해서 고민하고 수없이 토의하는 과정을 거쳤다. 그러나 다음 두 가지 점에서 그 우려를 불식시킬 수 있으리라고 확신하고, 범위 선정 작업에 착수하였다. 첫째는 위에 제시한 각 영역별 자료는 전국의 한문교육과·한문학과의 교육과정을 참조하여 선정하였기 때문에 대부분의 대학의 수업에서 이미 다루고 있는 내용들이다. 따라서 범위 제시로 인하여 대학 교육 과정에 혼선을 주는 일은 없을 것이라는 것이다. 그리고 두 번째는 제시되는 범위의 양이 결코 적다고 할 수 없기 때문에 과연 학원에서 얼마나 내실을 기하여 다룰 수 있을지 의문스럽다는 것이다. 물론 선정한 범위의 양이 적지 않다는 것은 범위선정의 의미를 축소시키는 일면도 없지 않겠으나, 한문교과의 전적이 워낙 방대하므로 모두를 만족시킬 수 있고, 모두가 인정하는 출제 범위 선정은 쉽지 않은 일이라서 다만 현재 임용고사를 준비하고 있는 전국의 예비 교사들에게 공부의 방향성을 제시할 수 있다는 데에 중심점을 두어야 할 것이다. 만약 통일된 시험 출제 범위를 도출하기 위한 노력이 선행되지 않는다면, 그 동안의 출제 관련 선례들이 충분히 증명하듯이, 교원 채용 시험과 관련한 불협화음은 계속적으로 피할 수 없을 것이기 때문이다. 이러한 최종 논의를 통해 객관성과 공정성을 담보하는 출제 범위가 선정되기를 희망한다.

참고문헌

송민호(1993), 『국한문학』, 개문사.

[부록]

漢文科 任用考査 範圍에 대한 의견 조사

안녕하십니까? 바쁘신 가운데 귀중한 시간을 내 주셔서 감사합니다.

본 설문은 한문과 임용고사 출제의 객관성과 공정성을 높이기 위하여 전국 대학의 한문교육과 및 한문학과 선생님들의 의견을 경청하기 위해 마련한 것입니다. 한문 교과는 타 교과에 비해 시험 범위가 매우 방대하여 수험생들에게 큰 부담이 되었던 것이 사실입니다. 출제범위가 정해지지 않다보니 출제자가 바뀜에 따라 출제 경향이나 내용도 수시로 달라졌고, 그 때마다 수험생들과 이들을 지도하시는 교수님들 사이에 크고 작은 혼선이 발생하기도 했습니다. 이에 따라 〈한국한문교육학회〉는 임원회의를 거쳐 이번 조사를 위한 소위원회를 구성하고, 수험생의 임용고사 준비에 방향성을 제시할 수 있는 임용고사 출제범위를 정하기로 하였습니다.

설문지는 임용고사의 범위에 대한 여러분의 의견을 묻는 문항으로 구성되어 있습니다. 제시된 자료는 위원회에서 미리 준비한 것입니다. 검토해 보시고 추가해야 할 자료나 제외해야 할 자료를 표시해 주시기 바랍니다. 이번 조사에 대한 선생님의 고견은 한문과 임용고사 범위에 관한 학회의 입장을 정리하는 데 큰 도움이 될 것이며, 의견 취합 결과 필요하다고 판단되는 내용은 〈조사 결과 보고서〉에 반영되도록 노력하겠습니다.
학회의 뜻에 동참하시는 선생님들께서는 본 설문의 중요성을 감안하시어, 합리적인 출제범위 선정을 위한 이번 조사에 적극적으로 임해 주시길 부탁드립니다. 선생님들께서 보내 주신 의견은 한문과 임용고사 개선에 크게 기여할 것입니다. 선생님들의 건승을 기원합니다.

2007년 5월

한 국 한 문 교 육 학 회 회 장   이명학
한문과 임용고사 개선 위원회 위원장   김여주

※ 본 조사지는 각 학과의 학과장님께 E-mail로도 발송되었으며, 응답 결과를 학회 E-mail로 보내서도 좋습니다. 우편 발송이나 E-Mail 가운데 편한 방법을 택일하여 보내주시기 바랍니다. 우편으로 보내실 경우, 작성한 조사지를 동봉한 반송용 봉투에 넣어 5월 14일까지 도착하도록 보내주시면 고맙겠습니다. 기일 내에 도착하지 않는 경우, 본 위원회의 취지에 同意하시고, 추후 학계에 보고 예정인 〈조사 결과 보고서〉에 同調하시는 것으로 간주하겠습니다.

※ 설문 조사에 관해 의문 사항이 있으면 아래 연락처로 문의하여 주시기 바랍니다.
  김여주(한문과 임용고사 개선 위원회 위원장) ☎ 02)920-7313

〈설문 요령〉

위원회는 설문 조사의 효율성을 위해 각 영역별 출제 범위를 1차로 선정하였습니다. 아래의 영역별 자료 가운데 임용 고사의 범위에서 <u>제외해야 할 자료는</u> <u>V 표시를 해주시기 바랍니다</u>. 또한 제시된 자료 외에 출제 범위에 <u>추가해야 할</u> <u>자료명을</u> 각 영역 하단에 추가 기재해 주시기 바랍니다.

예시〉

	연번	자료 명	
✔	1	三國史記 列傳	(제외함)
	2	三國遺事	(채택함)

1) 共通

1	三國史記 「列傳」		11	中庸		〈추가할 자료〉
2	三國遺事		12	荀子 「勸學」		
3	通鑑節要 「周紀」		13	荀子 「解蔽」		
4	通鑑節要 「秦紀」		14	莊子 「逍遙游」		
5	通鑑節要 「後秦紀」		15	莊子 「齊物論」		
6	通鑑節要 「漢紀」		16	莊子 「秋水」		
7	史記英選		17	古文眞寶 後集		
8	論語		18	小學 「稽古」		
9	孟子		19	小學 「嘉言」		
10	大學		20	小學 「善行」		

2) 小說

1	조신		10	기재기이		〈추가할 자료〉
2	김현감호		11	주생전		
3	백월산양성성도기		12	최척전		
4	최치원		13	김영철전		
5	수삽석남		14	운영전		
6	온달		15	상사동기		
7	설씨녀		16	포의교집		
8	도미		17	절화기담		
9	금오신화		18	영영전		

3) 散文

1	崔致遠	桂苑筆耕集序		8	林 椿	與眉叟論東坡文書
2	崔致遠	檄黃巢序		9	李仁老	雙明齋詩集序
3	崔致遠	鸞郞碑序		10	李仁老	雙明齋記
4	金富軾	進三國史記表		11	李仁老	臥陶軒記
5	林 椿	上李學士書		12	李仁老	題李佺海東耆老圖後
6	林 椿	畫雁記		13	李奎報	答全履之論文書
7	林 椿	與皇甫若水書		14	李奎報	論詩中微旨略言

15	李奎報	東明王篇并序		48	李穡	之顯說
16	李奎報	鏡說		49	李穡	浩然說
17	李奎報	舟賂說		50	李穡	六友堂記
18	李奎報	白雲居士傳		51	李穡	觀魚臺賦并序
19	李奎報	四輪亭記		52	李穡	遁村記
20	李奎報	益犬說		53	李穡	䑋辨
21	李奎報	屈原不宜死論		54	李穡	及菴詩集序
22	李奎報	陶罌賦并序		55	李穡	選粹集序
23	李奎報	驅詩魔文效退之送窮文		56	李穡	答問
24	李奎報	麴先生傳		57	鄭道傳	答田父
25	李奎報	忌名說		58	鄭道傳	上鄭達可書
26	崔瀣	東人之文序		59	鄭道傳	若齋遺稿序
27	崔瀣	猊山隱者傳		60	鄭道傳	陶隱文集序
28	崔瀣	東人四六序		61	鄭道傳	錦南野人
29	李齊賢	櫟翁稗說前序		62	李崇仁	故人亭記
30	李齊賢	櫟翁稗說後序		63	權近	陶隱李先生崇仁文集序
31	李齊賢	送辛員外北上序		64	權近	恩門牧隱先生文集序
32	李齊賢	雲錦樓記		65	權近	春亭先生文集序
33	李齊賢	范增論		66	權近	圃隱集序
34	李穀	原水旱		67	權近	漁村記
35	李穀	借馬說		68	丁克仁	不憂軒記
36	李穀	小圃記		69	金守溫	書東人詩話後
37	李穀	市肆說		70	朴彭年	八家詩選序
38	李穀	寄朴持平詩序		71	申叔舟	海東諸國記序
39	李達衷	愛惡箴		72	申叔舟	洪武正韻譯訓序
40	李穡	趙苞忠孝論		73	徐居正	東文選序
41	李穡	杯羹說		74	徐居正	雙溪齋記
42	李穡	雪谷詩藁序		75	徐居正	泰齋集序
43	李穡	陽村記		76	徐居正	獨谷集序
44	李穡	寂菴記		77	徐居正	滑稽傳序
45	李穡	西京風月樓記		78	徐居正	眞逸集序
46	李穡	澄泉軒記		79	徐居正	桂庭集序
47	李穡	可明說		80	姜希孟	訓子五說并序

81	姜希孟	東人詩話序		114	李彦迪	海月樓記
82	成侃	病中雜說		115	李彦迪	伊尹五就湯論
83	成侃	愞夫傳		116	李滉	陶山十二曲跋
84	金宗直	尹先生祥詩集序		117	李滉	與鄭子精琢
85	金宗直	永嘉連魁集序		118	李滉	甲辰乞勿絕倭使疏
86	金宗直	弔義帝文		119	李滉	夙興夜寐箴
87	金宗直	亨齋先生詩集序		120	李滉	陶山雜詠并記
88	表沿沫	論學		121	李滉	靜齋記
89	表沿沫	筆苑雜記序		122	李滉	葵亭記
90	金時習	神鬼說		123	李滉	書曹南冥遊頭流錄後
91	金時習	太極說		124	李滉	諭四學師生文
92	金時習	愛民義		125	曹植	陋巷記
93	金時習	上柳襄陽陳情書自漢		126	曹植	永慕堂記
94	金時習	文天祥傳		127	曹植	寒暄堂畫屏跋
95	金時習	伍員傳		128	權文海	松巖寒栖齋記
96	金時習	豫讓傳		129	權文海	大東韻玉序
97	金時習	愛物義		130	李珥	仁物世槁序癸丑
98	成俔	浮休子傳		131	李珥	贈崔立之序
99	成俔	風騷軌範序		132	李珥	精言妙選序
100	成俔	與秔功書		133	李珥	擊蒙要訣序
101	成俔	文變		134	李珥	文策
102	成俔	惰農說		135	李珥	文武策
103	成俔	潘溪詩集序		136	鄭澈	戒酒文
104	成俔	三灘先生詩集序		137	鄭澈	水月亭記
105	成俔	村中鄙語序		138	崔岦	栗谷文集跋
106	南孝溫	六臣傳		139	崔岦	山水屏序
107	南孝溫	睡鄉記		140	崔岦	高山九曲潭記
108	南孝溫	釣臺記		141	崔岦	三清帖序
109	金安國	文範序		142	崔岦	權習齋詩集序
110	金安國	牛女會辨		143	崔岦	贈吳秀才竣序
111	金安國	射說		144	柳成龍	懲毖錄序
112	鄭汝昌	立志論		145	林悌	意馬
113	徐敬德	太虛說		146	林悌	送懶文

147	車天輅	詩能窮人辯		180	許筠	石洲小稿序
148	車天輅	題芝峯詩卷後		181	許筠	題唐絶選刪序
149	柳夢寅	大家文會跋		182	許筠	詩窮卽後工
150	柳夢寅	文章指南跋		183	許筠	學論
151	柳夢寅	與尹進士彬書		184	許筠	答李生書
152	柳夢寅	答崔評事有海書		185	權韠	倉氓說
153	柳夢寅	報滄洲道士車萬里雲輅書		186	沈光世	海東樂府并序
154	柳夢寅	博古書肆序		187	李植	丁卯三月大司諫辭免疏
155	李睟光	金通津草亭詩序		188	李植	谿谷集序
156	李睟光	二貓說		189	李植	作文模範
157	李廷龜	愛閑亭記		190	李植	玄洲遺稿序
158	李廷龜	象村集序		191	李植	頤菴集後敍
159	李廷龜	正氣錄跋		192	李植	舞雩亭記
160	李廷龜	習齋集序		193	李植	矮松說
161	李廷龜	東槎集序		194	李植	送權生尙遠小序
162	李廷龜	忠烈錄序		195	張維	寓言二首
163	李廷龜	石洲集序		196	張維	詩能窮人辯
164	李廷龜	芝峯集序		197	張維	詩史序
165	李廷龜	抗義新編序		198	張維	白沙先生集序
166	李廷龜	八憶詩跋		199	張維	玄軒先生集序
167	申欽	林塘詩集序		200	張維	簡易堂集序
168	申欽	白湖詩集跋		201	張維	石洲集序
169	申欽	民心篇		202	張維	送吳肅羽出牧驪州序
170	申欽	財用篇		203	張維	筆說
171	申欽	去蔽篇		204	張維	風竹說
172	申欽	寄齋記		205	張維	曲木說
173	申欽	書蕭何傳後		206	許穆	自評
174	許筠	蔣生傳		207	許穆	答客子言文學事書
175	許筠	遺才論		208	許穆	與車滄洲雲輅書乙亥
176	許筠	豪民論		209	許穆	答學者
177	許筠	慟哭軒記		210	金得臣	北窓傳
178	許筠	詩辨		211	宋時烈	梅月堂畫像跋
179	許筠	文說		212	宋時烈	東國名筆跋

213	宋時烈	孤竹集序		246	李漢	詩經疾書序
214	宋時烈	晴峰集序		247	李廷爕	靑丘永言跋
215	宋時烈	書李文純公筆蹟後		248	趙龜命	答稚晦兄[趙顯命]書乙未
216	宋時烈	林將軍慶業傳		249	趙龜命	復答趙盛叔書
217	宋時烈	三學士傳		250	趙龜命	贈羅生沈序
218	宋時烈	石洲權公韠墓碣銘幷序		251	趙龜命	答敬大[趙載浩]書癸卯
219	南九萬	咸鏡道地圖記		252	趙龜命	革科制策甲午
220	南九萬	論白軒晦谷西溪辛卯三月四日		253	趙龜命	不拘說
221	金錫胄	古文百選序		254	趙龜命	南生克寬哀辭代作/甲午
222	金錫胄	春沼先生文集序		255	金昌翕	答拙修齋趙公三
223	金錫胄	郭將軍傳		256	李用休	我菴記
224	金錫胄	策本三		257	李用休	虎說
225	金錫胄	讒毀幷題		258	李用休	松穆館集序
226	金錫胄	海東辭賦序		259	安錫儆	劍女
227	金春澤	論詩文附雜說		260	安錫儆	朴孝娘傳
228	金昌協	息菴集序		261	安錫儆	答成大中書
229	金昌協	送李瑋遊楓嶽序		262	安錫儆	夢中談文記
230	金昌協	亡弟再碁祭文		263	安錫儆	雪橋漫錄序
231	金昌協	三一亭記		264	安錫儆	禮學錄自序
232	金昌協	霽月堂記		265	洪良浩	詩解
233	金昌協	贈季達序		266	洪良浩	映波樓重修記
234	金昌協	谷雲九曲圖跋		267	洪良浩	風謠續選序
235	金昌協	六弟[金昌立]墓誌銘幷序		268	洪良浩	遼野日出記
236	金昌協	書表廷俊事		269	洪良浩	修山集序
237	金昌協	祭靜觀先生文		270	洪良浩	與宋德文論詩書
238	洪世泰	雪蕉詩集序		271	洪良浩	答宋德文論書書
239	洪世泰	海東遺珠序		272	洪良浩	太史公改古文論
240	李夏坤	與趙季禹書		273	洪良浩	陳六條疏癸卯
241	李夏坤	刪補古文集成序		274	李奎象	世界說
242	李夏坤	洪滄浪詩集序		275	洪大容	大東風謠序
243	李漢	錢論		276	洪大容	與中國文人書
244	李漢	六蠹		277	朴趾源	楚亭集序
245	李漢	論科弊		278	朴趾源	嬰處稿序

279	朴趾源	蜋丸集序		312	李德懋	小說最壞人心說
280	朴趾源	孔雀館文稿自序		313	李德懋	蘇書齋詩集序
281	朴趾源	騷壇赤幟引		314	柳得恭	渤海考序
282	朴趾源	綠天館集序		315	柳得恭	柳遇春傳
283	朴趾源	贈左蘇山人		316	朴齊家	財賦論
284	朴趾源	北學議序		317	朴齊家	尊周論
285	朴趾源	洪德保墓志銘		318	朴齊家	白塔淸緣集序
286	朴趾源	烈女咸陽朴氏傳		319	朴齊家	妙香山小記
287	朴趾源	會友錄序		320	朴齊家	古董書畵
288	朴趾源	伯姉贈貞夫人朴氏墓誌銘		321	朴齊家	詩學論
289	朴趾源	放瓊閣外傳序		322	朴齊家	白課藁序己丑
290	朴趾源	筆洗說		323	朴齊家	炯菴先生詩集序
291	朴趾源	菱洋詩集序		324	朴齊家	柳惠風詩集序
292	朴趾源	鍾北小選自序		325	朴齊家	北學議自序
293	朴趾源	以存堂記		326	朴齊家	詩選序
294	朴趾源	賀金右相履素書(別紙)		327	朴齊家	飮中八仙圖序御考
295	朴趾源	放瓊閣外傳自序		328	朴齊家	百花譜序
296	朴趾源	馬駔傳		329	朴齊家	雅亭集序
297	朴趾源	穢德先生傳		330	丁若鏞	高句麗論
298	朴趾源	閔翁傳		331	丁若鏞	湯論
299	朴趾源	廣文者傳		332	丁若鏞	原怨
300	朴趾源	書廣文傳後		333	丁若鏞	原敎
301	朴趾源	兩班傳		334	丁若鏞	紀古今島張氏女子事
302	朴趾源	金神仙傳		335	丁若鏞	原牧
303	朴趾源	虞裳傳		336	丁若鏞	通塞議
304	朴趾源	夜出古北口記		337	丁若鏞	五學論
305	朴趾源	象記		338	丁若鏞	張天慵傳
306	朴趾源	駔汛隨筆		339	丁若鏞	烈婦論
307	朴趾源	一夜九渡河記		340	丁若鏞	牧民心書序
308	朴趾源	許生傳		341	丁若鏞	俗儒論
309	朴趾源	虎叱		342	丁若鏞	逍遙園記
310	朴趾源	好哭場		343	丁若鏞	東園遺稿序
311	李德懋	銀愛傳		344	丁若鏞	文體策己酉十一月

345	丁若鏞	爲李仁榮贈言		368	洪吉周	海東諸名家文選序
346	李鈺	俚諺引(一難)		369	洪吉周	明文選目錄序
347	李鈺	俚諺 二難		370	洪吉周	東文十二家小題
348	李鈺	俚諺 三難		371	洪吉周	與人論文序
349	李鈺	南靈傳		372	洪吉周	危言
350	李鈺	浮穆漢傳		373	洪吉周	釋夢中原
351	李鈺	歌者宋蟋蟀傳		374	金正喜	實事求是說
352	李鈺	沈生傳		375	金正喜	與丁茶山若鏞
353	金鑢	題文無子文鈔卷後		376	金正喜	與權彝齋敦仁〇三十五
354	金鑢	題桃花流水舘小稿卷後		377	金澤榮	答人論古文書
355	李學逵	己庚紀事詩序		378	金澤榮	雜言 二 丙午
356	李學逵	嶺南樂府序		379	金澤榮	申紫霞詩集序丁未
357	申緯	紫霞小樂府		380	黃玹	然窩說
358	洪奭周	無命辨		381	黃玹	百里奚論
359	洪奭周	原詩上		382	黃玹	東溪草堂記
360	洪奭周	原詩中		383	黃玹	答李石亨書
361	洪奭周	原詩下		384	李建昌	答友人論作文書
362	洪奭周	答金平仲論文書		385	李建昌	征邁夏課錄序
363	洪奭周	擬古詩序		386	李建昌	見山堂記
364	金邁淳	鵲鴟說		387	李建昌	金貞女
365	金邁淳	風棲記		388	李建昌	俞叟墓誌銘
366	金邁淳	三韓義烈女傳序		389	李建昌	伯夷列傳批評
367	洪吉周	原文		390	李建昌	某學者傳

〈추가할 자료〉

4) 韓國 漢詩

1	乙支文德	遺于仲文	32	李仁老	山居
2	崔致遠	秋夜雨中	33	李仁老	宋迪八景圖(瀟湘夜雨)
3	崔致遠	夜贈樂官	34	李仁老	夜直銀臺(內庭寫批有感)
4	崔致遠	江南女	35	李仁老	元夕燈籠詩
5	崔致遠	題伽倻山讀書堂	36	李仁老	遊智異山
6	崔致遠	芋江驛亭	37	李仁老	半月城
7	崔致遠	贈金川寺主人	38	李奎報	晚望
8	崔致遠	登潤州慈和寺	39	李奎報	詠井中月
9	崔致遠	再經盱眙縣	40	李奎報	江上曉雨
10	崔匡裕	長安春日有感	41	李奎報	違心詩戱作
11	朴仁範	涇州龍朔寺閣兼柬雲栖上人	42	李奎報	夏日卽事
12	朴寅亮	使宋過泗州龜山寺	43	李奎報	憶舊京
13	鄭知常	送人	44	李奎報	和宿德淵院
14	鄭知常	大洞江	45	陳澕	奉使入金
15	鄭知常	開聖寺	46	陳澕	野步
16	鄭知常	長源亭	47	陳澕	春晚題山寺
17	鄭知常	醉後	48	陳澕	月桂寺(月溪寺樓上初晴晩眺)
18	金富軾	東宮春帖子	49	崔瀣	縣齋雪夜
19	金富軾	題松都甘露寺次惠遠韻	50	崔瀣	四皓歸漢
20	金富軾	觀瀾寺樓	51	崔瀣	雨荷
21	金富軾	燈夕	52	李齊賢	漁磯晚釣
22	金富軾	自宋回次書狀	53	李齊賢	放舟向峨嵋山
23	崔惟淸	雜興四首(其一)	54	李齊賢	多景樓雪後
24	崔惟淸	雜興四首(其二)	55	李齊賢	感懷(二首選一)
25	林椿	長湍渡	56	李齊賢	山中雪後
26	林椿	暮春聞鶯	57	李齊賢	范蠡
27	林椿	冬日途中/病中有感(새문사)	58	李穀	途中避雨有感
28	金克己	田家四時(春)	59	李穀	送漢陽鄭參軍
29	金克己	漁翁	60	李穀	次韻答順庵
30	金克己	高原驛	61	李穡	漢浦弄月
31	金克己	醉時歌	62	李穡	洞庭晚靄

63	李穡	浮碧樓		96	卞季良	晨興
64	李穡	有感		97	卞季良	題靑溪山行上人院
65	李穡	我生		98	卞季良	金神寺
66	李穡	遺懷		99	柳方善	雪後
67	李穡	蠶婦		100	柳方善	卽事(四山松櫟一茅廬)
68	李穡	對菊有感		101	成三問	臨死賦絶命詩
69	鄭夢周	春興		102	成三問	水墨鷺圖
70	鄭夢周	偶題		103	成三問	夷齊廟
71	鄭夢周	復州食櫻桃		104	姜希顔	蔡子休求畵作
72	鄭夢周	多景樓贈季潭		105	姜希顔	題畵山水
73	鄭夢周	定州重九韓相命賦		106	申叔舟	阿赤河陣中
74	鄭夢周	洪武丁巳奉使日本作(其三)		107	申叔舟	上霽雲樓
75	鄭夢周	洪武丁巳奉使日本作(其四)		108	徐居正	睡起
76	鄭夢周	征婦怨		109	徐居正	獨坐
77	李崇仁	村居		110	徐居正	秋風
78	李崇仁	題僧舍		111	徐居正	題提川客館
79	李崇仁	扈從城南		112	徐居正	春日
80	李崇仁	哭遁村		113	徐居正	送昌原府使
81	李崇仁	嗚呼島		114	徐居正	夏日卽事
82	吉再	卽事		115	姜希孟	田家
83	吉再	閑居(述志)		116	姜希孟	病餘獨吟
84	鄭道傳	山中		117	姜希孟	梅
85	鄭道傳	訪金居士野居		118	姜希孟	渡臨津
86	鄭道傳	草舍		119	李承召	次義州韻
87	鄭道傳	公州錦江樓		120	李承召	早朝
88	元天錫	立春		121	李承召	題丈人觀壁
89	元天錫	過楊口邑		122	金時習	有客
90	權近	春日城南卽事		123	金時習	題徐四佳渭川漁釣圖
91	權近	金剛山		124	金時習	山行卽事
92	李詹	夜過涵碧樓聞彈琴有作		125	金時習	無題
93	李詹	聞罵		126	金時習	枯木
94	李詹	舟行至潼陽驛		127	金時習	乍晴乍雨
95	卞季良	春事		128	金時習	何處秋深好

129	南孝溫	西江寒食		162	金安國	綾城謫中
130	南孝溫	上巳城南		163	金安國	途中卽事
131	南孝溫	遊昭格洞		164	金淨	佳月
132	成侃	漁父		165	金淨	贈慶尙權監司仲虛名撥
133	成侃	途中		166	金淨	遣懷
134	成侃	四時宮詞		167	金淨	叢石亭
135	金宗直	入京		168	徐敬德	大興洞
136	金宗直	寶泉灘卽事		169	徐敬德	海州虛白堂
137	金宗直	泊報恩寺下贈住持		170	徐敬德	山居
138	金宗直	洛東津		171	鄭士龍	春興
139	金宗直	仙槎寺		172	鄭士龍	大灘
140	金宗直	怛忉歌		173	鄭士龍	荒山戰場
141	俞好仁	沙斤驛亭		174	鄭士龍	楊根夜坐卽事示同事
142	俞好仁	登鳥嶺		175	鄭士龍	記懷
143	李胄	漫成		176	林億齡	秋村雜題
144	李胄	寄贈		177	林億齡	鷺
145	李胄	次安邊樓韻		178	林億齡	示子芳三首(其三)
146	朴誾	福靈寺		179	林億齡	用企齋韻送聽松還山
147	朴誾	曉望		180	李滉	盤陀石
148	朴誾	萬里瀬		181	李滉	次友人韻
149	朴誾	再和擇之		182	曹植	天王峰
150	朴誾	永保亭五首(地如拍拍)		183	曹植	有感
151	李荇	陜川聞子規		184	金麟厚	題忠州望京樓韻
152	李荇	次霜月韻		185	金麟厚	讀離騷有感
153	李荇	題天磨錄後		186	申師任堂	踰大關嶺望親庭
154	李荇	獨酌有感		187	申師任堂	思親
155	李荇	大興洞途中		188	黃眞伊	詠半月
156	朴祥	逢孝直喪		189	黃眞伊	奉別蘇判書世讓
157	朴祥	彈琴臺		190	黃眞伊	別金慶元
158	朴祥	忠州南樓次韻		191	黃眞伊	滿月臺懷古
159	魚無迹	流民嘆		192	黃眞伊	朴淵
160	趙光祖	詠琴		193	李梅窓	自恨
161	金安國	盆城贈別		194	李梅窓	贈醉客

195	李梅窓	自傷		228	鄭澈	次環碧堂韻
196	李梅窓	愁思		229	鄭澈	臘月初六日夜坐
197	李梅窓	閨怨		230	白光勳	弘慶寺
198	玉峰	自適		231	白光勳	龍門春望
199	玉峰	贈雲江(其二)		232	白光勳	松月
200	朴淳	訪曹處士山居(其二)		233	白光勳	送沈公直赴春川
201	朴淳	湖堂口號		234	白光勳	廣漢樓
202	朴淳	自龍山歸漢江舟中作		235	崔慶昌	題高峰郡山齋
203	盧守愼	碧亭待人		236	崔慶昌	寄朴觀察
204	盧守愼	十六夜喚仙亭		237	崔慶昌	箕城聞白評事別曲
205	盧守愼	遞右相		238	崔慶昌	閭陽驛
206	盧守愼	題鶴林守遊金剛軸		239	崔慶昌	廢寺
207	黃廷彧	次玉堂小桃韻		240	李達	佛日菴贈因雲釋
208	黃廷彧	官罷向芝川坐樓院		241	李達	江陵書事
209	黃廷彧	送沈公直赴春川		242	李達	伽倻山
210	黃廷彧	題砥柱臺		243	李達	田家行
211	宋翼弼	南溪暮泛		244	李達	祭塚謠
212	宋翼弼	山行		245	李達	經廢寺
213	宋翼弼	望月		246	李達	鳥嶺聞杜鵑
214	宋翼弼	春晝獨坐		247	林悌	無語別
215	宋翼弼	寄牛溪		248	林悌	浿江歌
216	成渾	贈紺坡山人安天端		249	林悌	高山驛
217	成渾	偶吟		250	林悌	鞦韆曲
218	成渾	挽朴思庵		251	林悌	浿江泛碧
219	李珥	山中		252	許篈	濼河
220	李珥	求退有感		253	許篈	蒙赦回題咸原驛
221	李珥	花石亭		254	許篈	井浦城樓
222	鄭澈	山寺夜吟		255	李恒福	移配北靑別延陵諸君
223	鄭澈	贈僧		256	李恒福	夜坐
224	鄭澈	對月獨酌		257	許蘭雪軒	江南曲
225	鄭澈	淸源棘裏		258	許蘭雪軒	雜詩
226	鄭澈	宿松江亭舍		259	許蘭雪軒	效崔國輔體三首
227	鄭澈	感興十月看菊		260	許蘭雪軒	貧女吟

261	許蘭雪軒	寄荷谷		294	李安訥	定平逢三日
262	許蘭雪軒	閨怨		295	李植	詠新燕
263	崔岦	三日浦		296	李植	江行卽事
264	崔岦	三月三日登望京樓		297	張維	感興
265	崔岦	西都晚望		298	張維	大雪
266	車天輅	江夜		299	尹善道	偶吟
267	車天輅	偶吟		300	尹善道	被謫北塞
268	車天輅	次權秀才鐸見贈韻		301	崔奇男	自挽(其二)
269	李睟光	吹笛院		302	崔奇男	冬日書齋
270	李睟光	途中		303	崔奇男	三淸洞
271	李睟光	春宮怨		304	李明漢	白馬江
272	李睟光	壯遊		305	李明漢	圓通夜月
273	李廷龜	出關春風氣尙早·口號		306	李明漢	水鍾寺
274	李廷龜	尋僧		307	鄭斗卿	漢宮詞
275	李廷龜	朝天途中		308	鄭斗卿	檀君祠
276	李廷龜	贈白沙(二首)		309	鄭斗卿	登凌漢山城
277	李廷龜	月夜登統軍亭口占		310	宋時烈	金剛山
278	申欽	睡起		311	宋時烈	詠柳下綠陰
279	申欽	次月沙		312	金昌協	江行
280	申欽	詠夕		313	金昌協	上驪江舟中夜宿
281	申欽	龍灣客詠		314	金昌協	山民
282	權韠	途中		315	金昌翕	驪江
283	權韠	過松江墓有感		316	金昌翕	曉吟
284	權韠	夜坐書懷		317	洪世泰	聞雁
285	權韠	聞任茂叔削科		318	洪世泰	農巖金判書挽
286	權韠	寒食		319	洪世泰	鹽谷七歌 其一首
287	權韠	征婦怨		320	申光洙	峽中所見
288	權韠	讀杜詩偶題		321	申光洙	東臺
289	權韠	忠州石效白樂天		322	申光洙	臘月九日行
290	金尙憲	瀋獄送秋日感懷		323	朴趾源	遼野曉行
291	金尙憲	夜坐		324	朴趾源	元朝對鏡
292	李安訥	東萊四月十五日		325	朴趾源	鷺(一作道中乍晴)
293	李安訥	龍山歌		326	朴趾源	渡鴨綠江回首望龍灣城

327	李德懋	曉發延安		351	申緯	會寧嶺
328	李德懋	春日偶題		352	申緯	秋雨歎
329	李德懋	題田舍		353	金正喜	秋庭
330	柳得恭	送李時叔南歸		354	金正喜	配所輓妻喪
331	柳得恭	歲暮山中客		355	金正喜	驟雨
332	柳得恭	二十一都懷古詩, 百濟四首(其三)		356	李尙迪	論詩絕句五首
333	柳得恭	松京雜絕		357	李尙迪	紙鳶
334	朴齊家	爲人賦嶺花		358	李尙迪	狗鬪
335	朴齊家	登白雲臺絕頂		359	金雲楚	過松嶽山
336	朴齊家	紙鳶		360	金雲楚	四絕亭
337	朴齊家	翠溪小集		361	姜瑋	壽春途中
338	李書九	自白雲溪復至西岡		362	姜瑋	龍城遇雨
339	李書九	山行		363	姜瑋	道中聞雁有感
340	李書九	陳曉畵		364	李建昌	籠山亭次孤雲韻
341	徐令壽閣	贈兒輩		365	李建昌	天磨山懷于霖
342	徐令壽閣	呼韻遺開		366	李建昌	卽事
343	丁若鏞	松京懷古		367	黃玹	過仙隱寺
344	丁若鏞	謫中送竹里金學士(履喬)歸京		368	黃玹	松岩道中
345	丁若鏞	老人一快事		369	黃玹	山居卽事
346	丁若鏞	狸奴行		370	黃玹	涵碧亭贈申老人
347	趙秀三	北行百絕		371	黃玹	絕命詩 四首
348	趙秀三	西寇檮杌		372	金澤榮	聞黃梅泉殉信作
349	申緯	春日山居		373	金澤榮	聞義兵將安重根報國讐事 三首
350	申緯	林亭遣開				

〈추가할 자료〉

5) 中國 漢詩

1	賈島	訪道者不遇		32	杜甫	贈衛八處士
2	賈島	劍客		33	杜甫	石壕吏
3	江淹	擬怨歌行		34	杜甫	佳人
4	江淹	歸田園		35	杜甫	上韋左相二十韻
5	高騈	步虛詞		36	杜甫	寄李白
6	高適	人日寄杜二拾遺		37	杜甫	投贈哥舒開府二十韻
7	歐陽修	廬山高		38	杜甫	贈韋左丞
8	歐陽修	明妃曲		39	杜甫	歎庭前甘菊花
9	歐陽修	明妃曲和王介甫		40	杜甫	秋雨歎
10	盧全	有所思		41	杜甫	枏木爲風雨所拔歎
11	盧全	茶歌		42	杜甫	哀江頭
12	唐庚	二月見梅		43	杜甫	飮中八僊歌
13	唐庚	內前行		44	杜甫	醉時歌
14	陶潛	四時		45	杜甫	徐卿二子歌
15	陶潛	歸園田居		46	杜甫	戲題王宰畫山水歌
16	陶潛	問來使		47	杜甫	茅屋爲秋風所破歌
17	陶潛	雜詩		48	杜甫	戲作花卿歌
18	陶潛	雜詩		49	杜甫	題李尊師松樹障子歌
19	陶潛	擬古		50	杜甫	戲韋偃爲雙松圖歌
20	陶潛	雜詩		51	杜甫	劉少府畫山水障歌
21	陶潛	歸田園居		52	杜甫	李潮八分小篆歌
22	陶潛	責子		53	杜甫	天育驃騎歌
23	陶潛	擬古		54	杜甫	貧交行
24	陶潛	讀山海經		55	杜甫	醉歌行
25	陶潛	七月夜行江陵途中作		56	杜甫	麗人行
26	陶潛	飮酒		57	杜甫	古栢行
27	陶潛	歸田園居		58	杜甫	兵車行
28	杜甫	遊龍門奉先寺		59	杜甫	洗兵馬行
29	杜甫	戲簡鄭廣文兼呈蘇司業		60	杜甫	入奏行
30	杜甫	夢李白二首		61	杜甫	高都護驄馬行
31	杜甫	夏日李公見訪		62	杜甫	李鄠縣丈人胡馬行

번호	저자	제목	번호	저자	제목
63	杜甫	驄馬行	96	蘇軾	和韋蘇州詩寄鄧道士
64	杜甫	偪側行	97	蘇軾	足柳公權聯句
65	杜甫	去矢行	98	蘇軾	綠筠軒
66	杜甫	莫相疑行	99	蘇軾	和陶淵明擬古
67	杜甫	今夕行	100	蘇軾	司馬溫公獨樂園
68	杜甫	丹靑引	101	蘇軾	楊康功有石狀如醉道士爲賦此詩
69	杜甫	桃竹杖引	102	蘇軾	遊三遊洞
70	杜甫	韋諷錄事宅觀曹將軍畫馬圖引	103	蘇軾	月夜與客飮酒杏花下
71	馬存	燕思亭	104	蘇軾	驪山
72	馬存	邀月亭	105	蘇軾	虢國夫人夜遊圖
73	馬存	長淮謠	106	蘇軾	荔枝歎
74	馬存	浩浩歌	107	蘇軾	定惠院海棠
75	梅堯臣	采石月贈郭功甫	108	蘇軾	書王定國所藏煙江疊嶂圖王晉卿畫
76	孟郊	遊子吟	109	蘇軾	贈寫眞何秀才
77	文天祥	六歌	110	蘇軾	薄薄酒
78	班婕妤	怨歌行	111	蘇軾	於潛令刁同年野翁亭
79	白居易	商山路有感	112	蘇軾	後石鼓歌
80	白居易	慈烏夜啼	113	蘇軾	續麗人行
81	白居易	太行路	114	邵雍	淸夜吟
82	白居易	七德舞	115	宋之問	明河篇
83	白居易	江南遇天寶樂叟歌	116	宋之問	有所思
84	白居易	長恨歌	117	沈約	長歌行
85	白居易	琵琶行	118	楊賁	時興
86	謝薖	陶淵明寫眞圖	119	吳融	畫山水歌
87	謝靈運	直中書省	120	吳隱之	貪泉
88	謝枋得	菖蒲歌	121	王轂	苦熱行
89	謝朓	鼓吹曲	122	王安石	虎圖行
90	謝朓	和徐都曹	123	王安石	桃源行
91	謝朓	遊東園	124	王安石	明妃曲其一
92	聶夷中	傷田家	125	王安石	明妃曲其二
93	聶夷中	君子行	126	王禹偁	觀聖上親試貢士歌
94	蘇過	鼠鬚筆	127	王維	春桂問答
95	蘇庠	淸江曲	128	王維	少年行

129	王翰	古城長吟		162	李白	送羽林陶將軍
130	元稹	連昌宮辭		163	李白	採蓮曲
131	魏野	尋隱者不遇		164	李白	登金陵鳳凰臺
132	韋應物	寄全椒山中道士		165	李白	早春寄王漢陽
133	劉邦	大風歌		166	李白	金陵城西樓月下吟
134	劉禹錫	百舌吟		167	李白	題東溪公幽居
135	柳宗元	江雪		168	李白	上李邕
136	柳宗元	田家		169	李白	南陵敍別
137	柳宗元	田家		170	李白	流夜郞贈辛判官
138	柳宗元	漁翁		171	李白	醉後答丁十八以詩譏予搥碎黃鶴樓
139	陸龜蒙	離別				
140	李嶠	汾陰行		172	李白	把酒問月
141	李白	王昭君		173	李白	長進酒
142	李白	子夜吳歌		174	李白	觀元丹丘坐巫山屛風
143	李白	友人會宿		175	李白	三五七言
144	李白	王右軍		176	李白	登梁王棲霞山孟氏桃源中
145	李白	對酒憶賀監 二首		177	李白	蜀道難
146	李白	送張舍人之江東		178	李白	襄陽歌
147	李白	戲贈鄭溧陽		179	李白	草書歌行
148	李白	嘲王歷陽不肯飮酒		180	李白	烏棲曲
149	李白	紫騮馬		181	李紳	憫農
150	李白	待酒不至		182	李鄴	讀李斯傳
151	李白	少年子		183	李賀	刺年少
152	李白	月下獨酌		184	李賀	又(長進酒)
153	李白	春日醉起言志		185	李賀	高軒過
154	李白	蘇武		186	岑參	春夢
155	李白	獨酌		187	張轂	行路難
156	李白	峨眉山月歌		188	張耒	磨崖碑後
157	李白	山中答俗人		189	張耒	七夕歌
158	李白	山中對酌		190	張說	襄陽路逢寒食
159	李白	金陵酒肆留別		191	張詠	勸酒惜別
160	李白	思邊		192	諸葛亮	梁甫吟
161	李白	烏夜啼		193	曹景宗	競病韻

194	曹植	七步詩		213	韓愈	石鼓歌
195	曹植	公讌		214	邢居實	李伯時畫圖
196	朱熹	雲谷雜詠		215	黃庭堅	子瞻謫海南
197	曾鞏	虞美人草		216	黃庭堅	贈東坡
198	陳師道	妾薄命 二首		217	黃庭堅	戲和答禽語
199	崔顥	登黃鶴樓		218	黃庭堅	水仙花
200	韓駒	題太乙眞人蓮葉圖		219	黃庭堅	題磨崖碑
201	韓愈	靑靑水中蒲		220	黃庭堅	塞上曲
202	韓愈	幽懷		221	僧淸順	十竹
203	韓愈	送諸葛覺往隨州讀書		222	釋貫休	古意
204	韓愈	醉贈張秘書		223	*無名氏	蠶婦
205	韓愈	齪齪		224	*無名氏	金谷園
206	韓愈	贈唐衢		225	*無名氏	古詩
207	韓愈	古意		226	*無名氏	金陵新亭
208	韓愈	贈鄭兵曹		227	*無名氏	古詩
209	韓愈	雉帶箭		228	*無名氏	古詩
210	韓愈	桃源圖		229	*無名氏	古詩
211	韓愈	寄盧仝		230	*無名氏	樂府上
212	韓愈	短檠歌				

〈추가할 자료〉

6) 詩話 · 批評

	1	破閑集		6	慵齋叢話	〈추가할 자료〉
	2	補閑集		7	惺叟詩話	
	3	白雲小說		8	谿谷漫筆	
	4	櫟翁稗說		9	農巖雜識	
	5	東人詩話		10		

종합의견

※ 在職 大學:

※ 在職 學科:

이 글은 『漢文教育研究』 제29호(韓國漢文教育學會, 2007)에 수록한 논문을 재수록한 것이다.

한문과 평가론 논저목록

▓ **평가전반**

金經益(2011), 「漢文科 評價 研究의 成果와 展望」, 『한문교육연구』 37, 한국한문교육학회.

김왕규(2009), 「한문과 학생 평가 연구와 실천의 과제」, 『한문교육연구』 33, 한국한문교육학회.

김왕규(2010a), 「2007년 개정 한문과 교육과정 해설에 따른 학습 평가의 제 문제 ―중학교 한문, 고등학교 한문 해설 '5. 평가'를 중심으로―」, 『한자한문교육』 24, 한국한자한문교육학회.

김왕규(2010b), 「한문과 학생 평가의 실태와 요구 분석」, 『한문교육연구』 34, 한국한문교육학회.

남궁원(2009), 「2007개정 한문과 교육과정 중 "평가"에 관한 연구 ―"고등학교 한문I"을 중심으로―」, 『한문고전연구』 19, 한국한문고전학회.

박성규(2002), 「한문과 평가의 문제와 그 지향점」, 『한문교육연구』 19, 한국한문교육학회.

宋秉烈(2011), 「漢文科 評價의 方向과 實際를 위한 前提」, 『한자한문교육』 27, 한국한자한문교육학회.

허남욱(1998), 「한문과 학습평가의 이론과 실제」, 『한자한문교육』 4, 한국한자한문교육학회.

허연구(2008), 「한문교사의 학생평가 전문성 신장 방안 모색」, 『한문교육연구』 31, 한국한문교육학회.

▌영역별 평가

-텍스트별-

강경모(2003), 「한문과에서 문학 교육의 평가」, 『한문교육연구』 20, 한국한문
교육학회.

안재철(1997), 「현행 고등학교 한문 교과서에 나타난 평가 문제 분석 연구 -한시
평가 문제를 중심으로-」, 『교과교육』창간호, 단국대학교 교과교육연구소.

안재철(1998), 「현행 고등학교 한문교과서에 나타난 평가문제 분석연구 -한자
・한자어 평가문제를 중심으로-」, 『한문교육연구』 12, 한국한문교육학회.

-교육과정 영역별

강민구(2011), 「繪畫를 활용한 고등학교 한문과 이해 영역의 평가 방법과 실제」,
『한자한문교육』 27, 한국한자한문교육학회.

김동규(2011), 「개정 교육과정에서 한자 영역의 평가 방향과 실제」, 『한자한문
교육』 27, 한국한자한문교육학회.

김우정(2011), 「한문과 '문장' 영역의 평가 방향과 실제 -2007년 개정 교육과정
을 중심으로」, 『한자한문교육』 27, 한국한자한문교육학회.

심재경(2011), 「'읽기' 영역의 평가 방향과 실제」, 『한자한문교육』 27, 한국한자
한문교육학회.

안동규(2011), 「한문과 어휘 영역의 평가 방향과 실제」, 『한자한문교육』 27, 한
국한자한문교육학회.

원용석(2011), 「漢文科 敍述形 評價의 理論과 實際 -'한문' 영역을 중심으로」,
『한자한문교육』 27, 한국한자한문교육학회.

허연구(2011), 「漢文科 敍述形 評價의 理論과 實際 -'漢文 知識' 領域을 中心으
로」, 『한자한문교육』 27, 한국한자한문교육학회.

-정의적 특성-

권혁대(2000), 「한문과 정의 영역 평가 모형 제시」, 『청람어문』 22, 청람어문교
육학회.

임동헌(2010), 「한문과 정의적 특성 평가의 성과와 과제」, 『한자한문교육』 25,
한국한자한문교육학회.

▒평가 실제

-학교급별 평가-

고승희(2001), 「중학교 한문과 학습평가의 시안」, 『한문교육연구』 16, 한국한문
　　　교육학회.

김주희(1999), 「창의력 신장을 돕는 고등학교 '한문Ⅱ' 평가 방법 연구」, 『교육논
　　　총』 14, 단국대학교.

남궁원(1998), 「고등학교 한문과 평가의 실제」, 『한자한문교육』 4, 한국한자한
　　　문교육학회.

양판석(2002), 「고등학교 한문과 평가의 문제점과 개선방안」, 『한문교육연구』
　　　19, 한국한문교육학회.

진철용(1998), 「초등한자 교육 평가」, 『한자한문교육』 4, 한국한자한문교육학회.

진철용(2011), 「初等學校「漢字」의 評價 방향과 실제」, 『한자한문교육』 27, 한
　　　국한자한문교육학회.

한예원(2002), 「중학교 한문과 평가의 문제점과 개선방안」, 『한문교육연구』 19,
　　　한국한문교육학회.

한은수(2002), 「초등학교 한자교육 평가 방법의 모색」, 『한자한문교육』 9, 한국
　　　한자한문교육학회.

홍성민(1999), 「창의력 신장을 돕는 고등학교 '한문Ⅰ' 평가 방법 연구」, 『교육논
　　　총』 14, 단국대학교.

-표준화 검사-

-대수능

김경익(2005), 「대학입시에서의 한문 -2005학년도 대학수학능력시험 한문 영
　　　역 분석과 2006 대학입시에서의 한문 성적 활용을 중심으로-」, 『한문교육
　　　연구』 25, 한국한문교육학회.

김왕규(2002a), 「2005학년도 대학수학능력시험과 '한문' 영역 평가 방향」, 『한
　　　문교육연구』 19, 한국한문교육학회.

남궁원(2004), 「대학수학능력시험 한문 영역 시험의 성격과 평가 방향」, 『한문
　　　교육연구』 22, 한국한문교육학회.

송　경(2006), 「대학수학능력시험 한문영역의 문항분석-2006학년도 본수능 및
　　　모의평가 출제 문항을 중심으로」, 『한문교육연구』 27, 한국한문교육학회.

이돈석(2010), 「광복 이후 대학입학 시험에서의 '한문' 영역 위상변화에 관한 일고」, 『한문교육연구』 35, 한국한문교육학회.

이윤찬(2002), 「한문과 수능평가 기준의 방향 모색」, 『한문교육연구』 19, 한국한문교육학회.

장호성(2008), 「대학수학능력시험 한문 과목 '한자 영역'의 출제 경향 및 문항 유형 분석」, 『한자한문교육』 21, 한국한자한문교육학회.

장호성(2009a), 「대학수학능력시험 '한자어 영역'의 출제 경향 및 문항 유형 분석」, 『한자한문교육』 23, 한국한자한문교육학회.

장호성(2009b), 「한국과 일본의 대학입시 한문 시험 비교」, 『한문교육연구』 33, 한국한문교육학회.

장호성(2010), 「한국과 중국의 대학입학 한문 시험 비교 고찰」, 『한문교육연구』 35, 한국한문교육학회.

장호성(2011), 「동아세아 삼국의 대학입시 한문 시험 비교 고찰」, 『한자한문교육』 35, 한국한자한문교육학회.

정우상(1985), 「한문과의 교육과 평가」, 『국어교육』 51, 한국국어교육연구회.

정우상(1988), 「한문과 교육과정과 평가로 본 한문교육」, 『한문교육연구』 2, 한국한문교육학회.

－기타

김왕규(2002b), 「국가수준의 '한자' 기초 학력 평가 연구－고등학교를 중심으로－」, 『한문교육연구』 18, 한국한문교육학회.

김왕규(2002c), 「국가 교육과정에 근거한 한문과 준거 지향 평가(Criterion-Referenced Test)의 시행절차와 평가 유형의 실제」, 『한문학논집』 20, 근역한문학회.

김왕규(2002d), 「국가 수준의 한자 기초학력 평가 연구(1)－중학교를 중심으로－」, 『어문연구』 30-1, 한국어문교육연구회.

김왕규·김경익(2009), 「중학교 재량활동 선택과목 '한문' 이수 실태와 고등학교 학생들의 한문 학력차 검사」, 『한문교육연구』 32, 한국한문교육학회.

노현숙(1989), 「한문과 평가문항의 문제점과 개선방향 －고입 연합고사를 중심으로－」, 『한문교육연구』 3, 한국한문교육학회.

-수행평가-

송병렬(2002), 「한문과 수행평가의 현황과 개선 방향」, 『한문교육연구』 19, 한국한문교육학회.

송영일(2007), 「고등학교 한문과 수행평가 실태와 그 보완책 -대전광역시를 중심으로-」, 『한문학논집』 25, 근역한문학회.

송영일(2009), 「한문과 질문형 수행평가의 운영과 그 성과」, 『한자한문교육』 22, 한국한자한문교육학회.

이혜순·최난영(2003), 「한문학작품의 수행평가 실천 연구 -고등학교 한문고전을 중심으로-」, 『교과교육학연구』 7-3, 이화여자대학교 교과교육연구소.

-평가 도구 제작 및 문항 분석-

김경익·김왕규(2010), 「고전검사이론에 의한 한문과 평가 문항 분석」, 『한문학논집』 30, 근역한문학회.

김왕규(2009), 「한문과 평가 유형과 평가 도구」, 『한자한문연구』 5, 고려대학교 한자한문연구소.

김왕규(2011), 「漢文科 評價道具 開發 研究」, 『한문교육연구』 36, 한국한문교육학회.

남궁원(2007), 「한문과 선다형 문항 개발의 실제」, 『강원문화연구』 26, 강원대학교 강원문화연구소.

임명호(2002), 「한문과 학습 평가 문항의 제작 및 분석의 이론과 실제」, 『한자한문교육』 9, 한국한자한문교육학회.

장호성(2011), 「대학수학능력시험 평가 문항의 이론과 실제 -'고3 전국연합학력평가' 한문 문항을 중심으로-」, 『한문학논집』 32, 근역한문학회.

진인섭(2002), 「한문과 평가를 위한 성취기준 개발 방향에 대하여 -고등학교를 중심으로-」, 『한문교육연구』 19, 한국한문교육학회.

허연구(2007), 「성취기준 별 평가도구(발문유형)의 분류와 개발 -고등학교 한문 개정교육과정을 중심으로」, 『한문학논집』 25, 근역한문학회.

허연구(2010b), 「추가된 학습 요소의 목표와 문항의 개발 -2007 개정 고등학교 한문 교육과정을 중심으로-」, 『한자한문교육』 25, 한국한자한문교육학회.

허연구(2010c), 「한문과 평가 문항의 내용 타당도 확보 방안」, 『한문교육연구』 35, 한국한문교육학회.

■자격 및 선발 고사

−교사 임용고사−

김여주(2007), 「임용고사 출제 범위에 대한 개선안」, 『한문교육연구』 29, 한국
　　한문교육학회.

송영일(2002), 「한문과 임용고사 문제의 문항타당도 분석」, 『한자한문교육』 9,
　　한국한자한문교육학회.

신용호·한연석·김석제(2002), 「한문과 교사 임용고사 문제 분석」, 『한문교육
　　연구』 19, 한국한문교육학회.

임채명(2010), 「2009년과 2010년 중등 한문과 임용시험에 대하여 −1차 한문
　　선택형 시험을 중심으로−」, 『한자한문교육』 24, 한국한자한문교육학회.

−한자·한문 능력 검정−

김경천(2006), 「국가공인 한자능력검정시험의 현황과 문제」, 『한문교육연구』
　　26, 한국한문교육학회.

김은미(2005), 「한자 급수 시험의 현황과 문제점」, 『한문교육연구』 25, 한국한
　　문교육학회.

남기탁(2006a), 「한자 시험 출제 한자어 일고(1)」, 『어문연구』 34−2, 한국어문
　　교육연구회.

남기탁(2006b), 「한자 시험 출제 한자어 일고(2)」, 『어문연구』 34−3, 한국어문
　　교육연구회.

박광민(2002), 「광복 후의 어문정책과 한국어 교육에 끼친 한자능력검정시험의
　　의의」, 『한자한문교육』 9, 한국한자한문교육학회.

박성규·양원석(2007), 「현행 한자검정시험 현황 및 상공회의소 한자 시험의
　　시행 방안」, 『한자한문연구』 3, 고려대학교 한자한문연구소.

박세진(2010), 「한일 한자능력검정시험 비교 연구 −초등학생용 급수를 중심으
　　로−」, 『한자한문교육』 25, 한국한자한문교육학회.

백광호(2006), 「한자능력 급수시험 개선 방향에 관한 연구 − 관련 제도와 초등
　　학생 응시 현황을 중심으로−」, 『한문교육연구』 26, 한국한문교육학회.

백광호(2006), 「한자능력시험과 독해력의 비교 연구」, 『어문연구』 34−1, 한국
　　어문교육연구회.

백광호(2008), 「한자검정시험의 웹 기반 평가 시스템 구축을 위한 제언」, 『한자

한문연구』 4, 고려대학교 한자한문연구소.

양원석(2008), 「고려대 한자이해능력인증시험의 현황과 발전 방안」, 『한자한문연구』 4, 고려대학교 한자한문연구소.

양원석(2008), 「한자 검정 시험 문제 유형 분석 및 제언」, 『한문고전연구』 17, 한국한문고전학회.

이동재(2006), 「국가공인 민간자격 한자급수의 문항유형 분석과 바람직한 평가 문항 모색」, 『한문교육연구』 26, 한국한문교육학회.

이명학(2006), 「현행 우리나라 '한자능력검정시험'에 대한 재검토」, 『한문교육연구』 26, 한국한문교육학회.

이병주(2000), 「한자자격증 제도에 대하여」, 『한문교육연구』 15, 한국한문교육학회.

이병주(2001), 「중등 한문교과의 현실과 한자·한문 검증제도의 문제」, 『한문교육연구』 17, 한국한문교육학회.

장호성(2006), 「한국 한자능력 검정시험의 등급별 배정한자 문제」, 『한문교육연구』 26, 한국한문교육학회.

정우상(1993), 「한자능력검정시험」, 『어문연구』 21-4, 한국어문교육연구회.

진재교(2002), 「현행 한자, 한문 급수 제도의 문제와 개선 방안」, 『한문교육연구』 19, 한국한문교육학회.

진재교(2005), 「한자·한문의 사회적 인식과 수요조사에 관한 연구 -한자, 한문 능력 검정 시험의 기초자료-」, 『한문교육연구』 25, 한국한문교육학회.

한예원(2004), 「한자, 한문 인증 시험의 현황과 개선 방안」, 『국어교육학연구』 20, 국어교육학회.

▒ 필자 소개

고승희 서울 중경고등학교   양판석 진주 동명고등학교
김경익 울산 신정고등학교   이윤찬 서울 충암고등학교
김여주 성신여대 한문교육과   장호성 한국교육과정평가원
김왕규 한국교원대학교 국어교육과   한은수 서울 난우초등학교
송병렬 영남대학교 한문교육과

▒ 한국한문교육학회 창립 30주년 기념 한국한문교육연구총서 간행위원회

간행위원장 : 윤재민
간 행 위 원 : 김왕규, 김연수, 송혁기, 백광호, 권경순

韓國漢文敎育學會 創立 30週年 紀念.
韓國漢文敎育硏究叢書 3

한문과 평가론

2012년 7월 6일 초판 1쇄 펴냄

편　자 장호성·김경익
발행인 김흥국
발행처 도서출판 보고사

등록 1990년 12월 13일 제6-0429호
주소 서울특별시 성북구 보문동7가 11번지 2층
전화 922-5120~1(편집), 922-2246(영업)
팩스 922-6990
메일 kanapub3@chol.com
http://www.bogosabooks.co.kr

ISBN 978-89-8433-155-6 93710
정가 20,000원